本书得到以下项目的资助，谨表谢忱。

- 国家自然科学基金项目："基于高分辨率遥感与GPS的畜群采食行为与植被景观结构协同关系研究"（编号：41701505）

- 国家自然科学基金项目："中国冰冻圈服务功能形成过程及其综合区划研究"（编号：41690143）

- 中国博士后科学基金项目："青藏高原雪灾参量的遥感反演及其畜牧业脆弱性评价"（编号：2014M562476）

- 冰冻圈科学国家重点实验室开放基金，青藏高原雪灾的遥感监测及其畜牧业脆弱性评价（编号：SKLCS–OP–2014–09）

- 青海省科技项目："三江源国家公园星空地一体化生态监测及数据平台建设和开发应用"（编号：2017–SF–A6）

Climate change and animal husbandry sustainable
development in the Qinghai-Tibetan Plateau:

Risk and Control

青藏高原气候变化与
畜牧业可持续发展

风险与管控

魏彦强　王世金○著

中国社会科学出版社

图书在版编目(CIP)数据

青藏高原气候变化与畜牧业可持续发展：风险与管控／魏彦强，王世金著．—北京：中国社会科学出版社，2020.7
ISBN 978 - 7 - 5203 - 6658 - 8

Ⅰ.①青… Ⅱ.①魏…②王… Ⅲ.①青藏高原—气候变化—影响—畜牧业—可持续性发展—研究—中国 Ⅳ.①F326.33

中国版本图书馆 CIP 数据核字（2020）第 097279 号

出 版 人	赵剑英
责任编辑	耿晓明
责任校对	张依婧
责任印制	李寡寡

出　　版	中国社会科学出版社
社　　址	北京鼓楼西大街甲 158 号
邮　　编	100720
网　　址	http://www.csspw.cn
发 行 部	010 - 84083685
门 市 部	010 - 84029450
经　　销	新华书店及其他书店
印　　刷	北京明恒达印务有限公司
装　　订	廊坊市广阳区广增装订厂
版　　次	2020 年 7 月第 1 版
印　　次	2020 年 7 月第 1 次印刷
开　　本	787×1092　1/16
印　　张	19.25
插　　页	2
字　　数	265 千字
定　　价	98.00 元

凡购买中国社会科学出版社图书，如有质量问题请与本社营销中心联系调换
电话：010 - 84083683
版权所有　侵权必究

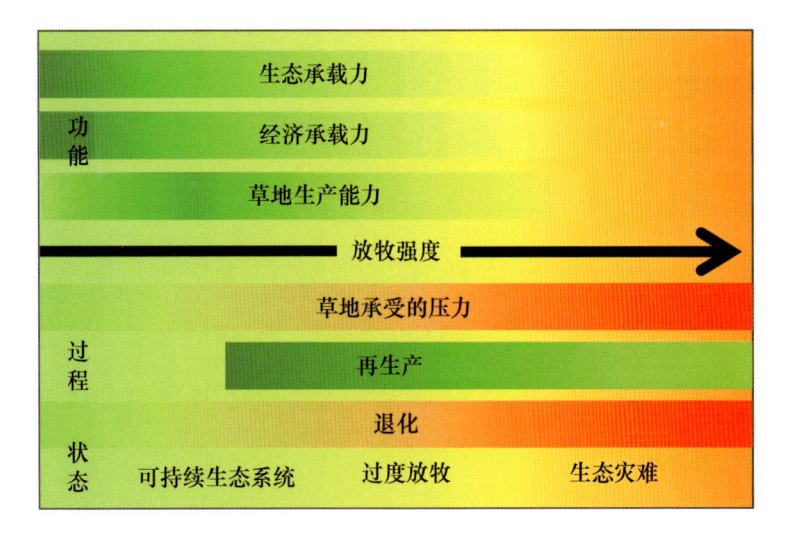

图 2-1 气候变化中草地生态系统在不同的放牧强度下其服务功能及价值的变化

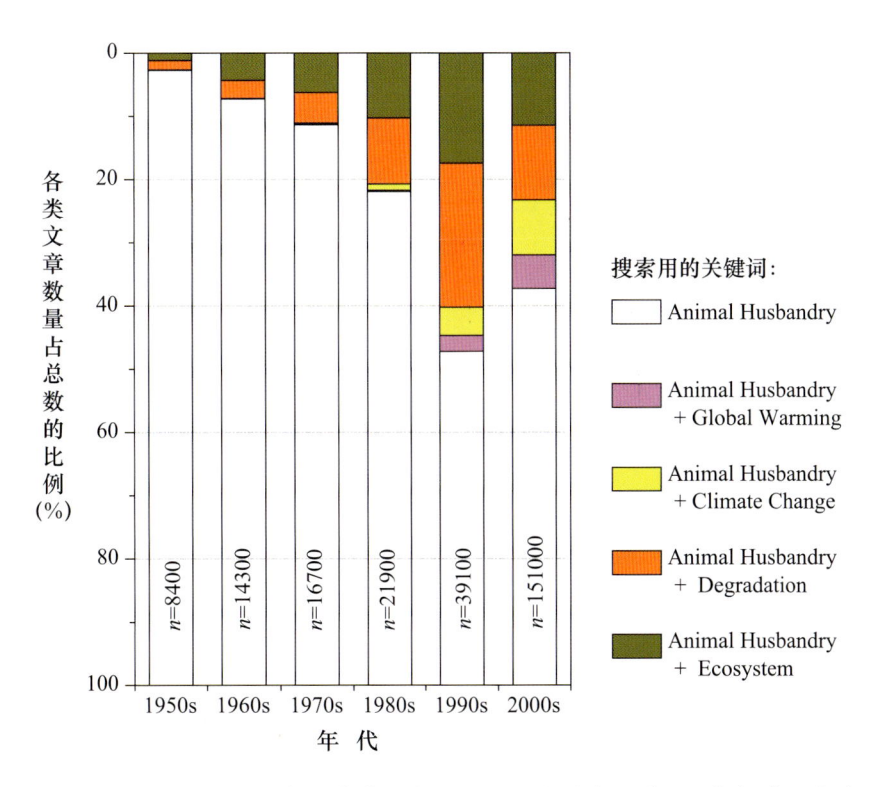

图 2-2 在 Google Scholar 数据库中以畜牧业、生态系统、退化、气候变化和全球暖化等检索词检索的畜牧业与气候变化方面最近几十年的研究论文数量增长情况（1950—2012）。

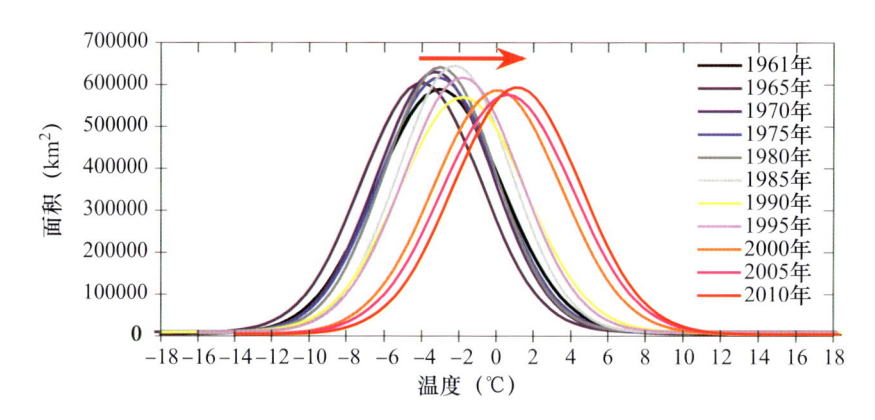

图 3-4　青藏高原各个温度带以每 5 年为时间间隔的面积统计结果（红色箭头代表最近 50 年气温变化的总体趋势）

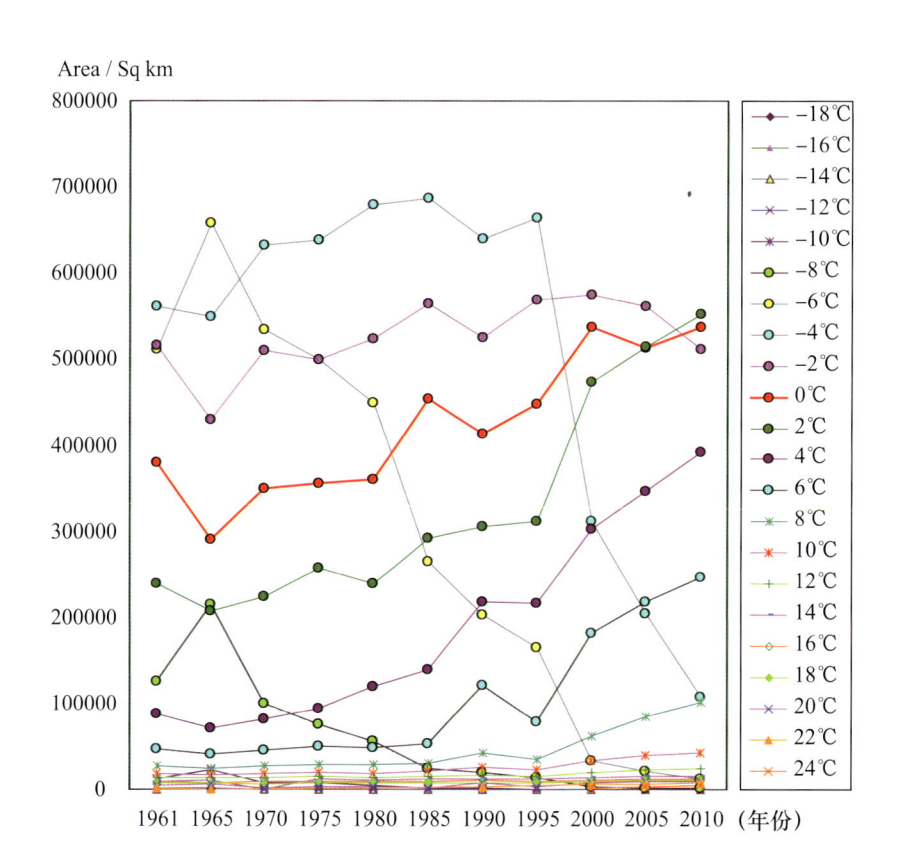

图 3-6　以 2℃ 为间隔的温度带面积随时间的变化情况

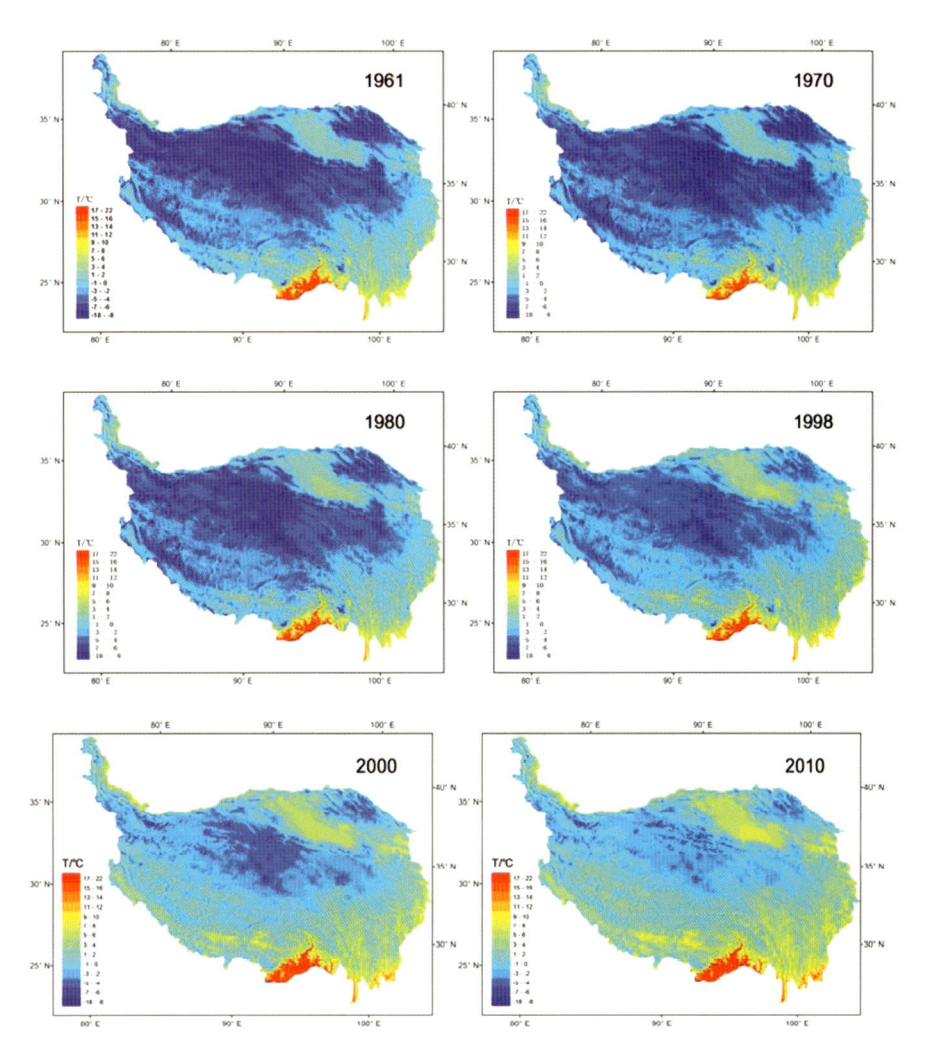

图 3-8 典型年份各个温度带的面积变化情况（1961—1998）

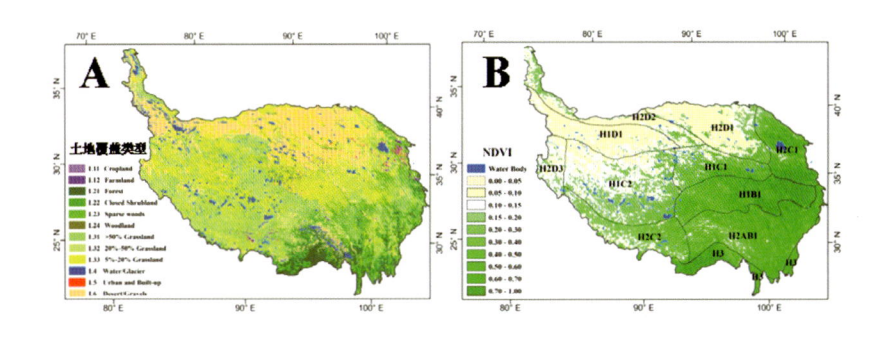

图 4-4 青藏高原地区根据 GLC2000 分类的植被覆盖/土地利用类型（A），青藏高原多年平均 NDVI 以及依照郑度等拟定的生态气候分区（B）。本书以下部分如没有详细说明，生态气候分区的代号与此相同

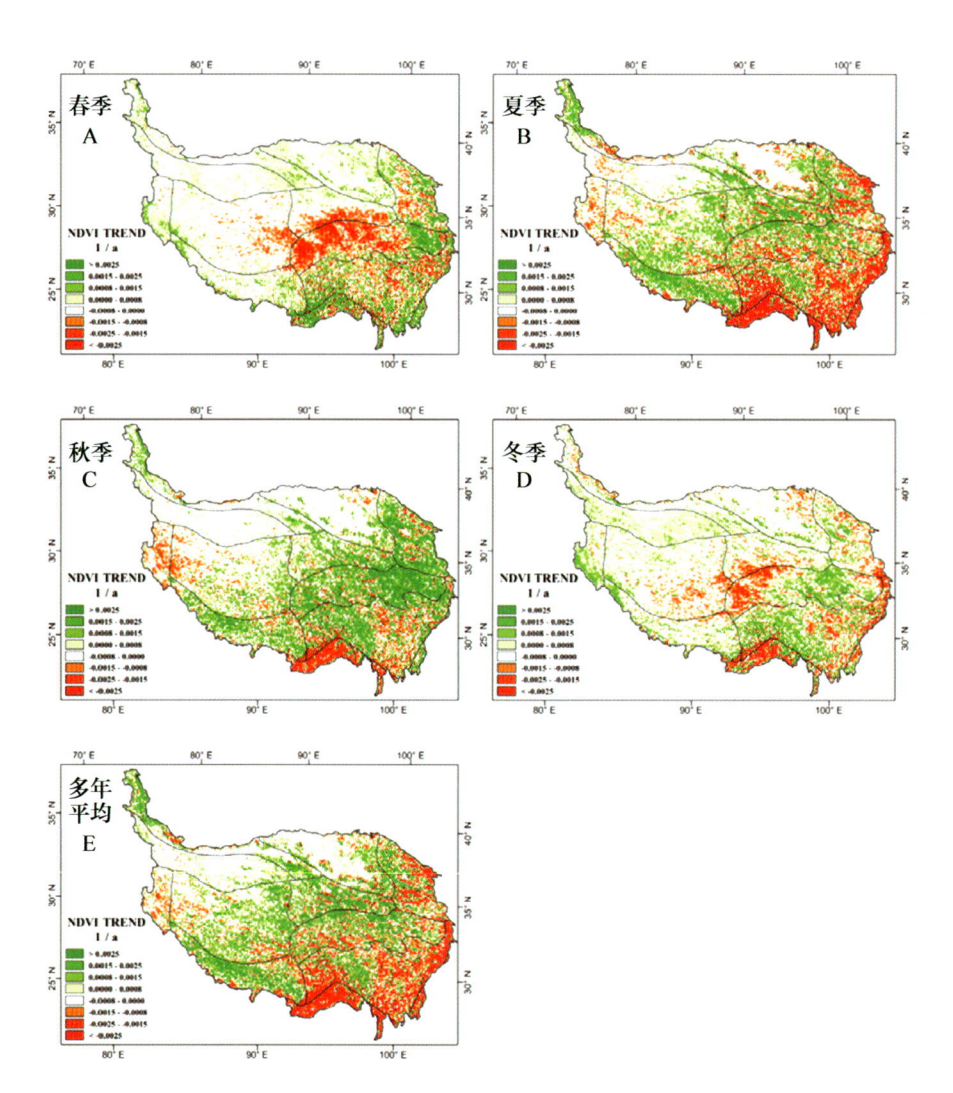

图 4-6 青藏高原1981—2006年植被带生长状况变化情况

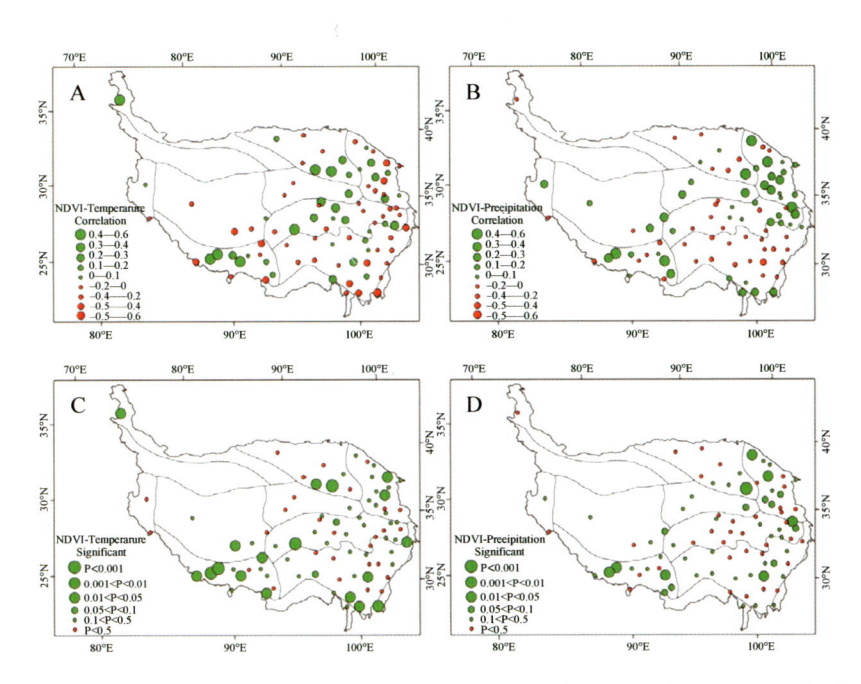

图 4-10 青藏高原 87 个站点逐站点年平均 NDVI 与年平均气温（A）、年降水量（B）之间的线性相关系数及系数检验（$N=87$）（C 和 D）

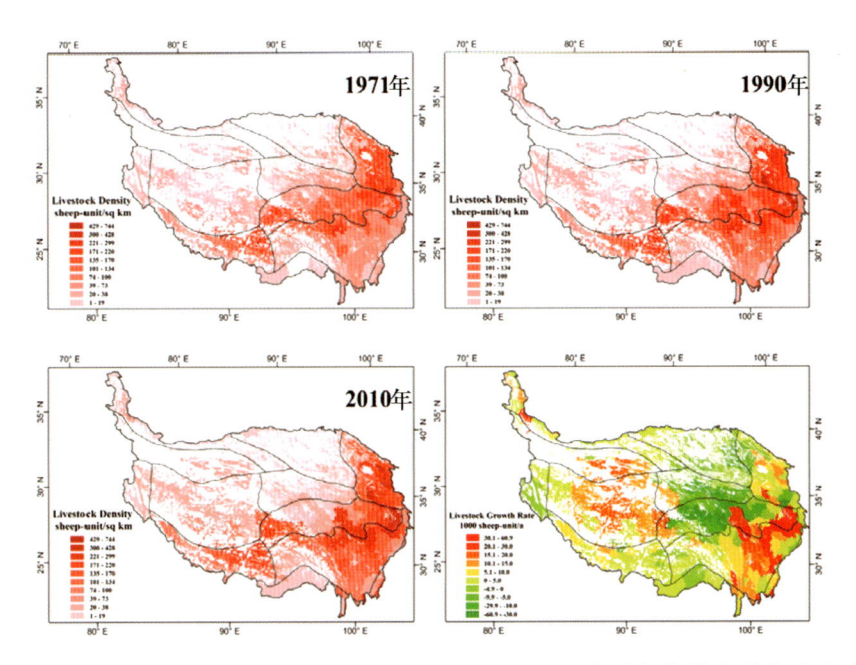

图 4-13 青藏高原地区 1971 年，1990 年，2010 年以羊单位换算的牲畜密度分布及近 40 年的牲畜线性增长率

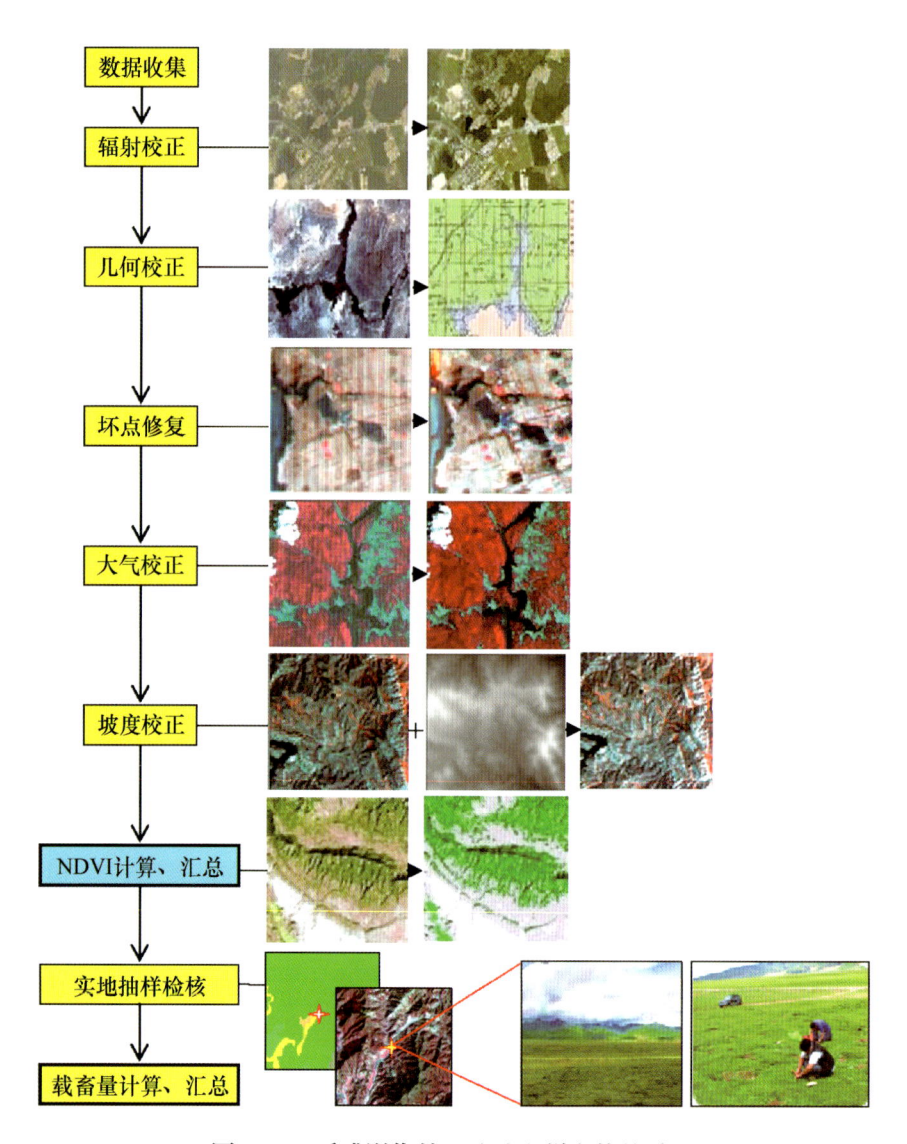

图 5-2 遥感影像处理及地上样方检核过程

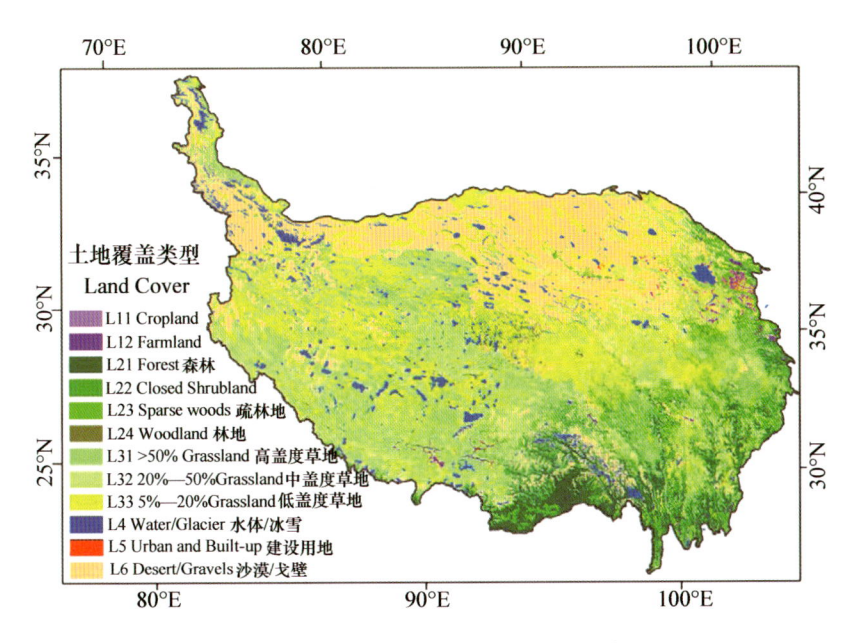

图 5-5 青藏高原地区各类用地及植被分布

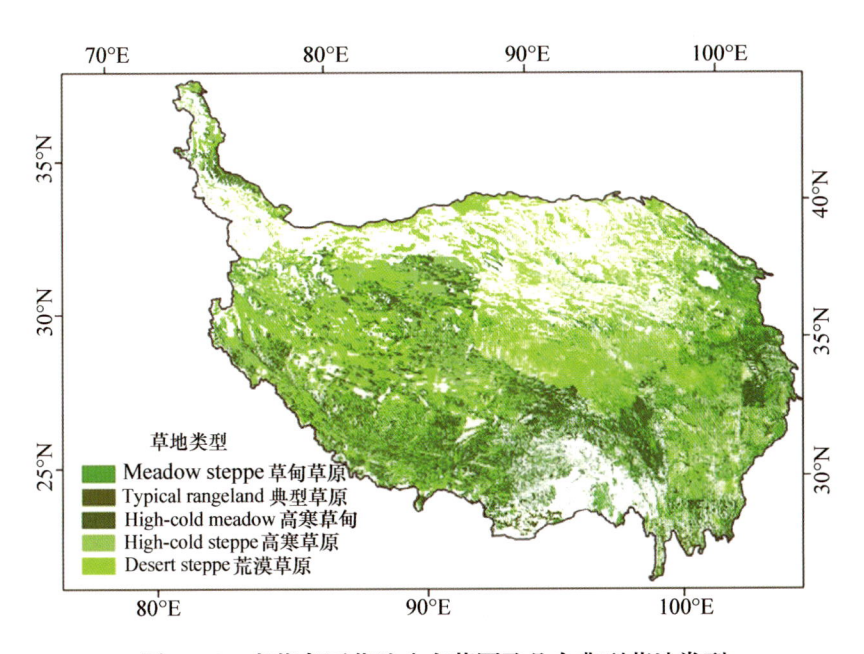

图 5-6 青藏高原草地分布范围及几个典型草地类型

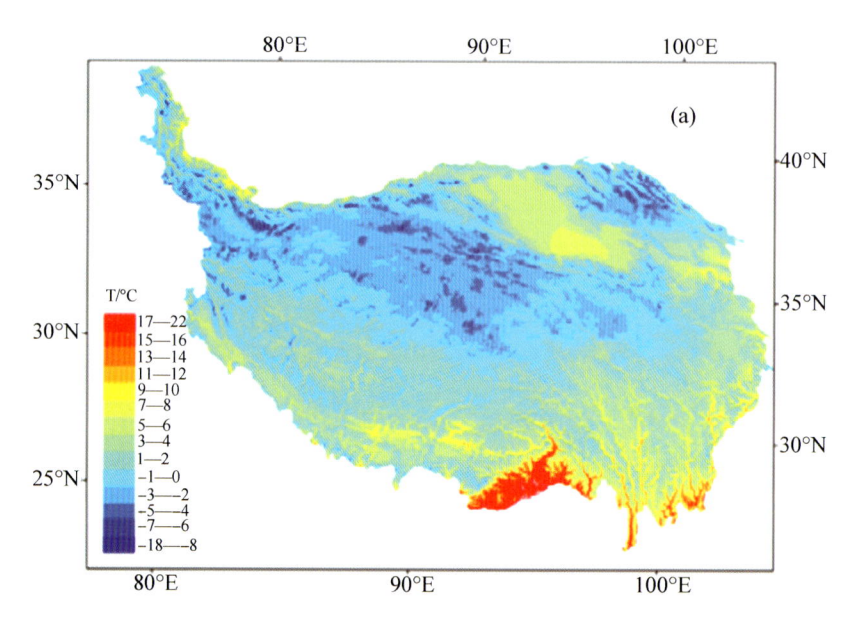

图 5-7（a） 青藏高原地区 2010 年平均温度的空间分布

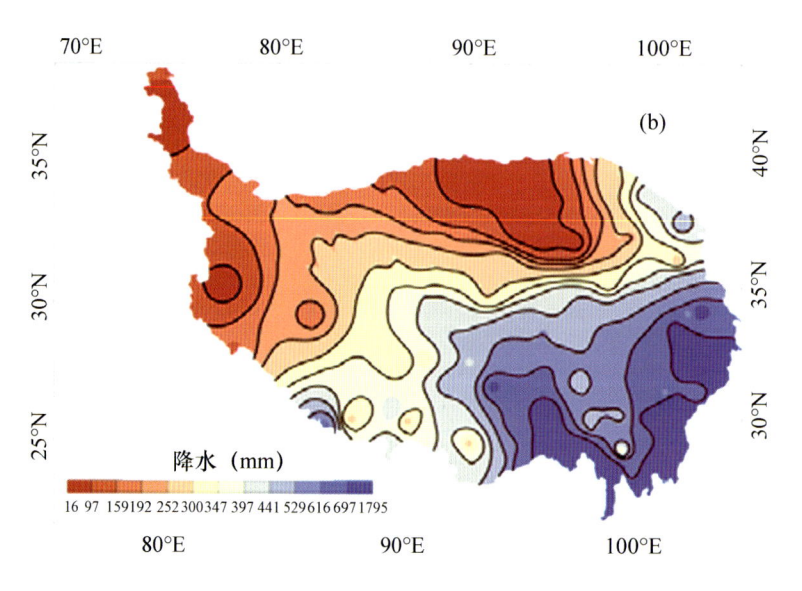

图 5-7（b） 青藏高原地区 2010 年降水总量的空间分布

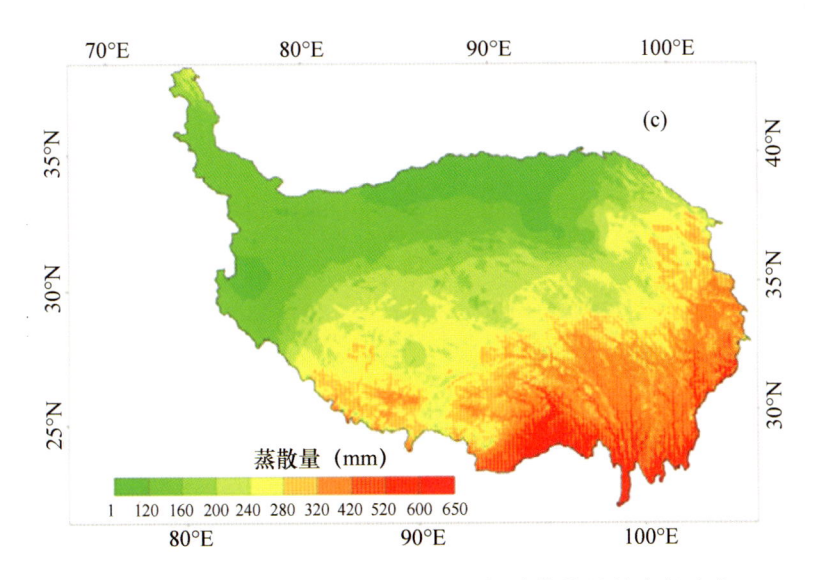

图 5-7（c） 青藏高原地区 2010 年总蒸散量的空间分布

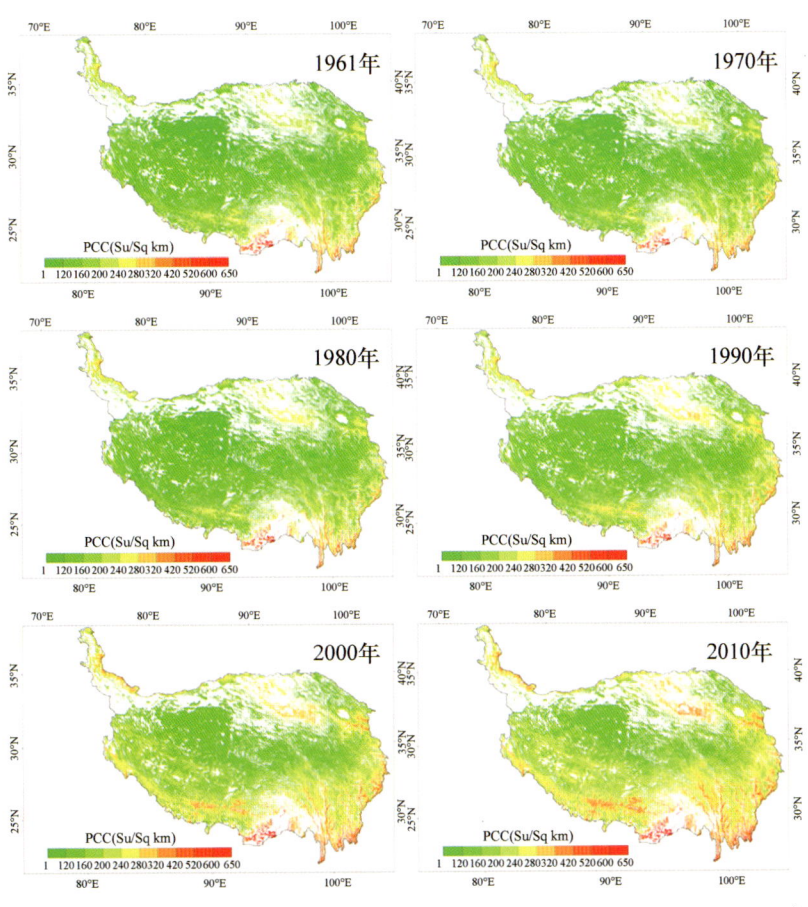

图 5-10 青藏高原 1961—2010 年典型年份草地温度生产潜力载畜量（T-PCC）变化情况

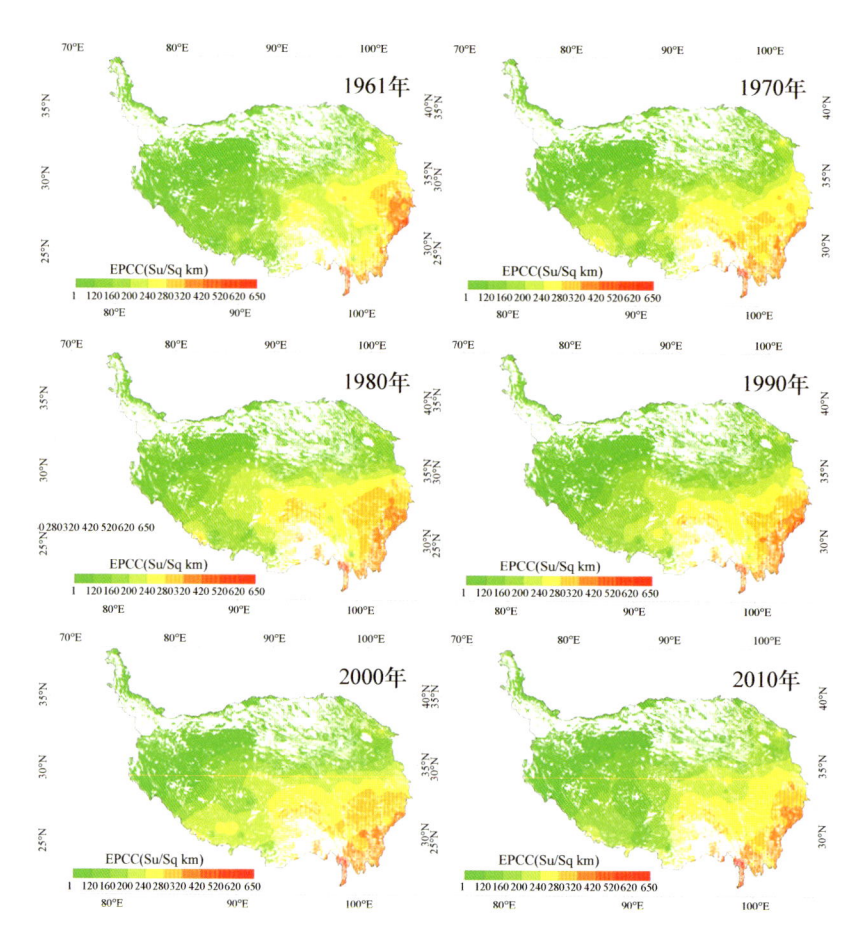

图5-13 青藏高原1961—2010年典型年份草地降雨生产潜力载畜量（P-PCC）变化情况

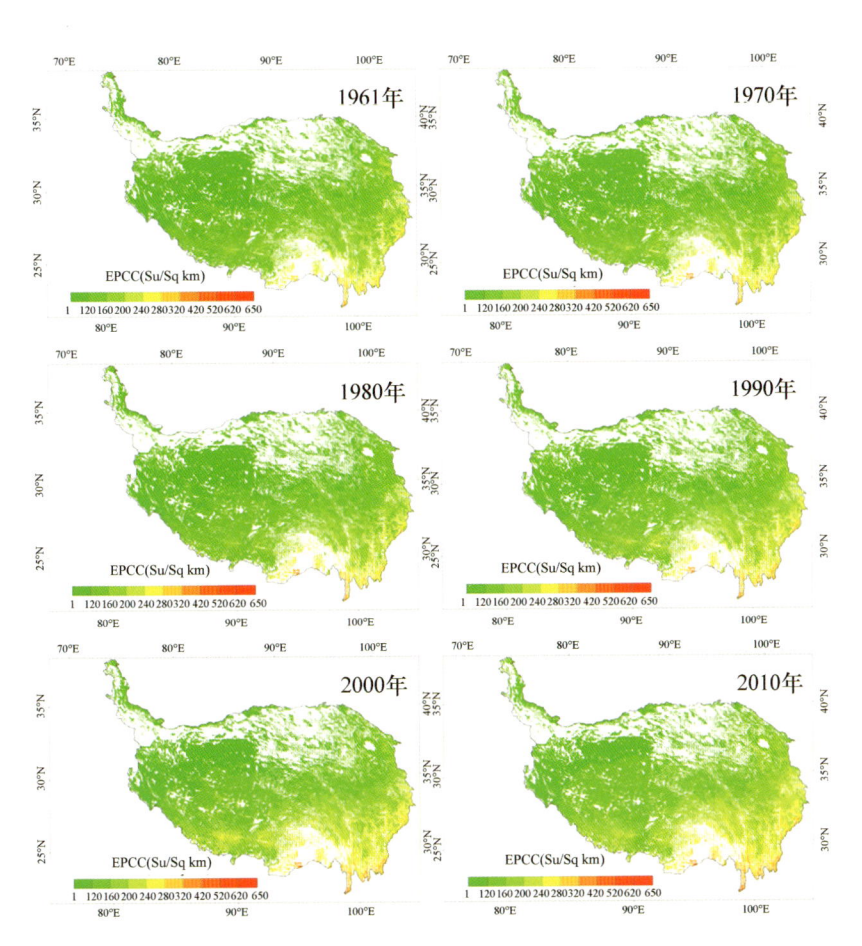

图 5-16 青藏高原 1961—2010 年典型年份草地蒸散发生产潜力载畜量（E-PCC）变化情况

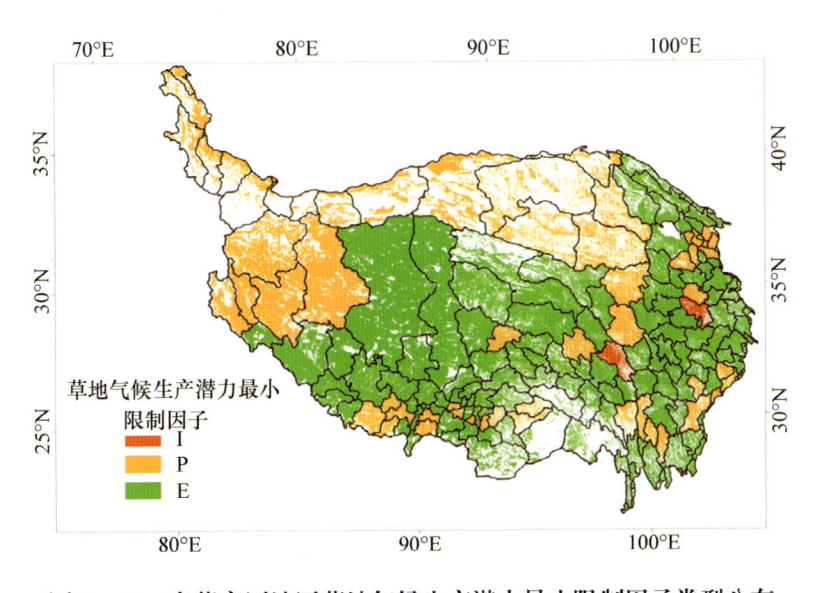

图 5-18 青藏高原地区草地气候生产潜力最小限制因子类型分布

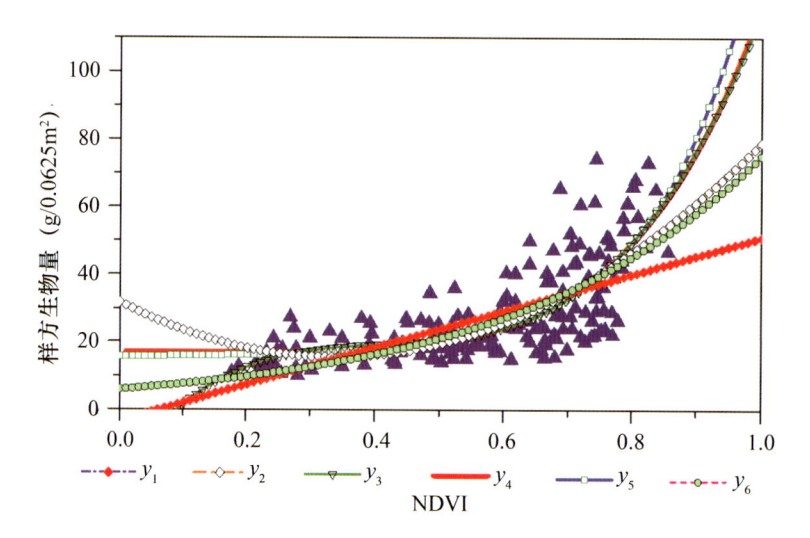

图 5-19 草地样方生物量与 NDVI 之间的回归关系

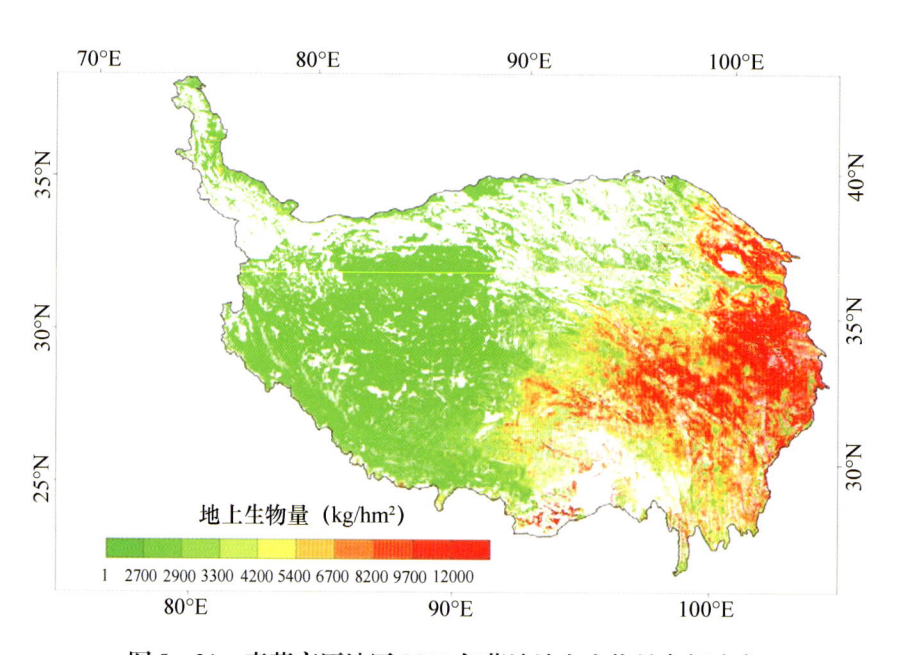

图 5-21 青藏高原地区 2010 年草地地上生物量空间分布

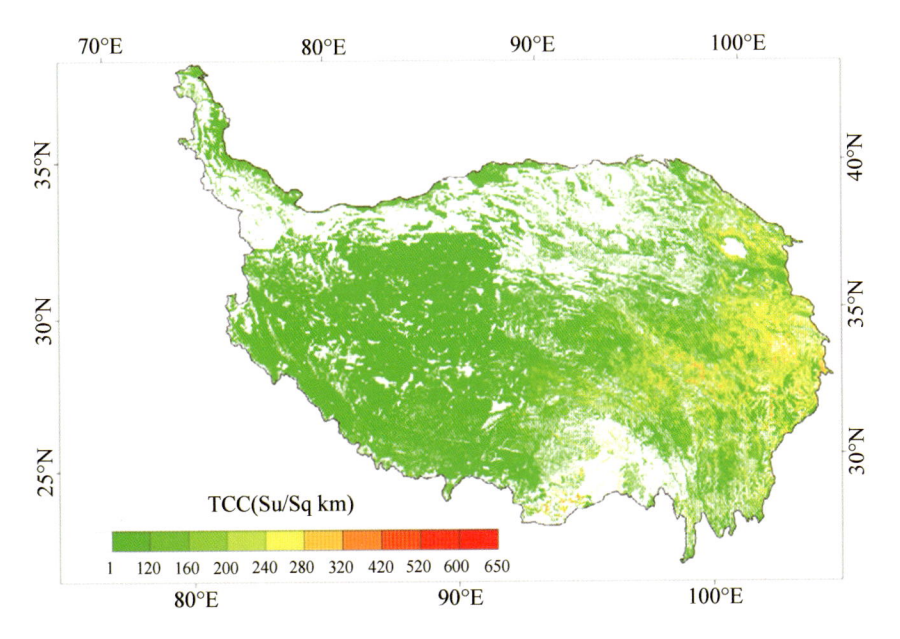

图 5-22 青藏高原地区 2010 年草地理论载畜量（TCC）空间分布

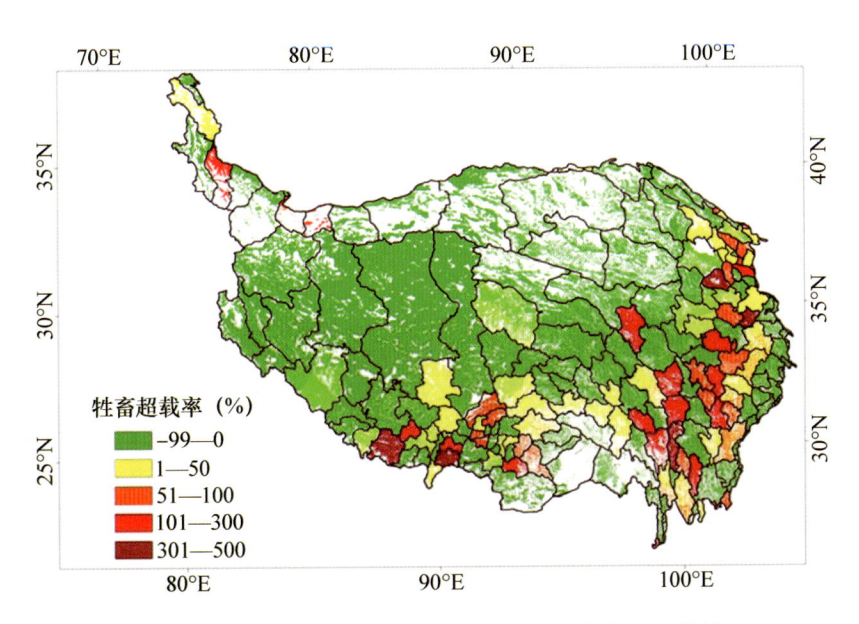

图 5-23 青藏高原地区 2010 年草地理论载畜量超载情况

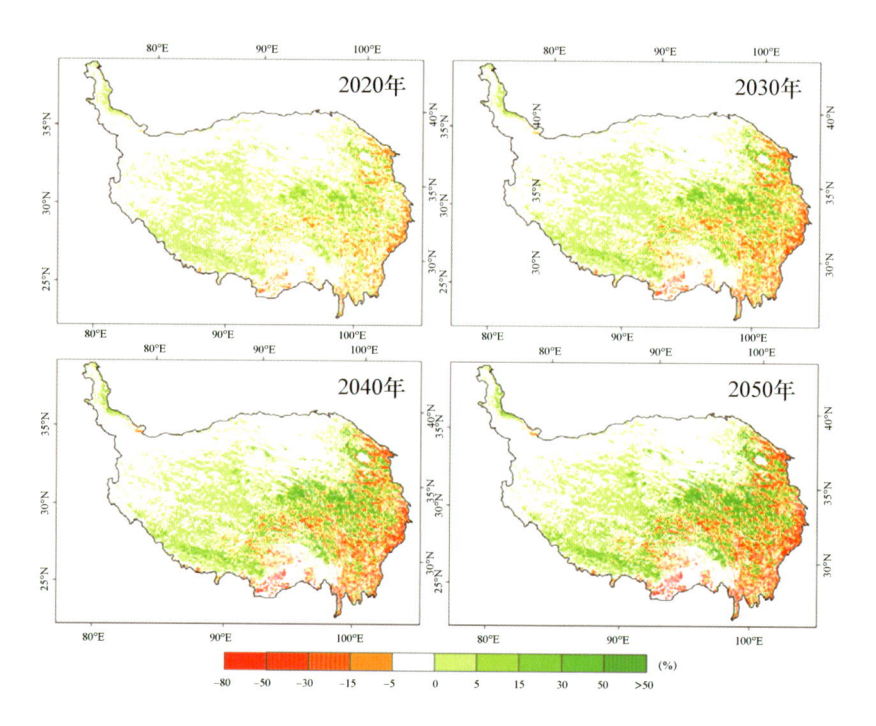

图 5-27 以 NDVI 增长率预测的 2010—2050 年典型年份草地载畜量绝对变化率（以 2010 年为基础年）

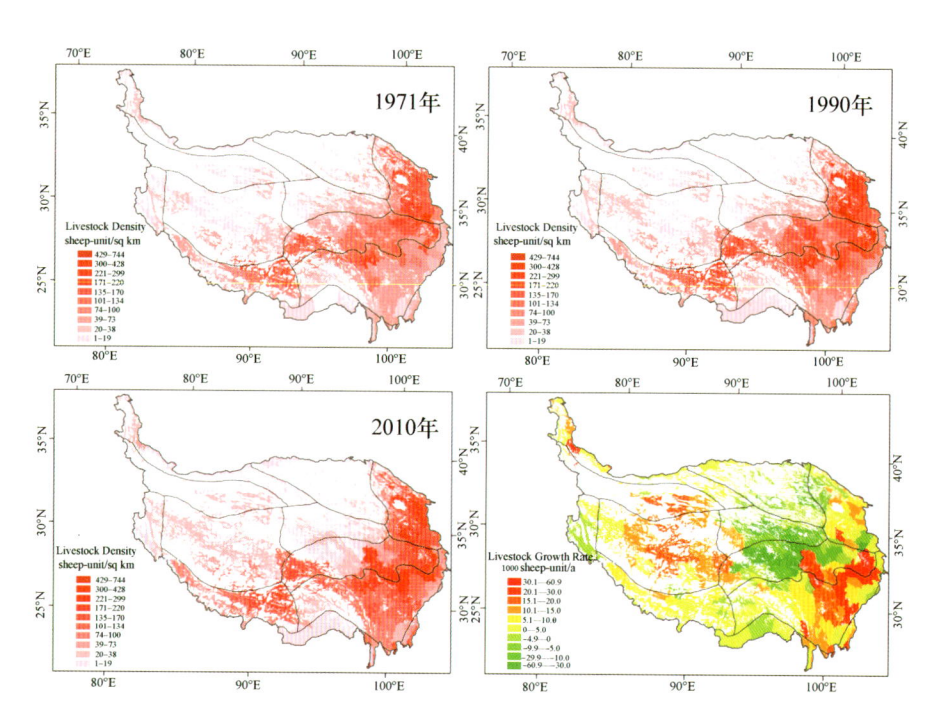

图 7-13 青藏高原地区 1971 年，1990 年，2010 年以羊单位换算的牲畜密度分布及近 40 年的牲畜线性增长率

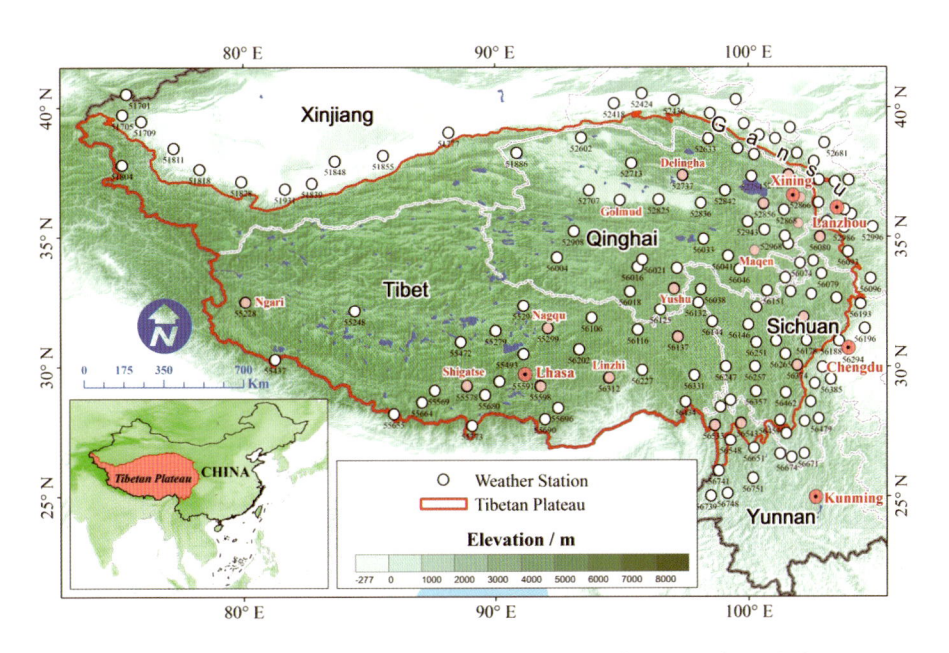

图 7-14 本研究中青藏高原范围及 87 个气象观测站位置分布

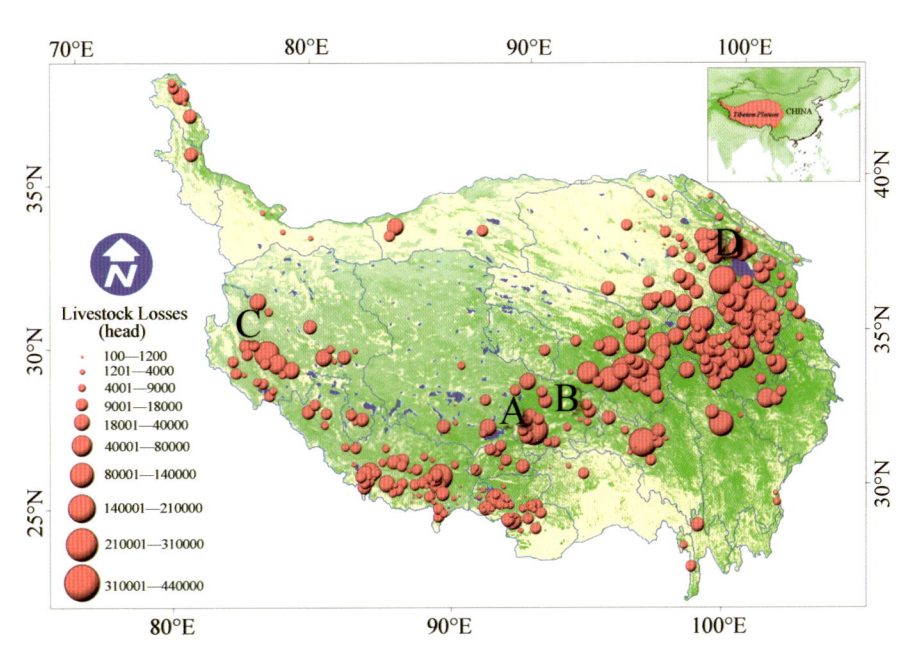

图 7-19 青藏高原 1961—2015 年间有牲畜死亡记录的雪灾发生地中心位置及牲畜死亡数量（绿色为草地分布及地上生物量大小）

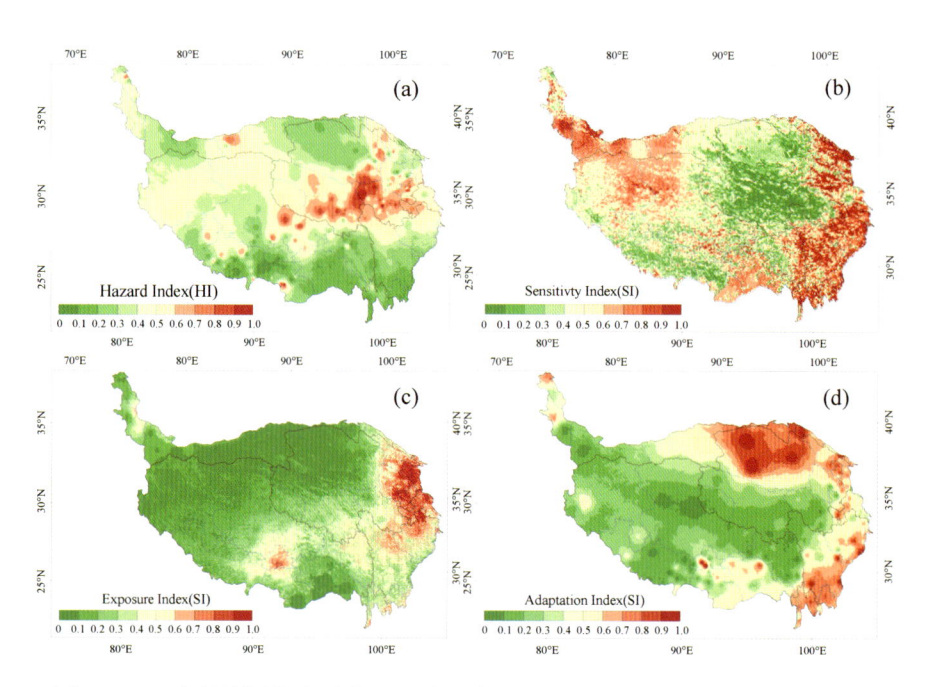

图 7-25 脆弱性评价中雪灾风险度指数 HI（a）、敏感度指数 SI（b）、暴露度指数 EI（c）和适应性指数 AI（d）的空间分布

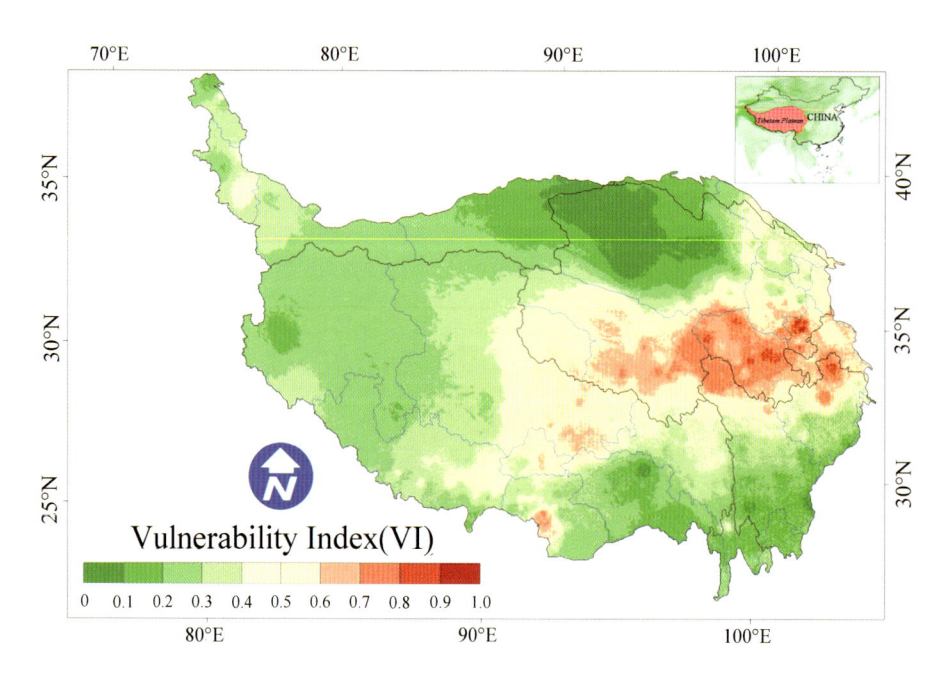

图 7-26 青藏高原地区畜牧业脆弱性综合指数 VI 等级及空间分布

前　言

近些年来，气候变化及其对地球各个系统的影响以及怎样积极应对、适应气候变化逐渐成为全球的热点话题，并引起了广泛的关注。气候变化对经济系统的影响是怎样的作用机制，其影响的程度和范围如何，怎样制定科学合理的适应气候变化对策是本书探讨的主要内容。由于气候变化对经济系统的影响较为复杂，本书选择气候变化对经济系统影响较为密切的行业——畜牧业作为切入点，以气候变化对青藏高原地区畜牧业的影响为主要研究内容，就青藏高原地区气候变化的时空间格局和特点、气候变化下青藏高原植被变化总体特征、气候变化对草地生态系统载畜量的影响、以及基于此分析的气候变化对畜牧业的影响、气候变化对畜牧经济的综合影响、突发性气候灾害——雪灾对青藏高原畜牧经济的影响及畜牧业脆弱性评价等展开讨论。在综合运用气象数据、遥感影像数据、地面样方数据及社会经济统计数据的基础上，本书利用数学建模、情景分析、GIS 空间分析等方法就以上内容开展研究。基于本书的分析初步得出以下结论：

（i）基于本书建立的 GTEM 模型分析，青藏高原地区的气候变化在近些年有逐渐加速的特点，其平均增温率为 0.0318/a，且增温与海拔高度有关，即增温的海拔依赖性，在高海拔地区增温较快；季节上，冬季和春季增温最快、秋季次之、夏季最低；从空间上来看，高原北部的青海湖地区、南部的林芝地区、雅鲁藏布江河谷以及高原西部的高海拔地区暖化速度较快；（ii）基于 AVHRR/GIMMS NDVI 数据分析显示，青藏高原的东北部、东部及中部地区的草地退化较为显著,而西部、西南部等高海拔地区植被有微弱的恢复;与气候因子中降水、温度的相关性分析显示,高原南部的暖湿化的气候特点有利于植被的生长,而东北部地区的暖干化对植被退化有反馈作用。另外川西北及那曲—拉萨一线地区的植被退化与人为活动增强有关;(iii)随着温度及降水量的增加,整个高原的草地气候生产潜力载畜量将逐渐增加,但从草地地面采集数据回归计算的理论载畜量来看,未来气候变化情景下高原整体上将经历一个先降低后回升的过程;

(iv)基于协整理论构建的气候生产函数模型(C-D-C)分析显示,温度和降水对畜牧业总产值的弹性均为负值,分别为-0.124和-0.123,以此对未来情景下气候对畜牧业的影响分析显示,气候变化对青藏高原地区畜牧业产值的增加制约作用较为突出,随着未来气候变化模式的不确定性,畜牧业在气候变化中的风险也在逐渐加大;

(v)基于极端气候事件——雪灾对畜牧业的影响分析显示,青藏高原地区畜牧业脆弱性较高的地区主要集中在青海省东部的青海湖附近地区及南部的玉树、果洛地区;甘肃省的甘南地区、四川省西北部的甘孜、阿坝等地区也是紧邻青海省高脆弱区的地区。这一高风险区一直延伸到西藏自治区的索县、那曲、日喀则等地区,从高原整体来讲,高风险区在地理空间上形成一个自高原东北部至西南部延伸的风险带;广阔的高原西部地区因人畜分布较少而脆弱性较低。

基于对以上各个方面的分析,本书认为以退牧还草、发挥草原生态价值、减轻过度放牧等措施对草地系统的压力、加强畜牧业基础设施建设、从极端气候风险较高的区域疏散以规避灾害、提高对极端气候灾害的抵御能力、利用太阳能等清洁能源减少畜牧业温室气体排放等措施是适应未来气候变化的有效途径和根本。

本书的主要内容有:第1章,绪论;第2章,国内外研究现状;第3章,气候变化的时空差异及总体趋势;第4章,青藏高原植被总体变化特征;第5章,气候变化对草地载畜量的影响;第6

前　言

章，气候变化对畜牧业的综合影响；第 7 章，雪灾与畜牧业脆弱性；第 8 章，青藏高原畜牧业的适应对策。希望本书的出版能为气候变化下青藏高原地区畜牧业的可持续发展提供数据支持和理论指导，为气候变化下畜牧业的风险与管控提供参考。

全书在编写的过程中参阅了大量的相关专著、论文等图文资料。得到了中国科学院西北生态环境资源研究院李新研究员、黄春林研究员、高峰研究员、左小安研究员、王旭峰博士、王海波博士、李国帅博士、耿丽英博士、宋晓谕博士、王宝博士、王鹏龙博士、牛艺博博士、栾文飞博士、蒲焘博士、刘静博士、马兴刚博士；西北师范大学赵雪雁教授、中国科学院成都山地灾害与环境研究所方一平研究员、王海明研究员、徐云研究员、黄茹莉博士；中国科学院成都生物研究所王金牛博士、中国科学院地理科学与资源研究所孙建博士、北京大学李双成教授、王阳博士；兰州大学赵宁博士、青海师范大学刘峰贵教授、西昌学院刘运伟博士、贵州师范大学盈斌博士、山西财经大学阎晓博士、宜春学院车彦军博士等的诚恳建议和悉心指导。很多同事还提供了部分个人野外调研和相关资料。几名硕士研究生周蓝月、孙振亓、张亮、穆雅琼认真仔细地校对了全文的图表和文字。在此一并表示衷心的感谢！

由于编者水平和编写时间所限，特别是对畜牧业在气候变化中所面临的风险的认知还处于起步阶段，书中不足之处在所难免，恳切希望广大读者和有关专家不吝指正，以便今后修订完善。

魏彦强　王世金
2020 年 3 月于兰州

目 录

第一章 绪论 …………………………………………………… (1)
 第一节 选题依据及意义 ………………………………… (1)
  一 选题依据 …………………………………………… (1)
  二 选题意义 …………………………………………… (4)
 第二节 研究思路与主要内容 …………………………… (5)
  一 研究内容 …………………………………………… (5)
  二 研究思路 …………………………………………… (7)
 第三节 研究目标 ………………………………………… (8)
 第四节 研究方法 ………………………………………… (8)
 第五节 数据来源 ………………………………………… (10)
 第六节 特色及创新 ……………………………………… (10)

第二章 国内外研究现状 ……………………………………… (12)
 第一节 国内外研究现状 ………………………………… (12)
  一 气候变化对草地生态系统的影响 ………………… (12)
  二 气候变化对载畜量的影响 ………………………… (17)
  三 气候变化对食品安全及畜牧经济的影响 ………… (20)
  四 极端气候与畜牧业 ………………………………… (25)
  五 气候变化中畜牧业的脆弱性和适应性 …………… (27)
 第二节 青藏高原地区研究现状 ………………………… (30)

第三节　研究区范围和边界 …………………………………（32）

第三章　气候变化的时空差异及总体趋势 ……………………（34）
　　第一节　温度带—海拔模型（GTEM）……………………（34）
　　第二节　基于温度带模型的增温差异分析 …………………（36）
　　第三节　气候变化的空间差异 ………………………………（39）
　　　　一　水平差异 …………………………………………（39）
　　　　二　垂直差异 …………………………………………（45）
　　第四节　气候变化的时间差异 ………………………………（46）
　　第五节　增温与海拔的关系 …………………………………（49）
　　第六节　气候变化总体趋势 …………………………………（51）
　　第七节　本章小结 ……………………………………………（55）

第四章　青藏高原植被总体变化特征 …………………………（57）
　　第一节　数据来源及处理方法 ………………………………（60）
　　　　一　数据来源 …………………………………………（60）
　　　　二　数据处理方法 ……………………………………（63）
　　第二节　时空变化分析 ………………………………………（65）
　　　　一　时间序列分析 ……………………………………（65）
　　　　二　空间变化 …………………………………………（67）
　　第三节　植被与气候因子间的关系 …………………………（72）
　　第四节　人为因素分析 ………………………………………（77）
　　第五节　本章小结 ……………………………………………（83）

第五章　气候变化对草地载畜量的影响 ………………………（85）
　　第一节　草地生产潜力及牧草产量计算模型 ………………（88）
　　　　一　草地生产潜力计算模型 …………………………（88）
　　　　二　牧草产量计算方法 ………………………………（91）

目　录

第二节　数据来源及处理 …………………………………（97）
　一　数据来源 ……………………………………………（97）
　二　数据处理 ……………………………………………（99）

第三节　载畜量计算结果 …………………………………（102）
　一　气候生产潜力载畜量 ………………………………（107）
　二　降雨生产潜力载畜量 ………………………………（110）
　三　蒸散量生产潜力载畜量 ……………………………（113）
　四　气候生产潜力载畜量汇总 …………………………（117）
　五　草地理论载畜量 ……………………………………（127）
　六　实际超载程度 ………………………………………（133）

第四节　气候变化对载畜量的影响 ………………………（142）
　一　对气候潜力载畜量的影响 …………………………（144）
　二　对理论载畜量的影响 ………………………………（149）

第五节　本章小结 …………………………………………（168）

第六章　气候变化对畜牧业的综合影响 ………………（170）

第一节　青藏高原地区畜牧业发展现状 …………………（171）

第二节　气候变化对畜牧业影响的静态评估 ……………（176）

第三节　研究方法的选择 …………………………………（178）
　一　协整理论方法 ………………………………………（178）
　二　生产函数法 …………………………………………（180）

第四节　数据及处理方法 …………………………………（183）
　一　变量选择 ……………………………………………（183）
　二　数据来源 ……………………………………………（185）
　三　数据处理方法 ………………………………………（185）

第五节　模型构建及计算结果 ……………………………（188）
　一　气候生产函数模型构建 ……………………………（188）
　二　模型求解 ……………………………………………（188）

第六节　气候变化对畜牧经济的综合影响分析……………………（196）
　　一　对畜牧业总产值的影响………………………………（197）
　　二　对牲畜出栏规模的影响………………………………（199）
　　三　对肉类产量的影响……………………………………（201）
　　四　对奶类产量的影响……………………………………（203）
第七节　本章小结……………………………………………………（205）

第七章　雪灾与畜牧业脆弱性……………………………………（207）
第一节　积雪与青藏高原畜牧业……………………………………（207）
第二节　雪灾的遥感监测和反演……………………………………（211）
　　一　雪灾的遥感监测和反演………………………………（211）
　　二　雪灾风险及畜牧业脆弱性……………………………（218）
第三节　青藏高原雪灾野外调查情况………………………………（222）
第四节　青藏高原雪灾基本情况……………………………………（232）
第五节　基于多传感器多时相数据融合反演的无云积雪
　　　　产品……………………………………………………（239）
　　一　基于MODIS数据的积雪范围反演…………………（239）
　　二　多时相、多传感器数据融合云去除…………………（240）
　　三　基于AMSR-E数据的积雪深度反演…………………（241）
第六节　雪灾影响下的畜牧业脆弱性综合评价……………………（245）
　　一　国内外主要评价方法与模型…………………………（245）
　　二　评价方法选择…………………………………………（249）
　　三　指标体系构建…………………………………………（250）
　　四　数据来源………………………………………………（254）
　　五　数据处理………………………………………………（255）
第七节　评价结果和讨论……………………………………………（256）
第八节　本章小结……………………………………………………（263）

目　录

第八章　青藏高原畜牧业的适应对策 …………………………（265）

　　第一节　根据气候变化差异制定适应策略 …………………（265）

　　第二节　根据草地压力状态适时调整牲畜数量 ……………（266）

　　第三节　按气候变化的综合影响调整畜牧业 ………………（267）

　　第四节　规避灾害风险　加强适应能力 ……………………（269）

　　第五节　以清洁能源利用减少畜牧业温室气体排放 ………（270）

　　第六节　提高气候变化意识加强牧民生计建设 ……………（271）

参考文献 ………………………………………………………（272）

第一章 绪论

第一节 选题依据及意义

一 选题依据

(1) 全球气候总体上在变暖

近些年来,随着气候变化的加剧及灾害性气候事件的增多,当代全球暖温化问题(Contemporary global warming)已引起了世界范围的广泛关注。世界气候变化组织专门委员会(Intergovernmental Panel on Climate Change,IPCC)第四次评估报告($AR4$)指出,当代全球气候暖化始于20世纪初期,全球平均温度在1906—2005年增长了约0.74℃,并预计这一增长趋势将会持续相当长一段时间,到2100年左右全球温度将平均上升1.1℃—6.4℃(IPCC,2007b)。在中国,从1860—2005年,其平均温度升高了约0.4℃—0.5℃,并且从1986/1987年开始经历了19个暖冬(China Meteorological Administration 2006)。越来越多的证据表明,与整个20世纪缓慢的暖化趋势相比,全球暖化的强度和持续性从20世纪70年代开始越来越显著,其影响的范围和程度在不断增加,由此引起的天气灾害无论是频率、强度还是损失情况都有增加趋势,这也增加了未来气候模式的不确定性(Kerr 2007;Kintisch and Kerr 2007;Hallegatte et al. 2011a)。

目前的研究一般认为,在指示气候变化的各种因子中,与气温、植被等不为人们容易察觉的指示因子相比,两极和高海拔地区的冰川、冻土、积雪对气候的变化更为敏感且脆弱,也是气候变化最为具有表征和指示意义的参照物（Zimov et al. 2006；Marchenko et al. 2007；Oerlemans 2009；Bonnaventure and Lewkowicz 2011；Fang et al. 2011b）。气候变化使得两极及高海拔地区的冰盖和冻土加速退化（Lowell 2000；Casal et al. 2004；Xue et al. 2009；Gardner et al. 2011），随着气候的暖化，这些地区的冰物质流失正在加速，并在一定程度上引起了海平面的上升（Meehl et al. 2005；Schoof 2010；Gardner et al. 2011；Radic and Hock 2011；Sundal et al. 2011）。Meehl 等（2005）研究认为，即使全球大气中的温室气体如 CO_2 的浓度保持在 2000 年的水平，到 21 世纪末全球海平面的上升速率将比现在高 320%。由于海平面的上升引起的低海拔地区海水倒灌及对临海性城市（如哥本哈根、曼谷、库里提巴等）的淹没及巨浪威胁将是气候变化对城市系统最直接的影响（Bouwer et al. 2010；Hansen 2010；Hallegatte et al. 2011b；Hardoy and Romero Lankao 2011b）。气候变化带给其最具代表性的直接指示物的影响及破坏容易被观测到，而气候变化对其他系统如全球水循环系统、生态系统、城市社会系统等的影响则更表现出的是一种延迟的、缓慢的、间接的影响，但这种影响将是长久的和不可预见的（Leemans and Eickhout 2004；Jackson et al. 2009），随着陆地气候系统子系统以正反馈方式的变化（Williams et al. 2007），这些影响将进一步影响生态系统、产业系统、城市系统、社会系统中人口重分布等领域（Allen and Breshears 1998；Howden et al. 2007；Hardoy and Romero Lankao 2011a；Müller et al. 2011），因此气候变化是一个长期的、诸系统间复杂的相互影响的过程。

（2）畜牧业受气候变化影响最为直接

在气候变化对各系统的各方面的影响中，生态系统被认为是受其影响最为直接的系统（Boyazoglu 1998；Leemans and Eickhout 2004；Chandrasekhar et al. 2007；Alkemade et al. 2012），而以放牧为主的畜牧业则是受气候变化影响最为直接的部分（Eckert et al. 1995；Boyazoglu 1998）。由于气候变化首先影响生态系统，气候模式的改变（如温度增加、降水增加或减少、灾害性事件的增加等）将影响该地区的植被的生长状况，从而使依赖于植被净初级生产力（NPP）的畜牧业受到直接影响（Boyazoglu 1998）。另外，暖温化的趋势改善高海拔地区严寒的植被生长环境，有利于植被的生长，植被生长范围扩大（Colwell et al. 2008；Jump et al. 2009a），放牧范围扩大，使畜牧业的分布格局发生变化。而这种变化有两个方面的影响：①暖温化趋势改善了高海拔地区的植被生长；②随着这种改善，使得放牧的范围扩大，从而使人类的影响范围扩展，如果这种影响超过了生态系统的承受能力，则表现为人地矛盾突出，草地出现退化，即气候变化使草地系统的承载力增加，但如果过度放牧和人类影响加剧，则生态系统会出现逆转性的退化（Du et al. 2004b；Cui et al. 2006；Harris 2010）。此外，畜牧业是高海拔地区的主要经济产业，且在我国青藏高原、蒙新高原等地区在国民经济中的比重很高，气候变化对畜牧业的影响将直接影响该地区的经济收入，并导致牧民生计的变化（Soini 2005）。

另外，引起气候变化的温室气体排放中，来自食草性动物的温室气体排放，尤其是 CH_4 的排放，对增温的贡献尤为明显，因而畜牧业是全球暖化的重要方面（Batzias et al. 2005），对牲畜数量的控制是减少温室气体排放的重要方面，对减缓气候变化起着重要的作用（Bell et al. 2012）。

（3）青藏高原在气候变化中具有特殊敏感性和典型性

大量研究表明，青藏高原地区的温度在近50年的升温幅度较其他地区更为显著和剧烈（Liang et al. 2008a；Schwalb et al. 2010；Sivakumar and Stefanski 2011）。气候变化导致了青藏高原地区冰川的快速退缩（Beniston et al. 1997；Lowell 2000；Casal et al. 2004）、植被退化及荒漠化（Xue et al. 2009），由于冻土层的退化，冻土的变化引起了植被的退化和生态系统格局的变化（Chen et al. 2005；Yang et al. 2010）。有研究认为（You et al. 2010a；You et al. 2010b），青藏高原气候变化已经影响了大气环流等宏观尺度上的变化。由于青藏高原对北半球气候具有重要影响，青藏高原的热力和动力效应使其成为亚洲和北半球的控制区，从而形成亚洲季风，青藏高原的增温效果使得中低纬度的对流天气更为频繁，因而出现极端天气事件和灾害影响的次数明显增多（Duan and Wu 2005；Schwalb et al. 2010）。另外，青藏高原被称为"亚洲水塔"和"万河之源"，发源于此的黄河、长江、恒河、湄公河、印度河、萨尔温江、伊洛瓦底江7条亚洲重要河流，流域总人口达13亿，其生态之重要不难想象。随着冰川退缩和气候变化情景下水文循环的变化，生态——尤其是水资源安全问题显得尤为重要（Immerzeel et al. 2008）

青藏高原气候在其自身变化的同时受到了人类活动的影响，并且这种影响的正反馈放大效应使气候变化趋势更为明显和剧烈（Cui et al. 2006）。有研究（Luo et al. 2009）认为过度放牧等对高原植被的破坏使青藏高原高寒草甸生态系统的退化雪上加霜，而一些研究（Piao et al. 2006）认为青藏高原区的植被覆盖度/植被指数（NDVI）的下降除了气候因素外，人为因素占有很大比例。还有研究（Du et al. 2004b）则认为青藏高原生态和植被净初级生产力的退化（下降）是和过度放牧增加收入分不开的，脆弱的高寒草原环境在以过度放牧和超载为手段增加收入的同时使退化更为剧烈。

二 选题意义

正如尼泊尔国际山地中心主任Andreas Schild将青藏高原形象地比喻为"地球的触角"一样，青藏高原在气候变化中的特殊敏感性和引发的环境变化机制可谓"牵一发而动全身"，尤其是其对东亚和我国的影响将更为明显（Kerr 2007）。开展对青藏高原气候变化的研究显得尤为重要。由于青藏高原地区的畜牧业在国民经济中的比重仍然很高，且畜牧业对青藏高原地区牧民的生计和收入起着决定性的作用，开展对青藏高原地区畜牧业受气候变化影响的研究不仅具有典型的科学性和代表性，而且对这一地区如何适应气候变化的战略制定具有很高的现实实用性，因而具有很强的实用意义。

第一章　绪论

第二节　研究思路与主要内容

一　研究内容

（1）气候变化总趋势及时空差异

由于青藏高原覆盖面积较广，区域间地貌类型差别较大，受垂直地带性和水平地带性的影响其气候类型多样，在全面暖化过程中各个区域及不同的海拔带上差异较为明显，以高原为整体的研究将忽略气候变化的区域差异。因此本书将首先选取代表气候变化最为关键的几个因子如气温和降水，分析其在空间上变化的趋势及空间差异性。通过关键气候因子的时空变化差异分析，全面了解气候变化对各个不同的子区域影响的差异。关键气候因子变化背景分析是分析气候变化对生态系统影响的前提和基础。只有在充分掌握了气候变化的总体趋势和空间差异后，才能进一步分析其对不同地区畜牧经济带来的不同影响。

（2）气候变化下青藏高原植被变化总体特征

由于植被尤其是地上生物量/地上植被净初级生产力（NPP）是畜牧业赖以发展的基础，其植被覆盖类型和生长状况对农牧业结构和规模具有决定性影响。在气候变化中，植被是首当其冲的直接影响对象。因此，气候变化和畜牧经济之间的联系纽带是气候对植被生长状况的影响，分析气候对植被的影响，揭示在不同的子区域中影响的差异性是本书的重要内容。只有掌握了气候对植被影响的各个方面和趋势及其空间差异，才能预测和评估其对畜牧业空间格局和规模的影响，因而这一分析是本书对畜牧业受气候变化影响研究的基础。

（3）气候变化下草地承载力评价及对畜牧经济的影响

通过气候变化对植被的影响分析，基本掌握植被的空间发展趋势。通过NPP的发展趋势分析及空间差异性分析，结合实地的样地草量采集才能综合估算草地承载力的规模和发展趋势，并结合NPP在空间上发展趋势的变化，通过以羊单位换算的载畜量的分析，即可全面评价整个青藏高原地区的草地承载力。由于载畜量与当地经济收入，特别是对农牧民的经济收入起着关键的作用，通过载畜量的计算，并结合以羊单位为经济单位的换算，综合分析得到气候变化影响下的畜牧经济变化情况。

另外气候变化中畜牧经济对气候变化有相应的反馈作用，当畜牧业的发展规模超过了草地的承载力时，承载力出现下降，人为因素对植被的压力和破坏加大，从而使气候变化对生态系统的正反馈作用加强。应以承载力的趋势估算为主，结合当前畜牧业发展的趋势判断超载与否，从而为制定实时合理的畜牧业调整政策做理论铺垫。

（4）气候变化对青藏高原畜牧经济的综合影响

畜牧业作为一个依赖于草地资源、以牲畜的养殖及其副产品加工为主的特殊产业，同其他产业一样，具有投入—产出及规模效应问题。在常规的投入—产出静态分析中，投入要素对产出的贡献率问题一直是研究该产业发展水平的重要方法。投入要素的变化将引起产出规模和收益的变化，因而该要素对产出的贡献率即弹性就是判断投入—产出的关键。本书在畜牧经济受投入要素变化的影响分析中参考了经典的C—D生产函数模型，在要素的投入中考虑到了气候因子对畜牧业的贡献，因而建立了畜牧业在气候变化下的畜牧—气候生产函数（C—D—C函数），在此基础上分析要素的投入对畜牧业产值的影响。以气候变化中重要的两个参量年均温和年总降水量的变化作为分析的重点，以此来分析对畜牧业产出中各个指标的弹性，以气候变化趋势来预测未来情景下气候对畜牧业产出中各个指标的影响，从而综合分析气候变化对畜牧经济的综合影响。该部分内容是本书基于承载力变化对畜牧经济影响的延伸和补充，是本书的另一重要内容。

（5）青藏高原畜牧业脆弱性和适应能力评价

通过以上气候变化对畜牧经济的影响分析，本书拟通过脆弱性评价指标体系的建立对整个青藏高原畜牧业的脆弱性和适应能力进行综合评价，并以此作为制定畜牧业对气候变化应对及适应对策的基础。脆弱性评价中首先对评价指标进行选取建立脆弱性评价的指标体系,并通过对评价方法的选取最终建立评价方法和评价模型,最终评价灾害影响下青藏高原畜牧业脆弱性的空间差异性。在脆弱性评价的基础上分析整个青藏高原畜牧业应对气候变化的适应能力,并最终为畜牧业适应气候变化的策略制定提供基础。因此本书以不可预测的突发灾害,尤其是雪灾对畜牧业的影响分析为主,综合评价青藏高原地区畜牧业的脆弱性。该部分内容以气候变化的突发性事件概率分析为主,是对气候缓慢变化下静态分析气候变化对畜牧业影响的补充。畜牧业脆弱性分析是畜牧业适应气候变化的另一重要方面。

(6) 青藏高原畜牧业适应气候变化对策

通过以上的分析,最终针对性地提出畜牧业适应气候变化的应对策略是本书的目的和出口。而制定具有针对性、翔实可行的应对策略对青藏高原地区发展畜牧业、积极应对气候变化具有重要的理论和现实实践意义,是本书最终要解决的另一关键问题。

二 研究思路

本书主要研究思路与内容框架如图 1-1 所示。

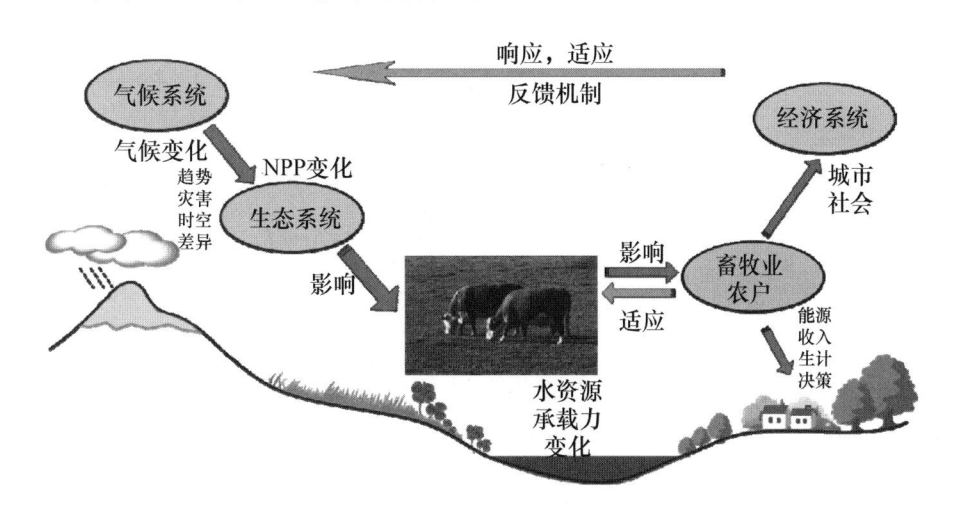

图 1-1 本书主要研究思路与内容框架

第三节　研究目标

（1）依据气候变化对植被的影响趋势空间差异，综合分析气候变化下的植被/草地变化空间差异性，通过NDVI分析其空间变化趋势，通过NPP的计算分析草地承载力变化趋势，以此来分析草地生产力变化对畜牧经济的影响。

（2）通过在生产函数中引进气候的要素投入，以此来分析气候变化对畜牧业的综合影响效应，以未来气候情景下的经济损失分析为主，判断气候要素变化对畜牧业产出中各个指标的影响。

（3）除了气候变化对畜牧业长期、缓慢的静态影响分析外，灾害等突发性极端气候因素对畜牧业的影响是另一重要内容。本书拟以雪灾对畜牧业的影响分析为主，对青藏高原地区畜牧业的脆弱性和适应能力进行评价，综合测量畜牧业在气候变化中的脆弱性和适应性，分析畜牧业对突发性气候事件的应对能力，为畜牧业在变化的气候模式下健康发展提供对策。

第四节　研究方法

气候变化是一个全球性的话题，其涉及的范围和广度几乎是空前的。从涉及的领域来说，几乎涵盖了气候、水文、能源、生态、农业、经济、城市、福利等各个领域；从影响的层次来说，小到个体、农户的微观尺度，再到区域、整个生态系统等中观尺度，大到全球的总体环境状况等宏观尺度；从影响的范围来说，从自然灾害到经济系统，再到社会系统，无不涵盖和涉及。从气候变化的以上特点可以看出，没有哪一种方法或理论能有能力来涵盖和解决它。气候变化的多维度、不确定性和影响的深远性给研究方法的选择带来了极大的挑战。在当前的气候问题研究中，即使是系统论、混沌理论、系统动力学等也都缺乏用武之地，因此研究方法上大都徘徊在以具体事件具体分析、针对具体的问题再选取研究方法的阶段。

即使是最简单的全球增温幅度预测问题，就涉及诸多模型和预测的不确定性（以 IPCC 的研究为例，最终也只是选取了多种情形下折中的办法才予以说明）。

因此，本书在方法的选择上面临的也是同样的情况，但就本书的几个关注点而言，以下几种方法得到了较多的应用。

（1）数学建模与趋势预测方法

由于选取的变量间存在相互影响，对于经济统计数据和选取的参考要素都进行了相关性分析，并基于此对研究问题的参考因子进行了建模分析。模型的建立、检验和应用使定性分析具有了量化标准和参照对比的可能，是对纯理论和假设、定性分析的有效补充。较好效果的数学模型使抽象的研究具象化，并成为分析的有力工具。

（2）遥感与 GIS 方法

"3S"方法是从地理学角度研究问题的重要方法之一，在 20 世纪末叶得到了极大的发展和应用。基于 GIS 的空间分析、基于遥感的地物监测与评价，以及以全球定位系统产品应用为主的地物定位等都逐渐成了地理学分析的有效手段，加上计算机的计算功能，有效地解决了地理学中的数据量大、分析精度不高、难于获取等问题。本书在气候变化对畜牧业的影响分析中采取了遥感监测的方法，并将 GIS 空间数据分析功能应用在了灾害风险空间分析中，以实地 GPS 测点数据对部分遥感解译结果进行了矫正等。因此，GIS 方法是本书研究中的重要方法之一。

（3）典型因子分析与综合分析的结合

气候变化对生态系统的影响涉及方方面面，只能选取最为典型的、代表性的和关键性的影响方面作为切入点，以典型因子分析气候变化对畜牧业的复杂影响和适应，最后再综合分析和总结。这种方法的本身就是一种尝试和创新。虽然挂一漏万，但抓住了主要矛盾，从重点入手，能从一定程度上达到分析和解决问题的目的。

第五节　数据来源

（1）气象数据

本书气候变化及趋势分析中的气象数据来源于中国气象局国家气象信息中心，包括整个青藏高原及其 1.2°（约 166km）扩展后的 144 个气象站点逐年、月及日常规记录值，时间年限为 1961—2011 年，数据的可靠性和完整性较高。

（2）遥感影像数据

本书 NDVI 数据来自美国航空航天局（NASA）全球监测与模型研究组 GIMMS（Global Inventory Monitoring and Modeling Studies）提供的 NOAA/AVHRR-NDVI 数据集，其空间分辨率为 $8km \times 8km$，属半月合成数据，时间跨度为 1981 年 7 月—2006 年 12 月，共计 612 幅 NDVI 半月合成图像。考虑到时间序列的时效性，考虑用 NASA 的地球观测系统 EOS/MODIS 数据集对其进行插补。后者的分辨率为 $1km \times 1km$，时间序列为 2000 年 2 月到 2010 年 12 月，为 MODIS Terra 卫星的月合成数据。

（3）地上生物量样方数据

植被的地上生物量数据来自在青藏高原地区的几次野外采样，其采样大小为 $0.25m \times 0.25m$ 的样方，一个样点同时采取 3 个样方以作平均处理。地上生物量采集由 GPS 定位采取，是对遥感影像数据的校正和补充。

（4）经济统计数据

本书中的经济统计数据来自各省、市历年的经济统计年鉴和地方志，畜牧业的统计数据来源于中国畜牧业统计年鉴和行业统计年鉴。

第六节　特色及创新

本书以气候变化为视角，以气候变化对畜牧业的影响为分析的主要内容，建立气候变化—生态系统—社会经济系统之间相互影响的纽带和关系，通过 GIMMS-NDVI 及 MODIS-NDVI, Landsat TM、ETM + 的遥感影像数据可分析植被（草场）的变化情况，并就其变化与气候因子直接的响应关系、（植被）草场变化对畜牧业的影响，以及气候灾害对畜牧业的影响等方面进行深入的分析，从而剖析气候变化对青藏高原社会经济系统的综合影响，最后以气候变化影响下畜牧业的脆弱性分析为主，并评价其适应性，从而为青藏高原畜牧业的可持续发展提供理论依据和指引，以发展变化的视角综合研究该问题是本书的特色。创新之处主要有：

（1）通过建立 GTEM 模型来分析气候变化的时空间差异，通过用不同的时间尺度和海拔划分来分析气候变化的情况，是气候变化中时空趋势和差异性研究方面的尝试。

（2）立足于草地对气候变化的响应，从而分析气候变化对畜牧业的影响，在综合评价气候变化带来的风险基础上做出畜牧业脆弱性评价，以应对能力建设评价为指导，从而研究畜牧业对气候变化的适应措施，该部分内容是气候变化与生态系统、社会经济系统结合的综合性研究。

（3）利用草地对气候变化的响应，以遥感技术为手段，结合地面的实测数据对其校正，从而保证了数据的真实性和研究的科学性。气候变化与经济发展的结合是人文地理学和气候学研究中的相互借鉴和尝试。

（4）在常规的投入—产出要素贡献率分析中，本书对畜牧业的分析中引入了气候因子作为畜牧业的一项重要的生产性投入要素，利用气候变化来研究其对畜牧业的产出弹性，以此来分析对畜牧经济的贡献以及该要素变化下畜牧业受其影响程度，这是 CD 函数在畜牧经济投入产出分析中的尝试。

第二章 国内外研究现状

第一节 国内外研究现状

一 气候变化对草地生态系统的影响

气候变化对畜牧业的影响研究首先集中于气候变化对植被生长状况的影响。在该方面，植被带随气候暖化其林线/树线向高海拔及高纬度地区的扩展研究尤为受到重视。目前主要集中于生态学和气候学中植被带与温度带对应关系的地带性（垂直地带性和纬向地带性）研究（Körner 2005；Colwell et al. 2008；Jump et al. 2009b）。而这一研究首先来自对冰冻圈变化的监测（Oerlemans 1994；Lowell 2000）。由于冰冻圈是气候变化的放大器，其对气候变化的响应和指示较为明显，其冰物质平衡线（Equilibrium Line Altitude，ELA）/雪线（Snowline）被认为是对气候变化的较好指示因子而最早受到重视（Oerlemans 1994，2009；Schwalb et al. 2010）。随着气候的暖化，平均的雪线/零物质平衡线将随着冰川退缩而抬升，并且这一趋势在山岳冰川如阿尔卑斯山区及深处内陆的中亚等地较为明显（Lowell 2000；Yao et al. 2007）。在青藏高原及其附近地区，大约有46300座冰川，其冰物质总面积约59400km^2，冰物质总量达到5600km^3（Yao et al. 2007）。Yao等（2007）监测的结果显示，从20世纪60年代开始青藏高原地区的冰川开始了整体上的缩减，并在最近十几年时间中出现了加速退缩趋势；伴随着雪线的提升，苔原带的上限（苔原林线）也在扩展和上升。Tobias（2007）和Kutuzov等（2009）利用遥感监测的办法调查了青藏高原西北部天山地区的冰川随气候变化情况，结果发现这一地区1950—2000年的平均温度变化较全球平均高2倍左右，但降水量只是略微增长，是雪线升高的最主要原因，随着雪线的升高，苔原带及其下界附近的林线均有较明显的上升。Ding等（2006）研究的结果也显示过去的几十年中在中国西部超过80%的冰川有明显的退缩趋势，其总面积缩减了约4.5%，其平均雪线升高也较为明显。在青藏高原东部的贡嘎山（7556 m asl.）地区，Li等（2010）的监测表明，海螺沟冰川的雪线从20世纪30年代到现在升高了约300米，伴随雪线的上升，其山地生态垂直带普遍有较大的抬升，高山区的植被分布增加明显。冰川的退缩及雪线的普遍上升使得其附近地区的荒原、苔原带植被分布上限范围扩展，加上植被带自身生长状况改善，地上生物量增加，这也是在气候暖化过程中高山区植被覆盖增加的主要原因（Körner 2005；Kerr 2007）。冰川退缩引起的雪线升高以及与之伴随的林线上限扩展是其主要原因。

除了与雪线变化的对照分析外，对林线变化的直接观察则是较为直接的办法（Körner 2005；Díaz-Varela et al. 2010）。Körner和Schickhoff等（2005）对喜马拉雅地区的树线变化研究是该方面研究的代表。通过其对该地区树线上界变化的长期观察，认为青藏高原南部的喜马拉雅地区气候暖化明显，平均树线均有上升趋势。但由于气候变化和植物向高海拔高纬度地区的演替是一个缓慢地变化过程，短时间内很难监测到较为明显的变化。为此，与历史资料尤其是珍贵的历史照片、影像资料间的对比研究成为该方面研究的重要途径（Baker and Moseley 2007；Chen et al. 2011）。Baker和Moseley（2007）利用历史气候资料以及历史照片，对比分析了青藏高原东南部地区（云南省西北部）的冰川变化及树线的扩展。分析发现，在过去的20多年，该地区的气温以0.006℃/年的速度增加而降水基本不变，这也正是该地区冰川退缩及林线上升的主要原因。Chen等（2011）为了研究中国西部地区的环境变化，通过重走Ernest Henry Wilson（1876—1930）在1899—1918年在青藏高原东部的5次行走路线，并通过与Wilson的照片对比的办法来观察高原西部过去 100 年的环境变迁。结果显示，在新拍摄的照片中其中 39 幅的林线和植被状况有明显的提升，植被迁移到了生长条件适宜的地区，17 幅因城市化等人为干扰而出现了退化，只有 6 幅并没有显著的变化。这些与历史照片资料的对比分析可以更好地反映出气候变化下植被带的直观变化。但由于拍照技术相对较新，且历史照片较难获得，其记录的生态环境时间较短，使这一方法在植被带随气候变化的对比研究具有一定的局限性。

相较于与历史照片对比的办法研究植被带及林线的变化，卫星遥感影像数据则具有诸多的优点。近些年以覆盖范围广（几乎覆盖全球）、时间精度高（可以是每天）、分辨率高（很多卫星已达到亚米级分辨率）的卫星遥感影像数据对比分析为主的遥感监测则逐渐发展起来（Stow et al. 2003；Stow et al. 2004；Stow et al. 2007；Berthier and Toutin 2008；de Jong et al. 2011）。而以 NOAA/AVHRR、SPOT-VGT 及 EOS/MODIS 数据对植被覆盖的监测最为典型（Stow et al. 2004；Tarnavsky et al. 2008；Fensholt and Proud 2012）。Fang 等（2004）利用 AVHRR—NDVI 在 20 世纪 80 年代及 90 年代两个阶段的数据对中国区的植被活动分析结果显示，整个中国区植被活动这 20 年在增强，且与气温的增加及中国北部三北防护林的建设等工程措施有很大的正相关关系；而植被活动的增强与增温和降水增加之间的关系进一步地被 Piao 等（2006）所证实。在青藏高原地区植被覆盖与气候变化的研究中，Xu 等（2008）利用 1982—2000 年 NOAA/AVHRR 的叶面积指数和降雨、温度之间的关系分析显示，整个高原气候暖化对其植被覆盖的增加有很大贡献，降水是主要的影响年内植被覆盖的原因。在其南部的喜马拉雅山系地区暖湿化的气候趋势有利于植被的增加，但在高原北部的增温却引起了干旱，从而对植被增加不利。但高原北部尤其是东北部地区气候变化有轻微的暖干化趋势，但较之快速的人口及牲畜数量的增加，城市化的发展等人为因素的干扰是其植被减少的最直接原因。在整个高原人口和牲畜密集的地区，其 NDVI 普遍出现下降趋势，经济发展带来的人为因素对植被的干扰较气候变化更为强烈。另外

Peng 等（2012）利用 GIMMS 数据对整个青藏高原 1982—2003 年的植被生长状况的分析也显示，整个高原的植被活动在经历一个缓慢的增加过程；但与此同时，接近 50% 的森林却在退化，这与气候的暖化趋势相吻合；进一步的 R/S 指数分析的结果显示植被带的退化与地貌状况尤其是海拔有密切的关系。在分区域的典型研究中，三江源区由于其特殊的生态水源涵养地位、生态脆弱性及其对气候变化的敏感性，从而得到了较多的关注（Wang et al. 2007b；Fan et al. 2010a；Fang et al. 2011a；Hu et al. 2011）。Fan 等（2010a）通过 GLO-PEM 模型分析了 1988—2005 年，18 年的 NDVI 变化和气候及人为影响之间的关系显示，三江源区除了东南部草地有略微的退化之外，整个源区的西部及中部的植被恢复较为明显，这与气温的增加改善了严寒的植被生长环境有关，并且与近些年的保护和遏制过度放牧有直接联系；并认为减少牲畜数量，尤其是控制在冬季的放牧至关重要。相似的结果也体现在 Hu 等（2011）对该地区 1982—2000 年的 NDVI 变化与气候因子如太阳辐射、温度、降水和水汽压等的关系分析中，即整个江河源区的 NDVI 显示出增长态势，并与气候暖化、生长季的提前相关，而水文条件和温度被认为是影响 NDVI 变化最为关键的因素。在以人为因素影响的原因分析中，人口较为缓慢的增长及牲畜数量的下降减少了人为活动对植被带的干扰是其主要原因，这与近些年的退耕还林还草政策的实施及三江源自然保护区的建设有直接的关系。

在植被变化的原因解释方面，大多数的研究侧重于分析植被与气候因子之间的关系，如 Gao 等（2010a）在西藏高原北部地区（那曲地区）的牧草地退化研究中显示，1981—2004 年降水略微增加对植被的恢复和保护有很大的作用，但温度和太阳辐射的波动性增加却加剧了高寒草地的退化。Shen 等（2011）对青藏高原东部及中部生长季前春季的植物萌发进行的研究表明，春季植物的萌发时间和降水及积温有很大的正向相关性。另外也有报道指出增温可能导致森林干旱和植被带的退化，而这种退化对冻土活动层是一个正反馈的加速过程，并进一步地导致了草地的恶化（Wang et al. 2007b; Park Williams et al. 2012）。另外，草地退化中人类活动的影响也得到了较多的关注。例如 Yang 等（2004）认为青藏高原地区的沙漠化及冻土层的退化是气候变化和人为的不理性的经济发展的结果，并且以过度放牧等的人为干扰较为突出。Du 等（2004b）认为过度放牧使草场退化，增加了草地的潜在蒸散发水平，促进了进一步的气候暖化过程，从而对草地的退化是负面的反馈效应。Fang 等（2011b）对长江和黄河源区 NPP 的研究中发现 1980—2007 年其理论载畜量减少了约 11%，并认为生态补偿系统、牧民生计支持系统以及科学评估系统的建设是提高该区域适应能力以及平衡草地系统的保护和发展的重要途径。而以过度放牧、鼠虫害、人为植被破坏等为主的原因解释普遍为学者们在人为因素干扰分析时所接受（Che et al. 2008; Wang et al. 2008b; R. B 2010）。另外，土地利用转型也受到重视。在青海湖附近的县域土地利用变化原因分析中，除了气候环境的变化外，人为的土地利用转型最为突出。在干旱的环境下没有考虑到可持续性的土地开发是该地区植被带退化的主要原因（Wang et al. 2008b）。近些年来，规模较大且最为典型的人为活动当属青藏线（Qinghai-Tibet Engineering Corridor）的建设（Che et al. 2008; Fan et al. 2010b; R. B 2010）。而 Jin 等对青藏线从格尔木到拉萨段工程建设对环境影响的分析显示，在过去的 50 年中，冻土因人类活动的增强及气候的全面暖化而出现明显的退化。近些年来，很多沿线地区的植被因人口的增加和工程的建设而被完全移除或破坏。而如果恢复到破坏前的水平，高寒草地（Alpine Grasslands）需要 20—30 年的时间，而高寒草甸（Alpine meadows）则需要 45—60 年的时间，人类活动的干扰应通过政策等加以限制（Che et al. 2008）。因此，草地系统同时受气候变化和人类活动影响的双重控制，近些年来，以变化的气候环境下怎样合理地利用草地资源的话题逐渐成为该领域研究的热点。

二 气候变化对载畜量的影响

草地生态系统除了其自身的经济价值外，还提供诸如生态屏障功能、野生动物栖息地、水源涵养及净化空气，以及提供休闲、旅游、度假等众多生态服务功能。因此其除了供养一定规模的牲畜外，其生态服务功能的发挥程度便成了度量该系统价值发挥的重要指标（Bernués et al. 2011；Pape and Löffler 2012）。在气候变化对畜牧业影响的研究中，一个重要的内容就是判断草地的利用强度，即判断是否超出了其合理的承载能力（Burke 2004；Nardone et al. 2010）。因此，合理的放牧强度和草地的可持续性利用与保护问题成为在气候变化研究中首当其冲的研究热点（Popp et al. 2009；Nardone et al. 2010；Bernués et al. 2011）。从草地利用的角度，在不同的放牧强度下，其对草地生态系统的压力也不同，表现出草地所发挥的自身价值也不同。

如果草地的放牧强度超出了其可承受的适应能力，表现为草地由可持续生态系统向过度放牧转化，进而在其经济承载力和生态承载力持续退化的过程中产生极端情况——生态灾难（见图2-1）。这是由于其所承受的压力持续增加，而其再生产能力持续减弱，从而引起了自身调节功能的衰退，导致草场退化（Bernués et al. 2011；Pape and Löffler 2012）。因此，对草地合理载畜量的估算和草地的可持续性利用问题、草地除了其经济价值外其生态价值的发挥问题等便是该方面研究的热点问题（Mideksa 2010；Bell et al. 2012）。基于草地承载力的判断，气候变化必然对草地生态系统产生影响，其牲畜承载能力、经济价值及生态价值均将随之发生变化，由此可以通过气候对草地载畜量及其价值的影响来判断气候对畜牧业的影响，而对草地载畜量的估计正是畜牧学中一个传统的老话题（Dasmann 1945；Alkemade et al. 2012）。在该类研究中其理论假设是地上可采食的牧草（Biomass）所能供给的牲畜规模，即其经济价值的大小（Thapa and Paudel 2000；Retzer and Reudenbach 2005；Long et al. 2010；Bernués et al. 2011）。例如Thapa等利用平均标准牲畜单位的牧草日采食量对青藏高原南部山麓地带的草地载畜量进行了估算，并就承载力在气候变化下的趋势进行了预估（Thapa and Paudel 2000）；Long 等对青藏高原中部果洛地区的高寒草原载畜量应用 MODIS 遥感数据进行了估算，并就超载情况及未来的草地承载力的空间进行了探讨（Long et al. 2010）；等等。但目前该方面的研究中只是注意到草地的载畜量及其最大经济价值发挥问题，而对变化的气候环境下草地生态系统走向可持续性发展以及其生态价值、文化价值等的发挥的探讨相对较少（Thornton et al. 2009；Harris 2010；Alkemade et al. 2012）。

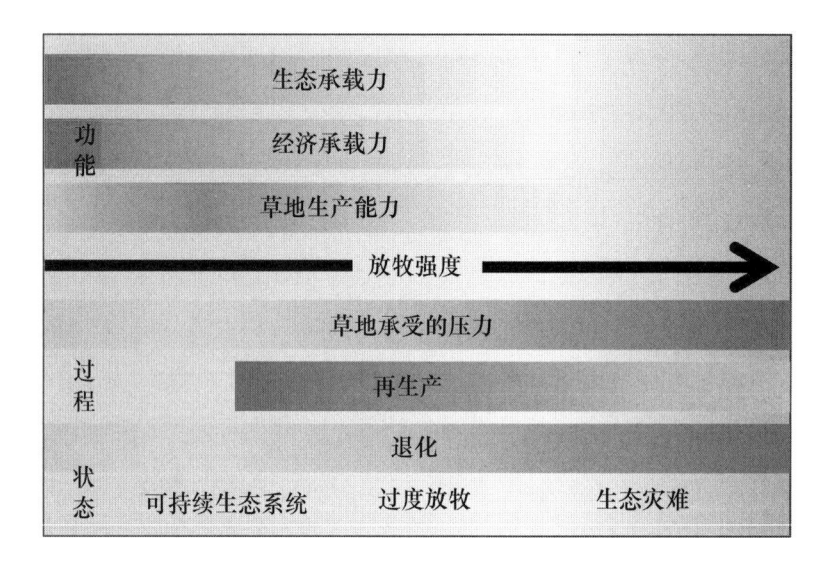

图 2-1 气候变化中草地生态系统在不同的放牧强度下其服务功能及价值的变化

基于草地系统承载力的研究，其中以草地在可持续发展的前提下其载畜量的研究为核心，可以基于此对草地的超载情况进行判定，从而对草地合理的载畜量制定及避免掠夺式的放牧及草原开发利用提供了科学依据（Bernués et al. 2005；Nardone et al. 2010）。这也进一步引起了在变化的气候环境下草场退化原因的讨论（Burke 2004；Ebrahimi et al. 2010）。人为放牧对草地的干扰以及变化的气候环境对草地地上生物量的影响是引起草地承载力变化的主要原因

(Du et al. 2004a；Thornton et al. 2009；Harris 2010）。基于该方面原因的解释及探讨，从而使畜牧业在变化的气候环境下怎样持续、健康地利用，以及在发挥其经济价值的同时怎样最优化地发挥其生态价值等逐渐成为近些年来畜牧业与气候变化研究中的热点问题（Nardone et al. 2010；Gosling 2013）。

从畜牧业受气候变化的影响以及生态系统变化的角度，从全球利用率较高的 Google Scholar 数据库检索的结果可以看出，在近60年的时间里，该数据库中关于畜牧业（Animal Husbandry）的文章数量由20世纪50年代（1950—1959，以下同）的8400篇左右增加到21世纪的151000篇左右，增长速度飞快（见图2-2）。除了数据库自身的健全及覆盖范围扩展外，很重要的一个原因即在于在

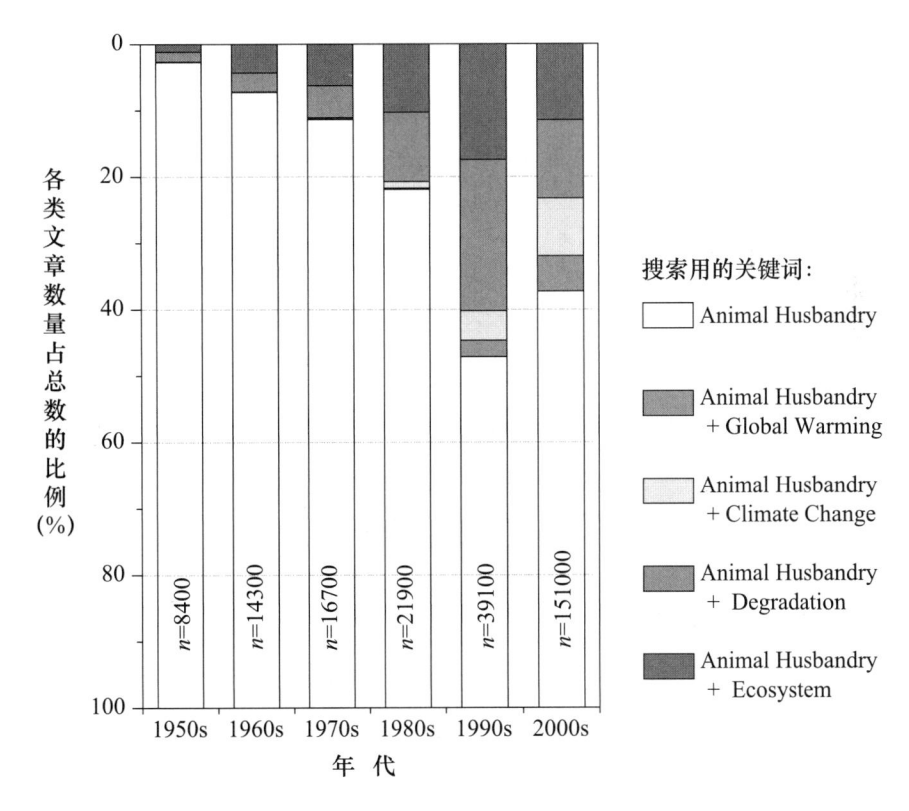

图2-2 在 Google Scholar 数据库中以畜牧业、生态系统、退化、气候变化和全球暖化等检索词检索的畜牧业与气候变化方面最近几十年的研究论文数量增长情况（1950—2012）。

该方面研究性论文数量的迅速增加。

在以畜牧业为检索词的结果中,其中以畜牧业与草地退化(Degradation)、畜牧业与生态系统(Ecosystem)为研究话题的文章数量及其在该领域研究中所占的比例增长最为迅速。从发展趋势来看,对畜牧业与气候变化(全球暖化)的关注主要是从20世纪80年代后期开始的。以上的统计结果表明气候变化与畜牧业发展问题的关注度在逐渐增加,而生态系统受气候变化的影响下,其承载力的变化及其经济价值、生态价值的充分利用等问题因草地退化、全球暖化等问题的激增而引起了越来越多的重视。由于畜产品中肉类、奶类、禽蛋类等提供了人们日常生活中饮食的很重要一部分比例,受气候变化的影响,对食品供给能力、食品安全及畜牧经济的关注成为畜牧业受气候变化影响研究中的另一重要内容。

三 气候变化对食品安全及畜牧经济的影响

全球人口规模在2000年已突破60亿,随着全球人口规模的迅速增长,预计到2050年左右世界人口将增长至接近100亿(United Nations 2002)。随着人口的迅猛增长,全球生态系统所能提供的供养能力问题越来越受到人们的怀疑和重视。由于畜产品中的肉类、奶类、禽蛋类等给人们提供了重要的动物蛋白、脂肪等,因而畜牧业产品是不可或缺的食品组成部分和供给源。可以预见的是,随着人口规模的增长及人们生活水平提高后对生活质量的追求,对畜牧产品中肉类、奶类的需求量将会越来越大,因此对畜产品产量及质量的关注也会越来越高(Alcamo et al. 2007;Cordell et al. 2009;Ericksen et al. 2009;Balaghi et al. 2010)。并且随着未来气候变化的影响,其引起的食品短缺及生态系统供给能力问题将会成为全球性的焦点问题和可持续性发展中最大的制约瓶颈(Evan D. G 2006;Hanjra and Qureshi 2010;Harvey and Pilgrim 2011;Gosling 2013)。并且食品的短缺和水资源、能源的短缺一样,必然成为社会发展的制约因素,引发区域的不安定或为资源而引起的掠夺(Harvey and Pilgrim 2011)。因此各个国家和地区对气候变化的关注,其中最重

第二章 国内外研究现状

要的原因即在于此（Wilkie et al. 1999；Jackson 2010；Jintian 2010；Tirado et al. 2010；Jeremy 2011；Kalpana Sastry et al. 2011）。受气候变化的影响，畜牧业的发展受到如此前所未有且越来越多的关注，正是因为其所引发的畜产品供给能力及食品安全问题（Antonio R 1997；Miraglia et al. 2009；Finco and Doppler 2010；Armah et al. 2011）。

基于食品安全的考虑，气候变化对畜牧业的影响即是因气候变化改变了草地生态系统功能、改变了畜牧业的发展环境，从而影响畜产品中肉类、奶类等食品的供给能力，威胁到食品的安全（Evenson 1999；Janzen 2011；Golub et al. 2012）。在畜牧产品中的食品安全分析中，畜产品产量、质量，及其空间分布的变化是该领域研究中的核心问题（Antonio R 1997；Burke and Lobell 2010）。气候变化不仅影响草地生态系统的载畜能力，其畜产品在空间上的变化也尤为重要。因为产量的空间分布变化可能引起国家和地区之间畜产品产量的差异和不均，从而引发局域食品短缺和价格波动，最终影响畜牧经济（Miraglia et al. 2009；Burke and Lobell 2010；Hanjra and Qureshi 2010）。而这在高度依赖于农业及畜牧业的国家和地区，尤其是在发展中国家如非洲地区、亚洲地区及赤道地区的国家尤为突出（Müller et al. 2011）。由于这些地区人口的快速增长对粮食和畜产品的需求将会出现持续的增长，因此能否满足持续增长的食品和畜产品需求是关系到这些地区发展与稳定的关键（Palm et al. 2010；Sivakumar and Stefanski 2011）。

在气候变化对牲畜的空间分布研究中，适宜体感温度区理论是该方面研究的基本理论前提。即任何一种植物或动物都有其自身长期演化而得到的习惯温度（或适宜温度），在该温度附近即是它的适宜体感温度，而该温度附近的合理变化范围即是该物种的适宜体感温度区（见图2-3）。

在外界环境低于或高于该适宜体感温度区后，都将对该物种带来身体的不适或生命威胁，从而危及其正常生活。根据实验统计数据，成年牛的适宜体感温度在5℃—15℃，此区间为最适宜生存温

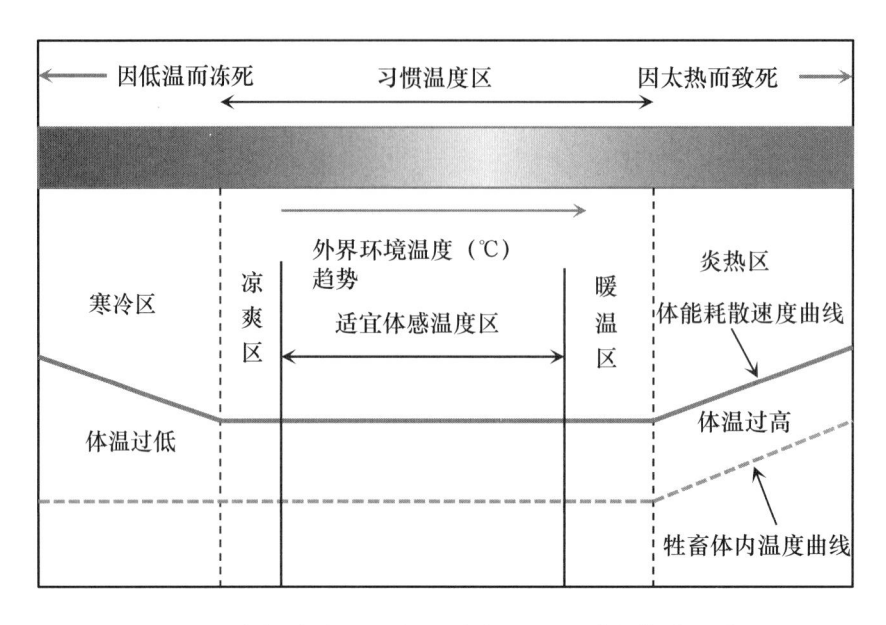

图 2-3　牲畜对外界温度的适应区间及适宜体感温度区

度区（Hahn 1999）。而 McDowell 的研究认为，在 5℃—25℃成年牛进食和生理、心理状态均不会受到较大的影响（McDowell 1972）。但显然该适宜温度区因地方，特别是海拔和纬度而异。一般地，高海拔、高纬度地区该值较小，而低纬度的赤道地区该值较高，且值域较宽（Sirohi and Michaelowa 2007）。在温度高于适宜体感温度区后，因外界环境的温度过高而使得牲畜因排汗等作用加速能量分解、能量耗散，不利于长膘。而在低于适宜体感温度区后，寒冷的外界环境使牲畜必须通过加快体内能量分解以产生较多的能量来维持体温，从而也使得体能耗散加快，不利于能量在牲畜体内转化而存储下来。并且极端的低温和高温可能形成牲畜对气候的不适应而导致冻死或热死。

因此生物为了生存，只能选择迁徙或改变生活习性以适应变化了的气候环境。由于适宜体感温度区的存在，在气候变化影响下，喜阴物种向高海拔、高纬度地区的迁移，以及一些对气候较为敏感的动物和牲畜向高山区迁移以避免潮热天气等都是该方面的代表（Gian-Reto 2003；Colwell et al. 2008；Hackmann and Spain 2010）。

Næss 等对北欧挪威地区驯鹿放养的研究中发现，近些年来随着全球暖化的加剧，驯鹿由以前的季节牧场转向北纬高海拔地区及高山区迁移的趋势（Næss et al. 2012）。同样的结论在 Pape 的研究中被证实（Pape and Löffler 2012）。Pape 等通过对北欧地区驯鹿业的研究发现，由于近几十年来北欧地区的气温升高较为明显，而驯鹿对气温升高较其他家畜敏感，在夏季等温度普遍较高的季节，驯鹿有向高海拔的山区及高纬度低温区迁移的趋势，且季节性迁移更为明显。由于青藏高原地区的海拔较高，年平均温度普遍较低，而该地区以世界上稀有的藏牦牛（Bos grunniens, Chinese yak）分布为主。藏牦牛适宜体感温度区的范围较其他牲畜低，即对温度升高较为敏感（Schaller and Wulin 1996；Luming et al. 2008）。因此随着青藏高原地区快速的暖化，藏牦牛将向高原中、西部高海拔、温度较低的适宜温度区迁移（Luming et al. 2008；Ding et al. 2012）。气候变化的这种影响势必影响牦牛的生活习性和活动范围，从而使其在空间上发生迁徙、改变其畜群结构，给畜牧业带来长远的影响（Chandrasekhar et al. 2007；Ding et al. 2012）。

气候变化在影响畜牧业赖以发展的基础——草地生态系统中"草"的产量、质量、空间分布的同时，其对牲畜适宜生存环境的影响将进一步影响畜牧业及畜牧经济的发展。一方面，气候变化引起的草场退化等使草地的产量、质量及承载力变化，这将直接影响畜牧业的经济产出（Campbell and Stafford Smith 2000；Harris 2010；Nardone et al. 2010；Fang et al. 2011a）；另一方面，牲畜饲养环境的改变将使得畜牧业中的投入—产出效率发生变化，影响畜牧业生产的成本（Arnell et al. 2004；Burke and Lobell 2010；Aaheim et al. 2012；Golub et al. 2012）。在全球暖化的气候背景下，高温将使牲畜的体能耗散增加，采用风扇、空调等降温措施很有必要，从而增加了电力等生产性能源投入（Ericksen et al. 2009；Khan and Hanjra 2009；Burke and Lobell 2010）。另外暖温环境对畜牧业中的屠宰、运输带来不便，肉类、奶产品等在暖温化环境下更容易腐败变质，使畜产品的存放周期变短、不利于长途运输，从而只能采取冷藏、冰冻等措施来保鲜，这无疑将会增加畜牧业生产中的能源投入和运输成本，使生产成本迅速增加（Thornton et al. 2009）。另外暖温化环境有利于病虫害、病菌等的繁殖和寄生，从而影响畜产品的保鲜及食品安全问题（Thornton et al. 2009；Burke and Lobell 2010）。该方面的研究在近些年的研究中越来越多地受到重视（Parry et al. 2004；IPCC 2007a；Aaheim et al. 2012）。

通过以上气候变化对畜牧业各个方面的影响，以未来气候情景下气候对畜牧业发展的挑战及有利因素进行综合分析的研究逐渐增多（Arnell et al. 2004；Thornton et al. 2009；Anderson and M'Gonigle 2012）。其中利用气候变化对畜牧经济中各个行业的经济收益及经济损失情况的情景分析较为突出（Berkhout et al. 2002；Arnell et al. 2004；Berzborn 2007）。由于畜牧业中 CH_4、CO_2 等温室气体的排放总量较大，在全球以碳减排、碳储存为主的缓解全球暖化的办法中，减少畜牧业中的碳排放量成了一个热点话题（Zhou et al. 2007；Garnett 2009；Bell et al. 2012）。受碳减排的影响，在未来气候情景下畜牧业发展的空间及前景成为其发展的重大问题（Lesschen et al. 2011；O'Mara 2011），甚至有素食主义者建议的减少肉食品生产以减少肉食品碳足迹、节约饲料、减少温室气体的排放等策略（Monteny et al. 2006；Ericksen et al. 2009；Khan and Hanjra 2009）。这些观点最终都将会影响畜牧经济的发展。例如 Arnell 和 Lesschen 等以 IPCC 的碳排放情景为基础分析的畜牧业在气候变化影响下的经济损失情况等都是该方面的代表（Arnell 2004；Arnell et al. 2004；Lesschen et al. 2011）。但由于畜牧经济涉及草原管理、饲料储备、牲畜养殖、屠宰、仓储、运输、食品深加工等各个行业，因此以一个较为简单而理想的模型或方法计算出其在气候变化影响下的经济收益或损失，其本身就是不可能的（Stern N 2006；Dietz et al. 2007）。因此目前采用的办法均是将各个行业进行分解、逐个分析其未来气候情景下的收益或损失情况，然后再进行综合（Aaheim et al. 2012）；或直接以建立综合经济损失/收益模型的办法获取未来情景下的截面数据的办法（Dietz et al. 2007；Frank 2008）。但由于未来气候变化情景复杂,尤其是碳排放情景具有不确定性,基于这些"静态分析"的办法在实际应用中其方法本身和研究结果均受到了较多的质疑(Arnell et al. 2004;Gbetibouo and Hassan 2005;Alary et al. 2011)。

四 极端气候与畜牧业

气候变化除了其各个气候因子平均状态的缓慢变化外,比较明显的改变是天气事件的发生频率和规模的变化,从而引起了极端气候事件增多、频率增加等问题,形成气候变化中的突变(Hallegatte et al. 2007;IPCC 2007a;Botzen and Bergh 2009)。与缓慢的增温、降水变化等气候变化总趋势相比,天气事件,尤其是气候模式改变后极端天气事件的增多和频率的增加在近些年的报道中越来越多(Hans Visser et al. 2012)。这将增加对包括畜牧业在内的各个行业的突发性自然灾害损失和威胁(Cardona 2005;Botzen and Bergh 2009;Conway and Schipper 2011)。极端天气事件的规模和概率随气候模式变化的情景可以通过图2-4来说明。

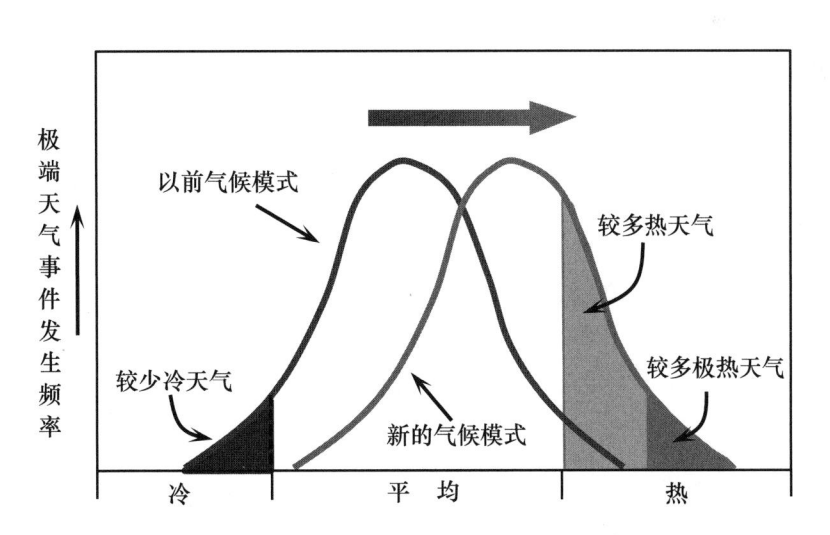

图2-4 气候变化引起的气候模式变化以及天气事件发生频率的变化

随着全球暖温化趋势的发展,在气候模式发生变化后,冷天气的平均次数逐渐减少,取而代之的是热天气日数的增多。与之相伴生的是极端的热天气次数和频率增加。新的气候模式下,极端冷天气的次数有可能减少,但随着气候变化的扰动性和不确定性增加,极冷和极热这两种极端天气发生的频率有可能都会增加,即气候的不稳定性和震荡性增加。因此在这种新的气候模式下,极端气候事件的概率将会增加,由此引起的诸如高温、干旱、暴雨、洪灾、雪灾、冰冻等恶劣气候天气的概率出现增加趋势(Hans Visser et al. 2012)。且随着气候的不稳定性增加,这些灾害发生时的规模有可能超过历史纪录而出现极端情形(UNDP 2004;IPCC 2007a)。由于气候变化的不确定性,这些突变的、不可预测的气候灾害将对生态系统和畜牧业产生深远的影响,其中重要的影响之一就是自然灾害给农业、畜牧业等依赖气候资源进行生产的行业带来巨大的经济损失(Stern N 2006;Ilan 2009;Neumayer and Barthel 2011)。近些年来,随着极端气候事件的增多,各个行业造成的损失呈逐渐增加的趋势,且近些年来的经济损失有加速发展的趋势(Ilan 2009;Neumayer and Barthel 2011;Hans Visser et al. 2012)。这一趋势可以从全球自然灾害造成的损失情况及保险行业的索赔情况得到印证(见图2-5)。从统计结果来看,在灾害较为严重的年份,全球的自然灾害经济损失高达2000亿美元左右,其中保险业的索赔在2006年接近1000亿美元。在新的气候模式下,相对于平缓的气候变化趋势而言,极端气候事件的规模和频率的增加将直接带来巨大的经济损失。在畜牧经济中,高温、干旱、雪灾、冻灾等气候事件将直接给畜牧业带来巨大的经济损失,而这与气候变化对草地系统的缓慢影响相比,其突变性、不可预测性将意味着极端天气灾害的损失对畜牧业有着极为重要的影响。

由于青藏高原地区畜牧业占据着重要的角色,其受气候变化的影响,自然灾害如雪灾、冻灾、干旱等的影响较为明显。Sivakumar等通过对包括青藏高原地区的自然灾害分析发现,近些年来南亚地区的气候灾害呈现明显的上升趋势,而这与气候变化后其不稳定性因素增加及气候的扰动性增强有直接的关系(Sivakumar and Stefanski 2011)。近些年来的极端气候事件,如南亚地区的洪水、中国西

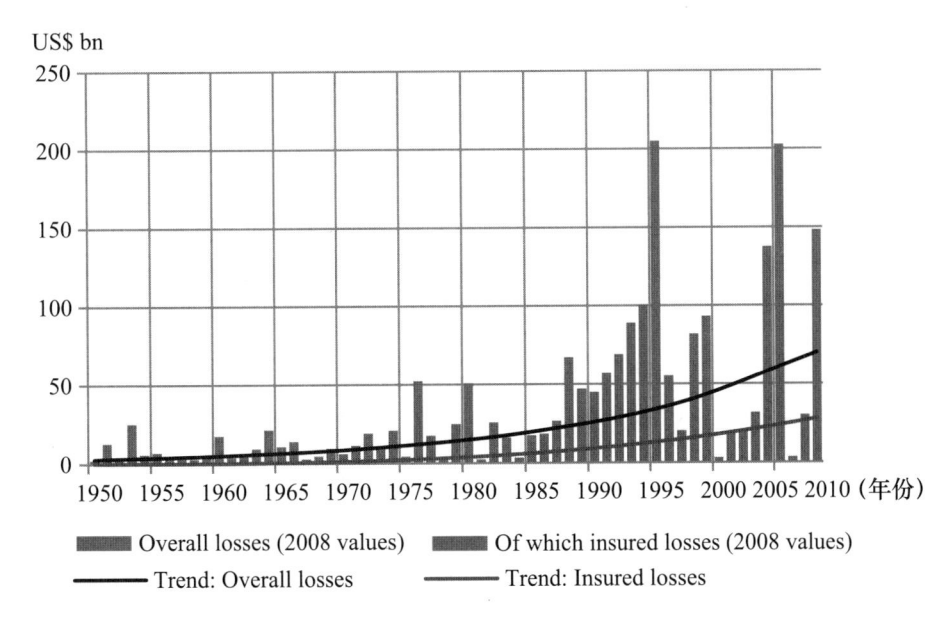

图 2-5 近 60 年来全球自然灾害造成的损失及保险业的损失情况（以 2008 年不变价格计算）

数据来源：Munich Re 2009。

南部地区及华北的干旱、青藏高原和蒙古高原地区的雪灾等均是该方面典型的极端气候灾难事件（UNDP 2004；Wang 2007；Tachiiri et al. 2008；Noy and Vu 2010；Cao et al. 2011；Sivakumar and Stefanski 2011；Su et al. 2011；Hans Visser et al. 2012）。而我国青藏高原地区由于海拔较高、畜牧业以传统的自然放养和游牧为主，对干旱、雪灾、冻灾的抵御能力较差，加上缺乏畜牧业的现代化设施，基础薄弱，对自然灾害的抵御能力较低，随着气候变化的不稳定因素增加，青藏高原地区的畜牧业面临着自然灾害发生频率增加及规模增加等的多重威胁，严重影响着该地区畜牧经济的发展（Sivakumar and Stefanski 2011；Su et al. 2011）。

五 气候变化中畜牧业的脆弱性和适应性

畜牧业作为人类利用气候资源最为直接的生产性行业，在社会发展之初其所起的作用是根本性的，直至农业和工业的出现及从畜牧业中分离出来，畜牧业一直处于社会经济最为根本性和保障性的第一产业地位。即使在现代全球科技进步的今天，许多国家和地区，尤其是发展中国家和地区，畜牧业在国民经济中仍占据着重要的地位（Tirado et al. 2010）。在发达国家中如澳大利亚、新西兰、丹麦、挪威、加拿大等国，畜牧业在食品保障、社会经济的贡献中仍占据着重要的比例。并且在生计单一和收入较低的发展中国家，牲畜可能是当地居民主要的生产性资料和唯一生计基础，一头牲畜可能是他们生计的全部内容，维系和供给着整个家庭的生存（Berzborn 2007）。因此，气候变化对这些依赖于畜牧业而生产和生存的、其生计手段单一、收入较低、贫困、社会关系网络简单、易受环境变化影响的人们将带来更大的威胁，因此其在气候变化中抵御灾害以及面对威胁的能力较差，即其在气候变化中的脆弱性较高（Adger 2006；Kabubo-Mariara 2009；Conway and Schipper 2011）。

脆弱性（Vulnerability）的概念起源于对自然灾害的研究，并由 Timmerman 于 1981 年在地理学中首次引入（Timmerman P. 1981）。在自然科学领域，脆弱性的概念被认为是系统由于受到灾害（hazards）等不利因素影响而遭受损害的程度或可能性（Smit and Wandel 2006）；而在研究贫困、生计等社会科学领域，脆弱性则被认为是系统承受外来不利因素影响的能力，并注重对脆弱性产生的原因进行分析（W. Neil 2006；Susanne C. 2010）。虽然不同学科对脆弱性的理解角度和方式不同，但脆弱性被认为"是系统对负面影响的敏感度，是系统不能应对负面影响的能力的反应"，"系统的暴露、敏感性和适应能力是脆弱性的关键参数"等观点逐渐被大多数学者所接受（Brooks et al. 2005；Gilberto C. 2006；IPCC 2007a）。畜牧业和农业、林业等一样，在气候变化中处于受影响的最前线，对畜牧业脆弱性的研究即成为畜牧业受气候变化影响研究中不可或缺的重要内容（Berry et al. 2006；Sonwa et al. 2012）。由于脆弱性分析的目的是给畜牧业在面对这种风险时提供积极地应对和适应措施，因此应对气候变化带来的风险和损失的能力，即适应性能力（Adaptive Capacity）的研究就成为畜牧业在环境变化研究中的另一重要内容

(Grothmann and Patt 2005; Adger 2006; Williamson et al. 2012)。

适应性（Adaptation）来源于生态学，并由达尔文最先在生物与环境的相互关系研究中提出（Darwin 2005），在气候学中，适应性是指系统面对变化了的环境，为了其生存和延续以及健康发展而采取的应对措施及自身调整策略（Adger and Vincent 2005; Smit and Wandel 2006; Nathan L 2011）。面对气候变化的严峻挑战，畜牧业可采取的行动似乎唯有减缓（Mitigation）和适应（Adaptation）两种策略（Adger and Vincent 2005; Gilberto C 2006），而且认为畜牧业可以通过自身的调整，如畜群结构、畜牧业基础设施建设、灾害预警系统建设、畜牧业发展方式调整等来适应变化了的气候环境，并有能力把这种变化带来的影响及其损失降到最小，其中也包括利用气候变化所带来的一些优点。在目前的研究中，以温室气体减排等减缓为主的适应策略（见图2-6）占据了当前关注和研究的主流（Garnett 2009; Aljaloud et al. 2011）。由于青藏高原地区畜牧业所占比重较高，且其发展目前仍较为落后，以传统的游牧等放牧方式为主的畜牧业发展模式，对自然灾害和气候变化中风险的抵御能力较弱，其脆弱性相对较高。因此，加强对该地区畜牧业的脆弱性及适应性的研究是制定科学合理的应对气候变化策略的根本和基础。

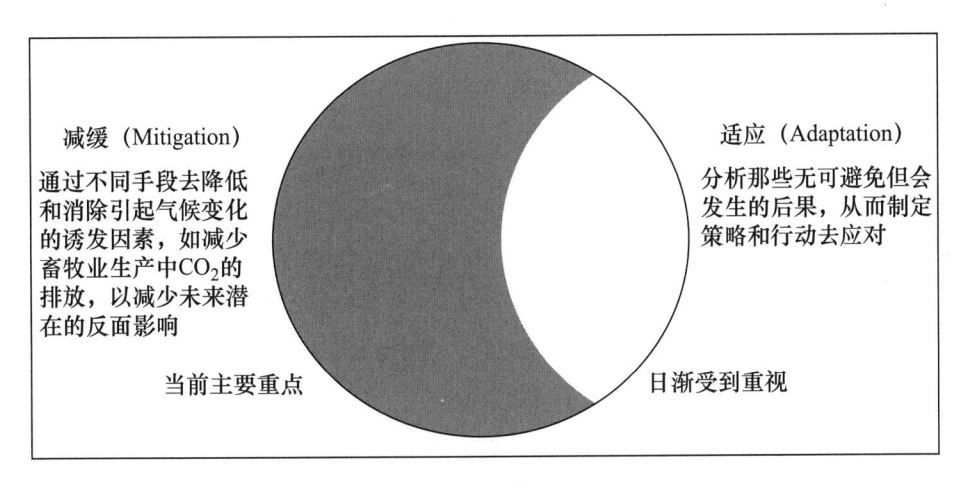

图2-6 气候变化下畜牧业应对策略研究的两个主要方面

第二节　青藏高原地区研究现状

青藏高原地区以其独特的高海拔、高寒气候环境，因其在气候变化中的敏感性而在气候变化研究中得到了较多的关注，是继南极、北极之后的另一气候敏感区，被称为地球的"第三极"（Yao et al. 2012）。由于畜牧业在青藏高原地区的特殊地位和作用，在畜群结构中以藏牦牛、小尾寒羊、山羊为主，因其独特的气候环境其畜牧业在气候变化中受到了较为显著的影响（Chandrasekhar et al. 2007；Luming et al. 2008）。近些年来，青藏高原地区的暖温化趋势较为明显（Liu et al. 2009a；Lin et al. 2011a），且降水表现出略微的增长趋势（Harris 2010），而近地表蒸散发总量随着暖温化的加剧出现了较快的增长（Zhang et al. 2009）。随着暖温化的加剧，在青藏高原覆盖范围较广的多年永久冻土及山岳冰川出现了较快的退缩（Li et al. 2008；Pang et al. 2009；Xue et al. 2009；Yang et al. 2010；Yao et al. 2012）。与此相伴的是高寒草甸和高寒草原退化的报道逐渐增多（Ni 2000；Harris 2010）。由于近些年来的过度放牧、工程建设等人为干扰活动的增多，青藏高原地区的草地退化及人地矛盾逐渐突出，畜牧业在气候变化下面临着可持续发展的严峻考验（Du et al. 2004b；Cui et al. 2006）。

从现有的参考文献资料分析来看，气候变化对青藏高原地区畜牧业带来的主要机遇及挑战可汇总为表 2-1 所示。由于畜牧业涉及"草""畜""业"三个主要的方面，因此上表的汇总涉及从气候变化趋势到草量、牲畜数量、畜产品以及畜牧经济等各个方面。从以上的汇总可以看出，目前主要的关注在于气候趋势及其空间差异、草地生态系统可持续性及生态效益（Wang et al. 2007a）、牲畜数量及畜产品产量、能源利用效率及食品安全，以及综合的畜牧经济等领域（Harris 2010）。但总体来看，对青藏高原地区草地生态系统的退化（Du et al. 2004a）、可持续性发展及人地关系问题较为突出（Cui et al. 2006；Wang et al. 2008b）。在高原的五个次级区域中，总体来看其东部、北部、中部地区的气候变化风险性较高，集中在暖温化、降水减少、草场退化（李英年 2000；王根绪 2006）、草地压力增加（张琴琴等 2011）、草地生产力减少（Du et al. 2004a）、畜牧环境恶化、畜产品生产成本增加等领域（Byg and Salick 2009b）。而西部和中部、南部地区的风险性相对较小、而机遇则相对增加。主要机遇有随着暖化和降水的增加，其畜牧环境改善、生产过程中能源节约、畜产品产量增加等（蔡国田 2006；Khan and Hanjra 2009；Yang et al. 2010；Lin et al. 2011a）。

表2-1 气候变化下青藏高原各地区畜牧业面临的风险及机遇

风险或机遇的方面	东部	北部	中部	西部	南部
风险					
暖温化趋势	高危险	高危险	高危险	不相关	中等危险
降水缺乏	中等危险	高危险	高危险	不相关	不相关
牲畜数量增加对草地的压力	高危险	不相关	高危险	不相关	不相关
草地面积缩减	高危险	高危险	高危险	不相关	不相关
土壤质量下降及沙化	高危险	高危险	高危险	不相关	不相关
冰川及冻土退化	中等危险	高危险	中等危险	高危险	不相关
草地生产能力下降	高危险	高危险	高危险	不相关	不相关
干旱及缺水风险增加	不相关	高危险	高危险	不相关	不相关
畜牧环境恶化	高危险	中等危险	高危险	不相关	不相关
虫害、鼠害及流行疾病	高危险	高危险	中等危险	不相关	不相关
仓储、运输成本	高危险	高危险	高危险	中等危险	中等危险
食品保鲜中的能耗	高危险	高危险	高危险	不相关	不相关
机遇					
增加的适宜放牧环境	不相关	不相关	中等机遇	中等机遇	高机遇
草地生产力的增加	不相关	不相关	中等机遇	中等机遇	高机遇
降水量的增加	不相关	不相关	中等机遇	中等机遇	高机遇
畜产品产量增加	不相关	不相关	中等机遇	中等机遇	高机遇
能源节约	不相关	不相关	中等机遇	中等机遇	高机遇

图例：高危险 | 中等危险 | 不相关或影响不显著 | 中等机遇 | 高机遇

以上分析可以看出，青藏高原地区在经历快速的气候变化过程中，其影响主要是针对气候变化的空间差异、生态系统的健康、可持续性发展、畜牧产业中各个方面如承载力与草地退化的关系、畜产品成本及安全性、畜牧经济总产出等各个方面。但对青藏高原地区的突发性气候灾害事件及牧民生计问题、畜牧业的脆弱性及适应性等方面的探讨则较少。由于未来气候变化情景的不确定性，在该方面的研究中应较多地关注突发性气候对畜牧业的影响以及畜牧业的脆弱性、适应性等问题，尤其是对收入结构单一、低收入者生计问题和脆弱性问题的关注，为畜牧业规避气候灾害风险、提高应对气候变化的能力提供策略和建议。

第三节　研究区范围和边界

本书的研究区为我国的青藏高原地区。青藏高原地区以其独特的高海拔、高寒气候环境，因其在气候变化中的敏感性而在气候变化研究中得到了较多的关注，是继南极、北极之后的另一气候敏感区，被国际山地研究中心（ICIMOD）称为地球的"第三极"。

本书在研究区范围的选择上，受到国外资料搜集的限制，因此本书的青藏高原区为我国国界线以内的地区。我国国界线依照国家测绘地理信息局网站（标准地图服务：http：//bzdt.nasg.gov.cn/）提供的1∶1600万标准地图［审图号：GS（2016）2926号，图2-7］绘制。

关于青藏高原国内部分的界线，目前较为一致的观点是张镱锂、郑度、李炳元等（2002，2014）提出的基于海拔高度划分的界线（见图2-8）。该范围在中国境内部分西起帕米尔高原，东至横断山脉，横跨31个经度，东西长约2945km，南自喜马拉雅山脉南缘，北迄昆仑山—祁连山北侧，纵贯约13个纬度，南北宽达1532km。纬度范围为25°59′37″N到39°49′33″N，经度范围为73°29′56″E到104°40′20″E，面积约$2542.30 \times 10^3 km^2$，本书以此为研究区的界线。

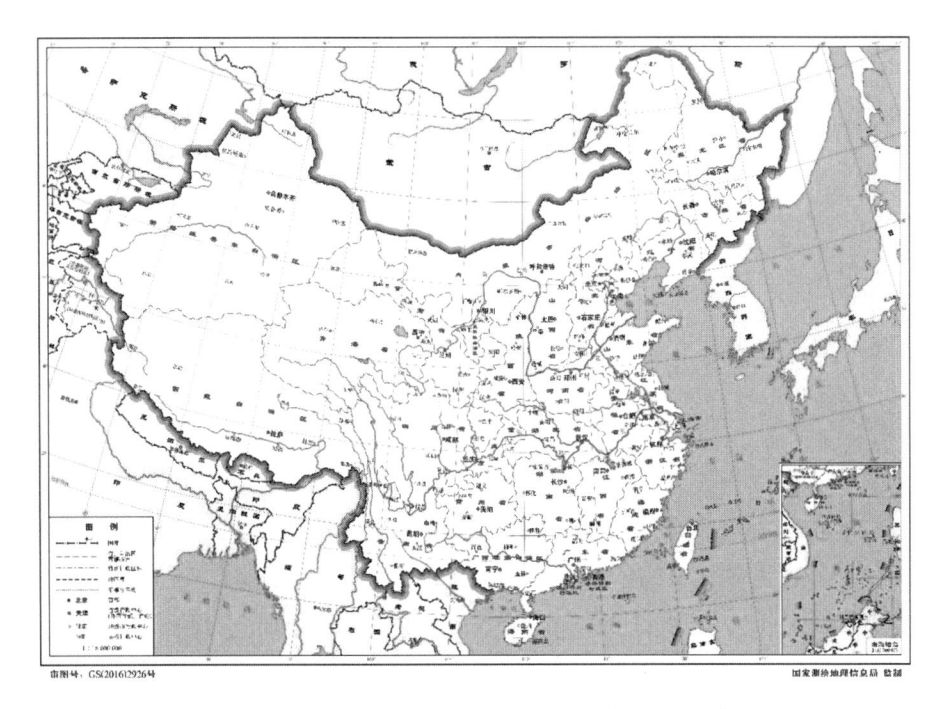

图 2-7 本书中所用的我国国界线范围标准底图

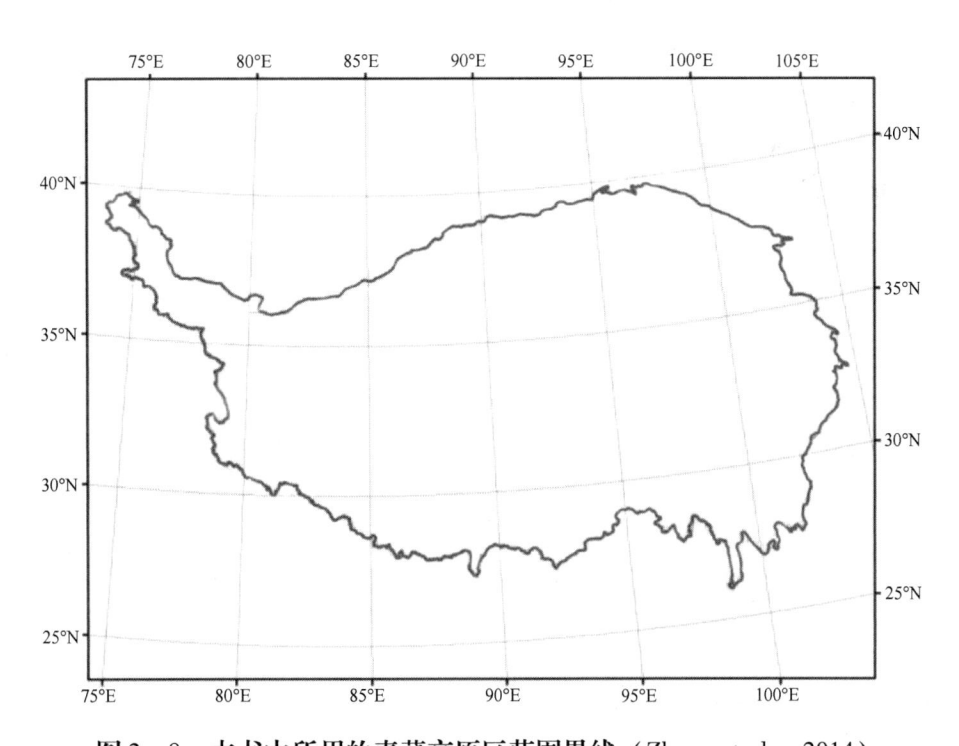

图 2-8 本书中所用的青藏高原区范围界线（Zhang et al., 2014）

第三章 气候变化的时空差异及总体趋势

当前对于气候变化的事实已经得到了来自观测资料和气候模拟等各方面的证明，并且气候变化对各个系统的深远影响为大多数学者所接受。由于青藏高原地区范围较广，其内部的地形环境、气候环境及区域间的差异很大，以高原为整体的研究并不能揭示气候变化在不同的区域间、海拔分区间以及各个生态气候区内部的空间差异性。并且气候变化在不同的高度、纬度和时间尺度上具有不同的变化特点，因此对气候变化的时空间差异和特点进行较为详细的分析才能全面揭示气候变化的这种差异。由于畜牧业的发展受控于气候模式和地区的植被、生态环境状况，而气候变化最为直接的是通过影响畜牧业赖以发展的基础——草地生态系统——影响其承载力变化，进而影响整个畜牧经济，而气候变化的时空间差异性是决定这一变化的前提和关键。基于以上考虑，本书在分析气候变化对畜牧业的具体影响之前，对气候变化特点的把握是本书进一步分析的基础和后续分析的关键。本章内容以气候变化的时间、空间差异分析为主，试图揭示青藏高原地区气候变化的差异性和总体特征。

第一节 温度带—海拔模型（GTEM）

气候变化最为直接的表现即是地表气温的变化。随着海拔的升高，温度在垂直方向上以一定的比率随海拔而递减，即

$$\gamma = -\frac{dT}{dz} \qquad (3-1)$$

这里 γ 是温度垂直递减率，T 为温度，z 为海拔（Jacobson 2005）。

对于单独一座理想的山峰，可以将其简化为一个圆锥体 O，其各个等温线所投影到投影面上的圆面，其之间的环…，S_{n-1}，S_n，S_{n+1}…即是等温带。由简化的示意图 3-1 可知：

$$\Delta h = h_n - h_{n-1} = \frac{T_n - T_{n-1}}{\Delta t} \tag{3-2}$$

定义
$$S_{n-1} = S_{n-1}' - S_n' \tag{3-3}$$

由于
$$r_{n-1} = (H - h_{n-1}) \tan\theta \tag{3-4}$$

令 $\Delta h = h_n - h_{n-1}$，则可以得出

$$S_n = -k \times h_n + b \tag{3-5}$$

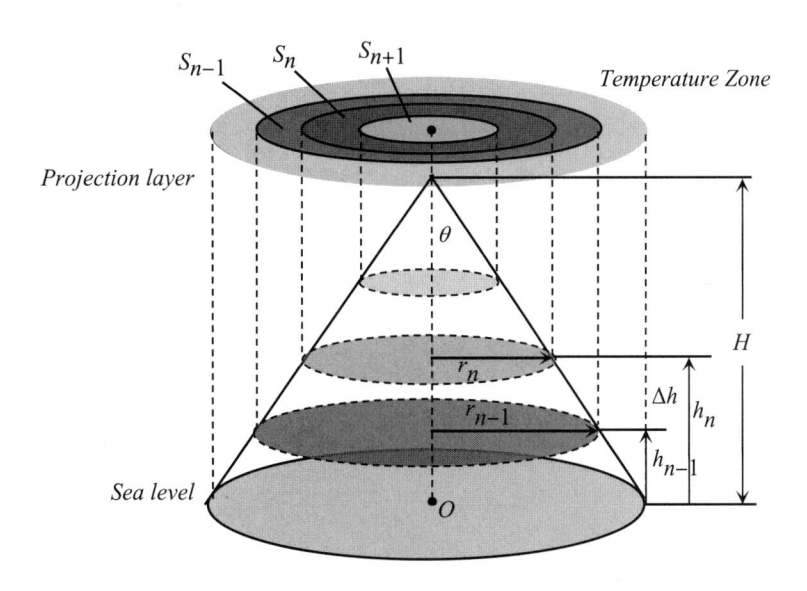

图 3-1　基于理想山体的温度带模型

这里，$k = 2\pi\Delta h \tan^2\theta > 0$，$b = \pi(2H - \Delta h)\Delta h \tan^2\theta > 0$，很明显，它们两个都是常数。从式（3-5）中可以知道，温度带只和海拔有关，且呈线性负相关关系，由于在现实陆地表面，山地的海拔高度近似服从正态分布，定义这种正态分布为

$$f(x) = \frac{1}{\sqrt{2\pi}\sigma}\exp\left(-\frac{(x-\mu)^2}{2\sigma^2}\right) \tag{3-6}$$

上式通常标记为 $f(x) \sim N(\mu, \sigma^2)$，$(\sigma > 0, -\infty < x < +\infty)$

将式（3-5）简化为 $S = kh + b$ 替换式（3-6）中的 x，得到其概率密度函数为

$$f(h) = \frac{1}{\sqrt{2\pi}\sigma} \exp\left(-\frac{(kh+b-\mu)^2}{2\sigma^2}\right)$$

可以证明，

$$f(h) \sim N\left(\frac{\mu-b}{k}, \left(\frac{\sigma}{k}\right)^2\right), \quad (\sigma > 0, b > 0, -\infty < h < +\infty)$$

（3-7）

在曲线图上可以看出系数的变换使温度带正态分布概率曲线出现变形（见图3-2）。

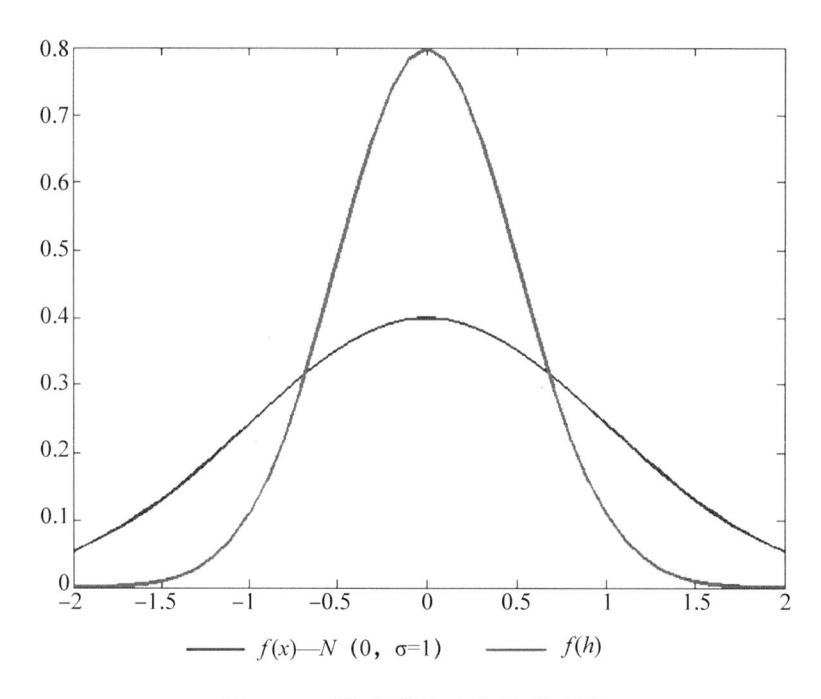

图3-2 温度带的分布及其形变

第二节 基于温度带模型的增温差异分析

在气候变化的情形下，温度的升高使某一值以上的温度带面积缩减而相应的，其以下的温度带面积将扩展（见图3-3），表现在

温度带面积的统计图上,即其分布函数曲线在温度升高后向右平移,在温度降低后则向相反的方向平移,其移动的大小即是温度变化对地表均温的直接影响。

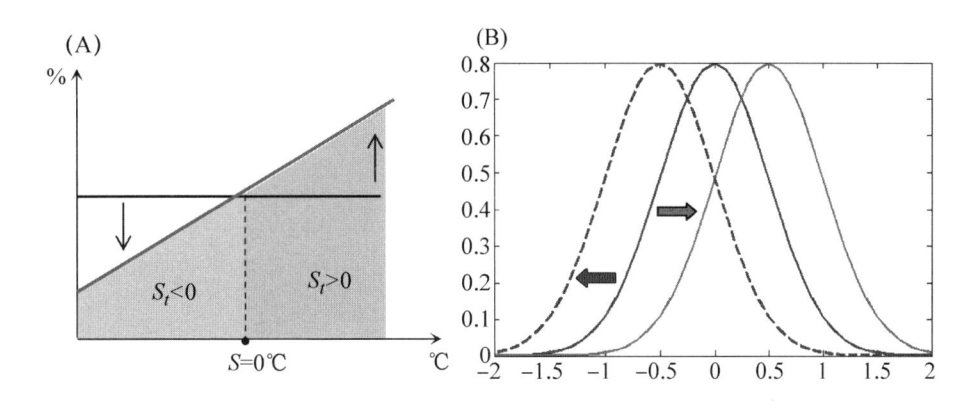

图 3-3 温度的升高使得某一值(如0℃)以上的温度带面积缩减而相应的在其以下的温度带面积将增长(A),而表现在每一个温度带面积的统计图上(B)则呈现出向右(红色箭头所示方向)的移动,而在变冷的情况下则向左(蓝色箭头所示的方向)的移动,其移动的速度代表着转暖/变冷的速度

利用气象统计资料可以计算出每隔一定时间的时间序列上温度带在空间上的变化趋势。温度带面积的变化是气候变化直接影响陆地生态系统、净物质生产力(NPP)、载畜量、进而影响其经济系统和城市系统的最直接原因。因而是本书气候变化空间差异研究的起点和基础。

本书利用中国气象局气候中心提供的全国686个气象站点从1961—2010年的气象数据,并根据气温与海拔、经纬度之间的关系而投影到1km×1km分辨率的栅格上得到年均气温的栅格数据。在青藏高原地区,通过1.2度的扩展后,在其范围内有144个气象站点,其中91个站点在青藏高原上。在试验了几次温度带的窗口后,最后选择以2℃为间隔划分出各个温度带。为了简化计算的过程,1961—2010年以每5年为时间点计算其各个温度带的面积统计数据,并汇总成统计图,结果如图3-4所示:

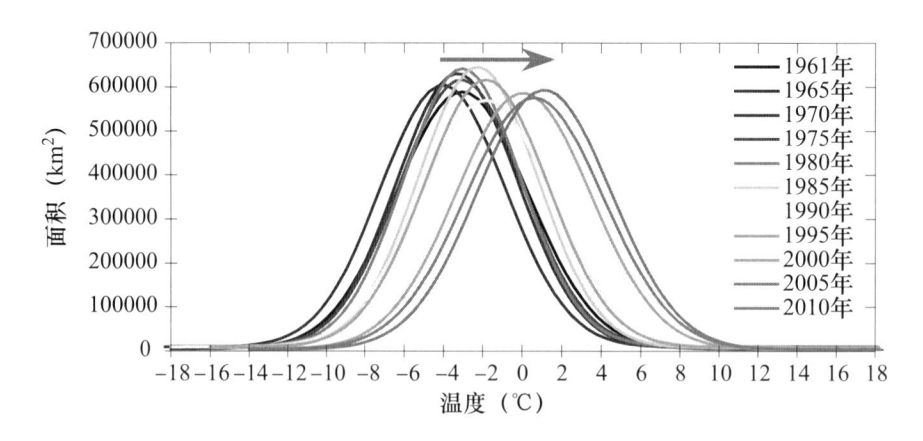

图 3-4 青藏高原各个温度带以每 5 年为时间间隔的面积统计结果
（红色箭头代表最近 50 年气温变化的总体趋势）

从图 3-4 可以总结出青藏高原地区气候变化的基本特点：

（ⅰ）代表性的高山区气候特点。从统计的结果可以看出，整个青藏高原地区的气候以严寒为主，其年均表面温度大部分地区在 0℃ 以下，因此，青藏高原地区具有显著的高山气候的特点。年均 0℃ 以下的温度带面积在 1961—2010 年约占整个高原面积的 68.7%，虽然这一面积近些年来有减少，但总体上仍能反映出其高海拔、全年严寒低温的气候特点。

（ⅱ）温度区集中于正态分布曲线的中间位置。在正态分布统计中，-10℃ 到 8℃ 约占整个温度带面积的 92.4%，而温度带分布的峰值位于 -6℃ 到 2℃ 之间。峰值集中于较冷的温度带上，反映出整个青藏高原地区全年气候较为寒冷的特点。

（ⅲ）温度带分布曲线在向前移动。尽管在分析的时间段内其温度有些许的波动，但总体上温度带呈现出向前运动的特点（箭头方向），即在过去的 50 年中青藏高原地区在经历着一个暖温化的过程。这也验证了图 3-3 中的假设，即随着温度上升，温度带面积统计曲线将向正方向移动，表现出温度升高气候转暖。

（ⅳ）暖温化在加速。从两条曲线之间的间距来看，在最近 50 年中青藏高原地区的暖温化有加剧的趋势，尤其是在 1990 年后的最近 20 年中，这一暖化趋势变得尤为明显。尽管在 1995 年，其温度带的分布有退缩的趋势,但从总体趋势来看,整个 GTEM 曲线表现出向右的移动态势,其近些年两条曲线间距的扩大表明高原在加速的暖化状态中。从以上的分析结果可知,GTEM 模型对气温变化的反映较为敏感,能较好地反映出温度的变化来,因此,对高海拔地区的气候变化研究是一个有利的工具。

第三节 气候变化的空间差异

由于青藏高原内部地区间地貌类型差异很大,且温度的变化随着经纬度和海拔的变化而出现空间上的差异。为了较为明确地表现出温度带在空间上的差异性,本书以温度带的空间变化为视角,利用 GTEM 模型统计了其各个带的变化情况。从空间上来看,主要表现在温度带投影面积的变化(水平方向的变化),以及温度带随着气温的升高而出现的其平均分布海拔的变化(在垂直方向上的变化)。以下就这两个方面来分别叙述。

一 水平差异

为了从整体上来了解温度带的水平投影面积变化情况,本书以 0℃ 等温线为基础,统计了其上(<0℃,位于高原顶部)的温度带总的面积、其下(>0℃,位于高原底部)的温度带的总面积,统计结果如图 3-5 所示。

从总体趋势来看,整个高原小于 0℃ 的温度带处于缩减状态,尤其是在 1990 年之后缩减更为明显,而大于 0℃ 的温度带则相应的处于增长状态。这也反映出随着温度的升高,等温线向垂直方向开始逐渐增高,使小于 0℃ 的温度带其在 GTEM 中的投影面积逐渐减少,而位于高原底部大于 0℃ 的温度带面积则相应地增加。为了较为明确的观察每一个温度带的变化情况,本书给出了每一个温度带的变化情况(见图 3-6)。

统计结果显示,三个面积缩减最快的温度带为 -6℃,-4℃,和 -8℃,其中 -6℃ 和 -4℃ 的面积分别缩减了 499.4km^2 和 454.3km^2,

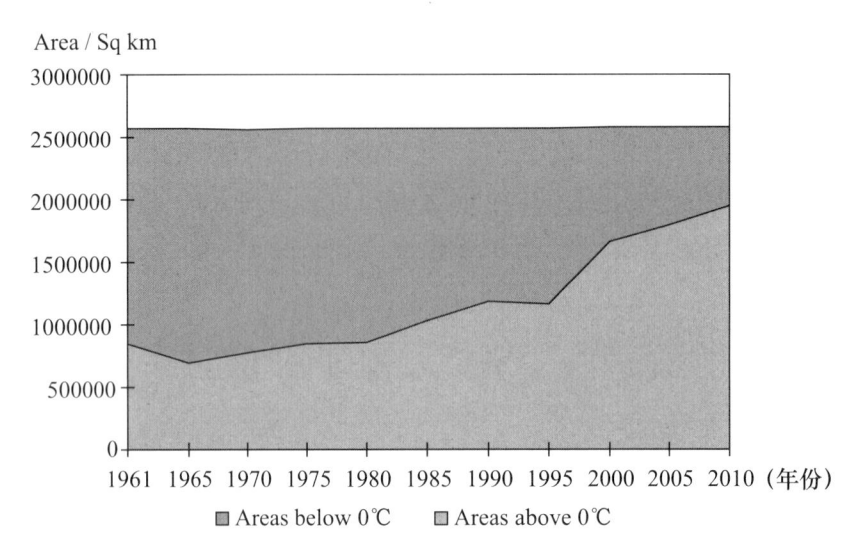

图 3-5 青藏高原以 0℃ 等温线划分的温度带面积变化情况

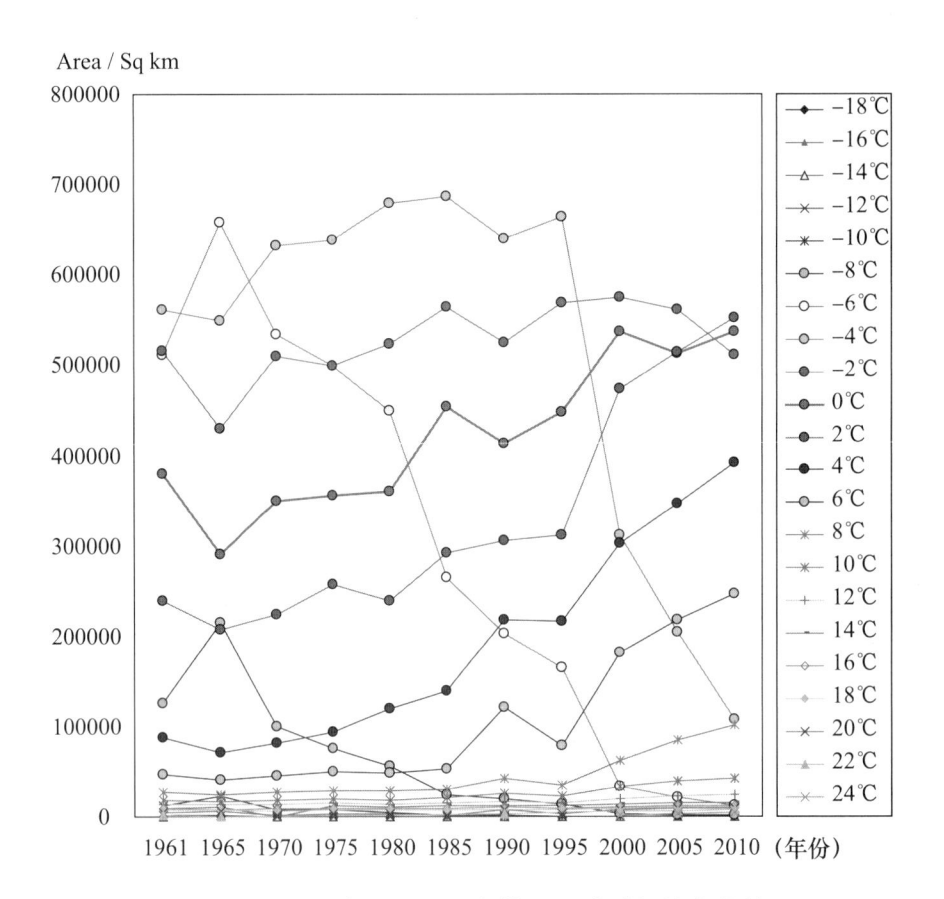

图 3-6 以 2℃ 为间隔的温度带面积随时间的变化情况

每5年缩减率分别为25.1%和11.7%。而三个面积增长最快的温度带为0℃，2℃和4℃，这三个区在1961年分别占到高原总面积的14.8%，9.3%和3.4%，到2010年分别占到总面积的20.8%，21.4%和15.2%，每5年的缩减速度为4.5%，9.9%和17.8%。相较于其他面积较大的温度带，处于高原底部河谷及边缘，以及山顶地区的温度带因所占面积较小而变化较不明显，在统计图中位于底部。气温带在空间上面积的变化是暖温化过程中空间变化差异的体现。另外，除了以各个温度带面积的变化来统计其空间变化，多个温度带累计的温度区面积的变化也能反映这一变化过程，图3-7给出了以不同的累加得到的温度带面积的变化。

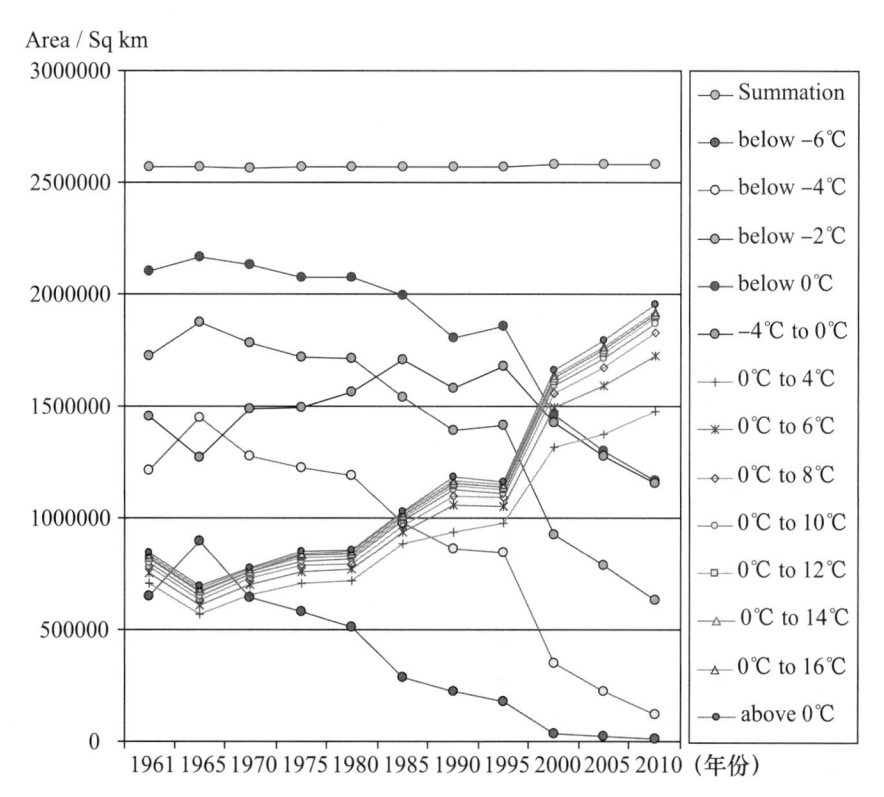

图3-7 典型年份不同的温度带累加得到的累加温度带变化趋势

从统计的结果来看，低于-6℃，-4℃，-2℃和0℃的累计温度带都体现出了面积的缩减趋势，而其中前三个的缩减速度最为明显。从总体上来看，小于-6℃的累计温度带是缩减最快的，其次

是 -4℃，-2℃和0℃。这些统计的结果显示青藏高原上温度变化较快的地方在高原的顶部温度较低的几个温度带上，这也说明了这些地区对气候变化较为敏感，是变化较快的地区。另外 -4℃到0℃的累加温度带在1990年以前处于增长态势，而此后出现减少，为此，我们推测1990年的数据有异常值。

另外所有大于0℃的累加温度带面积都处于增加趋势，这些区域的面积几乎占整个高原面积的1/3，但其近些年的增加趋势明显，其绝对面积增加了 $7.1451 \times 10^5 \mathrm{km}^2$，增长了89.7%（见表3-1）。为了从空间上更为明确地观察各个温度带的变化情况，本书以2℃为间隔，并对同一温度带采用相同的着色标准显示了不同年份的温度带在水平面上各自面积的变化情况，结果如图3-8所示。

表3-1 各个累加温度带其面积变化情况和变化率

	面积（km²）					增长率（%）
	1961年	1990年	2010年	1961—2010年增减	1990—2010年增减	
总计	2571577.77	2571582.14	2582573.22			
低于 -6℃	648863.95	223676.25	12646.42	-636217.5		-98.1
低于 -4℃	1209817.79	863363.65	119342.65	-1090475.1		-90.1
低于 -2℃	1725480.33	1388744.24	630751.86	-1094728.5		-63.4
低于 0℃	2105118.52	1801814.32	1167480.86		-634333.5	-30.1
-4℃ to 0℃	1456254.58	1578138.07	1154834.43		-423303.6	-29.1
0℃ to 4℃	706113.95	936961.84	1479677.45		542715.6	76.9
0℃ to 6℃	753685.41	1057576.44	1726410.39		668833.9	88.7
0℃ to 8℃	781039.29	1100534.41	1828112.20		727577.8	93.2
0℃ to 10℃	799866.47	1125749.13	1870421.01		744671.9	93.1
0℃ to 12℃	813651.08	1142655.19	1894073.15		751418.0	92.4
0℃ to 14℃	823318.68	1154701.15	1909771.57		755070.4	91.7
0℃ to 16℃	832053.91	1164730.79	1921574.21		756843.4	91.0
高于 0℃	846097.45	1182837.90	1951821.36		768983.5	90.9
0℃以上面积平均					714514.3	
0℃以上变化率平均		89.7				

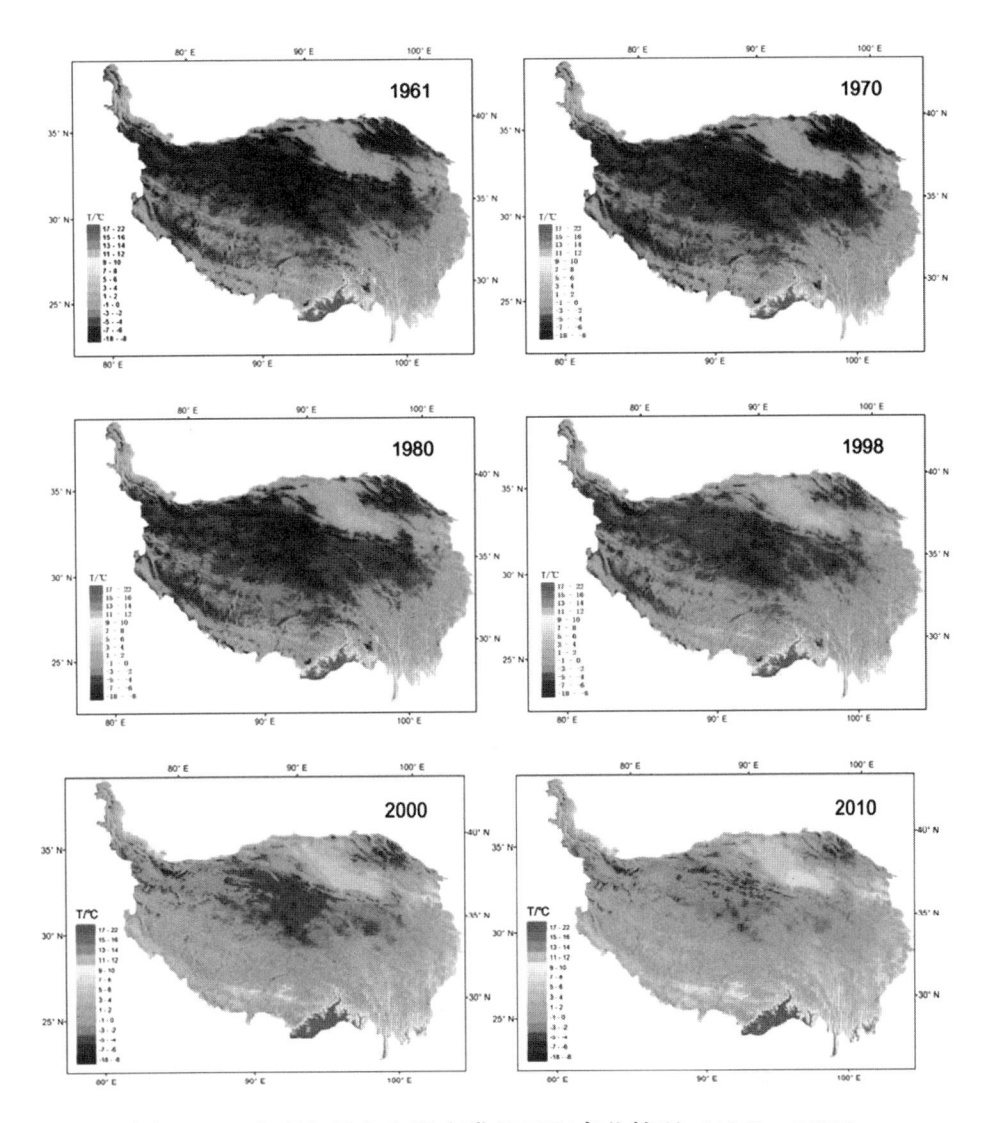

图 3-8 典型年份各个温度带的面积变化情况（1961—1998）

从温度带的空间分布来看，温度较低的温度带都分布于海拔高度相对较高的藏北高原及高原西部、西南部高山区，而高原南部的山南及林芝地区，以及青海湖附近地区的温度相对较高，这与海拔的分布基本一致。从图中可以看出，几个变化较为明显的地区位于高原的柴达木盆地、青海湖及其邻近地区（海拔 2800—3200m）。为了清楚地看出其在空间上的变化，本书跟踪分析了 -6℃ 温度带的变化情况，结果如图 3-9 所示。

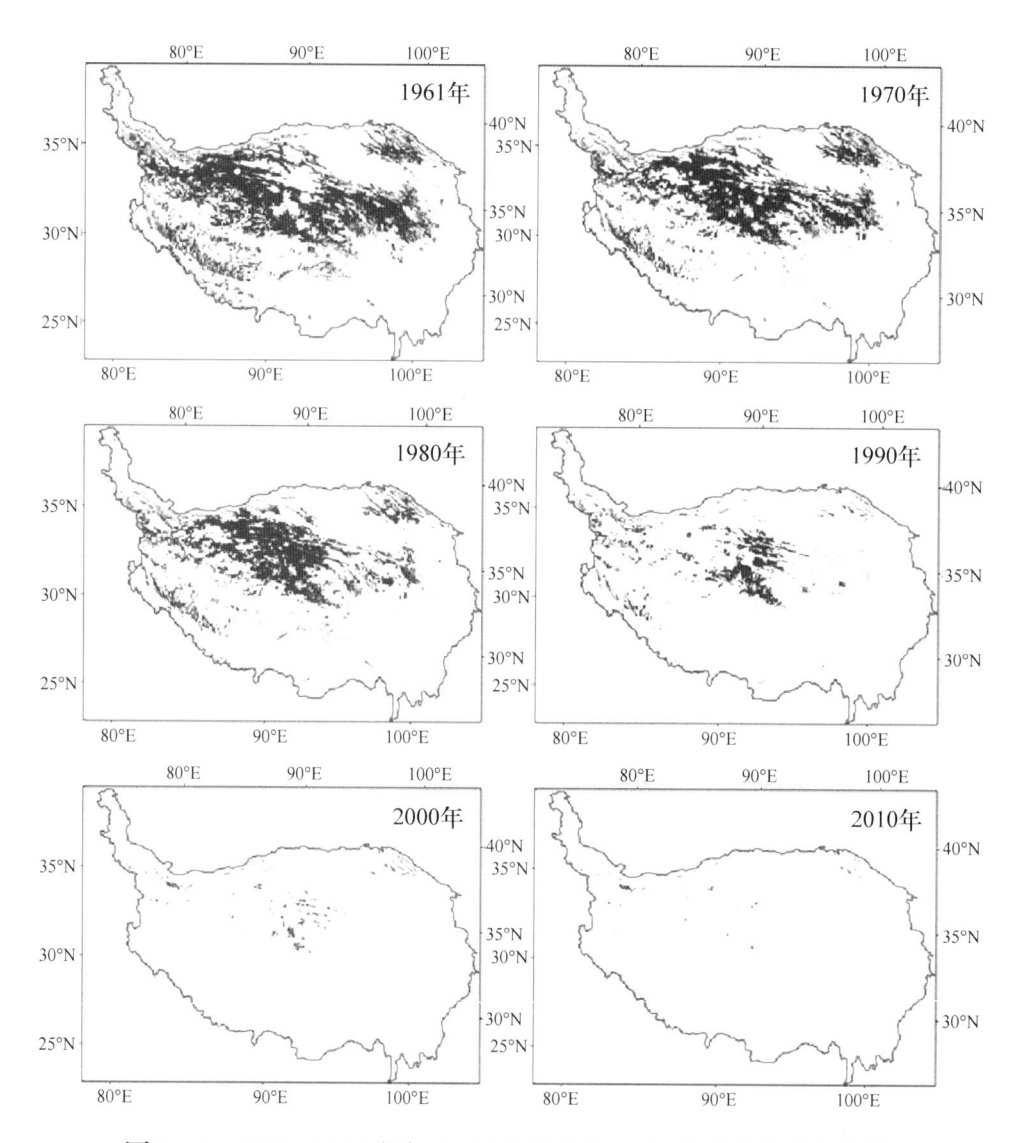

图 3-9　1961—2010 年每 10 年典型年份 -6℃温度带的变化情况

从图 3-9 中可以看出，由于 -6℃温度带位于海拔较高的高原顶部，随着气候的转暖，其面积得到了较大的缩减。相反地，在雅鲁藏布江河谷、柴达木盆地及青海湖附近地区，在同样的标准下其较高温度的几个温度带面积均出现了较为明显的扩展。从统计的气象资料显示，这些地区的海拔均在 3000m 左右，随着气候暖化这些地区的温度带增长较为显著，这也显示出这些地区对气候变化的敏感性。

二 垂直差异

由于温度带面积的变化是等温线在垂直方向上抬升的结果，因此，对每一个温度带在垂直方向上的变化分析就显得很有必要。为此，本书给出了各个温度带在垂直方向上其平均海拔随气候暖化的变化情况，结果如图 3-10 所示。

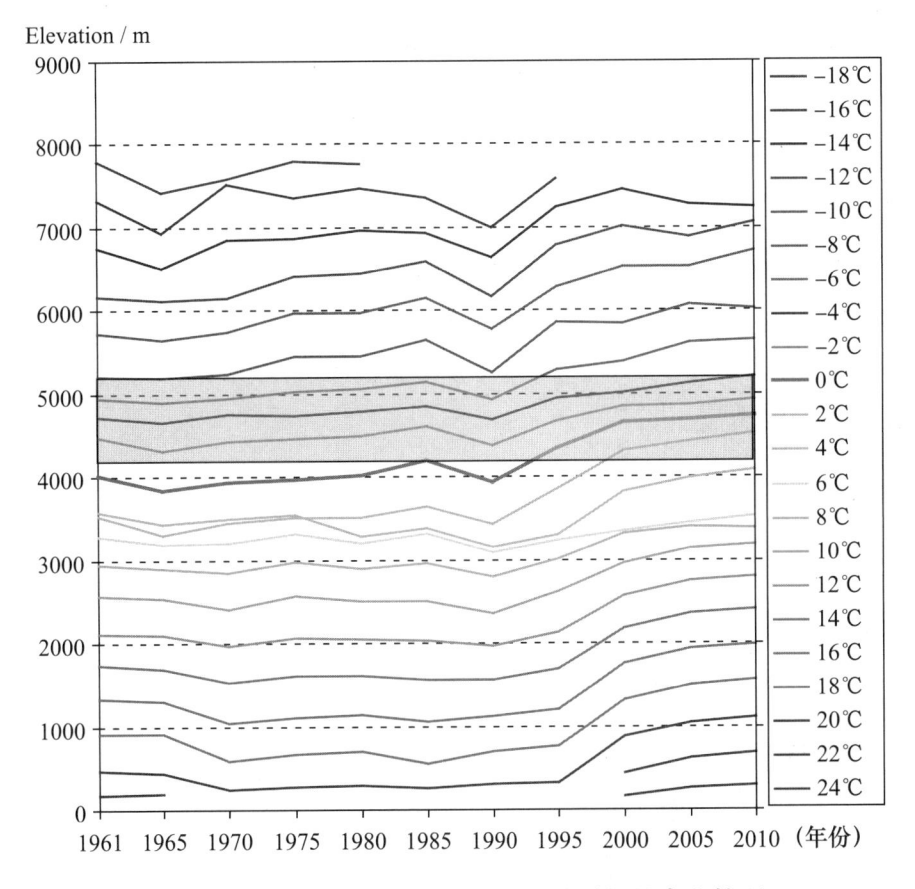

图 3-10　各个温度带其平均海拔随时间的变化情况

从统计的结果可以看出，各个气温带的位置变化在高原的中部（2000—4000m 的位置）变化比较平稳，基本上处于较慢的变化态势。例如 6℃ 从 1961—2010 年，其海拔从 3287m 到 3529m，只有轻微的增长。而在高原底部地区和高原顶部地区的温度带则显示出较为明显的增长，尤其是在过去的 20 年有了较快的增长。温度带海拔的抬升是对气候暖化的最直接体现，因此是对气候暖化的最好印证。

第四节 气候变化的时间差异

从基于 GTEM 的分析结果可以看出，在 1961—2010 年整个青藏高原都经历了较为明显的暖化过程，并且 1990 年后在 GTEM 曲线中两个相邻曲线间间距的扩大表明，青藏高原地区的暖温化在 20 世纪 90 年代后开始加速，尤其是最近的 20 年其年平均温度的增长速度超过以前的平均水平而处于快速的加速阶段。这也预示着暖化过程在不同的时间尺度上其增温率不同。为了更为清楚地显示出暖温化的过程，本书计算了不同的时间尺度下高原的三个部分即高原底部（0—2000m）、高原中部（2000—4000m）以及原顶部（>4000m）各自在近 20 年、30 年、50 年的变化情况，结果如图 3-11 所示。

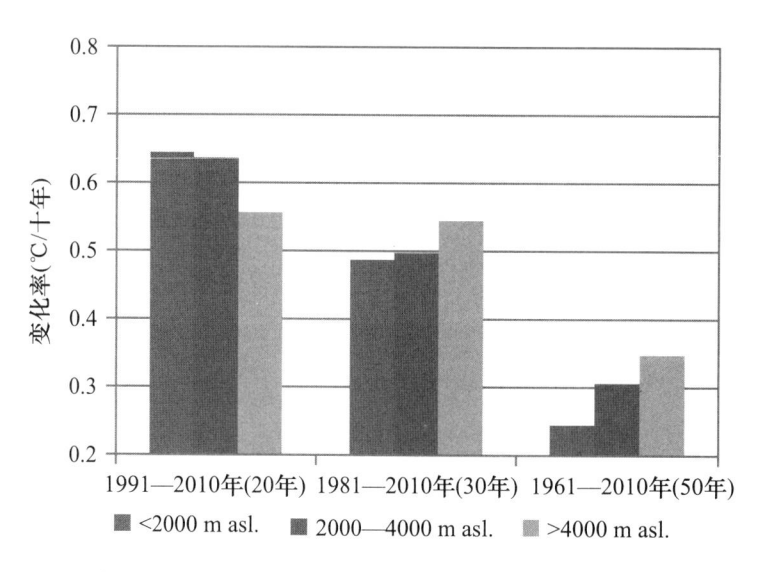

图 3-11 青藏高原各个海拔带的温度变化增长率

从图 3-11 中可以看到，在 1961—2010 年，高原的不同海拔带上的气象站点平均年温度增长率表现出较为明显的差异。在高原底部、中部及顶部，平均年均温增长率分别0.24℃、0.31℃和0.35℃/十年，即高原顶部升温最快，其次为其中部，而高原的底部增温最慢。但在近30年的增温率中发现，这一速度分别变为0.49℃、0.5℃和0.55℃/十年，而在近20年的统计中则变为0.644℃、0.637℃及0.557℃/十年。这也反映出青藏高原在最近50年中经历了较为明显的暖化过程，且近些年的增温率有所增加。这和在GTEM中分析的结果较为一致。这与Liu和Chen（2000），Liu等（2006），Kang等（2010）对这一地区的研究结果较为一致。

但由于以上的分析都是基于年均温的分析，因此季节性的温度差异并不能体现出来，为了观察青藏高原各个海拔带在各个季节温度变化的差异性，本书进一步的统计了其上以500m等间隔的海拔带及其附近地区144个站点在1961—2010年各个季节的平均温度，其结果如图3-12所示。

通过对四个季节及全年平均温度增长率的对比可以发现，高原的冬季的增温较为明显，是四个季节中增温最快的，其在1961—2010年的增温率达到0.474℃/十年，冬季的最大增温率为0.668℃/十年，位于3.5—4km的海拔上。而增温速度最小的是夏季，平均温度增长率为0.242℃/十年，而1961—2010年年平均温度增长率为0.318℃/十年。而以三个海拔带统计的各月温度增长率中显示，高原的冬季温度增温速度较快，其次为春季和秋季，而夏季增长最慢（见图3-13）。

这些结果进一步地验证了在GTEM中的结论并与相关文献中的结论基本一致（Liu and Chen 2000；Chen et al. 2003；Schwalb et al. 2010；You et al. 2010b）。例如Liu和Chen（2000）检验了青藏高原及其附近的197个气象站点的月均气温增长趋势并得出高原区域的冬季暖化最为明显。Wang等（2008a）对青藏高原1960—2007年90个站点的年均温增长率分析认为高原的年均温增长率为0.036℃/年，这与本书中的0.0318℃/年较为接近，但是是之前

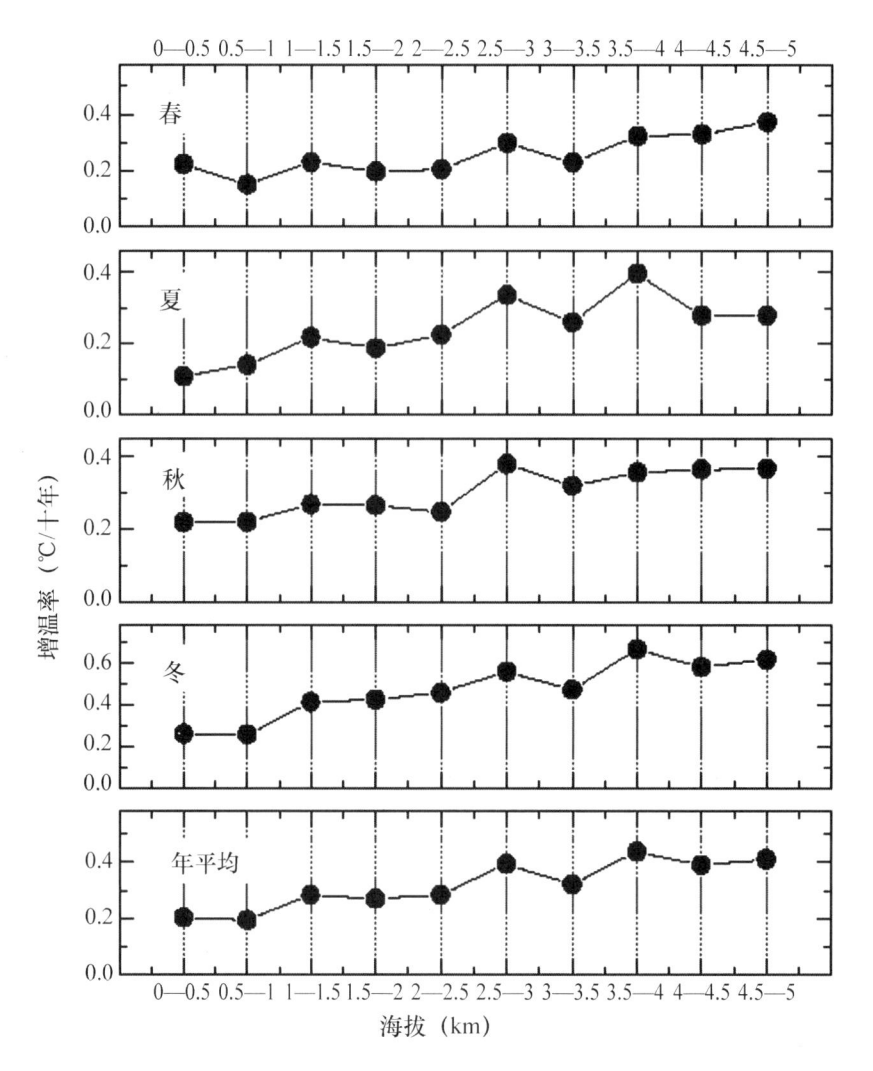

图 3-12　1961—2010 年青藏高原及周边不同季节的温度变化速度

Liu 和 Chen（2000）所估计的两倍。但这些研究都得出的共同结论却较为一致，即青藏高原在过去的几十年中经历了一个增温暖化过程，冬季较为明显，夏季的平均温度增加幅度较低。从以上与文献的对比可以看出，增温速度的不同与所选的时间段及站点数密切相关（Kang et al. 2010；Sivakumar and Stefanski 2011）。

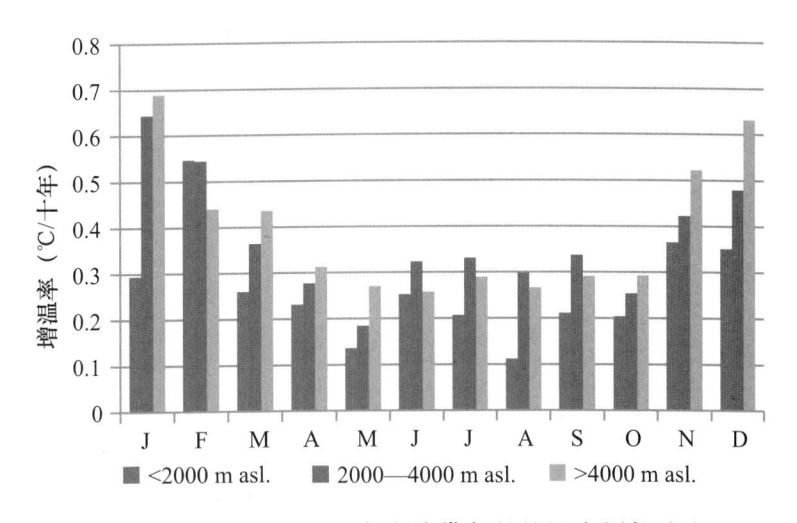

图3-13 青藏高原三个海拔带各月的温度增长速度

第五节 增温与海拔的关系

在分析增温速度和海拔的关系时，一个有趣的现象是在垂直方向上，增温率随着海拔变化有着明显的差异，即增温率依赖于海拔（Beniston and Rebetez 1996；Beniston et al. 1997；Liu et al. 2006；Liu et al. 2009b）。本书基于GTEM模型的分析及以上对各个季节及月份的按不同的海拔带的统计分析均显示出这一特点，即高海拔地区增温速度较快，而带海拔区则增温较缓慢（见图3-12，图3-13）。在本书基于GTEM模型的结果中，-4℃，-6℃及-8℃（其平均海拔分别为4860m，5176m和5568m，位于高原的顶部）等几个温度带的面积缩减较为明显（见图3-6）。并在累积的温度带中低于-6℃，-4℃及-2℃的各个带谱也普遍出现面积的缩减（见图3-7），二者的情景基本一致，即在高海拔区的温度变化较之其他地区更为显著。而在高原中部及底部其变化则较为平缓。

为了进一步的分析增温率与海拔之间的关系，本书以2000m为间隔统计分析了1961—2010年144站点在不同海拔带上的平均增温趋势，结果显示（见图3-11），高原顶部（>4000m）的增温率最高，其次为中部（2000—4000m），增温率最小的为其底部

（＜2000m）。这一结果与基于月均温统计的季节变化趋势基本一致（见图3-13）。为了减少海拔带谱较宽带来的统计误差，本书进一步以500m海拔为间隔，统计了其上的各个站点气温变化率（见图3-12），显示出较为一致的结果。为了进一步缩小海拔带的范围，本书以250m等间隔划分了海拔带并统计了其各个带的增温率，结果如图3-14所示。

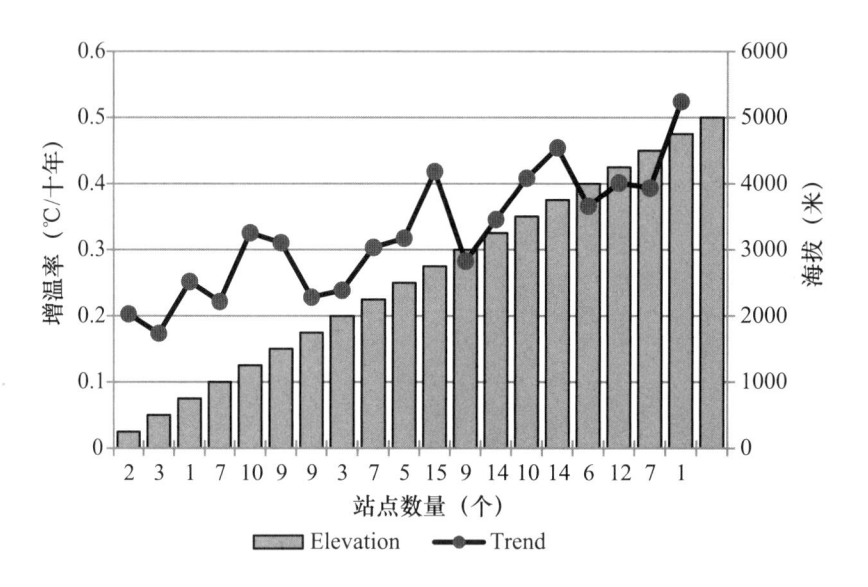

图3-14 1961—2010年青藏高原及周边按500m海拔高度划分统计温度变化率

从图3-14的统计结果来看，整个高原的增温趋势与海拔有着较为一致的相关性，即随着海拔的升高，增温速度也在增加。虽然在不同的海拔带上其增温速度有波动，考虑到由于站点的分布不均匀，例如高海拔地区的站点稀少，尤其是广大的藏北及中、西部高海拔地区的站点稀少，只有一个站点的海拔在4000m以上（改则，No：55248，海拔4763m），而没有5000m以上的站点，因此，统计结果的波动性较能反映实际情况。然而从气温变化随海拔的总体趋势来看，随着海拔的增加，其增加趋势较为明显。这与文献中的报道基本一致（Beniston and Rebetez 1996；Liu and Chen 2000；Liu et al. 2009b）。

但通过对不同时间尺度的统计可以发现，气温增长率随海拔增加而增长的趋势在近些年的趋势有所缓解，并且被低海拔地区逐渐取代（见图 3-11）。在 1961—2010 年的 50 年中，总体上增温率依赖于海拔的增加，但最近 30 年和最近 20 年的统计结果中，这一趋势在逐渐地减弱。高原底部地区的增温在近些年的趋势更为明显，并且已经超过了中部和顶部。这使增温率依赖于海拔的规律逐渐改变。这也是近些年来青海湖周边地区、雅鲁藏布江河谷及高原东部边缘低海拔地区增温趋势较为明显的原因，即这些地区近些年的增温速度已经超过了高原顶部，成为高原增温较为明显的地区。

以上的分析可以看出，青藏高原地区在 1961—2010 年经历了较为明显的暖温化过程，并且这一趋势在最近的 30 年和 20 年中有加速增暖的趋势。基于 GTEM 模型的分析结果显示在高原顶部及其底部的几个温度带变化较为明显，高原西部及其中部的高海拔地区，青海湖与柴达木盆地及其周边地区、高原东部边缘及雅鲁藏布江河谷等低海拔地区是暖化较为明显的地区。通过月气温的统计结果显示，高原的冬季是气温增暖最快的季节，其次为春季和秋季，夏季的增暖最弱。而以海拔带的分析结果显示，总体上增温率随着海拔的增加而增加，即增温率依赖于海拔的增加，但近些年来这一趋势在逐渐改变，尤其是最近 20 年，低海拔地区的增温率已经超过了高海拔地区的增温速度，使高原底部的增温较快。GTEM 模型能较好地反映出温度变化的时空间差异，与统计数据的对比分析更能相互印证，体现出其在高海拔地区应用的可行性。

第六节　气候变化总体趋势

以上分析了气候变化中较为关键的因子——气温的时空变化趋势。由于气候变化的指示因子较多，而温度和降水则被认为是两个最具代表性的指示因子。因此，从空间上对二者进行总体趋势的分析是掌握气候变化趋势的关键。本书在青藏高原地区有气象记录的 91 个站点中，遴选出有完整的月降水及月平均气温的站点共 87

个，由于整个高原的站点记录时间均较短，且大多在1980年之后才开始建站，因此这些站点的数据是较为可靠的。通过对这87个站点的月降水及月均温的分析，可以基本上能代表整个高原的气候变化总体趋势。

从1981—2006年青藏高原年平均温度及年总降水量变化趋势来看[见图3-15（a）]，青藏高原地区多年年平均温度在2.5℃—5℃。近些年来，青藏高原地区的年平均温度呈现逐渐增加的趋势，年平均增温率为0.0498℃/年（$R^2=0.5347$），比1961—2010年的平均温度0.0318℃/年偏高。从本章在不同时间尺度上增温的分析可以看出，这与青藏高原地区增温率在近些年的加速增长有关。从降水的变化趋势来看，青藏高原地区的降水则呈现出较为明显的年与年间的波动性。总体来看，青藏高原地区的总降水量在趋于增加，其平均增加值为0.8305mm/年（$R^2=0.0411$）。青藏高原地区年降水主要集中在春、夏、秋三季，而冬季的降水则较少。从青藏高原各个季节降水的分布可以可看出，在春、夏、秋三个季节中，尤其以夏季（6—8月）的降水较为集中，占年降水总量的一半以上。从近些年的各个季节降水的趋势来看[见图3-15（b）]，春季和夏季的降水总量有增加的趋势，年增长率分别为0.5258mm和0.4441mm，而秋季和冬季的降水量有减少的趋势，年增长率分别为-0.1187mm和-0.0214mm，表现出略微的减少。

从青藏高原这种气候变化趋势可知，青藏高原地区的这种暖化趋势基本呈现出春季和夏季的暖湿化，由于植被和牧草的生长主要集中在这两个季节，温度的增加和降水的同步增加有利于青藏高原地区植被的发育及地上生物量的增加，有利于牧草的生长。另外秋季及冬季的暖干化趋势虽然不利于植被的生长，暖干化能引起地表蒸散量的增加，冬季的暖温化趋势不利于多年冻土的发育，从而引起植被高寒草甸退化等现象。但冬季温度的回升能减缓低温情况下牲畜的越冬体能消耗，给牲畜越冬带来便利。

为了在空间上反映气候变化的总体特征，本书拟综合气温及降水的变化趋势进行分析。虽然有文献报道气温和降水可以通过空间

(a) 年降水总量、年均温

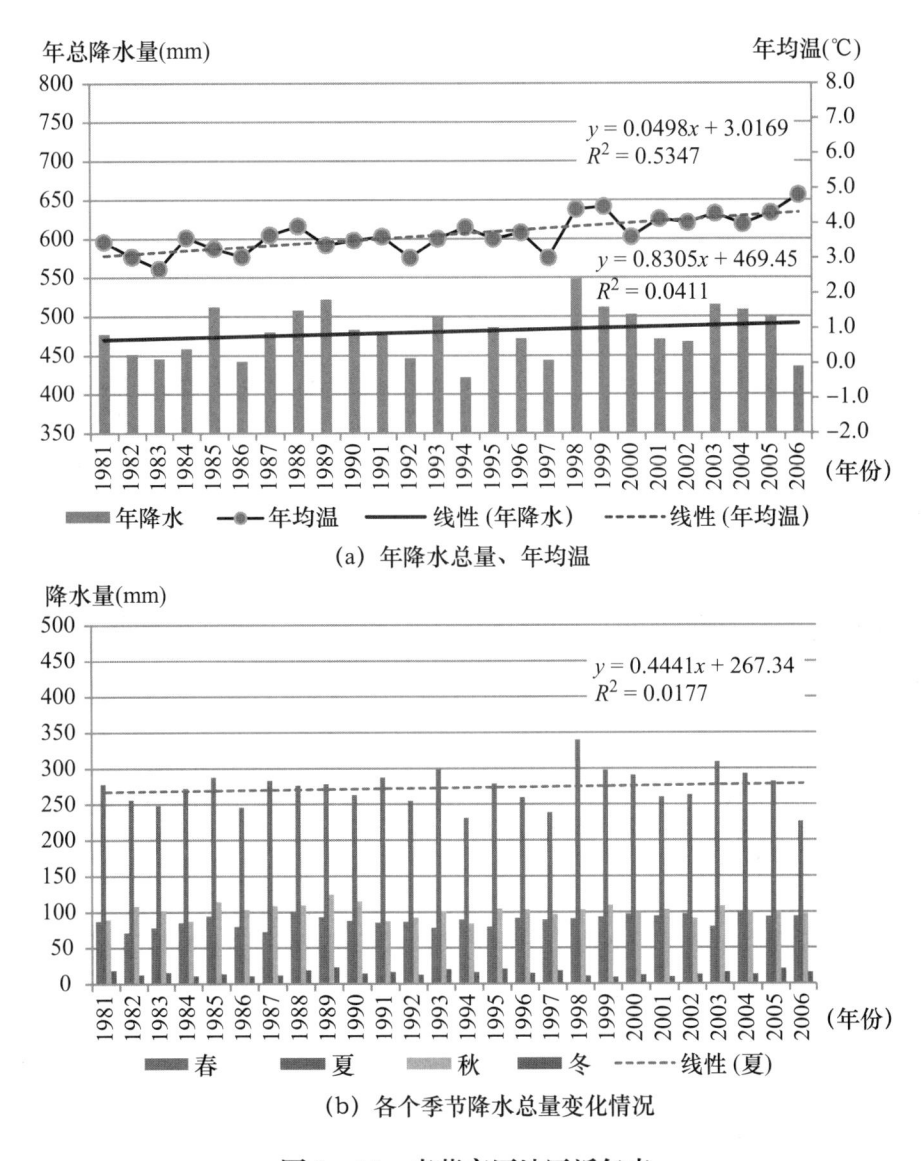

(b) 各个季节降水总量变化情况

图 3-15 青藏高原地区近年来

插值的办法获得整个高原面上的整体状况（Mao 等）。但考虑到整个高原其广大的西部及中部地区站点稀少，且没有 5000m 以上的站点记录，另外除了气温和海拔有相关性之外，降雨没有统计意义上的规律，因此插值本身具有较大的误差。基于以上考虑，本书利用最小二乘法计算了逐站点的温度和降水的变化趋势。其中回归系数方程为：

$$y = \alpha + \beta x + \varepsilon \qquad (3-8)$$

其中回归系数的最小二乘估计（OLS）值为：

$$\beta = \frac{\sum_{i=1}^{n}(x_i - \bar{x})(y_i - \bar{y})}{\sum_{i=1}^{n}(x_i - \bar{x})^2} \qquad (3-9)$$

其中 x_i 为年份，y_i 为年均温或降水量，ε 为随机误差，$\bar{x} = \frac{1}{n}\sum_{i=1}^{n}x_i$，$\bar{y} = \frac{1}{n}\sum_{i=1}^{n}y_i$。利用式（3-9）对年均温和降水随年份变化逐站点做回归分析，回归系数检验采用常用的 t 检验，统计结果如图3-16所示。图中除去两个温度递减的站点（中心站，ID：56041；西宁，ID：52866），整体上整个青藏高原处于暖化状态，其中高原南部地区以暖湿化趋势为主，而高原北部地区则出现暖干化趋势，图中的分区是生态气候区区划。

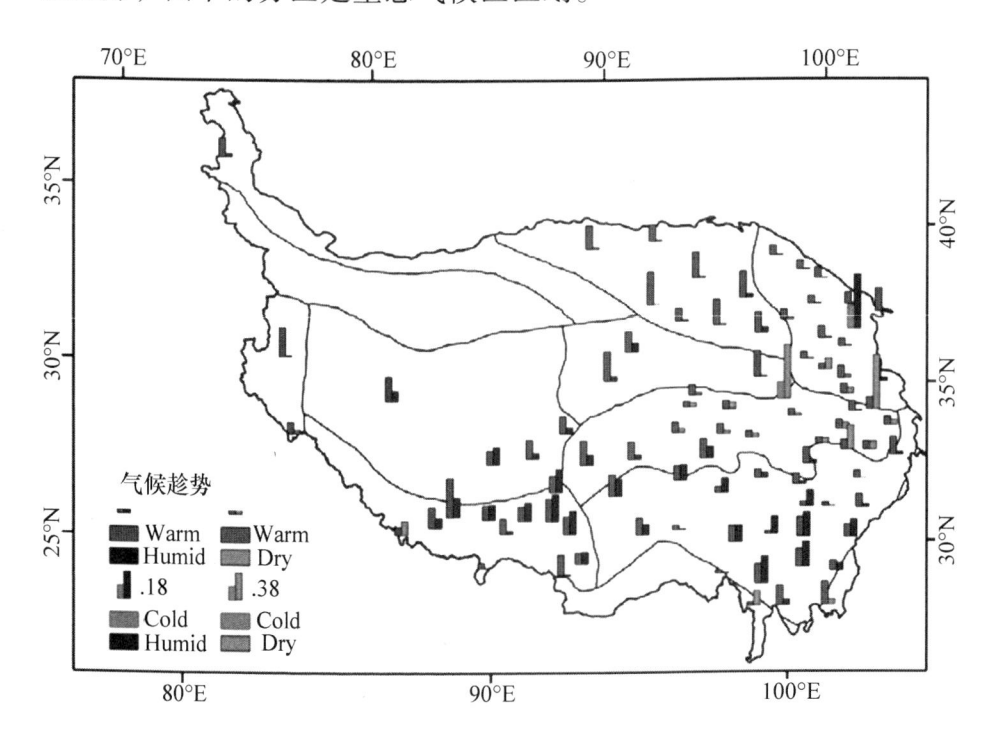

图3-16　1981—2006年青藏高原上87个气象站点逐站点的年平均气温与年降水总量的变化趋势

从回归的结果来看，整个青藏高原总体上趋于全面暖化，而降雨的增长趋势则在区域间差别很大。为了更好地区分气候变化的总体趋势，本书以温度的增加或减少来表示变暖或变冷，以降水的增加或减少来表示气候变湿润或干燥。基于以上划分，本书将气候变化的总体趋势划分为暖—湿、暖—干、冷—湿以及冷—干四种类型，并采用一致的颜色符号来表示。

基于以上的气候趋势类型划分，统计结果显示，整个青藏高原除了青海省的中心站（56041）及西宁（52866）两个站点在1981—2006年气温出现降低趋势外，其他站点均出现了较为明显的增加趋势，且 t 检验的结果显示其相关系数较高，有81%以上的站点通过了 $P=0.1$ 的置信度检验。整个青藏高原的气候趋势为暖温化趋势，且暖化趋势在中西部及柴达木盆地等地区较高，而在川西北等地变化速度较低。从降水的变化趋势来看，高原南部地区的降水增加明显，而高原北部地区的降水有减少趋势。因此总体上判断整个青藏高原其南部地区以暖湿化趋势为主，而其北部地区则以暖干化趋势为主，尤其是高原东北部边缘的青海湖附近地区气候总体上处于暖干化趋势。但在以上分析中广大的高原西部及中部地区的站点较为稀疏，因此在中部及其西部地区的指示意义不大。

第七节　本章小结

本章在青藏高原地区气候变化的时空间差异分析中建立了基于理想山体的 GTEM 模型，并利用该模型对青藏高原地区气候变化随时间尺度、海拔分区进行了研究，结果显示：

（1）GTEM 模型是一个较为理想和有效的揭示高海拔地区气候变化时空间差异性的模型。基于该模型，本书的研究结果显示，青藏高原地区的温度区分布曲线在向 X 轴右轴方向移动，表明青藏高原在近些年来经历了一个明显的暖化过程。分布线间距离越来越大，表明暖化的速度在加快。分析结果显示，1961—2010 年青藏高原地区的平均增温率为 0.0318℃/a，近些年的升温率出现加快情形。

（2）季节性的增温趋势分析显示，青藏高原地区的冬季增温趋势最强，其次为春季和秋季，而夏季的增温趋势最小。

（3）基于 GTEM 的分析显示，-6℃ 和 -4℃ 温度区的面积缩减最为明显，在 1961—2010 年分别减少了 499.44km^2 和 454.26km^2，每 5 年递减率分别为 25.1% 和 11.7%。在高原顶部高海拔区和在较低海拔的河谷区增温更为明显，尤其是最近的 20 年这一趋势较为显著。

（4）增温的海拔依赖现象在青藏高原确实存在，但近些年这一趋势有减缓迹象，主要是高原的底部低海拔地区和中部地区的增温幅度逐渐超过了顶部高海拔地区的增温。该模型揭示出了柴达木盆地地区、青海湖附近地区以及雅鲁藏布江河谷地区的增温趋势在近些年来较为明显。

（5）结合降水的分析显示，高原南部地区以暖湿化气候趋势为主，而高原北部、东北部等地区以暖干化为主，整体上处于暖化水平，降水在最近 30 年的增长率为 0.8305mm/a。降水主要集中在春、夏、秋三季，其中春季和夏季的降水有增加趋势，而秋季和冬季有减少趋势。

气候变化的这种时间、空间的差异性将决定着未来气候变化的时空格局，通过对气候变化时空差异性的分析揭示了高原内部的差异，为进一步分析植被及草地系统的变化奠定了分析基础。

第四章 青藏高原植被总体变化特征

由于植物的分布受控于气候模式,最小温度对限制物种的分布范围和向南北极高纬度地区及高海拔地区的极化扩展起着决定性的重要作用(Colwell et al. 2008;Jump et al. 2009b)。可以预测,全球暖化将改变物种分布的适宜环境和生存范围,因而使物种在暖化过程中得到重新分布(Allen and Breshears 1998;Colwell et al. 2008;Jump et al. 2009b)。当前,在高海拔地区关于全球变暖引起的分布界限变化主要集中于以下几个方面:(1)雪线/零物质平衡线(Snowline / Equilibrium Line Altitude,ELA)随冰川退缩的变动(Vincent et al. 2004;Tobias 2007;Kutuzov and Shahgedanova 2009;Li et al. 2010);(2)树线/林线(Timeberline)和生态交错带(Ecotone)随全球变暖向两极高纬度地区及高海拔地区的极化移动(Lee et al. 2005;Baker and Moseley 2007;Peñuelas et al. 2007;Parolo and Rossi 2008;Díaz-Varela et al. 2010);(3)气候带(Climate belt)或物种(Species)向两极高纬度地区及高海拔地区的迁移(Colwell et al. 2008;Jump et al. 2009a;Hughes 2010;Bonnaventure and Lewkowicz 2011);(4)土地利用变化(LUCC)(Beniston et al. 1997;Vuille et al. 2003;Soini 2005)。这些研究给高海拔地区气候变化的影响和响应研究提供了一个基本的研究框架。Colwell等(2008)和Jump等(2009b)的研究总结认为,由于在垂直方向上气温递减率的存在以及在南北方向上温度随纬度增高的递减,在全球增温情形下,树线的分布范围将在每升高1℃时在垂直方向上升高约167m,而在南北方向上向南(北)极扩展约145km,而伴随着林线位置的变化，植被的重分布及其他物种的迁移将随之发生。尤其在高海拔和高纬度地区，严寒的气候条件因全球暖化而改善，变得适宜于物种的扩张（Beniston et al. 1997；Lee et al. 2005；Kerr 2007）。与此同时，由于暖温化使物种的适宜生存条件下限随之改变，人口的迁移及以游牧为主的牲畜分布也随之扩展其分布范围，表现为向两极及高海拔地区的迁入（Beniston et al. 1997；Du et al. 2004b；Cui et al. 2006；Colwell et al. 2008；Kang et al. 2010）。因此高山区和高纬度地区生态系统对全球暖化的响应往往表现为植被带的分布范围及其面积的变化，以及植被生长状况的变化。而目前长序列的对该方面的监测和研究，归一化植被指数（Normalized Difference Vegetation Index，NDVI）被认为是一个很好的监测指标（Stow et al. 2003；Stow et al. 2004；Goetz et al. 2005；Wang et al. 2011；Fensholt and Proud 2012）。

NDVI 是表征植物生长、植被覆盖、生长状况、地上生物量、土地利用等的重要指标，是监测植被变化的有效参数，已广泛应用于植被活动的研究中（Stow et al. 2004；Brando et al. 2010；Fensholt and Proud 2012）。由于植被带生长状况、范围及面积随气候的变化较为缓慢，生态带位置的变动是一个长期的缓慢演化过程，因此，长序列的 NDVI 及其与气候因子、人为活动干扰之间的关系及动态响应分析显得尤为重要。

青藏高原（Tibetan Plateau，TP）因其对气候变化的高敏感性而被称为"地球的触角"，在气候变化中其气候因子的指示意义较同纬度低海拔地区更具代表性和典型性（Schwalb et al. 2010；Sivakumar and Stefanski 2011）。根据最近的研究结果，青藏高原地区在过去的几十年中经历了一个加速的暖化过程，其降水变化较为平缓，而潜在蒸散能力则有下降趋势（Zhao et al. 2004；You et al. 2010b；Yang et al. 2011）。根据最新对青藏高原冰川及冻土退化和环境效应的调查显示，从 20 世纪 50 年代开始青藏高原暖温化趋势明显，其冻土和山岳冰川经历了大规模的退缩和面积缩减（Yao et al. 2007；Che et al. 2008；Xue et al. 2009；Yang et al. 2010）。大量事实已表明因高原的全面暖化，其雪线/零物质平衡线及树线的位置因冰川退

第四章 青藏高原植被总体变化特征

缩而得到了抬升，植被覆盖发生了明显的变化（Baker and Moseley 2007；Li et al. 2010）。快速的气候条件变化已经引起了其生态环境和生态系统的变化（Leemans and Eickhout 2004；Lin et al. 2011b），而人为因素如人口增加、城镇发展及过度放牧等的干扰已对生态系统产生了明显的影响，并在一些区域超过了气候变化的影响本身（Du et al. 2004b；Cui et al. 2006；Fang et al. 2011b）。另外，无数的气候情景模拟和预测结果表明，青藏高原在未来的21世纪将经历持续的暖化过程，并且会进一步改变其严寒而干冷的气候环境（Chen et al. 2003；Byg and Salick 2009a；Kang et al. 2010）。

目前已有很多关于青藏高原植被变化及其对气候变化响应的研究，但通过林线及生态交错带位置变化而研究植被带变动，以及除了考虑气候因素之外，把人为影响综合考虑的研究还相对较少。本书选择青藏高原作为研究区，因其对气候变化的敏感性及其海拔范围较广，其植被的多样性及垂直带谱发育，因此使该研究具有典型性和代表性。而以NDVI来监测植被带的演化，操作上具有可行性。本书首先提出以下两个假设：（1）全球暖化使高海拔地区的严寒环境改善，植被带的范围随着气候的改善而向高海拔地区扩展，表现为林线及生态过渡带上限的位置抬升，面积扩展，NDVI改善（见图4-1），在温度升高1℃时在垂直方向上升高约167m，而在南北方向上向南（北）极扩展约145km，而伴随着林线位置的

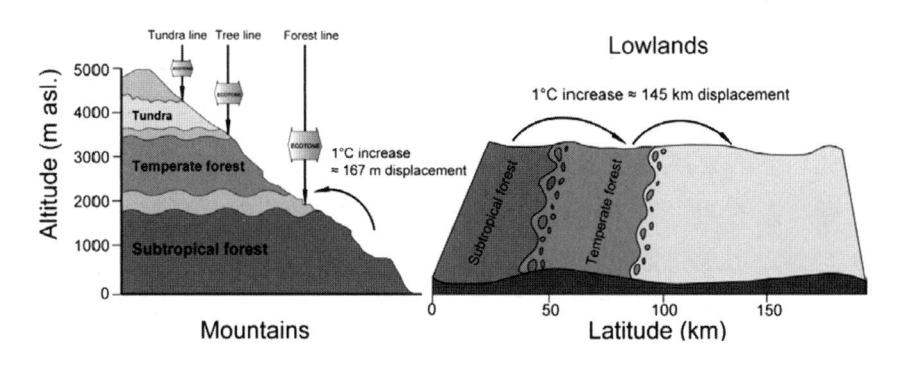

图4-1 植被带在气候暖化条件下在垂直方向和纬度方向上的迁移
（Körner 2005；Colwell et al. 2008；Jump et al. 2009b）。

变化，植被的重分布及其他物种的迁移将随之发生；（2）随着严寒的气候环境的改善，一些地区开始适宜放牧和游牧民的生存，人为活动发展，如果影响程度超过了生态系统的承受能力，则表现为草地退化等逆转性生态问题，人地矛盾导致 NDVI 减小。

第一节　数据来源及处理方法

一　数据来源

（1）NDVI 数据

本书选择美国航空航天局（NASA）全球监测与模型研究组 GIMMS（Global Inventory Monitoring and Modeling Studies）提供的 NOAA/AVHRR-NDVI 数据集，其空间分辨率为 8km×8km，属半月合成数据，时间跨度为 1981 年 7 月—2006 年 12 月，共计 612 幅 NDVI 半月合成图像。数据集的 NDVI 已经过几何精纠正、辐射校正、大气校正等预处理，且已采用最大值合成法（MVC）以减少云、大气、太阳高度角的影响。因为用 NDVI 来指示植被带的变化情况及其对气候的响应状况，因此 NDVI 数据质量本身是本研究的关键所在。为此，对 NDVI 数据在青藏高原的适用情况稍做分析是必要的。

由于卫星传感器系统经历过几次更换（NOAA 7，NOAA 9，NOAA 11，NOAA 14），卫星数据自身的变化是误差来源的主要方面。Slayback 等人（2003）比较了 5 种不同传感器处理的 NDVI 数据系列在阿拉伯沙漠地区的变化情况［见图 4-2（a）］以及传感器改变对不同区域 GIMMS-NDVI 数据的影响［见图 4-2（b）］。结果表明，在 5 种 NDVI 系列中相较其他数据系列，GIMMS 数据在 1982—1999 年的 18 年变化平稳，没有明显的增加或减少的波动，传感器改变对这种趋势也不产生明显的影响。这表明相对其他数据源来说，GIMMS-NDVI 时间序列数据适合于大尺度植被活动的变化分析［见图 4-2（a）］。另外，由于青藏高原地区的维度处于北纬 25 度—40 度，从区域差异的统计图可见，这一地区的 NDVI 变化十分平稳，NDVI 变化趋势没有出现随传感器的改变而发生明显变化的情况。因此，采用 GIMMS-NDVI 数据来分析青藏高原的植被覆盖变化是合适的。图中（a）表明 1981—1999 年，NOAA 卫星传感器系统经历了 4 次更换（NOAA 7，NOAA 9，NOAA 11，NOAA 14），利用 Arabian 沙漠对 5 种处理的时间序列（PLA，Preflight，FASIR，GIMMS，Vermote）进行比较可见，GIMMS 数据的变化较为平稳，不受传感器更换的影响，而且消除了两次（1983 年和 1992 年）重大火山的影响。因此该序列的数据质量是可靠的。（b）表明

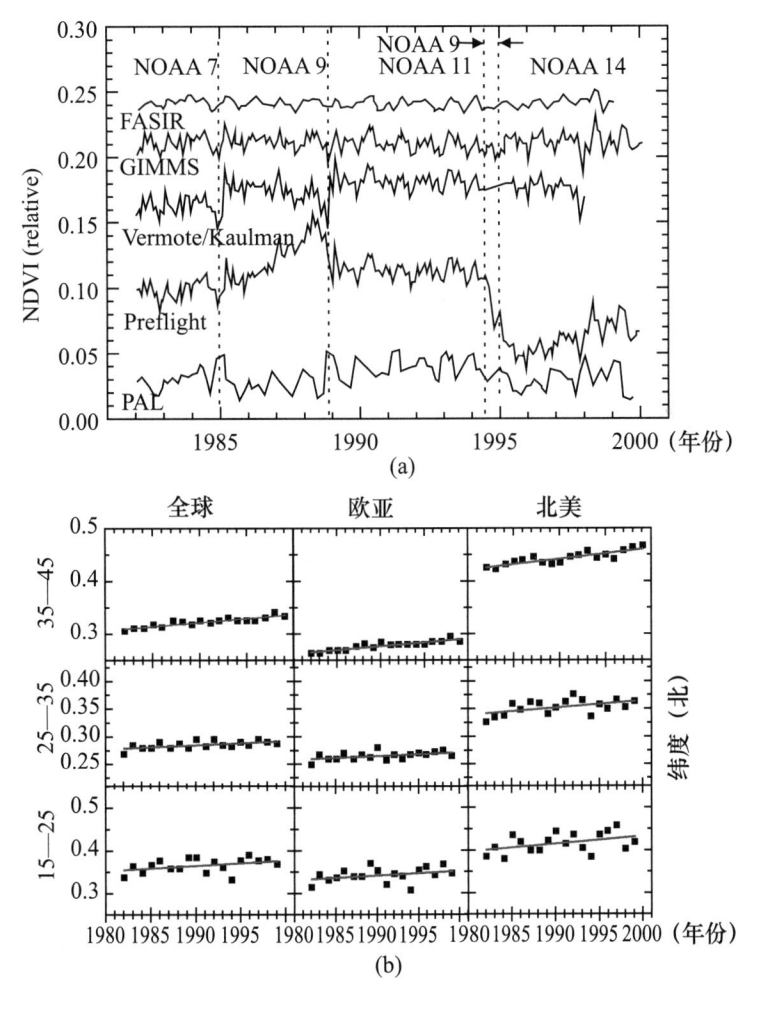

图 4-2　不同处理的 AVHRR-NDVI 数据的比较（a）以及卫星改变后对不同区域 NDVI 数据的影响（b）

不同纬度带5—9月GIMMS-NDVI值的年际变化显示，在青藏高原地区（北纬25—40度）NDVI的时间序列数据没有异常的变化，并不受卫星传感器和火山爆发的影响，即GIMMS-NDVI序列的数据在青藏高原是可靠的（Slayback et al. 2003）。

（2）气候及其他数据

由于GIMMS-NDVI的时间范围为1981年7月到2006年12月，为了与之相匹配，所选的气候数据的时间范围为1981—2006年，由中国气象局国家气候中心提供。其中位于高原上的站点91个，因站点变动，记录缺失等原因，其中有完整月平均气温和月降水记录的站点87个（见图4-3）。

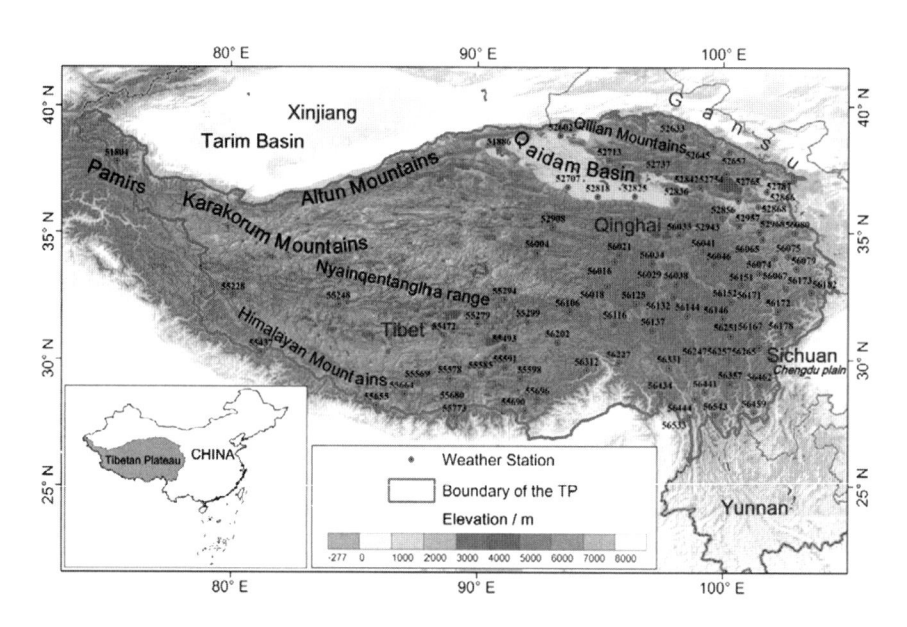

图4-3 青藏高原范围及87个气象站点的分布。站点以国际气象组织（WMO）的统一编号命名

人口、牲畜数量等经济统计数据均来自各个省市的统计年鉴。另外DEM数据由NASA提供，空间分辨率为90m×90m（见图4-3）；植被覆盖/土地利用类型数据为基于GLC2000的中国科学院1:100万土地利用数据集（见图4-4A）；生态区划数据采用郑度等（Zheng 1996）拟订的中国地理生态区域系统的框架方案，将青

藏高原分为 11 个自然区（见图 4-4B，表 4-1），包含了三个温度带和 4 个干湿区。

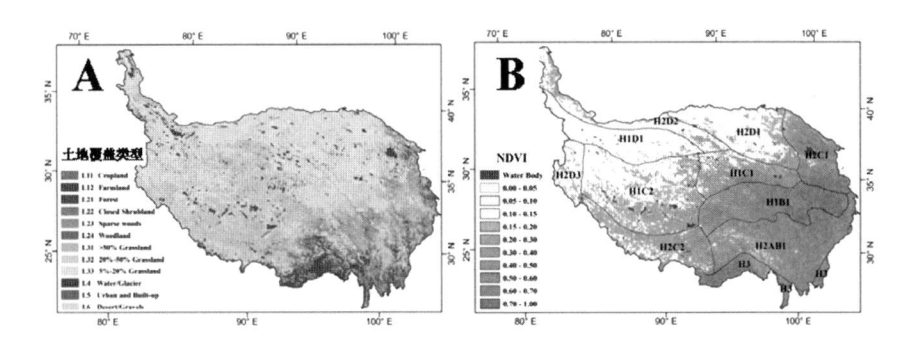

图 4-4 青藏高原地区根据 GLC2000 分类的植被覆盖/土地利用类型（A），青藏高原多年平均 NDVI 以及依照郑度等拟定的生态气候分区（B）。本书以下部分如没有详细说明，生态气候分区的代号与此相同

表 4-1　　　　　　　青藏高原生态地理系统分区

温度带	干湿地区	自然区
H1 高原亚寒带	B 半湿润地区	H1B1　果洛那曲高原山地高寒灌丛草甸区
	C 半干旱地区	H1C1　青南高原宽谷高寒草甸草原区
		H1C2　羌塘高原湖盆高寒草原区
	D 干旱地区	H1D1　昆仑高山高原高寒荒漠区
H2 高原温带	A/B 湿润/半湿润地区	H2AB1　川西藏东高山深谷针叶林
	C 半干旱地区	H2C1　祁连青东高山盆地针叶林/草原区
		H2C2　藏南高山谷地灌丛草原
	D 干旱地区	H2D1　柴达木盆地荒漠区
		H2D2　昆仑北翼山地荒漠区
		H2D3　阿里山地荒漠区
H3　亚热带阔叶林带		

二　数据处理方法

（1）植被带变化趋势分析

首先对 GIMMS-NDVI 的半月合成数据通过国际通用的最大值合成法 MVC（Maximum Value Composites）合成月 NDVI，该方法可以

进一步消除云、大气、太阳高度角等的部分干扰。并利用12个月月数据合成四个季节NDVI数据和年数据。合成公式为：

$$NDVI_m = \text{Max}(NDVI_i) \quad (4-1)$$

公式（4-1）中，$NDVI_i$为半月NDVI数据或已经合成的月值数据，$NDVI_m$为合成后的NDVI季节数据或年数据。考虑到青藏高原地区植被覆盖普遍较低，且大多为温带草原及高寒草甸（见图4-4A），NDVI值受下垫面的影响较大，本书取NDVI的阈值为0.1，即小于此值的地区被认为是无植被带覆盖（Zhou et al. 2003；方精云等 2003）。另外虽然青藏高原的植物生长季为5—9月，为了统计的方便本书规定春季为3—5月，夏季为6—8月，秋季为9—11月，冬季为12月至次年2月。

为了清楚地了解NDVI在空间上的变化趋势，逐栅格的趋势分析能直观地反映其在空间上的变化趋势。本书通过计算植被绿度变化率（Greenness Rate of Chang，GRC）来表征青藏高原的植被带变化趋势（Stow et al. 2003；Stow et al. 2004；Stow et al. 2007）。GRC是指在一定的时间范围内，采用最小二乘法拟合年均NDVI的变化斜率，以此来表征地上生物量及植被覆盖的变化，是反映植被带响应气候变化的简单而可行的时间序列分析办法（Stow et al. 2003）。基于植被绿度变化率的基本计算公式为：

$$GRC = \frac{n \times \sum_{i=1}^{n}(i \times NDVI_i) - \sum_{i=1}^{n} i \times \sum_{i=1}^{n} NDVI_i}{n \times \sum_{i=1}^{n} i^2 - (\sum_{i=1}^{n} i)^2} \quad (4-2)$$

公式（4-2）中，GRC为植被绿度变化率，变量i为年的序号，即$i=1,2,\cdots,26$。n为研究的时间序列长度，$n=26$；$NDVI_i$为第i年的年均NDVI值。其中$GRC>0$说明NDVI在这26年中的变化趋势是增加的，反之则是减少的，其值的大小反映出植被带变化的剧烈程度。以上分析均在ESRI ArcGIS 10中由栅格计算模块完成。

（2）植被变化对气候及人为影响的响应

由于植被带覆盖状况取决于气候条件，植被带的变动被认为是对气候变化及人为影响的响应。因此植被覆盖变化与气候因子及人为影响之间的关系可以通过它们之间的相关性分析来判断。本书以 NDVI 及平均温度、降水量之间的相关性分析为主要分析方法,其公式为:

$$r_{xy} = \frac{\sum_{i=1}^{n}(x_i - \bar{x})(y_i - \bar{y})}{\sqrt{\sum_{i=1}^{n}(x_i - \bar{x})^2}\sqrt{\sum_{i=1}^{n}(y_i - \bar{y})^2}} \quad (4-3)$$

上式中,r_{xy} 为两个要素 x 和 y 之间的相关系数,其中,$\bar{x} = \frac{1}{n}\sum_{i=1}^{n}x_i$,$\bar{y} = \frac{1}{n}\sum_{i=1}^{n}y_i$。

由于温度和降水为 87 个台站的站点数据记录,虽有文献报道可以通过空间插值的办法使站点数据空间化到整个青藏高原(Hu et al. 2011;Mao et al. 2012)。但考虑到青藏高原覆盖范围较广,尤其是区域间的地形差异很大,山地垂直带谱发育,气候区多样,尤其在高原的西部和中部等高海拔地区的站点十分稀少(见图 4-3),且没有高于 5000m 的站点,而降水在高原气象条件下又没有任何统计学上的趋势和规律,加上空间插值本身在地形复杂的情况下具有很大的误差,因此温度和降水的插值不能用到下一步的相关分析中。为此,本书在计算过程中是将每一个站台附近的 NDVI 值通过 3×3 的栅格窗口用三次卷积重采样(Cubic Convolution Resample)的办法提取出来作为该站点的 NDVI 值,与台站的气象数据做相关分析。相关度的检验采用的是常用的 t 检验办法。

第二节 时空变化分析

一 时间序列分析

时间序列的变化分析可以从植被带演化更替的角度来分析整个青藏高原整体的状况。为了综合分析植被带随时间的变化,本书计算了整个青藏高原 NDVI 平均值的历年变化情况,并按季节平均值统计其在过去近30年的变化，结果如图4-5A所示。从统计结果可知，NDVI在以月为尺度的变化中呈现出钟形的周期性变化特点，即年内的变化在冬春两季较低，平均值约为0.16，而夏秋两季达到年内植被生长的最好水平，平均值夏季为0.29，秋季为0.26左右。年内的变化显现出地上生物量与四季的更替及气温的变化较为一致的特点。从总体变动趋势上看，近30年的NDVI年际变化较小，且波动不大，总体上处于平稳的波动态势。

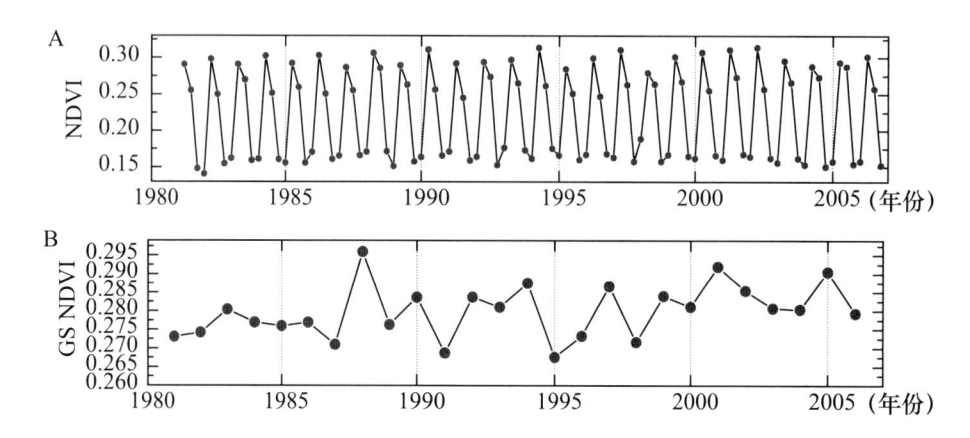

图4-5 青藏高原按四季（A）和生长季（B）的平均NDVI变化率

春季为3—5月，夏季为6—8月，秋季为9—11月，冬季12月至次年2月

生长季为5—9月

由于青藏高原整体上全年气温普遍较低，冬季漫长而严寒，生长季（5—9月）相对短暂，因此植被带的发育主要集中在以夏季为主的生长季。为此，进一步统计其生长季的NDVI年平均值，结果如图4-5B所示。从发展趋势来看，过去近30年生长季的NDVI呈现出一定的波动性，但总体趋势平缓，最大值出现在1988年，为0.296；最小值出现在1995年，为0.267；多年生长季平均值为0.282左右，有轻微的上升趋势。以上结果反映出，较低的NDVI值反映了青藏高原总体上植被覆盖较差，整个柴达木盆地、藏北高原等地区植被分布稀疏，几近于裸地。整体上，有些因增温而使植被带生长条件改善的地区，很可能因一些地区因生长环境的恶化导

致植被覆盖减少，但在整个高原求其平均值时而被相互抵消掉，使总体上植被带变化趋势波动性不大。为此，在空间上分区域和植被带类型的生长状况变化研究显得颇为必要。

二 空间变化

逐栅格的趋势分析能直观地反映出植被带在空间上的变化趋势，能较好地反映出每个栅格在时间序列上的变化差异，因此是在空间上研究植被带对气候及人为因素响应差异的有效途径。利用公式（4-2）可以计算出最近30年植被带的空间变化趋势。为了区分各个季节的变化差异，分别计算了每个季节及全年的变化情况，结果如图4-6所示。

从各个季节的空间变化差异来看，春季的植被带总体上大部分地区趋于恶化。植被带生长状况处于退化的区域集中于H1B1和H1C1两个高原亚寒带高寒草甸草原区，而在H2AB1和H2C1两个高原温带针叶林区则较前两个区域的退化为弱，并在部分地区有零星增长的趋势。相较而言，在山南林芝地区及帕米尔—喀喇昆仑山以及藏南一些高山区则出现了植被覆盖状况好转的情形（见图4-6A）。

夏季是整个青藏高原植被活动最为活跃的时期，从整个区域来看，大部分地区的植被覆盖趋于好转。在高原西南部及中部、柴达木盆地周围的广大地区植被都出现了增长情况。部分地区的增长率达到了0.0025/a及以上。尤其是在H1C1、H1C2两个高原亚寒带高寒草甸草原区及H2C2藏南高山灌丛草原区的增长尤为明显。而在夏季处于恶化趋势的植被带分布于山南林芝、云南北部、川西北及青海湖附近的低海拔地区，高原的东部边缘是这一趋势较为集中的区域。另外H1B1果洛那曲高原亚寒带灌丛草甸区的植被覆盖退化也十分明显（见图4-6B）。

秋季高原植被带生长状况总体趋势趋于改善，只是H3亚热带阔叶林区和H2D3阿里山地荒漠区有明显退化趋势。另外川西北的部分地区植被也出现局部退化（见图4-6C）。与其他三个生长季相比，冬季严寒而干冷，生物意义上的冬季长达 7 个多月（10 月到次年 4 月），广大高原地区植被发育基本停滞，因此 NDVI 对植被带生长状况的指示意义不大。但有文献报道指出由于气候变暖，青藏高原冬季的升温幅度较其他季节明显，升温可能使生长季变长且使温度下限升高，从而影响植被在全年中的分布状况（Liu and Chen 2000；Chen et al. 2003；Kang et al. 2010）。从总体上来看，冬季青藏高原植被带退化的区域出现在 H3 亚热带阔叶林区和高原中部亚寒带高海拔地区，其东部边缘区及川西地区也有零星减少，但增加的区域仅限于 H1B1 果洛那曲高原亚寒带灌丛草甸区和 H2AB1 高原温带针叶林区。其他局部地区有零星的增长，但增加幅度都很小（见图 4-6D）。

从季节性的植被带变化空间差异来看，冬春两季的空间变化趋势基本一致，均是高原中部有明显的减少趋势，但在高原西南部及一些高海拔山区有较为明显的增长。而夏秋两季整个高原西南部、西部和中部的 H2C2、H1C2、H1C1 和 H1BI 等高原亚寒带都出现了较为明显的增长。由于这些地区海拔较高，夏秋两季又是植被生长旺盛的季节，高海拔地区的植被好转应该是气候转暖，植被带向高海拔地区缓慢移动及植物量提高的结果。与此相对应的是，在高原的边缘及川西北、西藏南部林芝等地区的植被出现了退化趋势。这些地区海拔相对较低，人口密度较高，人为活动频繁，在生长旺季出现退减趋势，除自然因素变化外，当考虑人为因素的影响。但以上分析的具体原因还有待进一步的分析确认。

为了综合考虑空间上随时间的变动趋势，本书又进一步计算了整个青藏高原近 30 年年平均植被带覆盖的变化情况（见图 4-6E）。整体上青藏高原的高原亚寒带如 H1C1、H1C2、H1D1 及高原温带如 H2C2 及 H2D2 均处于植被好转区域。而 H3 亚热带阔叶林及 H2AB1、H2C1 高原温带针叶林区则处于退化状态。由于植被带的分布与海拔、植物种类、气候类型等紧密相关，为此，本书依据海拔带、植被覆盖种类和生态气候区统计在各个不同类型区中的植被带生长状况变化情况。结果如图 4-7 所示。

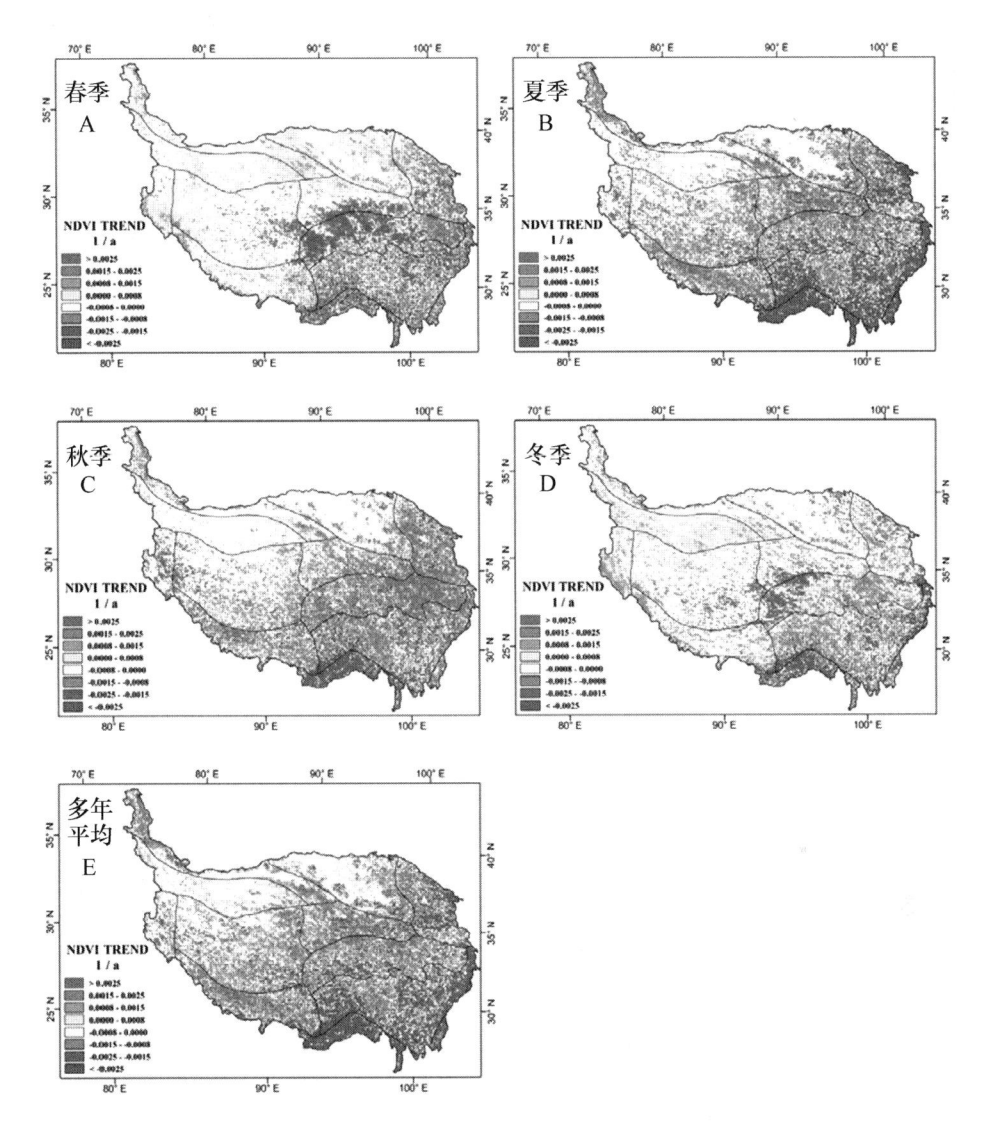

第四章 青藏高原植被总体变化特征

图 4-6 青藏高原 1981—2006 年植被带生长状况变化情况

从生态气候区的内部统计结果来看（见图 4-7A1），在整个青藏高原的 11 个生态气候区中，植被带生长状况平均水平处于较明显改善的有 6 个区，其中有 H1C1、H1C2 和 H1B1 三个高原亚寒带气候区以及 H2C2、H2D1、H2D2 三个高原温带气候区。而植被带平均生长状况趋于退化的有 4 个区，均为植被生长条件相对较好的亚热带阔叶林区（H3）和 3 个温度较高的高原温带针叶林

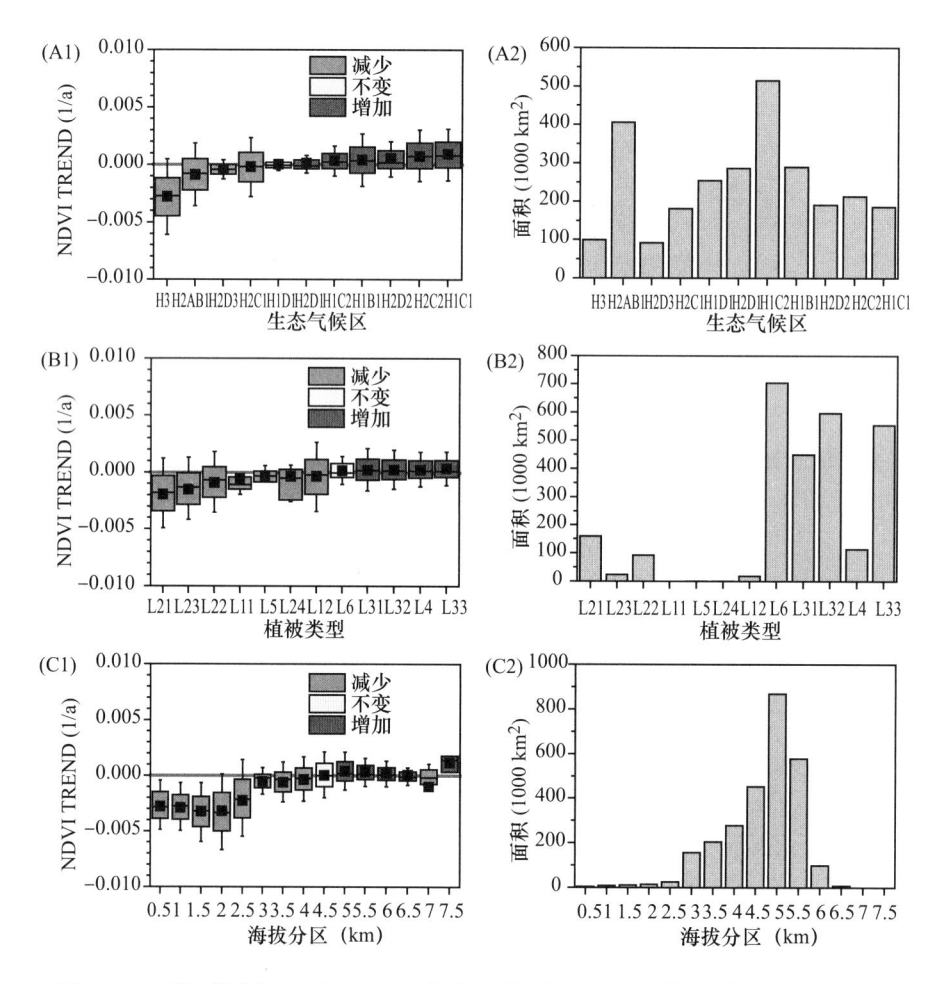

图 4-7 以不同的分区（A1）生态气候区，（B1）植被覆盖/土地利用类型，（C1）500m 等间隔的海拔区所统计的各个区域 1981—2006 年植被带生长状况变化情况及各个分区各自的面积（A2，B2，C2）

（H2AB1 和 H2C1）及高原温带荒漠区（H2D3）。从统计结果来看，位于高原亚寒带的 H1D1 昆仑山高寒荒漠区变化不明显。由于趋于改善的生态区集中于高原亚寒带和高原温带，而退化的区域处于平均温度等相对较高的亚热带及高原温带地区，因此推测，全球暖化对改善高海拔地区严寒条件下的植被带生长状况有积极作用，温度升高有可能是树线和林线在这一地区升高、植被趋于改善的主导因素。而在气候条件相对较好的亚热带、高原温带地区的植被退化极有可能是升温后蒸散发加剧或人为因素影响的结果。

为了进一步的深入分析植被带生长状况在空间上的变化差异，以植被覆盖类型来统计各个类型区内的植被带变化情况显得十分必要。植被带的分布与植被覆盖/土地利用变化之间有着直接的联系，植被覆盖的种类界定了植被带的基本类型（Körner 2005；Colwell et al. 2008；Jump et al. 2009b）。本书以GLC2000的植被分类系统为参考，对其6个大类的25个小类进行重新合并调整，将水体和冰川等进行归并，最后形成12个土地覆盖类型。以此类型为基础，分别对各个区内的植被带生长状况变化率进行了统计，结果如图4-7B1所示。

从统计的结果可以看出，在12个大的植被覆盖/土地利用类型中，有4个显著增长的类型区，即L31高覆盖度（>50%）草地、L32中覆盖度（20%—50%）草地、L4水体及L33低覆盖度（5%—20%）草地。其中平均增长速度最快的为L33低覆盖度（5%—20%）草地。从植被带的平均变化速度来看，保持基本不变的为L6沙漠/戈壁，这与实际的情况相吻合。而在其他所剩的几个植被带减小的区域中，L21森林、L22高覆盖度灌丛及L23疏林地等的减少较为明显，是三种减少最为剧烈的类型区。从植被覆盖在空间上的分布来看，增长的区域L31、L32、L33基本上是位于高海拔地区的草地，由于水体中在分类时已包含了冰川和积雪，因此，其覆盖度的增加推测应当是气温增加后雪线升高、植被带的上线苔原线随之升高的结果；而高海拔地区整体上植被的好转则反映了对气候转暖后植被带生存状况改善、植被地上生物量及覆盖范围扩大的结果。在减少的几个区域中，L21森林、L22高覆盖度灌丛及L23疏林地均分布于高原边缘谷地及南部海拔相对较低、温度、降水等生长环境相对较好的地区。

在以上几个分析结果中，无论是基于生态气候分区的分析还是从用地类型分区分析，均显示出植被带的空间变化和海拔之间的密切联系，在不同的海拔上其变化趋势表现出明显的差异性。由于本书的植被带位置移动假设是以植被带的垂直带谱变化为依据,据此,按海拔分区来分析植被带的空间变化显得很有必要。本书以500m等间隔做海拔分区,分别划分出各个范围的海拔带,即0—500m,500—1000m,1000—1500m等不同的分区,分别对每个区内植被带的变化率进行了统计,结果如图4-7C1所示。

从计算的结果来看,在划分的15个海拔区中,其中有5个均表现出明显的增长趋势,除去最高海拔的一个分区,几个植被好转的地区均集中分布于4500—6500m的高海拔地区,并且占整个高原绝大部分的面积(见图4-7C2)。而4000—4500m似乎是植被带变化的一个临界位置,此范围内没有统计意义上的明显变化,而在此海拔以下各个植被带均表现出了较为明显的退化趋势。从平均减少速率来看,1000—2500m的三个低海拔区减少较快,处于明显的退化水平。

从以上结果可以看出,植被带生长状况的变化与生长季节、植被带类型、生态气候区和海拔等有关。以青藏高原为整体的时间序列分析并不能体现出植被带的变化差异,而在考虑到按生态气候区、植被覆盖类型和海拔后,其变化的差异性过程才得到了明显的体现。以分区为视角的空间差异分析体现出青藏高原植被带在近30年的变化中与生态气候区、植被覆盖类型及海拔之间的密切关系。

第三节 植被与气候因子间的关系

一般认为,植被类型、生长状况及其分布受气候因子的直接影响,在特定的气候模式制约下在地理分布上形成特定的植被带和生态系统类型(Körner 2005;Colwell et al. 2008)。因而植被带类型及其生长状态的变化是对一定气候模式和生长环境变化的直接反应,气候条件的改变使植被的种类和分布范围随之发生相应的变化以适应新的气候特点(Walther 2003;Körner 2005;Kerr 2007)。在众多的气候因子中,光照、温度、降水、蒸散发等被认为是植被生长的

第四章 青藏高原植被总体变化特征

最重要且起决定性作用的气候因子,而通常以日照、温度和降水的影响最为直接(Allen et al. 1998)。考虑到数据的可获得性,本书在分析植被带与气候变化的相互关系时,选取了与之相对应的年平均温度和年总降水量作为主要气候参考因子。以相关分析法分析了NDVI与它们之间的相关性,以此来判断植被带对气候变化的响应。

年平均NDVI及年平均温度、年总降水量之间的变化趋势如图4-8所示。从分析的结果来看,最近30年青藏高原平均的DNVI有略微的增长趋势,其间有几次较为明显的波动。与之对应的,整个青藏高原的年平均温度(87个站点的平均值)呈现出明显的增

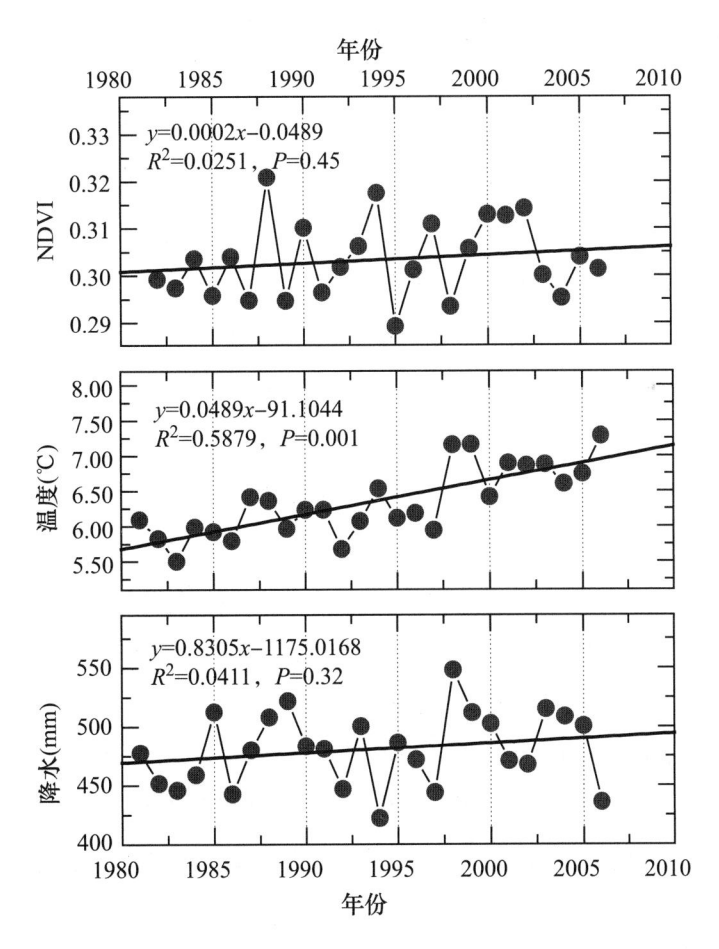

图4-8　1981—2006年年平均NDVI与年平均温度及年总降水量的变化趋势

长趋势，在用最小二乘法线性拟合的结果中，年温度增长率为 0.0489℃/年（$R^2=0.5879$，$P=0.001$），与文献报道中的增加速度基本一致（Liu and Chen 2000；Liu et al. 2009b；Kang et al. 2010）。表明整个青藏高原最近几十年经历了较为快速的增温暖化过程，这一暖化过程与 NDVI 缓慢增长的趋势基本一致，可以认为是对气候暖化的正向积极响应。

与温度相比较，年总降水量在总体上呈现出略微的增长，但增长幅度较小，为 0.8305mm/年（$R^2=0.0411$，$P=0.32$），线性增长趋势不太明显，呈现出较大的年际变化差异。因此，从整个高原总体的 NDVI 及温度和降水变化的趋势来看，NDVI 的增长趋势与温度有较好的一致性，但与降水增加的关系不太明显。为了进一步分析植被带变化的季节性差异，我们分别计算了各个季节的 NDVI 变化趋势及各个季节的平均温度和降水的变化（见图 4-9）。

从四个季节的植被带变化与其对应的平均温度和降水的关系来看，整个青藏高原四个季节的 NDVI 均有上涨趋势，且温度在各个季节的增长均比较明显，降水在春夏两季有明显的增长，但在秋冬两季则呈现出减小的态势。对比性分析可以看出，春夏两季的植被带生长状况增加明显，其中夏季增长率为 0.0002/年（$R^2=0.0253$，$P=0.44$），而秋季的增长率为 0.00045/年（$R^2=0.1024$，$P=0.11$），与其对应的增温率分别达到 0.0385℃/年（$R^2=0.4367$，$P=0.0002$）和 0.0479℃/年（$R^2=0.385$，$P=0.0007$）。虽然同季节的降水基本不变或略有下降，但三者的对比分析可以看出，温度对这两季的增长起着决定性作用。在四个季节中，冬季的年平均温度增长率最高，达到 0.0801℃/年（$R^2=0.3589$，$P=0.001$），其次为秋季（0.0479℃/年）和春季（0.0449℃/年）。此结果中季节性的增温趋势与文献中的报道基本一致，即青藏高原在全面转暖过程中暖冬化趋势明显（Chen et al. 2003；Liu et al. 2009b；You et al. 2010a）。暖冬化使积雪的厚度减少并使春季融雪期提前，并且春季温度的增加有利于植物生长季的提前，有利于改善高海拔和高纬度地区严寒的植物生长环境（Wilmking and Juday

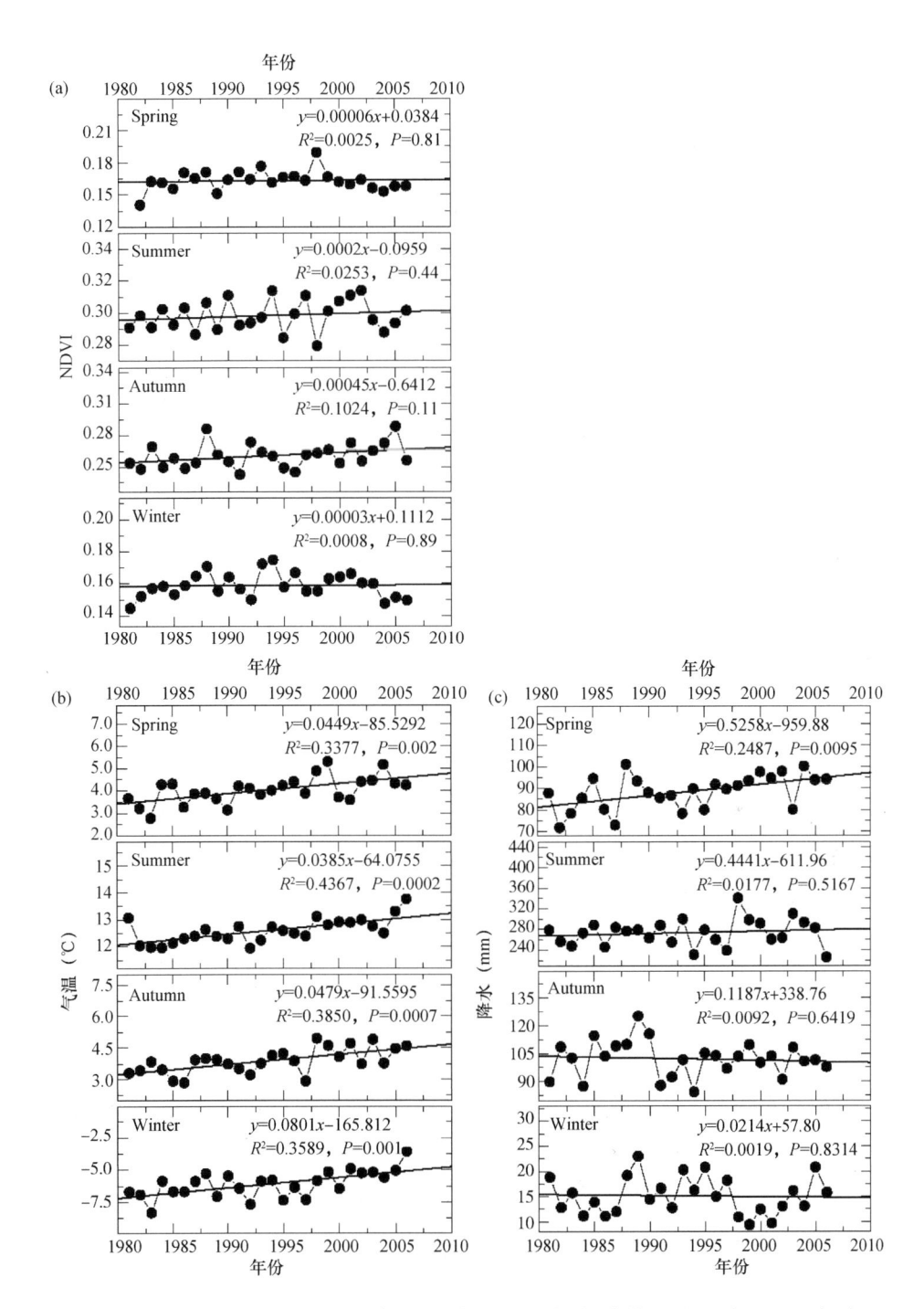

第四章 青藏高原植被总体变化特征

图 4-9 分季节平均 NDVI 变化趋势（a），各个季节平均温度（b）和降水量变化（c）趋势

2005；Yue et al. 2005；Shen et al. 2011）。这也是导致在高海拔地区植物光合作用增强及苔原带林线随海拔上升，并在经度方向上向北扩展使植被带的覆盖面积增加的主要原因（Wilmking and Juday 2005；Yue et al. 2005；Wang et al. 2008b；Wu et al. 2010）。

本书采用了以逐站点 NDVI 与年平均气温、降水之间的相互关系分析的办法，可以较好地观察各个站点地区的植被带与气候因子之间的关系。从统计分析的结果来看（见图 4-10），各个站点的 NDVI 变化与年均气温之间有较好的相关性（见图 4-10A），且 45% 以上的站点均通过了置信度 $P=0.01$ 的检验，83% 以上的站点都通过了置信度 $P=0.1$ 的检验（见图 4-10C）。在二者的相关性中，正向相关的站点，即 NDVI 随气温的增加而增加的站点占 52%，而负相关的占 48%。以生态气候区为统计单位来看，H2AB1 和 H3 两个地区呈现较为明显的负相关性，即温度增加和 NDVI 之间关系较弱，所剩其他地区除个别站点外，则正相关性较强。而在 NDVI 与降水量之间的相关关系中（见图 4-10B），只有 H2AB1 区体现出较为明显的负相关性，其他地区则为正向相关，即降水对 NDVI 的影响较为明显，且 76% 的站点均通过了置信度 $P=0.1$ 的假设性 t 检验（见图 4-10D）。

以上分析可以总结为，近 30 年整个青藏高原的暖温化对植被状况的改善具有明显的促进作用，尤其是在高原中部及西南部的 H1C1、H1C2、H2C2 三个高海拔区暖湿化促进作用明显，但在 H2AB1 区中尤其是川西北地区，无论是年均温还是降水都不明显。逐站点的 NDVI 与气温、降水间的关系也体现出这一特点。由此可以推断，暖化的过程使在高海拔地区的植被带生长环境改善，有利于植被的生长和植被带向高海拔，高纬度地区扩展，即验证了本书的（I）假设。但在 H2AB1 区中尤其是川西北地区，无论是年均温还是降水都与 NDVI 变化的关系并不明显，则说明这些地区的植被带变化原因中，气候要素变化并不是其最主要原因，可能是人为因素影响等其他因素作用的结果。

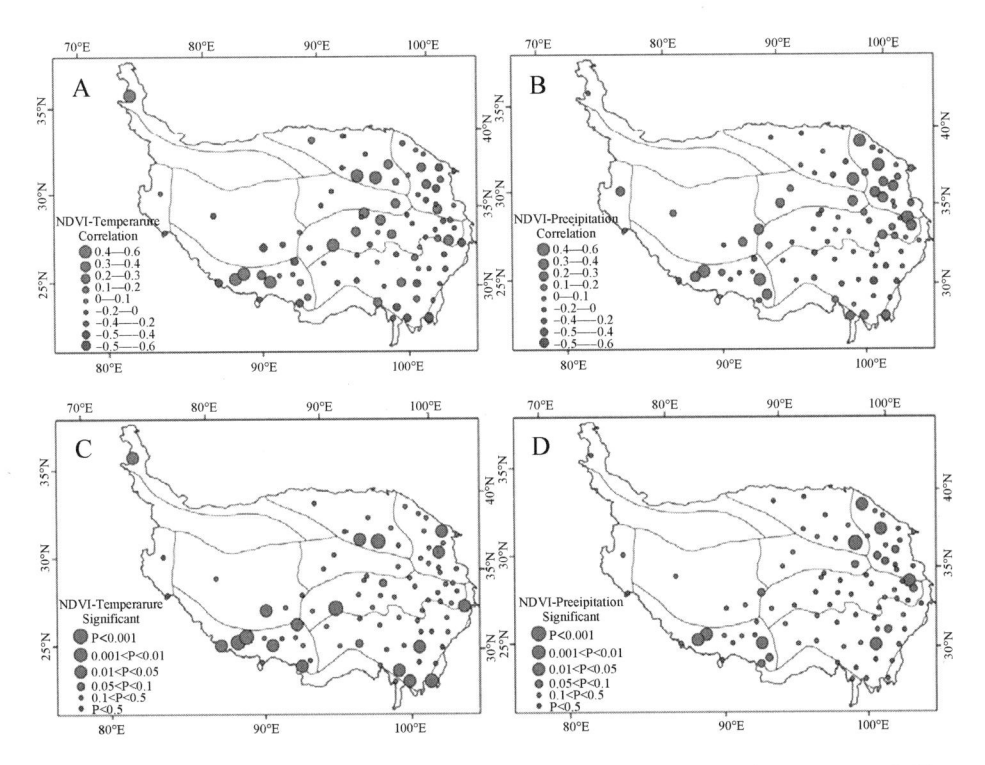

图 4-10 青藏高原 87 个站点逐站点年平均 NDVI 与年平均气温（A）、年降水量（B）之间的线性相关系数及系数检验（$N=87$）（C 和 D）

第四节 人为因素分析

由于青藏高原地区是我国的重要牧区，畜牧业在该区域中的比重历来较高（Du et al. 2004b）。近些年来，随着气候转暖及西部大开发等国家发展政策的实施，青藏铁路的开通等使这一地区的迁移及流动人口逐渐增多，人口规模持续地增加（Che et al. 2008），旅游业等第三产业的发展使该地区的城镇发展速度加快（Wang et al. 2008b；Fan et al. 2010b）。由于人口的增加及城镇的发展，伴随人口增长的是对奶类、肉类、毛皮制品等畜产品的需求增加，并且牧民的收入与牲畜数量直接相关，收入需求的刺激使畜牧业超规模发展，人类活动对高寒草原草甸生态系统的影响加强（Du et al. 2004b；Wang et al. 2008b；Harris 2010）。近些年来在牲畜数量持续增长的同时，畜牧业的发展使对高寒草甸草地生态系统的压力进一步加大，过度放牧、鼠虫害等使草地退化的报道逐渐增多（Che et al. 2008；Wang et al. 2008b；R. B 2010）。

为了分析人类活动对青藏高原地区植被带变化的影响，本书选取了人为因素影响中最重要的两个指标，即反映人为因素规模和城镇规模的人口规模，以及代表畜牧业规模的牲畜数量，并以二者与NDVI变化的相互关系进行回归分析，进而探讨人类活动对植被带的影响。

从统计的结果来看，近些年来，青藏高原地区无论是人口规模还是牲畜规模都得到了较快的增长［见图4-11（A）］。人口数量从1971年的813万人很快增长为2010年的1553.5万人，平均年增长率达到18.51万人/年，总人口增长了近两倍。而以羊单位（1匹马＝6个羊单位，1头牛＝5个羊单位，一头驴，骡，鹿等＝4个羊单位，以下同）换算的整个青藏高原牲畜的数量则由1971年的100.28百万羊单位增长到2010年的134.36百万羊单位，平均增长速度为85.2万羊单位/年，总规模增长了1.34倍。由于青藏高原地区以畜牧业为主的第一产业占有较大的比重，从第一产业的发展及整个经济的增长规模来看，青藏高原地区近些年的经济增长较为明显，经济增长速度一度处于加速阶段［见图4-11（B）］。另外近些年来，以矿产开采及能源开发为主的第二产业以及以旅游和服务业为主的第三产业发展势头较快，其比重越来越高，并逐渐占据了经济发展的主体地位。另外人口的快速发展也进一步地推动了青藏高原城镇数量和规模的发展，近些年城镇化的发展速度较快（Fan et al. 2010b）。

由于青藏高原地区的植被生长季节较短，高海拔高寒及缺氧的生态环境使生态系统较为脆弱，容易受人为因素的影响和干扰；另外与其他低海拔气候较适宜地区相比，青藏高原地区无论是从植物的生物总量、活动状况、污染的自然降解水平还是破坏后的自我恢复能力都比其他暖湿气候条件下的生态系统差，脆弱的生态环境使得这一地区对人为因素的干扰尤其敏感（Harris 2010；Hallegatte et al. 2011a）。

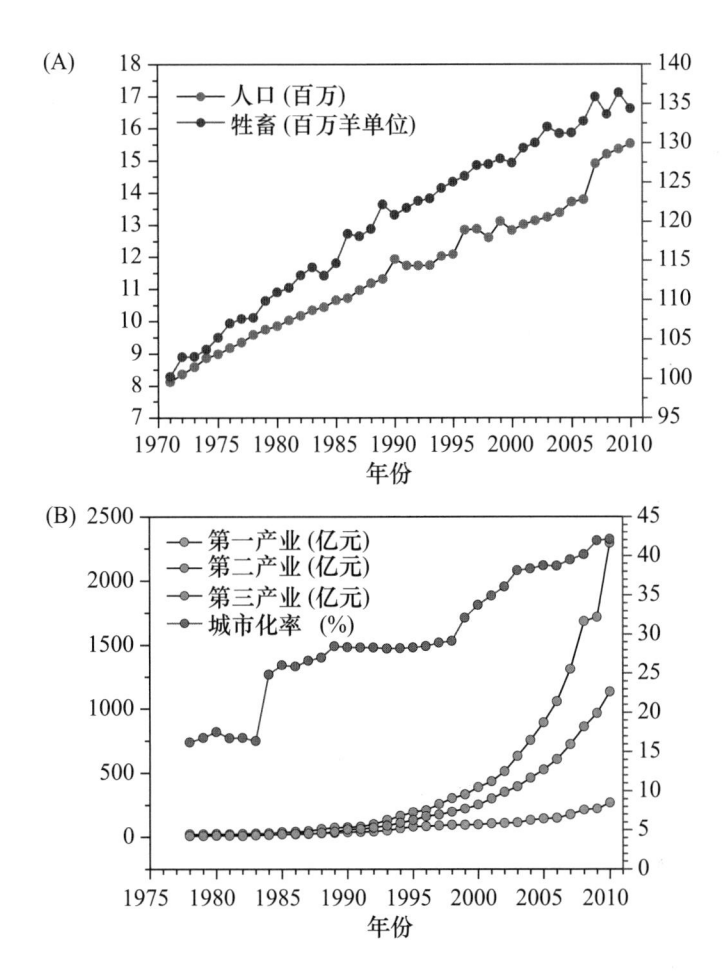

图 4-11 (A) 青藏高原地区 1971—2010 年人口规模及以羊单位换算的牲畜数量的增长情况

(B) 1978—2010 年青藏高原上主要的两个省区青海、西藏两个地区三次产业的规模（以当年价格计算）及两地区的城镇化率。数据均来自各个地区逐年的统计年鉴和地方志

为了从空间上探讨人为因素对植被带的影响，本书分别给出了典型年份青藏高原人口的分布及近 40 年的人口增长速度（见图 4-12），以及以羊单位换算的整个青藏高原的牲畜分布及增长速度（见图 4-13）。可以看出，受高海拔及高寒缺氧等恶劣的自然条件的限制，人口基本上分布于海拔高度相对较低、植被状况较好的低山河谷地区，并在高原边缘接近低海拔的地区有相对较为集中的分

布。从生态气候分区上来看，H2C1、H1B1、H2AB1 及 H3 等地区的人口密度较高。而在高原广阔的中西部地区人口分布则较为稀疏。从人口的年平均增长率也可以看出，高原边缘地区及藏南及中部地区的人口增长较快（见图 4-12）。牲畜的空间分布与人口的分布相似，主要分布于海拔高度相对较低气候环境相对较好的低海拔河谷谷地地区，H2C1、H1B1、H2AB1 及 H2C2 等地区是分布相对较为集中的地区（见图 4-13）。与人口分布不同的是，牲畜的增长速度近些年在川西北及高原的西部高海拔地区增长较快，而在高原中部的 H1C1、H1B1 两个地区有减少的态势。由于这两个地区是三江源自然保护区，近些年来的退牧还草等移民及植被保护政策可能是其主要原因。

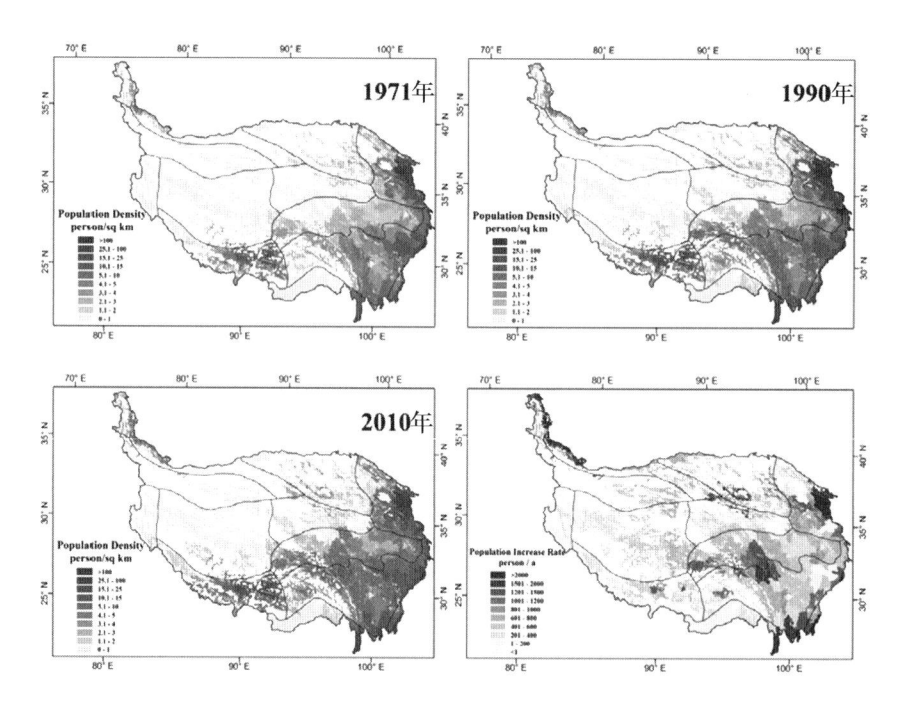

图 4-12　青藏高原地区 1971 年，1990 年，2010 年的人口密度分布及近 40 年的人口线性增长率

但从总体上来看，以上无论是人口规模的分布还是牲畜规模的分布，如果对比分析近 30 年的植被带生长状况在空间上的变化（见图 4-6E），则可以发现，在 H2C1、H1B1、H2AB1 等人口及

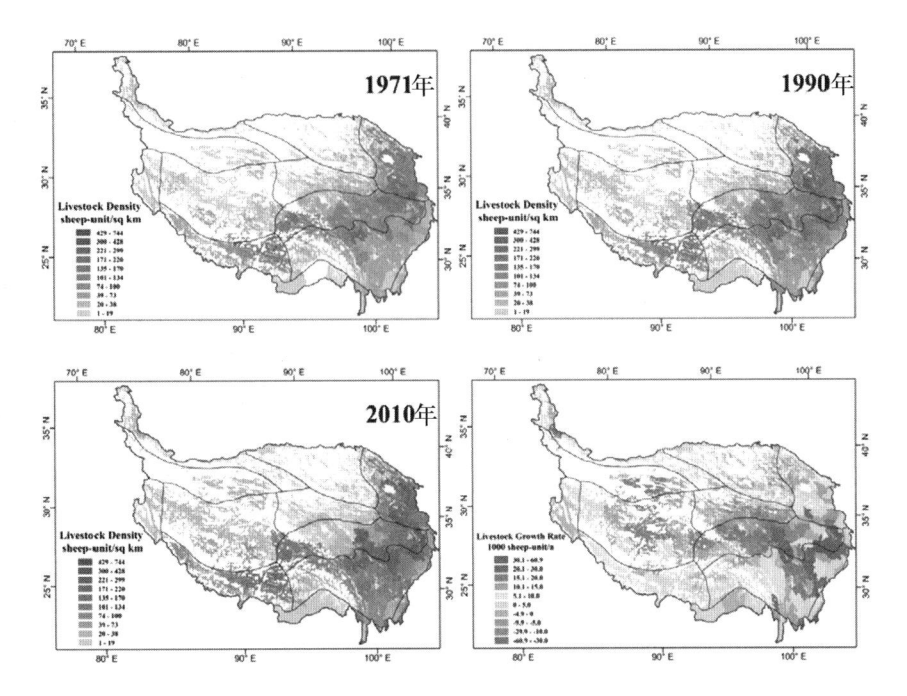

第四章 青藏高原植被总体变化特征

图 4-13 青藏高原地区 1971 年，1990 年，2010 年以羊单位换算的
牲畜密度分布及近 40 年的牲畜线性增长率

牲畜密度较高的地区，虽然植被的生长环境相较高原北部及西部高海拔地区为好，但与其植被改善相反，这些人口及牲畜密度较高的地区其植被却普遍出现了统计意义上的明显下降态势。由于人为活动对植被带的影响除了人为的对矿山开采、森林的砍伐及城镇、基础设施建设对土地的侵占之外，最为直接的则是以发展畜牧业为主的牲畜放牧对植被带的影响（Cui et al. 2006；Wang et al. 2008b；R. B 2010）。为了检验人为因素对植被带带来的压力和影响，本书按县统计了近 30 年来青藏高原人口及牲畜的密度及其与 NDVI 变化率之间的关系。由于密度的数量级差异较大，本书在取密度的自然对数后与 NDVI 增长率之间进行了最小二乘法线性回归分析（见图 4-14）。可以清楚地看出，随着人口/牲畜密度的增加，以县为统计单位的平均 NDVI 变化率在降低，出现减少趋势，这说明人口/牲畜对植被带的压力是随着密度的增加而增加的，人为活动对植被带干扰和压力的增加是 NDVI 减少的直接原因。

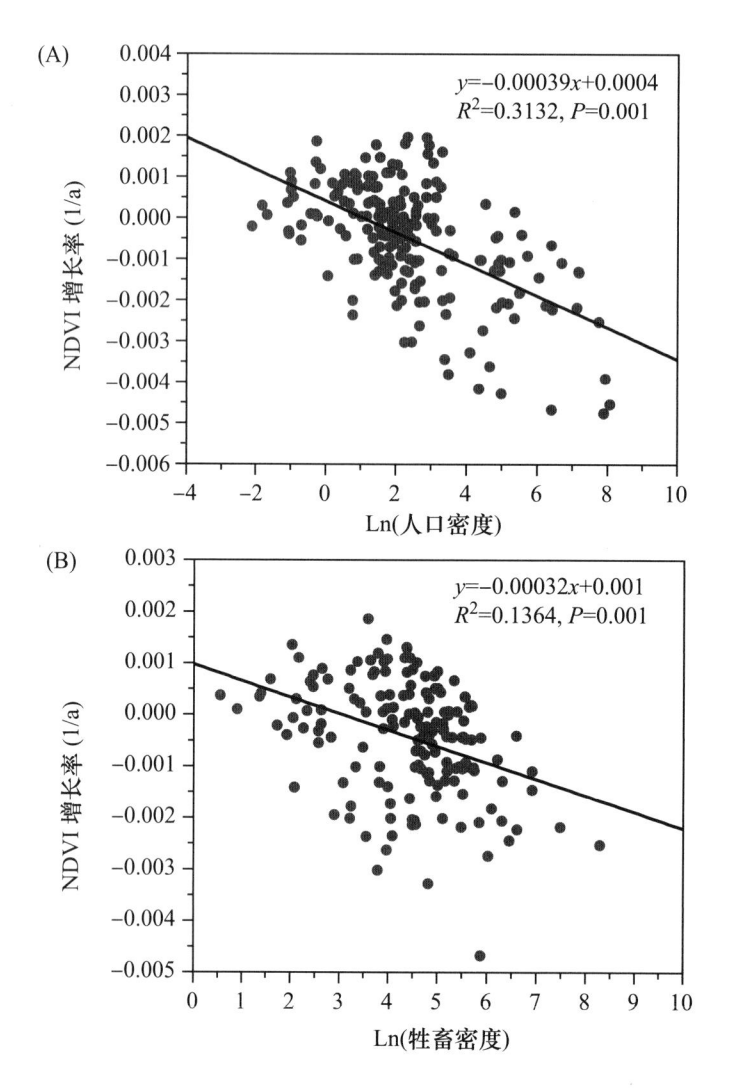

图 4-14 1981—2006 年近 30 年以县为统计单位人口密度（取自然对数）与 NDVI 增长率之间的回归关系（A）及牲畜密度（取自然对数）与 NDVI 增长率之间的回归关系（B）

从在青藏高原上的 207 个县区的统计分析结果来看，人口/牲畜密度对数和 NDVI 变化率之间均出现了较为一致的负相关性。其中 NDVI 变化率（NDVI trend）和人口密度自然对数（Ln（Population Density））之间的回归方程为 $y = -0.00039x + 0.0004$（$R^2 = 0.3132$，$P = 0.001$），NDVI 变化率与牲畜密度自然对数（Ln

（Livestock Density））之间的回归关系为 $y = -0.00032x + 0.001$（$R^2 = 0.1364$，$P = 0.001$），两者的回归方程检验均较为显著。回归的结果表明，随着人口/牲畜密度的增加，NDVI 增长率出现了明显的递减，反映出随着人口/牲畜对植被带压力的加大后，植被带出现了退化现象。这与在 NDVI 变化生态气候分区统计中的结果基本一致。

由于人口及牲畜分布较为集中的地区为 H2C1、H2AB1 及 H3 等海拔相对较低、气候环境相对较好的地区，但这些地区的植被生长状况却普遍出现了退化。在分析了人口/牲畜密度与 NDVI 变化率之间的关系后可知，气候的暖化使这些地区严寒的气候条件缓解，变得更适宜于人类的游牧和定居，人口的迁入和畜牧业的快速发展却对这一地区的植被带带来了压力和干扰、产生了负面的影响，干扰加大从而使植被带总体上处于退化状态。在这些地区植被带生长状况恶化的原因中，人为因素的影响已经超过了平稳而缓慢的气候变化影响本身，已成为其退化的主要原因。这也验证了本书开始时所提出的理论假设（II），即随着严寒的气候环境的改善，一些地区开始适宜于游牧民的生存，人为活动影响加剧，如果影响范围和程度超过了生态系统的承受能力，则表现为草地退化等逆转性生态问题，人地矛盾导致 NDVI 减小。

第五节 本章小结

本章在上一章气候变化的时空差异分析的基础上，就气候变化的空间差异对青藏高原地区植被的影响进行分析，在分析植被总体变化特征的基础上分析了其与气候因素之间的关系，并在原因解释上引进人为因素如放牧强度的影响。基本得到以下结论：

（1）以高原为整体的分析中青藏高原地区的植被随着气候的暖化，植被地上生物量总体上在增加，这与年平均温度和年总降水量的增加有着直接的关系。但以高原为整体的分析并不能揭示气候变化对高原内部各个区域之间的差异性。

（2）通过不同的生态气候分区、植被覆盖类型及海拔分区可以看出，位于青藏高原西部及中部的高原亚寒带、高原寒带均出现植被覆盖度增加趋势，进一步的分析表明这些地区以高寒草甸、草原为主，均位于海拔较高的地区，其植被覆盖度的增加与气候的暖湿化和雪线、苔原线向高海拔区的抬升有关。这也验证了本书的情景一，即随着气候的暖化，高海拔地区高寒、严酷的植被生长环境能得到缓解，生长的气候环境的改善使雪线、苔原线及林线位置抬升、植被覆盖度增加、覆盖范围扩展，从而有利于畜牧业的发展。

（3）在高原东部、东南部及南部的低海拔地区，气候环境相对较好，但植被覆盖却出现较为明显的下降趋势，植被与气候要素的变化趋势间相关性检验不明显。但这些地区均是青藏高原人口、牲畜分布比较高的地区，利用 NDVI 趋势及人口、牲畜密度之间的回归分析可知，牲畜和人口密度较高的县区，其植被总体上出现退化，因此推测人为活动的干扰是这些地区植被覆盖减少的主要原因，人为因素对植被的干扰已经超过了平稳而缓慢的气候变化影响本身，成为其退化的主要原因。这也验证了本书的情景二，即随着高原整体上严寒气候环境的改善，一些地区开始适宜游牧民的生存，人为活动影响加剧，如果影响范围和程度超过了生态系统的承受能力，则表现为草地的退化等逆转性生态问题。

通过本书上一章和本章的分析，气候变化的时空间特点以及植被变化的总体特征、受气候变化差异性影响下的植被变化区域差异性等得到了较为深入的分析，因而给本书下一章进一步分析气候变化对草地生态系统的影响及其载畜量的变化分析奠定了分析基础。

第五章 气候变化对草地载畜量的影响

草地是畜牧业生产的基础和赖以发展的核心，气候变化对畜牧业最直接的影响是通过影响草地的空间格局和生产能力而使其承载力发生变化，从而影响畜牧业的结构和畜牧经济的发展。在畜牧业"草—畜—业"的链条结构中，气候变化最为直接的影响是对"草"这一核心要素的影响来影响整个畜牧经济的发展的。本书上一章内容通过植被的时空变化来分析青藏高原地区植被对气候变化的响应和空间差异，并就其变化的气候因素及人为影响因素进行了分析。植被的这种变化，在空间上便引起了对其赖以生存和发展的牲畜数量和密度的变化，即草量的变化引起了草地所能供养的牲畜数量的变化。本章将重点分析受气候变化的影响，青藏高原地区草地生产力的变化，以及由此引起的其对牲畜承载力即载畜量的变化，并就理论载畜量与目前实际牲畜数量进行对比，分析各个地区的牲畜超载情况。草地载畜量的变化是气候变化对畜牧业系统影响的核心和最为关键的环节，因此客观地分析其变化情况和趋势是进一步分析气候变化对畜牧经济的影响的基础和核心。

草地与草原、草场作为同义词在我国科技文献中被广泛使用。它们的共同定义为：主要生长草本植物，或兼有灌丛、稀疏乔木，可以为家畜和野生动物提供所食的牧草的生产场所，并可以为人类提供优良的生活环境、其他生物产品等多种功能的土地—生物资源和草业生产基地（任继周 1985b；胡自治 1997）。实际应用中，"草原"一词多用于植被分类，如典型草原、荒漠草原等；"草地"一词多用于农学范畴，如人工草地、天然草地等；"草场"一词多用于行政区划，如甘肃天祝松山草场、红疙瘩草场等（董世魁等 2002）。在英文文献中，北美和澳大利亚部分地区及印度多用 rangeland 泛指草原或草地，欧洲及英联邦国家多用 grassland 泛指草原或草地。但从内涵上来讲，rangeland 具有强烈的天然土地资源的含义，而 grassland 在一定程度上强调和体现了人工草地和草本群落占优势的意义。非洲大部分地区多用 range 一词指天然的草原或野生牧草，而用 pasture 指人工草地或栽培牧草（任继周 1985b；董世魁等 2002）。

草地载畜量的概念是由人口承载力的概念衍生而来的。Malthus 早在 1798 年在《人口论》中最先提出了人口承载力的概念，1838 年 Verhulst 提出的人口增长指数方程的渐近线就是指有限资源下的人口数量最大值，即人口承载力（Verhulst 1838）。这也是 Pearl 和 Reed 模型中的 K 值，即一定面积上所能承载的最大个体的数目（Pearl and Reed 1920）。1953 年 Odum 首次将承载力和 K 值等同起来，其后生态学中以此理论将承载力定义为特定环境条件（尤其是有限的生存空间和食物供应）下的最大种群数量（Odum 1953）。1922 年 Hadwen 和 Palmer 将"承载力"一词引入草原管理学，并由此衍生出了载畜量的科学含义，即在草地资源不受破坏的条件下，特定时期内一定面积的草地能够承载的家畜的数量（Hadwen and Palmer 1922）。在此基础上植被生态学家 Sampson 提出了一个较为详尽的载畜量的概念，即在草地牧草被（牲畜）正常采食而不影响下一生长季草地产草量的前提下，一定面积的草地能够承载的一种或多种牲畜的数量（Sampson 1923）。1945 年 Dasmann 将这一概念精确化，提出草地载畜量是在草地牧草和放牧家畜的生长不受影响、土壤资源不受破坏的条件下，（产草量）年际波动的草原能够负荷的同种家畜的最大数量（Dasmann 1945）。1985 年，我国草原学家任继周院士在借鉴和参阅外文文献的基础上得出了载畜量的综合概念，即单位时间内单位草地面积可以正常养活的家畜数量（任继周 1985a），并由此提出了载畜量的准确表述方法：时间单位法、面积单位法和家畜单位法（董世魁 1998）。由于本书的最终目的是

第五章　气候变化对草地载畜量的影响

研究气候对畜牧经济的影响，即通过气候对草量的影响来进一步分析对畜牧业的影响，因此，本书中的载畜量的概念内涵与此相同，即指一定区域范围内可以正常养活的牲畜的数量，即在不影响牧草退化的情况下的最大羊单位牲畜放养量。

在气候变化对草地承载力的影响方面，该方面的研究主要集中在生态学及畜牧学、农林经济等领域。气候变化最为直接的影响是改变了牧草的生长环境，如温度、降水、蒸散发、生长季节分配等，从而使畜牧业赖以发展的基础——"草地地上生物量"发生变化，从而影响载畜量和整个畜牧业的发展（Fleischer and Sternberg 2006；Harle et al. 2007；Thornton et al. 2009；Harris 2010；Nardone et al. 2010；R. B 2010）。随着气候变化趋势的加剧，部分地区的草地资源受到气候的影响而开始出现退化趋势，而一些生态敏感区及高海拔、高纬度地区的草甸、草原的损失将最为直接（Nardone et al. 2010；R. B 2010）。暖温化能增加土壤和叶面蒸散发、增加土壤水分的流失、加速营养物质的分解而不利于高寒草甸及草原的发育（Du et al. 2004a；Dueri et al. 2007；Zhang et al. 2009）。而暖温化在低纬度地区及容易发生干旱的地区则容易引发植物缺水、草场退化，从而对畜牧业带来严重的威胁（Kabubo-Mariara and Karanja 2007；Kabubo-Mariara 2009；Liu et al. 2011；Roudier et al. 2011）。因此在变化的气候环境下适宜的放牧规模和草地载畜能力预估成为草原管理和畜牧业发展的重要内容，并认为是调整畜牧业结构、应对气候变化的重要措施（Burke 2004；Harle et al. 2007；Nardone et al. 2010；Simões et al. 2010；Schilling et al. 2012）。

随着近些年来青藏高原地区气候变化的加剧，草场退化、过度放牧等方面的报道逐渐增多，青藏高原地区的畜牧业发展问题越来越受到重视（Du et al. 2004a；Cui et al. 2006；Foggin et al. 2006；Harris 2010；Lin et al. 2011a）。而气候变化影响下其载畜量及合理放牧的规模成为一个热点问题（Harris 2010；Lin et al. 2011a）。大量研究认为，只有在掌握草地承载能力及其变化趋势，以及选择合理的放牧规模下青藏高原地区的畜牧业才能持续健康发展（Cui et al. 2006；Wang et al. 2008b；Qiang 2009），并实现由草地的畜牧功能向生态屏障功能的转换，实现更大的草地生态价值（Cui et al. 2006；Harris 2010）。因此该手段也被认为是青藏高原地区适应气候变化的重要可操作措施（Wang et al. 2008b；Qiang 2009；Harris 2010；Fang et al. 2011b）。

我国学术界很早就提出了"以草定畜，草畜平衡"的草地管理思想。草畜平衡是指为保持草原生态系统良性循环而在一定的区域和时间内使草原和其他途径提供的饲草总量与牲畜所需的饲草总量保持动态平衡。为此，对草原草量的监测及其与载畜能力间适度、合理的关系的探讨是农牧业经济研究中的重要领域和热点问题。本书以下部分对青藏高原地区的草地承载力进行估算，并就适度载畜量及过度放牧进行评价，并进一步分析气候变化对草地载畜量及畜牧经济的影响。

第一节　草地生产潜力及牧草产量计算模型

一　草地生产潜力计算模型

草地作为畜牧业赖以发展的基础，其生产潜力直接决定着其能供养的牲畜规模的大小。在畜牧业中，草地生产潜力（Rangeland Production Potentiality）是指单位面积草地能够生产最大生物量（草量）的内在能力，而光、温、水、土等自然资源状况在很大程度上决定着草地生物量的大小，所以可以通过光、温、水、土等因素的综合作用来计算草地的生产潜力。草地的生产潜力是一个理论值，即指在牧草生长发育所需要的营养元素得到充分满足、无病虫害、管理措施最佳的前提下，最优草种在其生长期内由光照、温度、降水、土壤条件决定的生物化学潜能大小。牧草地的生产潜能指在草地植被生长正常的情况下，单位面积草地每年所能生产的可供牲畜饲用的鲜草的最大经济产量。

在草地生产潜力计算方面，德国化学家 Liebig 在 1840 年首先开创了"最小养分率"（Law of the Minimum），从光能利用与同化

CO_2 的角度提出了作物生产潜力模型,该模型被后来的英国学者布莱克曼在 1905 年提出的"限制因子定律"所修正,指出在错综复杂的限制因子中,每种作物总有一种最为关键的限制因子限制其产量大小。Mitherlich 在前人研究的基础上提出了"收获量定律",即先假设作为在理想状态下达到最高产量,随着气候因子及营养因子的改变,作物产量相应地减少,这一定律被认为是作物生产潜力估算模型的最早尝试。

由于植物的生长是对光能的利用和储备同化过程,因此,从光能转化的角度研究植物的生长潜能是目前较为流行的潜能计算方法。美国 Loomis R. S. 和 Williams W. A. 等利用量子效率理论研究光合作用的过程发现,光照的多少及光能的利用效率的高低最终影响着植物生长潜力的大小,并提出了生物生产潜力与太阳总辐射之间的估计模型。光合生产潜力从理论上分析了作物的最大生产能力,但光合生产潜力的计算结果往往偏高,与实际的产量相差甚远。为此,一些学者开始引入降水等来修正该模型,即产生了气候生产潜力。其中以瓦赫宁根模型和农业生态区模型为代表的潜力衰减法(又称机制法)被认为是估算生产潜力的最根本方法。该方法根据光、温、水、土等因子对作物产量的影响依次进行衰减计算,即依次形成了光合生产潜力、光温生产潜力、气候生产潜力、土地生产潜力等,并以此来计算在最小限制因子下的生产潜力值。其中具有广泛应用和代表性的是迈阿密(Miami)和桑斯维特(Thornth Waite)模型。

(1) Miami 模型

Miami 模型通过计算某地区年降水量和年均气温等主要气候要素来决定植物的生产潜力,再根据 Liebig 定律选择其中一个较低值作为该区的草地气候生产潜力,其基本计算公式为:

$$Y_t = \frac{30000}{1 + e^{(1.315-0.119t)}} \qquad (5-1)$$

$$Y_p = 30000(1 - e^{-0.000664p}) \qquad (5-2)$$

上式中 Y_t,Y_p 分别表示草地的温度生产潜力和降水生产潜力,单位是 kg/（hm²·a），t 是年均气温（Annual mean Temperature，单位:℃），p 是年总降水量（Annual total Precipitation，单位：mm）。

（2）Thornth Waite 模型

Thornth Waite 模型在 Miami 模型的基础上做了进一步的修正，即在考虑到温度和降水的基础上又考虑到了气候环境中的蒸发的影响，把作物的蒸散发参数作为植物生长的另一关键因素加以考虑，Thornth Waite 模型可以表示为：

$$Y_E = 30000(1 - e^{-0.0009695(E-20)}) \quad (5-3)$$

上式中 Y_E 为牧草地蒸散量生产潜力，单位是 kg/（hm²·a），E 是年实际总蒸散量（Annual actual Evapotranspiration，单位：mm）。对于年总蒸散量 E，可以用以下公式进行计算：

$$E = \frac{1.05p}{\sqrt{1 + (1.05p/E_{max})^2}} \quad (5-4)$$

$$E_{max} = 300 + 25t + 0.05t^3 \quad (5-5)$$

上式中 p 为年总降水量（Annual total precipitation，单位：mm），E_{max} 为年总大总蒸散量（Annual maximum Evapotranspiration，单位：mm），它是年均温度（Annual mean Temperature，单位:℃）t 的函数。

通过以上两个模型，分别计算草地温度生产潜力、降水生产潜力和蒸散发量生产潜力 Y_t、Y_p 和 Y_E，比较在温度 t、降水 p 和总蒸散发 E 等因素控制下的各种草地生产潜力，根据最小因子决定律 Liebig 定律，将最小的生产潜力对应的气候因子作为草地生产潜力限制因子。

从以上几个草地生产潜力的计算模型可以看出，草地的生产力直接受气候因子的限制，也就是说，气候变化将直接影响草地的生产潜力的大小，即理论载畜量的大小，进而影响赖以其生存和发展的畜牧经济的变化。因此，以上模型在气候变化对畜牧经济的影响中的应用能建立起"气候变化—草量—载畜量—畜牧经济"这一链条之间的纽带，能从气候变化对畜牧经济影响的驱动力和推力的角度研究气候变化对畜牧经济的影响，是从量化的角度分析气候变化对理论草地生产力影响的重要方法。

二 牧草产量计算方法

与理论计算的一定的气候条件下草地的生产潜力相比,真实的牧草产量(Rangeland Biomass)变化才能准确地反映气候变化对牧草地带来的最直接综合影响和结果。真实牧草产量也是对理论草地生产潜力的校正和补充,是计算真实草地承载力的基础和前提。与草地生产潜力相比,真实草量的大小则直接决定着在一定时间内其所能供养的牲畜数量和规模,即有多少牧草量,则能养活多少牲畜。在这一思想下,对整个区域内牧草草量规模的估算便成了计算实际可能载畜量的关键和重要前提。

目前对牧草产量的估算主要有平均亩产法、样方调查法(拟合模型法)、能量(产品)平衡法及遥感影像植被指数法等(Campbell and Stafford Smith 2000;Tømmervik et al. 2009)。平均亩产法(Biomass per unit yield)即单位面积草地上平均牧草量的估算法,该方法是比较传统的草量计算方法。即根据经验获得平均每一类草地的亩产(单产量),然后通过与其对应的草地面积的乘积再求和,获得区域内总的牧草产量。由于区域内每一类草地的产草量因地而异,采用平均值法引起的误差也较明显。但对区域面积相对较小,区域内草地类型单一且区内产量变化不大的区域该方法简便可行,工作量小(胡自治 1997)。另一常用的办法是采用野外样方调查的办法(Ground survey)获得单位面积典型样地的产草量(Field Biomass),通过各类草地面积进行汇总,拟合得到总产量计算模型,计算得到总产草量。该方法与平均亩产法异曲同工,可以认为是对该方法的补充,但单一的野外样地调查毕竟覆盖范围较小,且样点增多后工作量繁重,对全面详细地掌握草量大小限制较多(Tømmervik et al. 2009)。相比于田间的调查,能量平衡法(Energy budget method)能从畜产品产出的角度计算对草地的产量消耗,利用能量利用系数和牧草采食率计算整个区域内的草量。但对各个转换系数的选择和不同畜牧产品生命周期间的折扣往往成为限制该方法的主要方面（Kraatz 2012）。相比于以上几种方法，近些年兴起的卫星遥感影像植被指数法（Satellite image vegetation index）因其覆盖范围广、数据返回及时且能得到各种分辨率的连续数字影像而得到了广泛的应用（Stow et al. 2004；Piao et al. 2006；He et al. 2007；Tømmervik et al. 2009；Olthof and Pouliot 2010）。

利用遥感影像来估算草地地上生物量的方法主要是利用植被指数和地上样方生物量的结合来建立回归模型，再用遥感影像来反演草地的地上生物量大小（Tømmervik et al. 2009）。Labrecque 等（2006）总结认为，目前的各种卫星产品，可以通过计算不同需要的植被指数来计算地上生物量的大小。用遥感影像数据来计算地上生物量的方法目前已经比较成熟。在 IPCC GPG（Intergovernmental Panel on Climate Change, Good Practice Guidance）的报告中，遥感植被指数的方法因其数据获取的及时性、覆盖范围广、数据一致性高而被推荐在国家尺度的 LULUCF（Land Use, Land-Use Change, and Forestry）研究中进行应用，而对地上生物量（aboveground biomass）及碳汇的估算则尤为推荐（Muukkonen and Heiskanen 2007）。为此，Muukkonen 和 Heiskanen（2007）就 ASTER 和 MODIS 的数据产品就地上生物量和碳汇计算进行了详细的验证，并得到了较为理想的结果。Heiskanen（2006）利用 ASTER 卫星数据就芬兰地区的地上生物量和叶面积指数（Leaf Area Index，LAI）进行了计算，发现 ASTER 卫星的红波段数据和地上生物量及 LAI 具有最高的相关性，并能解释 85% 的地上生物量和 LAI 的变化情况（Heiskanen 2006）。长时间序列的遥感影像数据可以对地上生物量的动态变化进行时间序列的跟踪研究，Tømmervik（2004）和 Johansen（2005）等应用时间序列分析法对历史资料进行对比，结果发现 1957—2006 年的林线向高海拔地区有了很大的扩展，森林范围扩展，地上生物量增加，从而代替了以前的以苔原为主的植被区。与气候因子的变化和放牧因素的结合可以分析其对气候和放牧的响应程度。但受卫星观测数据发展历程的限制，长时间序列的遥感影像资料较难获取，从而给植被地上生物量的动态监测带来了很大的局限（Labrecque et al. 2006；Tømmervik et al. 2009）。

在实际应用中，草地的地上生物量大小是用遥感影像的各种指数如 RVI、NDVI、EVI、LAI 等来代替的，其中应用最广泛的是 NDVI 与生物量（NPP）之间的回归模拟（Ni 2000；Tømmervik et al. 2004；Tømmervik et al. 2009）。Justice 等利用 NOAA AVHRR 数据对地上生物量的模拟显示，归一化植被指数（NDVI）与草地地上生物量之间存在着正相关关系，并建立了基于 NDVI 与草地地上生物量之间的线性回归模型和幂函数回归模型，最终发现幂函数回归模型相对于一元线性回归模型来说更适合该地区草地生物量的预测（Justice and Hirenaux 1986）。Justice 的工作引起了很多研究者的兴趣，随着越来越多的实验和在不同地区的应用，植被指数与地上生物量之间的关系被更多地得到验证和应用，并逐渐应用在草地资源调查与评估（Heiskanen 2006；Baumann et al. 2012）、草地生物量估算（Muukkonen and Heiskanen 2007）、草地动态监测（Tømmervik et al. 2009）、草场退化与沙化（Johansen and Karlsen 2005）、气候变化与草地生态系统的响应（He et al. 2007；Wang et al. 2010）等各个方面。

近些年来，随着遥感卫星数据的开放性和较易获取性，以遥感影像数据及其产品分析和应用为代表的草地监测、草量估算、草地退化与气候变化等领域逐渐在我国发展起来，成为研究的热点。该方面的研究中，陈全功等利用野外调查和卫星照片相结合的方法就我国青藏高原地区草地的范围、类型、草地生产力等进行了调查和计算，并针对放牧超载县的状况提出了草地管理的建议（陈全功 1992；陈全功等 1994；任继周等 1996b）。梁天刚等在 1996 年利用美国的 NOAA AVHRR 遥感资料和地面实测草地产值，分析、模拟了鲜草重量和植被指数之间的回归关系，并对草地产量进行了模拟预报，比较了采用不同植被指数和经验公式的预报模型的差异，并对不同模型的应用给出了一定的适宜范围和建议（梁天刚等 1996）。卫亚星等在 2002 年利用美国陆地资源卫星 Landsat-TM 影像资料对甘南州玛曲县的草地面积进行了监测（卫亚星等 2002）。近些年来，对草地生产力及载畜量、生产力与气候变化间关系的研究逐成为这一研究方向的焦点和代表(黄晓东等2007;梁天刚等2009)。

基于遥感影像的牧草草量计算主要依据是植被的光谱特征。植被对太阳光的吸收、反射和透射都主要由叶片和植被结构决定。植被叶片和植被结构使植物的光谱反射曲线表现出起伏变化的明显特征,植被在不同的生长阶段其对太阳光的反射率也不相同,与其他地物相比,其光谱反射曲线表现出明显的起伏变化(见图5-1)。植物在不同的波普段所具有的各不相同的反射光谱曲线的形态和特征是利用遥感影像区分植被与其他地物的基础。

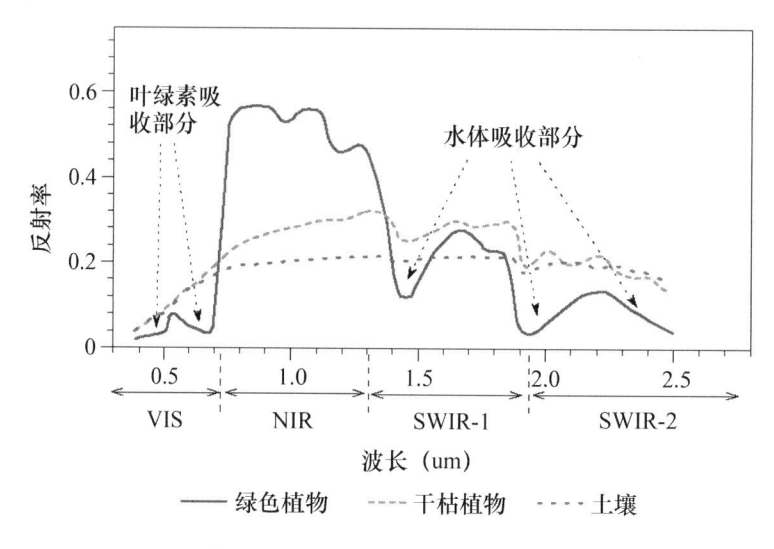

图5-1 绿色植被光谱反射曲线

植物叶片的上下表皮及叶肉结构特点决定了其对太阳光的反射率具有其独有的特点,即在可见光段 $0.4—0.45\mu m$ 处是叶绿素的强吸收区,而 $0.425—0.49\mu m$ 处是类胡萝卜素的强吸收区,$0.55\mu m$ 处是叶绿素的强反射区,因此在绿色植物的光谱反射曲线上 $0.49—0.6\mu m$ 的谱段具有波峰的形态和中等的反射率。$0.65—0.7\mu m$ 谱段是叶绿素的强吸收带。总之,在可见光波段内,叶片反射光谱曲线具有以 $0.45\mu m$ 为中心的蓝波段及以 $0.67\mu m$ 为中心的红波段反射谷,在这两个波谷之间($0.54\mu m$)为绿色反射峰,从而导致叶片为绿色。而在近红外谱段内,特别是在 $0.74\mu m$ 附近,反射率急剧增加,在 0.74—1.3μm 谱段内反射率最高。但液泡中液态水的吸收作用又使反射光谱曲线呈波状起伏形态。在中红外段形成 1.4μm、1.9μm、2.7μm 为中心的水吸收带,从而使反射率呈衰减状态。所有健康的植物均具有基本相似的光谱特征,但水分的影响使干枯植物的水分吸收较小,反射波谱更显得平缓。与其他地物的波谱形成明显的对比。

植物光谱的这种特性尤其是其与其他地物反射率的差异便是植被遥感的核心和基础。基于这种反射率的差异,可以对传感器返回的不同波段进行组合,形成具有明显植物反射属性的植被信息。研究表明,利用轨道卫星的红光和红外波段的不同组合进行植被研究较好,这些波段已包含 90% 以上的植被信息,不仅是植物最重要的波段,而且也能形成明显的地物反差。这种植被反射率不同的波段组合方式被称为植被指数,目前已有 150 多种植被指数,而应用最为广泛的是比值植被指数和归一化植被指数(Olthof and Pouliot 2010)。

比值植被指数(Ratio Vegetation Index,RVI)是基于可见光红光波段(R)与近红外波段(Near-infrared,NIR)对绿色植物光谱响应的反差,用两者简单的比值来表达其反射率的差异,即

$$RVI = \frac{\rho_{NIR}}{\rho_R} \quad (5-6)$$

上式中 ρ_{NIR} 和 ρ_R 为近红外、红光波段的灰度值或地表反射率。

因为 RVI 强化了植被在近红外段的反射率的差异,绿色植物的 ρ_{NIR} 和 ρ_R 有较大的差异,从而使 RVI 值较高;而对于无植被地面包括裸土、水体及枯死的植被却不显示这种光谱响应,因此 RVI 值低。因此比值植被指数 RVI 能增强植被与地面背景之间的辐射差异,这也正是能计算出植被分布及地上生物量大小的关键。

应用 RVI 有一种情况,即在浓密植被区的红波反射很小时,比值植被指数 RVI 值将无限增长,因此需对其进行处理。通过线性归一化处理,即可得到归一化植被指数(Normalized Difference Vegetation Index,NDVI)。即

$$NDVI = \frac{\rho_{NIR} - \rho_R}{\rho_{NIR} + \rho_R} \quad (5-7)$$

归一化植被指数被定义为近红外波段与可见光红波段数值之差和这两个波段数值之和的比值。由于 NDVI 可以消除大部分与仪器定标、太阳角、地形、云影和大气条件相关辐射照度的变化的影响,增强了对植被的指示能力,因而是植被生长状况及植被覆盖度的最佳指示因子。利用分辨率较高、时间序列较长的卫星数据,依据式(5-7)即可计算得到研究区的 NDVI 植被指数,流程如图 5-2 所示。

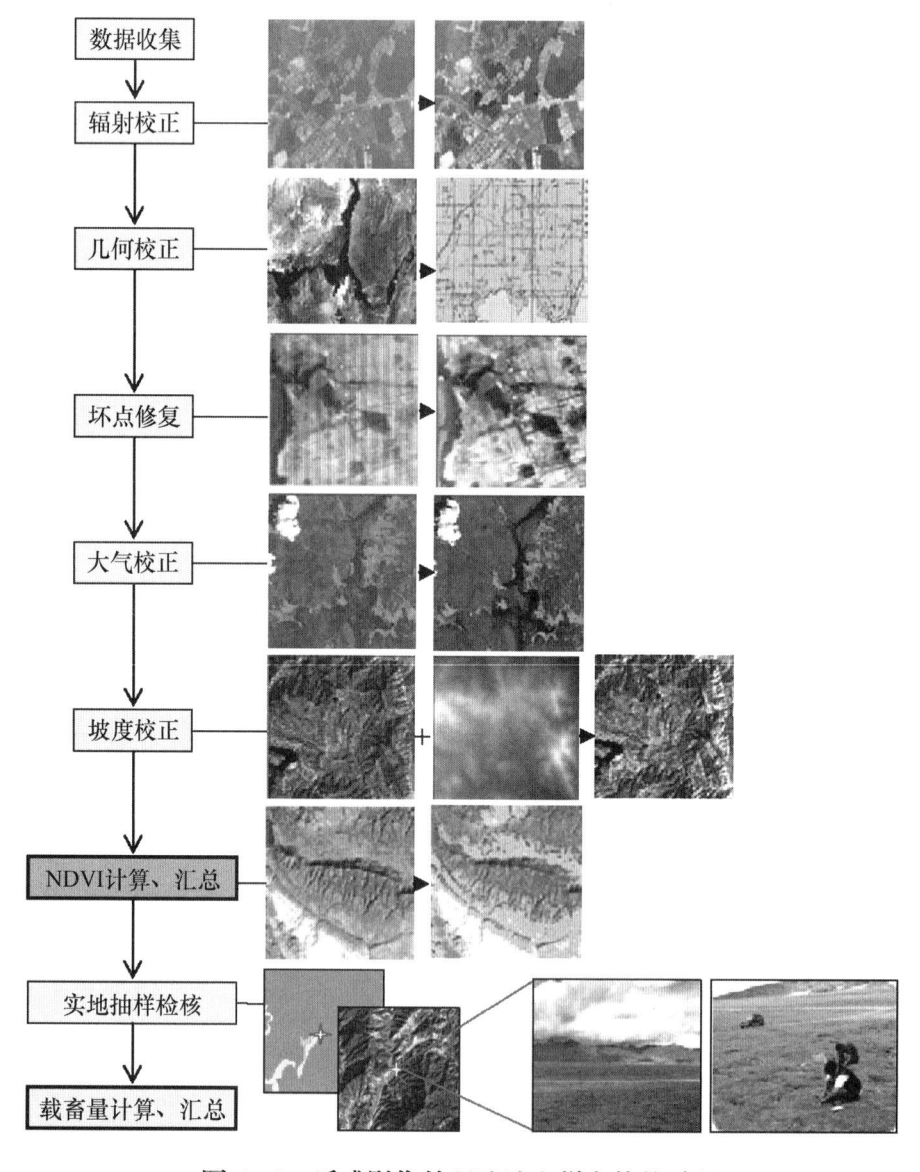

图 5-2 遥感影像处理及地上样方检核过程

由于 NDVI 与地上生物量之间有着密切的正相关关系,二者之间可以通过野外采样调查得到的样方值和对应的 NDVI 间进行数值拟合,通过一定置信度的检验后,利用回归方程可以反演整个区域在一定数据精度(分辨率)下的地上生物量的大小。拟合方程可以表示为:

$$Biomass = f(NDVI) \qquad (5-8)$$

第二节 数据来源及处理

一 数据来源

(1) 卫星影像数据

由于青藏高原地区覆盖面积达 $2.57 \times 10^6 km^2$,区域内地貌复杂,其内部的各个生态地理分区间差异很大,因此对整个高原的草地生产量的估算来说,选择一种观察时间长、覆盖范围大,又能够在分辨率上不至于太低的遥感影像数据是关键。考虑到以上方面对数据的要求,本书选择 NASA 的 EOS-MODIS Terra 星数据作为草量计算的基础。MODIS 在保留了 AVHRR 功能的同时,在数据波段数目和数据的应用范围、数据分辨率、数据接收和数据格式等方面都做了很大的改进。这些都使 MODIS 成为 AVHRR 在应用方面的代换产品。MODIS 数据中用于计算 NDVI 的第一波段(RED 波段)和第二波段(NIR 波段)的空间分辨率为 250m,能较好地反映草地的空间差异。另外其 RED 和 NIR 波段是经过大气校正的地表反射值,波幅更窄,避免了 NIR 区的水汽吸收问题。利用较高的时间分辨率(每天)可以得到不同季节的多时相数据,这样为分辨不同季节的草地生长提供了方便。

本书选择 NASA 提供的 MODIS-Terra 星的月合成 NDVI 数据(http://www.gscloud.cn),空间分辨率为 250m,数据格式为 TIFF 格式,时间序列为 2000 年 2 月到 2010 年 12 月,共计 11 年时间、131 幅图像。数据经过了 Krasovsky_1940_Albers 投影转换,中央经线 105°,在 GCS_Krasovsky_1940 坐标系中与青藏高原的边界进行了匹配和切割。

（2）野外草地调查样品数据

于2011—2012年在青藏高原的拉萨、那曲、索县、果洛、班戈、格尔木、西宁等地进行野外草地调查（见图5-3）。在上述地区共计84个采样点进行调查，其中2011年共计样点40个，2012年共计样点44个。除去5个数据缺失点后共计237个样地。其中草甸草原样地24个，典型草原样地126个，荒漠草原样地15个，高寒草原样地51个，高寒草甸样地21个。

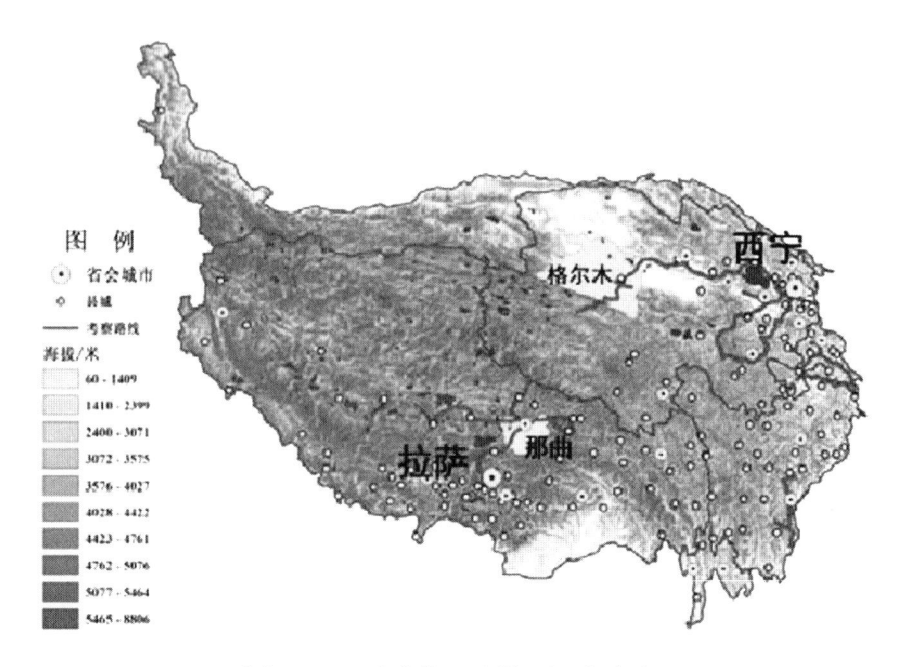

图5-3 野外草地采样及调查路线

样地选择在生长季中没有受到刈割和放牧干扰的具有代表性的草地进行，每年的调查均在7月下旬至8月上旬的生长季旺盛期。在每处样地设置10m×10m的范围，沿对角线随机设置0.25m×0.25m的3个样方，同时利用GPS记录样方点的经度、纬度、海拔等位置信息，并对草地类型和草地生长状况、退化程度等做详细记录。生物量采集中将每个样方的地上部分齐地面刈割，除去黏附的土壤、砾石、旧有植物残体等杂物后用信封封存（信封重3.6g），在当天即用便携式的电子秤称量并记录鲜重。回到实验室后于65℃条件下烘干至恒重后称量,并按照样方比例计算出单位面积的产草量。

(3) 其他经济统计数据

人口、牲畜数量等经济统计数据均来自各个省市的统计年鉴以及《中国农村统计年鉴》《中国区域经济统计年鉴》《中国人口和就业统计年鉴》《中国人口统计年鉴》《中国县(市)社会经济统计年鉴》等。另外 DEM 数据由 NASA 数据中心提供,空间分辨率为 90m×90m;植被覆盖/土地利用类型数据为基于 GLC2000 的中国科学院 1:100 万土地利用数据集。行政界线等基础数据来自国家基础地理信息中心网(http://ngcc.sbsm.gov.cn/)。

二 数据处理

(1) MODIS 数据生成草地 NDVI

MODIS 数据需要利用公式 (5-7) 计算整个青藏高原区的 NDVI 值,利用 NASA 的 NDVI 数据产品可以直接得到已经处理后的 NDVI 产品数据。由于草地载畜量计算中只以"草地"的分布为主,不包括积雪、水体、建设用地、沙漠戈壁、荒地、森林、林地、农田等用地类型,因此需要在用地类型中剔除以上用地而保留草地的分布。以此来切割 NDVI 数据,得到草地的 NDVI 分布数据。在 NDVI 变化趋势中应用 GIMMS-NDVI 的长时间序列变化趋势进行趋势预测。由于 GIMMS-NDVI 与 MODIS-NDVI 之间有一定的偏差,本书利用目前较为常用的最小二乘回归法对 MODIS-NDVI 进行了反演,得到和 GIMMS-NDVI 一致的 NDVI 数据集(Chuvieco et al. 2005;Tarnavsky et al. 2008;Mao et al. 2012)。

(2) 草地地上生物量

NDVI 能反映地上生物量的大小及植被的生长状况,但是仅仅依靠 NDVI 灰度值并不能知道地上植被的生物量是多少。解决这一问题的方法是引入地面实测样方数据,利用式 (5-8) 在地面调查数据与对应的 NDVI 像元灰度值之间建立回归模型,来将 NDVI 值转换为草地的地上生物量。在 SPSS 18.0 中利用统计学的线性或非线性逐步回归分析法，对鲜草产量和 NDVI 值之间进行回归分析得到估产回归方程，以期建立大面积卫星遥感估产模型和产量外推模型。利用 GIS 空间计算模块对模型进行逐栅格计算，得到整个高原的逐栅格草地地上生物量值。

在计算出遥感估算草地产量后，利用相对误差统计公式（5-9）对遥感监测模型的精度进行综合评价：

$$P = 100 \times | L_{actual} - L_{MODIS} | / L_{actual} \qquad (5-9)$$

上式中，P 为平均遥感计算误差（%），L_{actual} 和 L_{MODIS} 分别代表地面的样方草地产量和遥感监测模型反演的数值。

（3）可采食牧草总量

由于青藏高原地区覆盖范围较广、区内不同的生态气候分区间差异很大，因此草地产草量的计算要根据草地的类型来计算以更接近实际值。因为只有相同类型的草地才具有大致相同的生境（如水、热、光照、地形、土壤等条件）以及与环境相适应的生物学特性（如高度、盖度、优势种、地上生物量等）。另外在载畜量的计算中，只是草地地上生物量的一部分被牲畜采食，即可采食牧草系数，如果全部采食则会引起草场退化等不可再生性的后果，因此在含有 n 个草地类型的某地区其草地理论载畜量可按下式计算：

$$M = \sum_{i=1}^{n} (k1_i \times k2_i \times k3_i \times p_i \times S_i) \qquad (5-10)$$

M 为某区域内各类草地可采食牧草总量，单位：kg。$k1_i$ 为第 i 类草地的可利用面积系数（可放牧草地占总的草地面积的比例），$k2_i$ 为可食牧草系数，$k3_i$ 为草地放牧利用率。p_i 为第 i 类草地的牧草单产，单位：kg/hm^2；S_i 为第 i 类草地的面积，单位：hm^2。由于青藏高原地区覆盖范围较广、各个地区之间差异较大、以其 207 个县区为单位核定每个地区的 $k1_i$、$k2_i$、$k3_i$ 3 个系数在数据获取上难度较大且不现实。本书参考中科院海北观测站的统计数据（青海省草原总站 1988；李英年 2000），牧草地上产量中约有 15% 的成分（如毒杂草）难以利用，另外还有牲畜反复践踏和留存于地表牲畜无法采食的残茬约占 20%，土壤侵蚀及鼠害等因素使草地地表约 30% 的草地牲畜无法采食。且一般来说，牧草越矮小，采食率则越低。综合青藏高原地区牧草采食率研究中的相关报道（周立等 1995；李英年 2000；梁天刚等 2009；赵新全 2009），本书中 $k1_i$、$k2_i$、$k3_i$ 3 个系数值分别为 0.85、0.80 和 0.60，即综合草地利用率为 40%。

（4）草地理论载畜量

在草地资源评价中，通常用理论载畜量（Theoretic Carrying Capacity，TCC）作为评价草地生产力的指标。理论载畜量的计算公式如下：

$$理论载畜量(TCC) = \frac{可采食牧草总量(M)}{一个羊单位的年采食量(m_0)}$$

$$= \frac{\sum_{i=1}^{n}(k1_i \times k2_i \times k3_i \times p_i \times S_i)}{5\text{kg} \times 365}$$

$$= \frac{\sum_{i=1}^{n}(k1_i \times k2_i \times k3_i \times p_i \times S_i)}{1825\text{kg}} \quad (5-11)$$

上式中 TCC 为某区域内各种类型草地总的载畜量，单位：羊单位（Sheep-unit，Su）。本研究中每个羊单位的日采食量按 5kg 鲜草（合 1.2kg 干草）计算，全年放牧天数按 365d 计算。

（5）放牧超载程度

计算所得的最大潜在载畜量和理论载畜量可以通过与该地区内现有的草原实际载畜量之间进行比较，得到该地区草地放牧超载状况的信息。该地区实际载畜量为当地实际牲畜的数量，放牧超载评价方法如下：

$$\eta_{max} = \frac{|M_0 - M_{max}|}{M_{max}} \times 100\% \quad (5-12)$$

$$\eta_{actual} = \frac{|M_0 - TCC|}{TCC} \times 100\% \quad (5-13)$$

上式中 M_0 为通过换算的羊单位实际牲畜数量，单位：Su。η_{max}

是最大潜在载畜量超载率（%），η_{actual}是理论载畜量超载率（%），M_{max}是利用最大草地潜能模型计算的最大潜在载畜量（Su），TCC是利用遥感数据计算的草地理论载畜量（Su）。以上对载畜量的计算及气候对载畜量的影响分析流程图如图5-4所示。

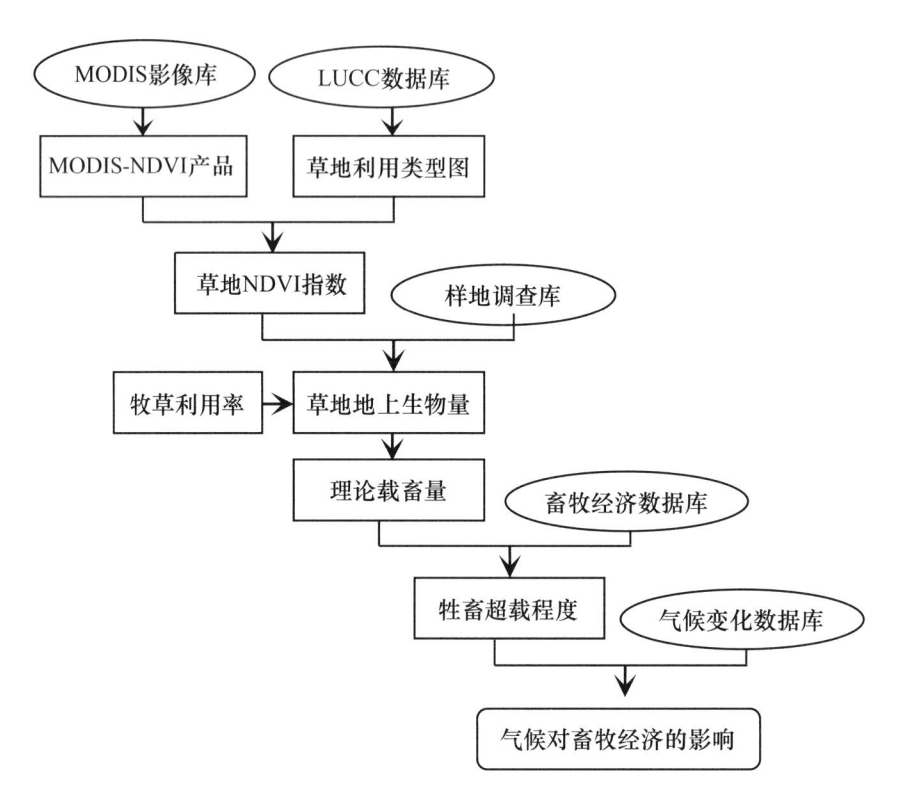

图5-4　载畜量计算及气候变化对载畜量的影响流程

第三节　载畜量计算结果

青藏高原地区是我国重要的四大天然牧区之一，其平均海拔较高，年平均温度相对较低，且区域内部地貌类型多样，各个生态气候区之间差异较大。从青藏高原地区各类用地分布来看（见图5-5），高原北部地区接近欧亚大陆内部而降水稀少，干旱的气候环境下形成以沙漠、戈壁为主的内陆干旱景观，其中以柴达木盆地和接近于塔里木盆地的沙地为主。在广大的高原中部及西部地区，因海拔较

第五章 气候变化对草地载畜量的影响

高、年均温较低、生长环境恶劣等原因而广泛形成低覆盖度的高山荒漠草原和高寒草原，在接近400mm降水线以东的高原东部地区，因其海拔相对降低、年均温度逐渐增加等原因、气候环境相对较好，形成了以中高盖度高寒草原、高寒草甸、郁闭度相对较高的灌丛及稀疏林地。在高原东南部、南部边缘接近四川盆地、滇西北及林芝等地区因气候条件相对较好，大部分地区以高盖度草甸、灌丛、林地、亚热带森林为主，植被覆盖较好。青藏高原地区的植被由北向南、由西北向东南方向逐渐的过渡性特点与其海拔、温度及降水等气候环境具有很高的一致性。

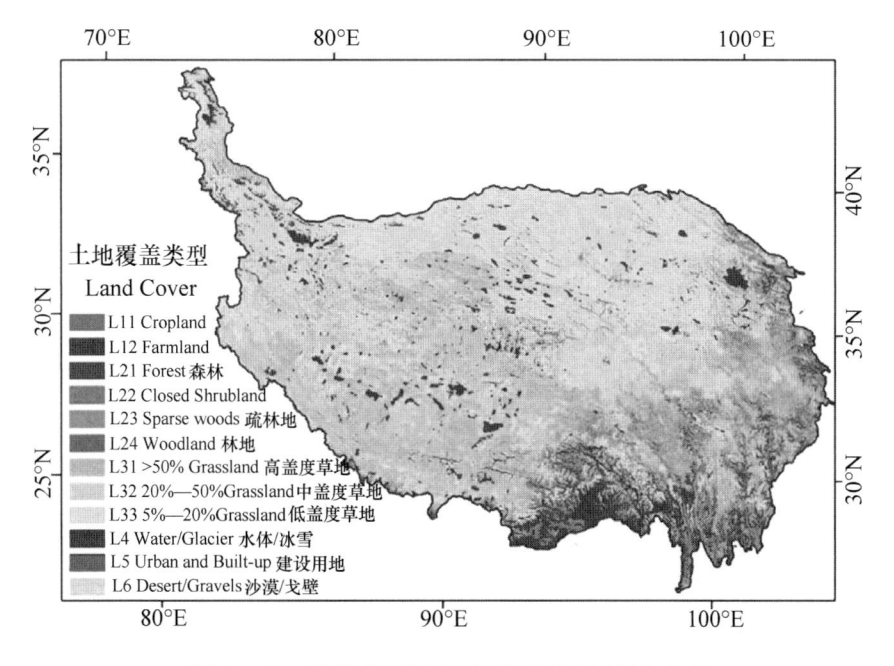

图 5-5 青藏高原地区各类用地及植被分布

本书在草地生产潜力载畜量及依据卫星数据的理论载畜量计算中，利用GLC2000的分类办法对青藏高原地区的草地进行了提取，并利用MODIS多年平均（2000—2010）年最大NDVI数据对草地进行阈值设置，取NDVI的阈值为0.1，即NDVI小于0.1的地区被称为"无植被区"（Stow et al. 2003；Stow et al. 2007）。由于本书只是对"草地"这一要素进行承载力计算，因此对于可能带来牲畜承载力的森林和农田等没有包括在计算范围之内。提取的整个青藏高原地区草地的面积约 $1.65 \times 10^6 \mathrm{km}^2$，其他用地约 $0.92 \times 10^6 \mathrm{km}^2$，分布范围如图 5-6 所示。

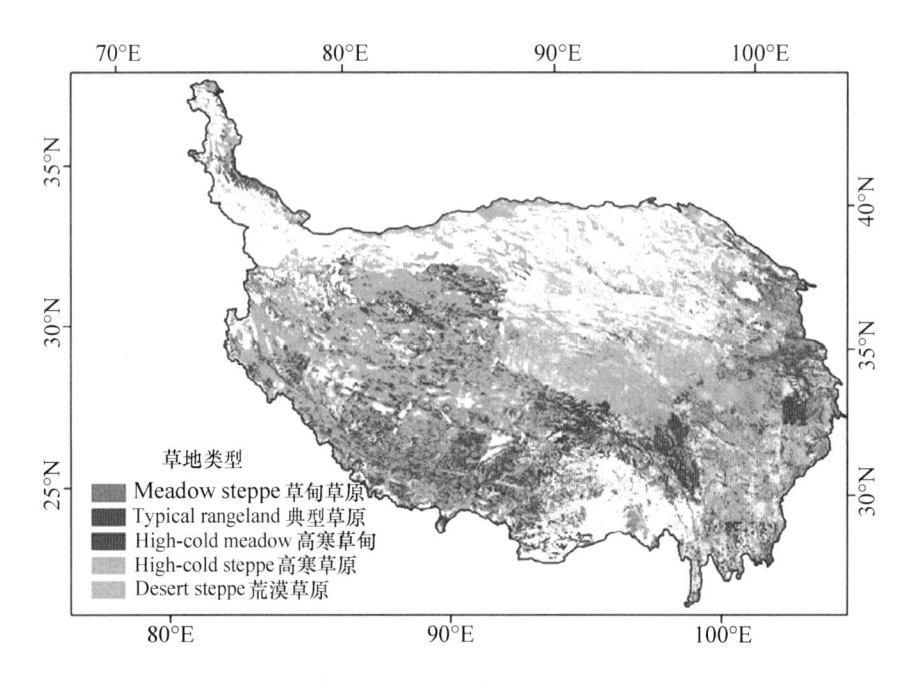

图 5-6　青藏高原草地分布范围及几个典型草地类型

从草地的空间分布及其类型来看，青藏高原地区的牧草地主要分布在高原的东—中部地区，青海省的南部、甘南地区、川西北及西藏的大部分地区都是牧草集中的地区。从草地类型来看，青藏高原地区的草地主要以高寒草甸、草甸草原、高寒草原、荒漠草原及典型草原为主。这几类草地从分布来看，高原北部及柴达木盆地附近地区、高原西部地区等因降水稀少，普遍以荒漠草原为主，草地 NDVI 灰度值较低，地上生物量普遍较小，对牲畜的承载力较低。甘南地区、川西北及滇西北地区主要以典型草原和草甸草原为主。该类草地 NDVI 灰度值较高，地上生物量相对较高，因此单位面积草地的牲畜承载力也较高。在青海省南部、西藏的昌都、那曲、日喀则等地区则广泛分布着高寒草甸和高寒草原。这些地区海拔平均在 4500m 左右，年均温度在 -1℃—2℃，降水量在 350—450mm［见图

第五章 气候变化对草地载畜量的影响

5-7（a），图5-7（b）]，气候类型上属于高原寒冷气候区。由于常年温度较低，该类地区主要以高寒草甸和高寒草原分布为主（见图5-6）。

在草地气候生产潜力模型中，气温（T）和降水（P）是两个关键的决定性因素，并在蒸散量生产潜力中由公式（5-4）和公式（5-5）决定着年实际总蒸散量（E）的大小。从以上三个气候因子的空间分布来看（见图5-7），气温和降水在空间分布上均具有和海拔的较强一致性。随着海拔和纬度的升高，年均气温和降水呈现出由东南向西北逐渐降低的趋势。从青藏高原气温的分布来看[见图5-7（a）]，整个高原年均气温-2℃—2℃的地区占青藏高原总面积的70%以上。与气温分布趋势较为一致的是，降水的分布也同样具有由东南向西北递减的趋势，由高原东南部地区腾冲的1735mm递减到柴达木盆地格尔木附近的16mm[见图5-7（b）]。气温和降水分布的空间一致性，使年实际总蒸散量也同样具有这种空间一致性趋势[见图5-7（c）]。从统计的结果来看，青藏高原东南部地区的年蒸散量因年均气温最高、降水最多而最大，有些地区超过650mm，相对而言，高原的西北部及北部的柴达木盆地地区因降水稀少而使年实际蒸散量最低。

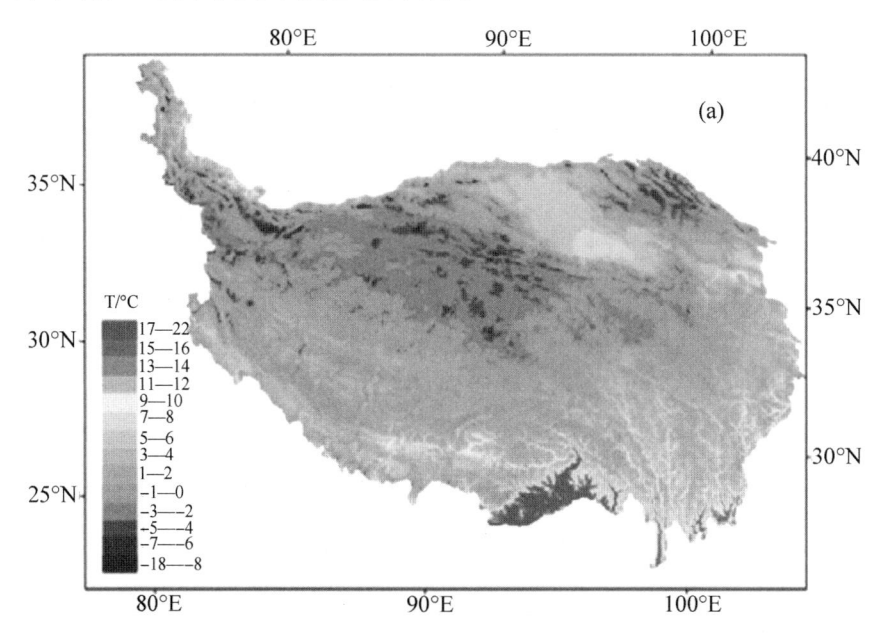

图5-7（a） 青藏高原地区2010年平均温度的空间分布

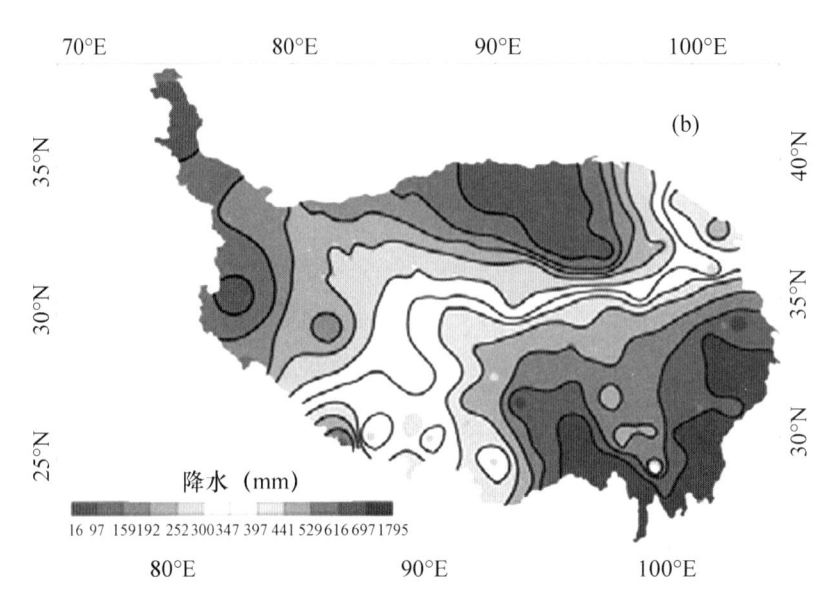

图 5-7（b） 青藏高原地区 2010 年降水总量的空间分布

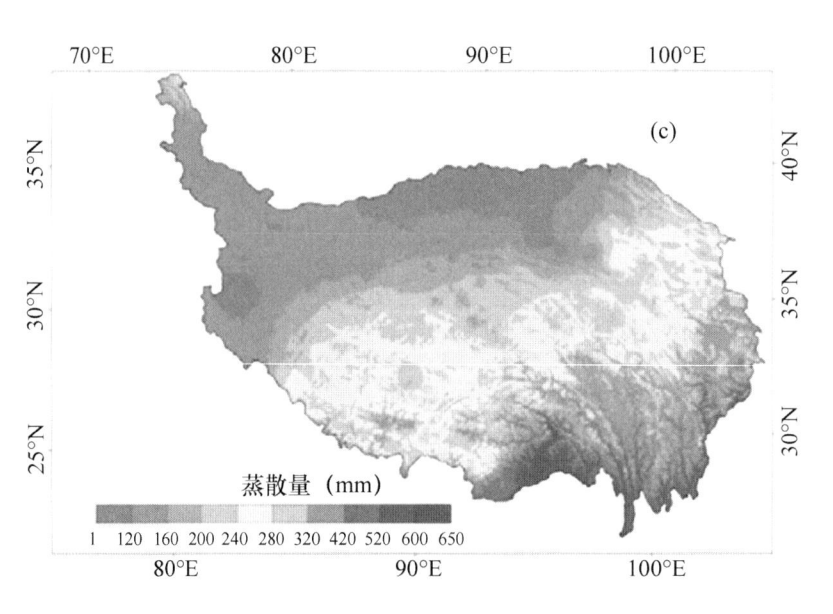

图 5-7（c） 青藏高原地区 2010 年总蒸散量的空间分布

气候因子中温度、降水和总蒸散量的这种空间格局进一步影响了草地气候生产潜力的空间格局和分布。随着近些年青藏高原地区的加速暖化，以高原北部的暖干化趋势为主的暖化过程和以高原南部的暖湿化暖化过程为主的气候变化，在一定程度上影响草地的气候生产潜力。本书以下部分以 1961—2010 年的气候统计资料计算相应的各个气候因子生产潜力变化情况,为进一步分析草地承载力受气候变化的影响奠定基础。

一 气候生产潜力载畜量

在光、热、水、土等植物生长环境因子中,温度是最具决定意义的因子之一。由于青藏高原地区的海拔普遍较高,年平均温度也相对较低,因此考虑其温度限制下的草地生产潜力对载畜量的判决具有重要意义。另外,全球气候暖化的过程中,气候的暖化最直接的结果就是近地面的年平均温度升高,因此从理论上来讲,气候暖化对草地的温度生产潜力,尤其是在高海拔、寒冷地区来说是一种缓解,有利于草地生产潜力的增加。

从草地温度生产潜力函数曲线可以看出(见图 5-8),受温度的影响,草地在相应的温度下其单位面积生产力呈现出"S"形的 Logistic 增长,其年平均温度在 -20℃ 以下时接近 0 产量产值线,而在年均温度在 30℃ 以上时逼近其极限生产力 3000kg/hm²·a,在此区间段内草地的生产力呈现出随温度先加速增长后趋于缓和的增长态势。

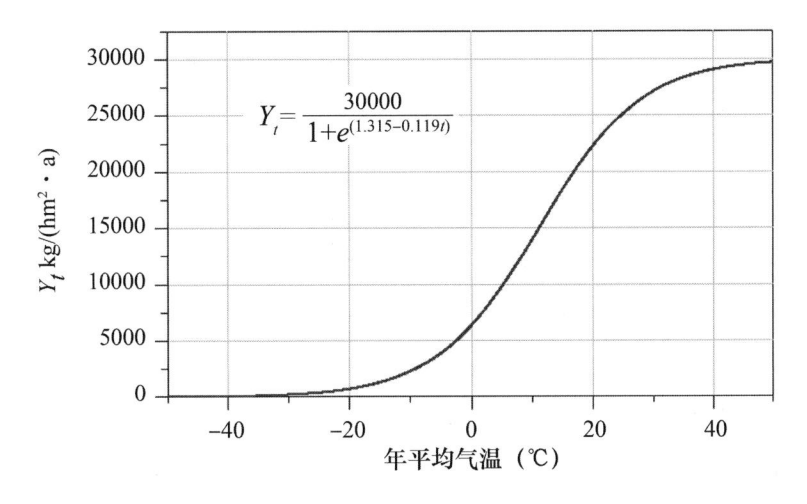

$$Y_t = \frac{30000}{1+e^{(1.315-0.119t)}}$$

图 5-8 草地温度生产潜力(Y_t)曲线

本书利用青藏高原地区91个气象站点最近50年的气象记录数据计算了在其草地面积范围内的草地温度生产潜力变化，结果如图5-10所示。

从计算的典型年份（由于数据量较大，本书的典型年份是指每隔10年的代表性年份）青藏高原草地温度生产潜力结果来看，在1961—2010年，青藏高原地区的草地温度生产潜力总量（T-PCC）呈现出缓慢的逐年增加趋势。总生产潜力由1961年的881.58亿千克增加到了2010年的1263.03亿千克，50年间增加了381.45亿千克，增加牲畜承载量约8360.55万个羊单位（见图5-9）。

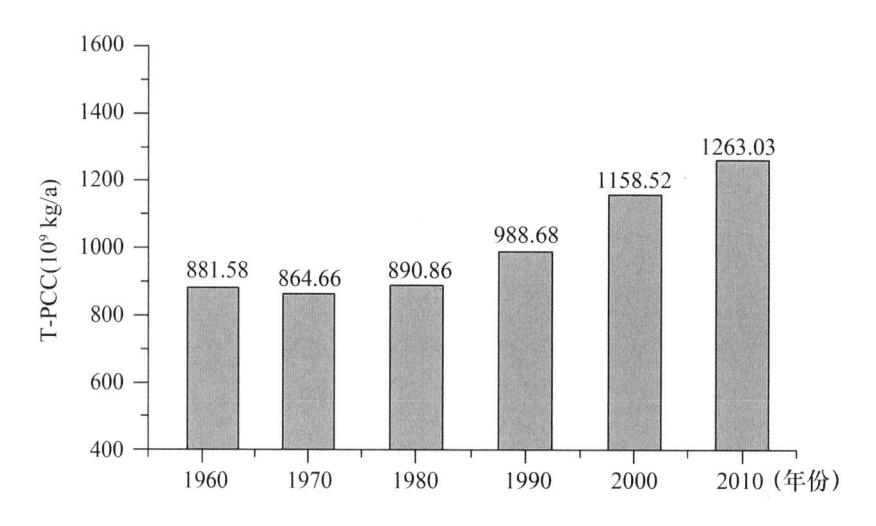

图5-9 青藏高原地区1961—2010年草地温度生产潜力（Y_t）总量典型年份变化情况

对比青藏高原地区近50年的温度变化趋势可知（参见本书第三章青藏高原气候变化时空差异性内容），在最近的50年中，青藏高原地区的增温较为明显，整个高原经历了一个逐渐加速的暖温化过程，而温度的逐年增加将直接导致以温度为单一限制因子的草地生产力的提高，这与图5-8中根据温度生产潜力函数的理论分析结果是一致的。实际的以气象台站记录的温度值计算的草地温度生产潜力的增加是对这一情况的说明。由于青藏高原地区覆盖范围较广，其区域内各个生态气候区之间的差别很大，在全球暖温化过

第五章 气候变化对草地载畜量的影响

程中其草地生产潜力的变化速率也各有差异,为此,本书以1961—2010年的典型年份为主计算了青藏高原草地温度生产潜力空间变化,结果如图5-10所示。

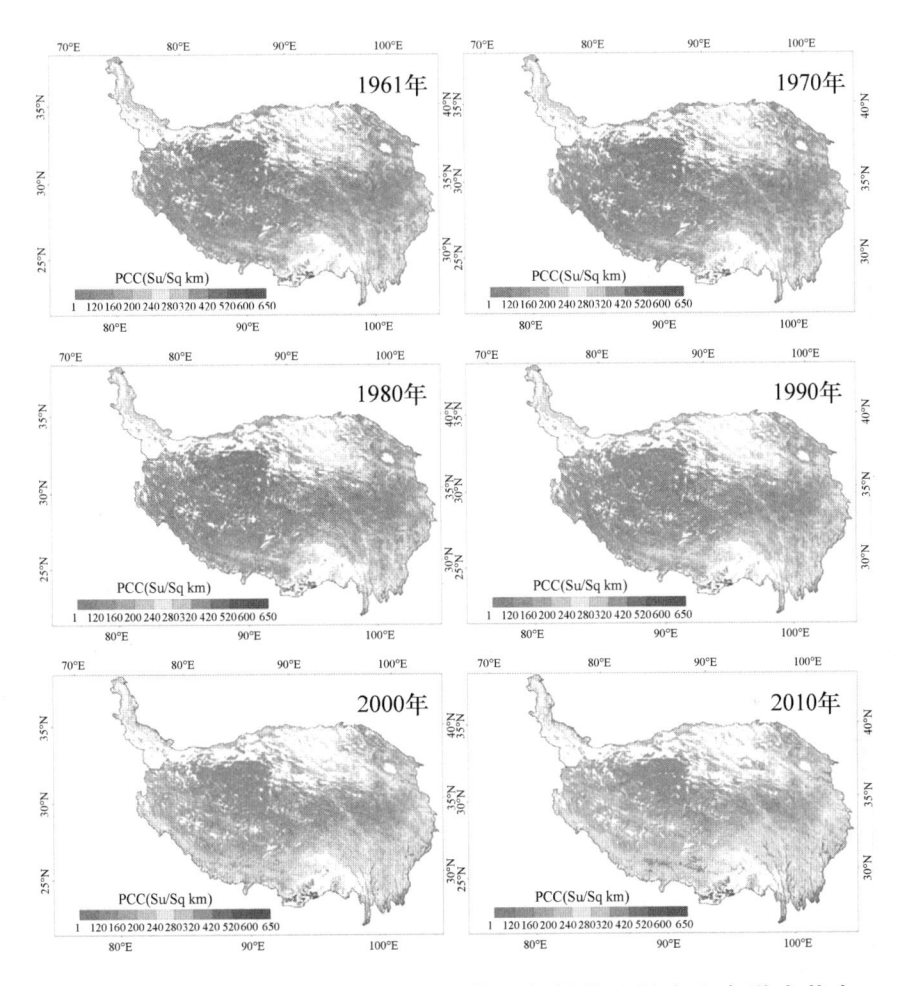

图5-10 青藏高原1961—2010年典型年份草地温度生产潜力载畜量(T-PCC)变化情况

受温度分布及全球暖温化的影响,青藏高原地区草地的温度生产潜力呈现出由南向北逐渐减低、随着气候暖化整个高原的草地生产潜力逐年增加的趋势和特点。从温度生产潜力的空间分布来看,高原南部的山南、林芝、滇西北等地区的草地温度生产潜力最高,每年达到650Su/km²。由东南向西北方向随着海拔的增加,年均温度逐渐减小，温度生产潜力也逐渐减少，高原中部、西北部地区的高寒草原和高寒草甸区植被生产潜力较小，平均为120—160Su/km²。这些地区常年温度较低、植被的生长季节较短，生长季从5—8月，只有短暂的3—4个月时间，因此不利于草地地上生物量的积累。由于地上生物量普遍较小，这些位于高原中西部地区的高寒草原及草甸区牲畜承载力普遍较低。另外从图中可以看出，位于高原北部地区的柴达木盆地地区的生产潜力较高（高于其附近地区的高寒草甸和草原区），这是由于以单一因子作限制，柴达木盆地地区平均海拔在2800—3200m，年平均温度相对较高，因而温度生产潜力较高。但该地区降水稀少，植被分布稀疏，因此与以单一温度计算的潜在生产力情况不符。因此应综合考虑降雨、蒸散发等综合气候限制因子。

二 降雨生产潜力载畜量

植被地上生物量大小的另一决定性因素是降水的多少，在同等的光照和温湿环境下，降水的多少直接决定着植物对光能的转换速率和有效。在我国内陆地区，降水多少是划分气候类型的重要参数，也是决定该地区是农区/牧区的重要标志。

从草地生产潜力 Y_p 与降水 p 之间的关系函数可以看出（见图5-11），草地生产潜力受降水增加的影响呈现出逐渐增加的趋势，且随着降水量的持续增加，生产潜力增加的速度在逐渐降低，在降水量增加到3000mm时 Y_p 达到27000kg/hm²·a，此后随着降水的增加，其数值增长平缓，并逐渐趋近于30000kg/hm²·a的最大理论渐近值。从青藏高原地区降水的分布范围来看，青藏高原地区的降水主要集中在0—2000mm［见图5-7（b）］，从图5-11可知，在该区间内 Y_p 随着降水 p 的增加基本呈现出线性增加趋势。

本书利用1961—2010年各个台站记录的降水资料对青藏高原地区草地降水生产潜力进行了计算，结果如图5-12所示。

总体来看，以降水作为限制性因子计算的草地降水生产潜力总量在最近的50年中呈现出逐渐增加的趋势。但与气温生产潜力相

第五章　气候变化对草地载畜量的影响

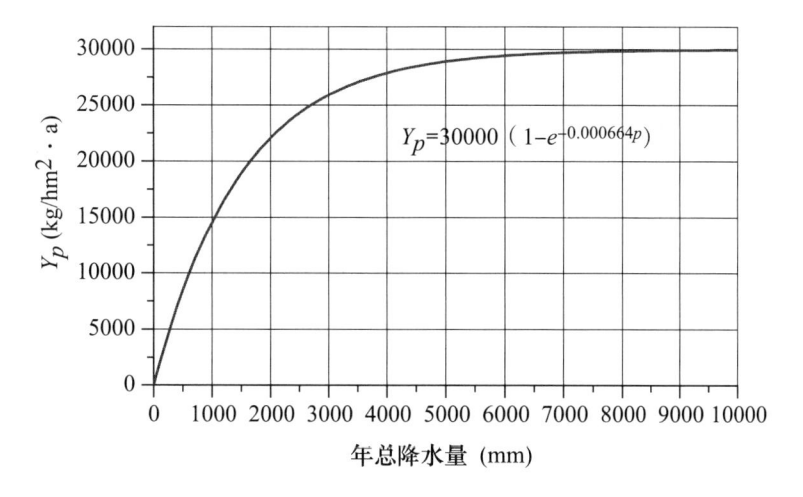

图 5-11　草地降水生产潜力（Y_p）曲线

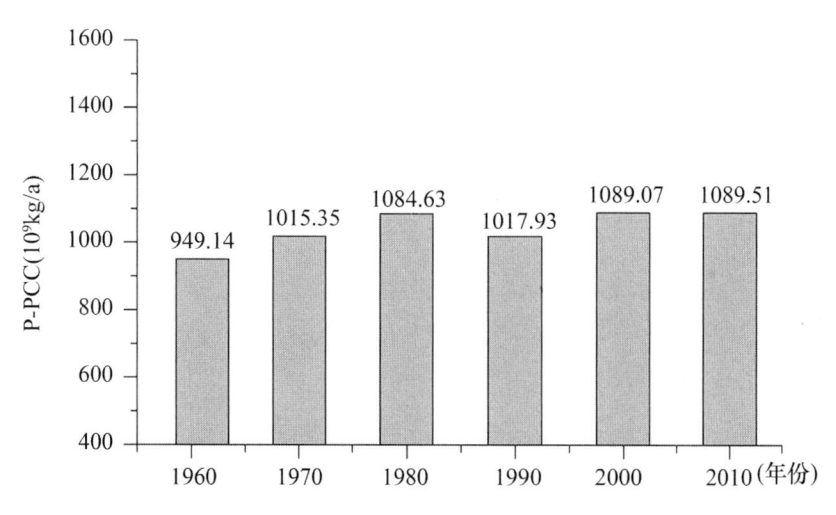

公式：$Y_p = 30000(1 - e^{-0.000664p})$

图 5-12　青藏高原地区 1961—2010 年草地降水生产潜力（Y_p）总量典型年份变化情况

数据（P-PCC，10^8 kg/a）：
- 1960：949.14
- 1970：1015.35
- 1980：1084.63
- 1990：1017.93
- 2000：1089.07
- 2010：1089.51

比较，降水生产潜力在最近 50 年中的增加幅度相对较小。总生产潜力从 1961 年的 949.14 亿千克增加到 2010 年的 1089.51 亿千克，增加了 140.37 亿千克。由于降水的波动性变化较大，且青藏高原内部各个生态气候区之间的差异也很大。从 1961—2010 年统计的气候变化趋势来看，青藏高原地区在普遍出现暖湿化趋势的同时，降水的变化却呈现出北部及东北部地区的减少态势，以及高原南部地区呈现出降水的增加趋势。总体而言，高原的东北部及北部地区的气候以暖干化为主，而高原的南部地区以暖湿化为主。受气候变化这种空间趋势的影响，以高原为整体的降水生产潜力总规模在增加的同时，北部地区其产生潜力有减少的趋势，而高原南部地区有增加的态势。

为了从空间上分析气候变化对草地降水生产潜力的影响，本书统计了1961—2010年典型年份的草地降水生产潜力及载畜量的变化情况，结果如图5-13所示。

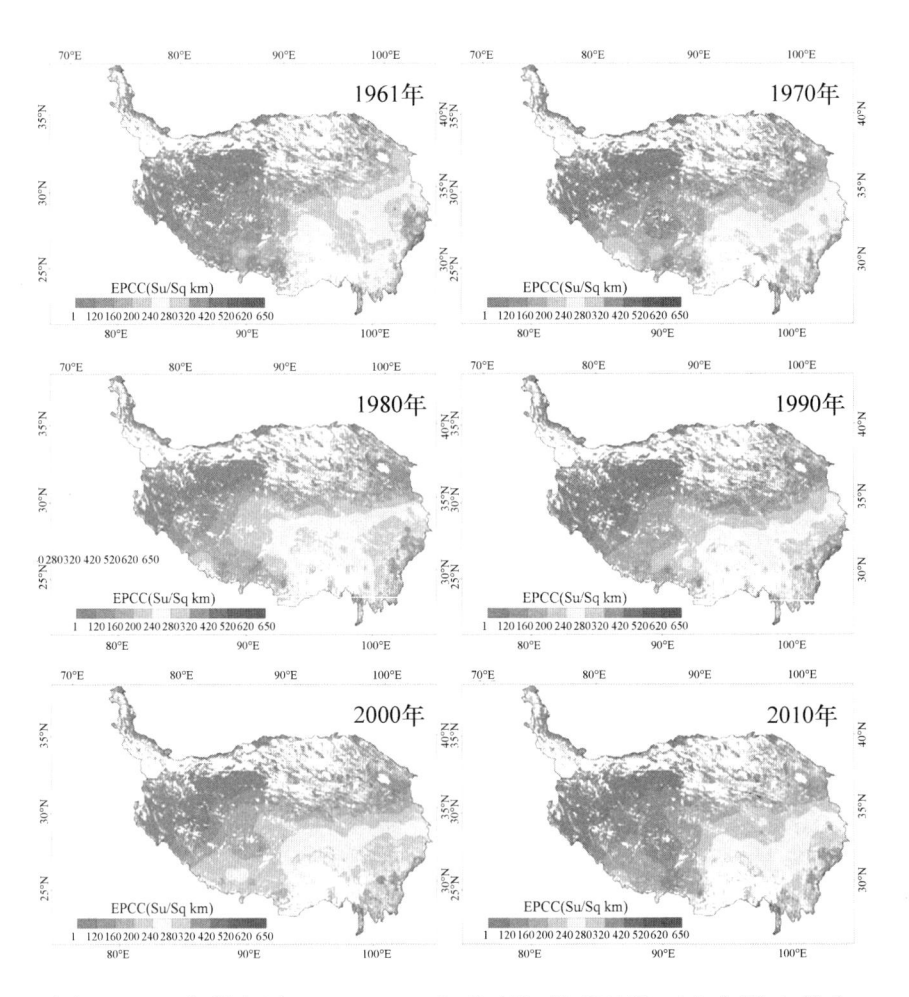

图5-13 青藏高原1961—2010年典型年份草地降雨生产潜力载畜量（P-PCC）变化情况

从统计结果来看，整个青藏高原地区降水生产潜力载畜量（P-PCC）的空间分布与降水的空间分布较为一致。在高原的东部及南部海拔相对较低的地区，降雨量较高，加上温度也相应地较高，这些地区的草地降水生产潜力载畜量普遍较高，在滇西北地区因较好的水热气候环境其P-PCC达到650Su/km²及以上。随着海拔和纬度的逐渐增加，在内陆的高原北部及广大的中西部地区其温度和降水明显减少，P-PCC也因此急剧减少。在柴达木盆地及塔里木盆地南部地区 P-PCC 达到最小值，广大的高原北部和中西部大部分地区的载畜量在120Su/km²以下。

近些年随着气候的变化，P-PCC值在高原南部及东南部的增加较为明显，青藏高原南部地区的暖湿化气候趋势对草地降水生产潜力载畜量的增加有明显的作用。而在高原北部及东北部地区，P-PCC值有减少态势，这与这些地区的暖干化趋势较为一致，是对气候变化的直接反映。

相较于气温生产潜力载畜量T-PCC的分布而言，降水生产潜力载畜量的空间分布更具客观性，并与实际的高原内部情况较为吻合。因此在以单一因子计算的气候生产潜力中应综合多种因子综合考虑。为了进一步考虑太阳辐射、风速等的综合影响，本书计算了能反映草地生长干湿情况的年总蒸散量及其生产潜力。

三 蒸散量生产潜力载畜量

蒸散量是植物可利用水分衡量的重要指标，蒸散量受降雨量和温度等各种因素的影响，因而能较综合地反映植物生长的水环境。影响蒸散量的因子较多，在蒸散量的计算中，其中FAO推荐的Penman-Monteith方法就涉及如叶表面太阳辐射密度、土壤散射密度、日平均温度、距地表2m处的风速、饱和水汽压、实际水汽压、光合速率等众多参数（Allen et al. 1998）。由于蒸散量已经考虑了温度和太阳辐射、风速等植物生长的关键气候因子，因而在实际应用中更具代表性和指示性。由于蒸散发涉及的参数太多，众参数的获取均需要以实际的田间观察数据为经验参数，对于青藏高原这样内部差异很大的大区域研究限制性因素很大，较难操作。本书中所用的 Thornth Waite 模型是一个经验统计模型，利用该模型绘制的草地蒸散量生产潜力（Y_E）曲线如图 5-14 所示。

$$Y_E = 30000 \ (1 - e^{-0.0009695(E-20)})$$

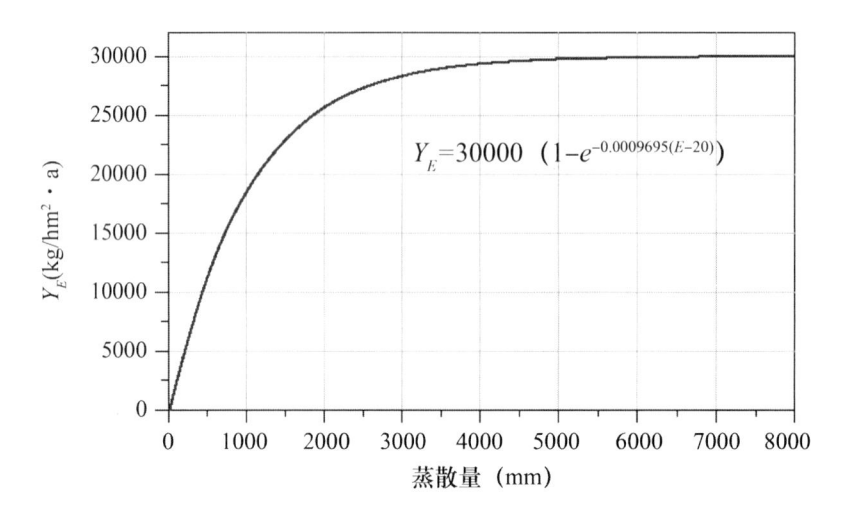

图 5-14　草地蒸散量生产潜力（Y_E）曲线

蒸散量生产潜力曲线反映出随着蒸散量 E 的增加，草地生产力 Y_E 呈现出减速增加的趋势，在蒸散量达到 3000mm 时其生产力达到 27000kg/hm² · a，基本接近最大值，此后，蒸散发对草地生产力的边际效用减少，随着 E 的增加，Y_E 逐渐接近其极限值 30000 kg/hm² · a。从青藏高原地区蒸散量的空间分布可知，青藏高原地区的实际年蒸散量在 0—1000mm ［见图 5-7（c）］。从对应的 Y_E 区间段来看，青藏高原的草地生产力基本在 0—20000 kg/hm² · a 范围内。在这一区间中 Y_E 基本呈现出随蒸散发增加的线性增加。本书以 1961—2010 年典型年份青藏高原各个台站记录的气象数据计算了最近 50 年青藏高原地区草地蒸散量牲畜潜力，结果如图 5-15 所示。

青藏高原地区草地蒸散量生产潜力总体上呈现出逐渐增加的趋势，且近些年来的增加趋势更加明显。以高原为整体来看，1961 年青藏高原草地生产总规模为 659.10 亿千克，而在 2010 年则增加到 944.12 亿千克，增长了 285.02 亿千克。草地 Y_E 的逐年增加表明近 50 年来随着气候变化的加剧，青藏高原地区的草地活动在增

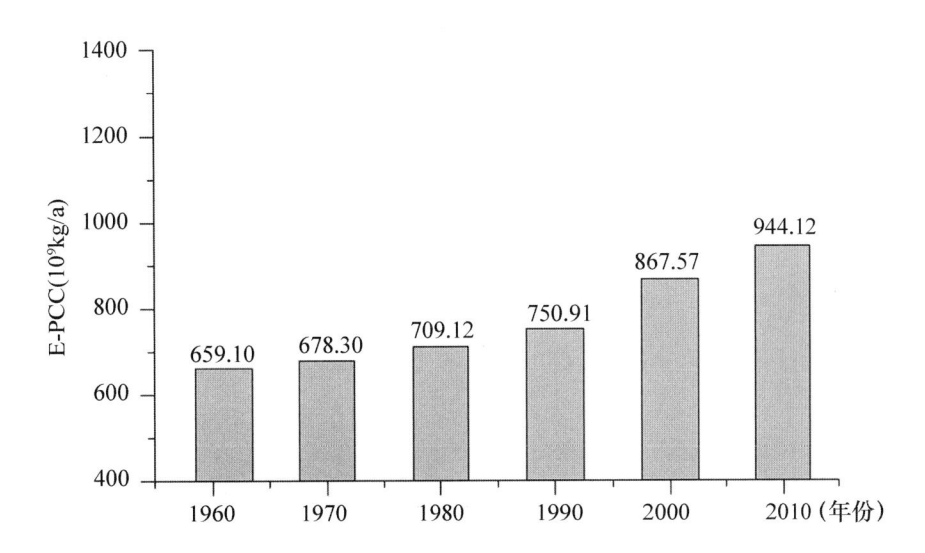

第五章 气候变化对草地载畜量的影响

图 5-15 青藏高原地区 1961—2010 年草地蒸散量生产潜力（Y_E）总量典型年份变化情况

强，草地的地上生物量从单纯气候因子制约的角度在增加。由于蒸散发受气温、降水、辐射等众多因子的综合控制，且近些年来青藏高原地区的温度和降水总体上有增加的趋势，因此青藏高原年实际总蒸散发量呈现出增加趋势，表现为草地蒸散量生产潜力总体上在增加。

为了在空间上体现出蒸散量限制下的草地生产力的空间差异性，本书以典型年份为代表计算了青藏高原 1961—2010 年草地蒸散潜力载畜量（E-PCC）的空间分布，结果如图 5-16 所示。

从计算的结果可以看出，空间上 E-PCC 的分布与 T-PCC 和 P-PCC 的空间分布一样，呈现出空间趋势一致性的特点。即在降水量和温度较高的地区，其 E-PCC 的值也较高。从 E-PCC 的空间分布来看，青藏高原地区的蒸散量潜力载畜量在高原的东南部地区普遍较高且达到最大值，在滇西北及林芝等地区的 E-PCC 值达到 600Su/km² 及以上。伴随着海拔和纬度的增加，深处内陆地区的高原中西部及北部地区 E-PCC 值随之减少，在高原的西部及北部干旱区内的柴达木盆地及其周边地区 E-PCC 值最小，普遍在 120—

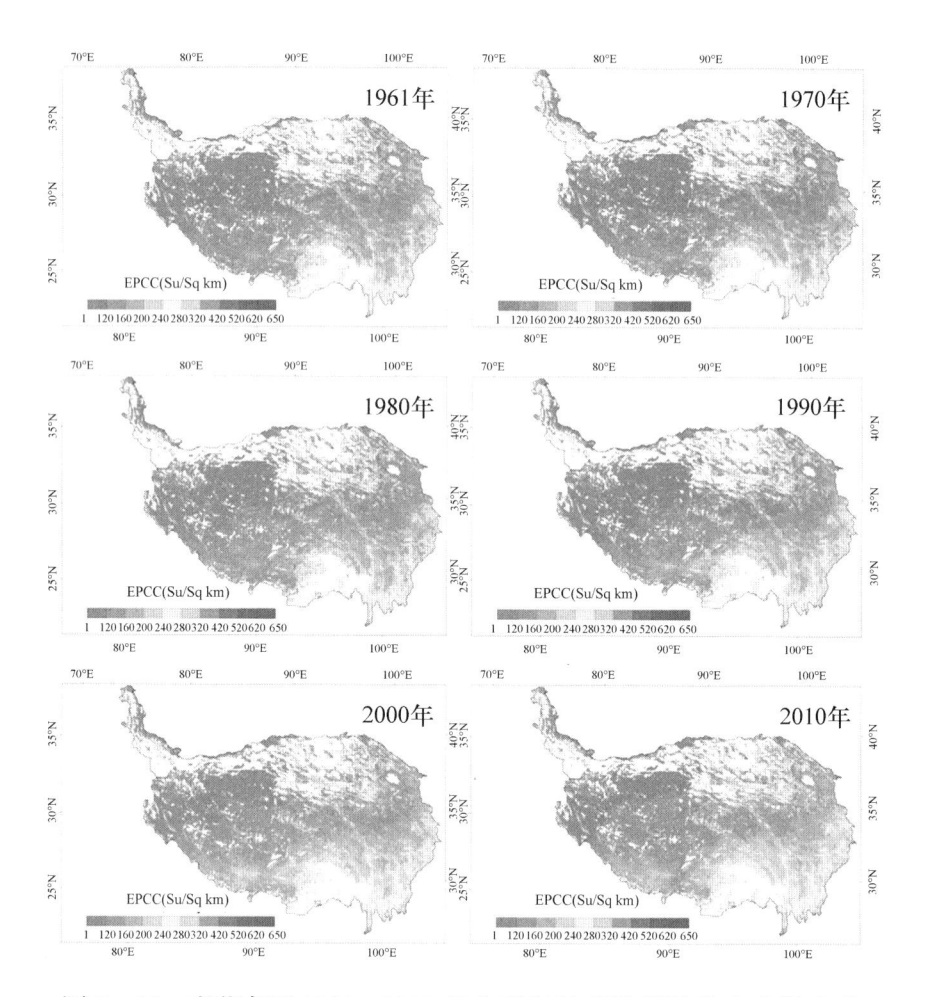

图 5-16 青藏高原 1961—2010 年典型年份草地蒸散发生产潜力载畜量（E-PCC）变化情况

160600Su/km² 范围内，载畜量较小。

受近些年气候变化的影响，整个高原的 E-PCC 在温度和总降水量增加的同时呈现出增长的态势，尤其在高原的南部及东南部地区的增加尤为明显。对比近 50 年青藏高原地区的增温及降水的空间变化趋势可知，在高原南部的低海拔地区近些年的增温趋势较为明显。以降水的变化趋势来看，高原南部地区以降水的增加为主，而高原北部、东北地区则以降水的减少、气候上以暖干化为主。气候变化的这种特点决定了 E-PCC 的变化在空间上的差异性，表现在高原南部地区其值的明显增加。

由于蒸散发计算中已经考虑到了温度和降水的因素,因此其计算的值也较为合理,这与实际的情况较为相符。但单一因子的计算只是在某一因子控制下的理论最大载畜量。综合的气候生产潜力载畜量的计算应参考以上几个因子控制的载畜量来综合平衡。

四 气候生产潜力载畜量汇总

气候生产潜力载畜量(Potential Carrying Capacity,PCC)是综合气候的几个关键因素、以草地的最大理论产出来计算的草地载畜能力。根据Liebig最小养分限制律,草地的最大生产潜力不是由每个因子限制下的最大值来决定,而是受最小气候因子的控制决定其最大生产潜力大小。

在以青藏高原为整体受各个气候因子限制的草地生产潜力计算的基础上,本书综合汇总了其温度生产潜力Y_t、降水生产潜力Y_p及蒸散发生产潜力Y_E的历年变化情况(见图5-17)。

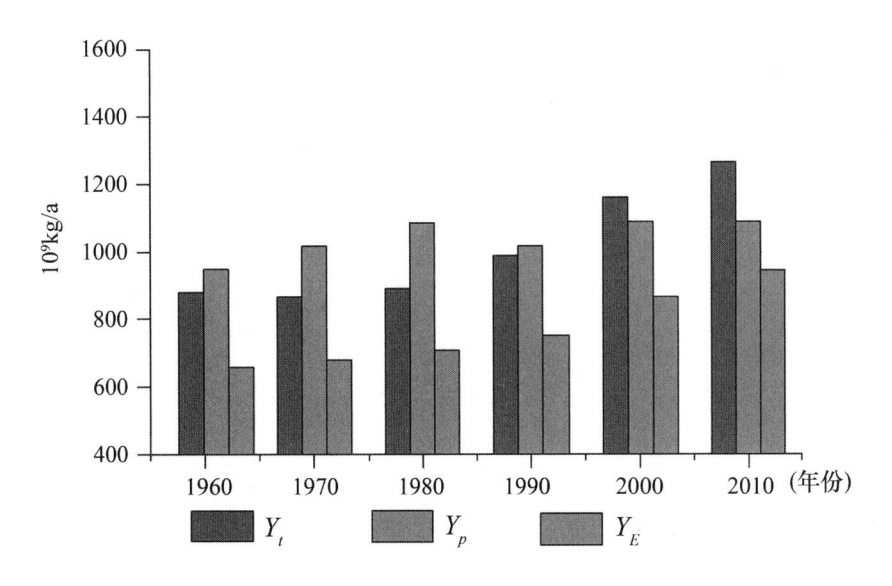

图5-17 青藏高原地区温度生产潜力Y_t、降水生产潜力Y_p以及蒸散发生产潜力Y_E的历年变化情况

从三个气候因子对应的最大草地生产潜力来看,以温度和降水

计算的草地气候生产潜力最大，相对而言，蒸散发生产潜力则最小。三个因子控制下的草地潜在生产潜力均表现出了随时间的增长趋势，这表明青藏高原地区近些年来收气候变化的影响、草地的生产潜力随之发生变化，呈现出增长的态势。这与近些年以高原为整体的增温暖化和降水的增加直接有着直接的正向相关性。即草地气候生产潜力的增加是气候暖化及高原整体降水略微增加的结果。

但以高原为整体的分析并不能说明气候生产潜力的空间变化趋势和差异性。由于青藏高原地区内部各个生态气候区之间的差异很大，因此应进一步分析各个区之间空间差异。由于各个地区的实际牲畜统计数据均来自以县和区为单位的统计，本书为了与实际载畜量之间进行对比，因此在气候生产潜力载畜量的计算中以县（区）单元为主进行了统计。根据植被生长最小限制律，本书在各个县总的草地生产潜力汇总的基础上取温度、降水及蒸散发三个气候因子下的最小值作为该县区的气候生产潜力最大值，并将对应的气候因子作为气候生产潜力最小因子，即限制因子。基于以上方法统计的各个县区草地气候生产潜力载畜量汇总表如表 5-1 所示。

表 5-1　青藏高原各县区 2010 年草地气候生产潜力载畜量汇总表

编号	省份	县/市名称	温度生产潜力 Y_t (10^9 kg/a)	降雨生产潜力 Y_p (10^9 kg/a)	蒸散发生产潜力 Y_E (10^9 kg/a)	气候生产潜力 (10^9 kg/a)	载畜量 PCC (10^4 Su)	最小限制因子
1	甘肃	玉门市	0.2516	0.1048	0.1209	0.1048	2.2977	P
2	甘肃	阿克塞	0.4842	0.0793	0.0815	0.0793	1.7389	P
3	甘肃	肃北	5.1158	2.1606	2.3986	2.1606	47.3556	P
4	甘肃	嘉峪关市	0.0397	0.0174	0.0204	0.0174	0.3811	P
5	甘肃	高台县	0.0176	0.0106	0.0117	0.0106	0.2331	P
6	甘肃	肃南	3.8315	3.1800	2.9696	2.9696	65.0873	E
7	甘肃	山丹县	0.3692	0.3057	0.2967	0.2967	6.5021	E
8	甘肃	民乐县	0.3364	0.2589	0.2576	0.2576	5.6466	E
9	甘肃	武威市	0.1883	0.1340	0.1374	0.1340	2.9374	P
10	甘肃	古浪县	0.0101	0.0083	0.0081	0.0081	0.1765	E
11	甘肃	天祝县	1.3512	1.2039	1.1087	1.1087	24.3003	E
12	甘肃	积石山	1.4777	1.1372	1.1052	1.1052	24.2244	E

第五章　气候变化对草地载畜量的影响

续表

编号	省份	县/市名称	温度生产潜力 Y_t (10^9 kg/a)	降雨生产潜力 Y_p (10^9 kg/a)	蒸散发生产潜力 Y_E (10^9 kg/a)	气候生产潜力 (10^9 kg/a)	载畜量 PCC (10^4 Su)	最小限制因子
13	甘肃	临夏县	2.4357	2.2394	2.0158	2.0158	44.1828	E
14	甘肃	夏河县	3.9968	4.4800	3.6367	3.6367	79.7081	E
15	甘肃	和政县	6.4283	6.6978	5.6287	5.6287	123.3694	E
16	甘肃	康乐县	6.9734	9.2496	6.7732	6.7732	148.4537	E
17	甘肃	卓尼县	6.5912	9.7814	6.5535	6.5535	143.6388	E
18	甘肃	临潭县	2.9197	2.9453	2.5046	2.5046	54.8956	E
19	甘肃	碌曲县	0.8731	0.7233	0.6754	0.6754	14.8039	E
20	甘肃	岷县	3.0944	3.5205	2.7971	2.7971	61.3063	E
21	甘肃	玛曲县	7.5862	11.0045	7.5942	7.5862	166.2718	T
22	甘肃	宕昌县	9.9704	10.5534	8.7941	8.7941	192.7472	E
23	甘肃	迭部县	6.3382	8.3607	5.9180	5.9180	129.7100	E
24	甘肃	舟曲县	15.2246	13.0054	12.3350	12.3350	270.3562	E
25	甘肃	文县	5.7115	7.8386	5.5633	5.5633	121.9360	E
26	青海	德令哈	20.3464	5.1278	5.8209	5.1278	112.3899	P
27	青海	乌兰县	10.8835	7.0700	7.3733	7.0700	154.9593	P
28	青海	天峻县	7.1423	7.2910	6.2595	6.2595	137.1943	E
29	青海	祁连县	4.9365	5.4129	4.4269	4.4269	97.0284	E
30	青海	格尔木市*	16.2403	5.3644	5.9069	5.3644	117.5752	P
31	青海	刚察县	4.3631	4.4906	3.8555	3.8555	84.5043	E
32	青海	门源县	3.1178	0.4940	0.4513	0.4513	9.8908	E
33	青海	都兰县	19.8805	11.2678	11.7065	11.2678	246.9655	P
34	青海	海晏县	2.2260	1.9974	1.8500	1.8500	40.5479	E
35	青海	治多县	23.3509	28.6463	22.0332	22.0332	482.9195	E
36	青海	大通县	2.1691	2.0337	1.8063	1.8063	39.5890	E
37	青海	互助县	2.3551	1.6678	1.7021	1.6678	36.5554	P
38	青海	湟中县	2.0667	1.4117	1.4653	1.4117	30.9418	P
39	青海	湟源县	1.3826	1.0408	1.0425	1.0408	22.8125	P
40	青海	乐都县	2.2749	1.3776	1.4843	1.3776	30.1946	P
41	青海	西宁市	0.4562	0.2838	0.3043	0.2838	6.2192	P
42	青海	平安县	0.6505	0.4156	0.4418	0.4156	9.1095	P
43	青海	贵德县	2.6996	1.4125	1.5734	1.4125	30.9580	P
44	青海	曲麻莱	12.7357	15.2491	11.9473	11.9473	261.8586	E

续表

编号	省份	县/市名称	温度生产潜力 Y_t (10^9 kg/a)	降雨生产潜力 Y_p (10^9 kg/a)	蒸散发生产潜力 Y_E (10^9 kg/a)	气候生产潜力 (10^9 kg/a)	载畜量 PCC (10^4 Su)	最小限制因子
45	青海	民和县	0.2596	0.1556	0.1689	0.1556	3.4113	P
46	青海	兴海县	6.5925	6.5411	5.7082	5.7082	125.1101	E
47	青海	化隆县	3.0715	1.8599	2.0115	1.8599	40.7638	P
48	青海	尖扎县	16.3488	20.9009	15.6945	15.6945	343.9890	E
49	青海	贵南县	1.1491	0.6871	0.7475	0.6871	15.0607	P
50	青海	玛多县	4.4836	3.2438	3.2703	3.2438	71.0972	P
51	青海	循化县	10.8421	13.1719	10.2835	10.2835	225.3918	E
52	青海	同德县	0.1858	0.1542	0.1455	0.1455	3.1898	E
53	青海	同仁县	3.1617	3.1947	2.7441	2.7441	60.1447	E
54	青海	泽库县	0.1484	0.1407	0.1235	0.1235	2.7063	E
55	青海	玛沁县	0.2654	0.2544	0.2241	0.2241	4.9111	E
56	青海	称多县	0.2156	0.1773	0.1673	0.1673	3.6668	E
57	青海	甘德县	0.1387	0.1363	0.1180	0.1180	2.5858	E
58	青海	杂多县	4.5315	6.5642	4.5232	4.5232	99.1388	E
59	青海	达日县	12.6440	15.3784	12.0002	12.0002	263.0181	E
60	青海	玉树县	11.9119	15.1314	11.3699	11.3699	249.2033	E
61	青海	久治县	2.5163	2.5093	2.1071	2.1071	46.1839	E
62	青海	囊谦县	14.2618	10.9238	10.9726	10.9238	239.4258	P
63	青海	班玛县	10.5137	11.5528	9.3512	9.3512	204.9572	E
64	青海	共和县	0.8013	0.7859	0.6431	0.6431	14.0944	E
65	四川	石渠县	8.5412	2.8757	3.4745	2.8757	63.0282	P
66	四川	若尔盖	0.1471	0.1289	0.1166	0.1166	2.5563	E
67	四川	阿坝县	5.9576	7.7323	5.7643	5.7643	126.3404	E
68	四川	南坪县	7.2308	9.4735	6.7820	6.7820	148.6455	E
69	四川	红原县	0.1324	0.1578	0.1155	0.1155	2.5315	E
70	四川	甘孜县	6.3366	8.9400	6.0392	6.0392	132.3667	E
71	四川	色达县	6.3140	8.1983	5.9899	5.9899	131.2859	E
72	四川	松潘县	4.8457	6.1429	4.5799	4.5799	100.3814	E

第五章 气候变化对草地载畜量的影响

续表

编号	省份	县/市名称	温度生产潜力 Y_t (10^9 kg/a)	降雨生产潜力 Y_p (10^9 kg/a)	蒸散发生产潜力 Y_E (10^9 kg/a)	气候生产潜力 (10^9 kg/a)	载畜量 PCC (10^4 Su)	最小限制因子
73	四川	德格县	5.5273	7.2901	5.2239	5.2239	114.4960	E
74	四川	平武县	7.2823	8.1852	6.5231	6.5231	142.9714	E
75	四川	壤塘县	3.5089	4.4632	3.2846	3.2846	71.9904	E
76	四川	青川县	4.9111	6.1387	4.5563	4.5563	99.8637	E
77	四川	黑水县	9.6531	9.6217	8.1548	8.1548	178.7347	E
78	四川	马尔康	9.2758	7.7829	7.4002	7.4002	162.1968	E
79	四川	茂县	6.1939	7.6421	5.7518	5.7518	126.0675	E
80	四川	北川县	3.2993	4.1334	3.0348	3.0348	66.5162	E
81	四川	金川县	0.2876	0.4156	0.2667	0.2667	5.8444	E
82	四川	炉霍县	3.8746	4.4981	3.3919	3.3919	74.3435	E
83	四川	理县	6.2708	4.4455	4.5524	4.4455	97.4345	P
84	四川	白玉县	3.6818	4.4348	3.2992	3.2992	72.3106	E
85	四川	新龙县	7.3786	7.9621	6.4539	6.4539	141.4558	E
86	四川	小金县	6.1701	7.0926	5.5198	5.5198	120.9810	E
87	四川	汶川县	3.5183	2.4822	2.5102	2.4822	54.4044	P
88	四川	道孚县	2.9650	4.0933	2.6627	2.6627	58.3603	E
89	四川	绵竹县	5.1460	4.9751	4.2706	4.2706	93.6024	E
90	四川	什邡县	6.0251	7.1145	5.3664	5.3664	117.6195	E
91	四川	丹巴县	4.6878	2.8263	3.0524	2.8263	61.9456	P
92	四川	彭州市	2.4831	1.4009	1.5489	1.4009	30.7042	P
93	四川	都江堰市	3.6775	2.2674	2.4341	2.2674	49.6971	P
94	四川	宝兴县	1.5038	0.7986	0.9002	0.7986	17.5044	P
95	四川	理塘县	2.0712	2.5682	1.7962	1.7962	39.3681	E
96	四川	巴塘县	2.3631	1.5326	1.6117	1.5326	33.5904	P
97	四川	大邑县	2.2406	1.2631	1.3983	1.2631	27.6839	P
98	四川	芦山县	0.0052	0.0126	0.0051	0.0051	0.1124	E
99	四川	康定县	1.7386	1.1635	1.2036	1.1635	25.5012	P
100	四川	雅江县	6.8275	6.3682	5.4806	5.4806	120.1225	E
101	四川	天全县	4.2898	3.0940	3.1392	3.0940	67.8139	P
102	四川	泸定县	9.4573	10.8861	7.9991	7.9991	175.3234	E
103	四川	乡城县	3.6450	2.5049	2.5819	2.5049	54.9017	P
104	四川	稻城县	2.2453	1.6383	1.6431	1.6383	35.9075	P

续表

编号	省份	县/市名称	温度生产潜力 Y_t (10^9 kg/a)	降雨生产潜力 Y_p (10^9 kg/a)	蒸散发生产潜力 Y_E (10^9 kg/a)	气候生产潜力 (10^9 kg/a)	载畜量 PCC (10^4 Su)	最小限制因子
105	四川	石棉县	19.2402	10.0345	11.1164	10.0345	219.9342	P
106	四川	九龙县	5.4143	6.5897	4.6608	4.6608	102.1552	E
107	四川	木里县	4.7804	5.6267	4.1237	4.1237	90.3818	E
108	四川	得荣县	9.8547	8.6081	7.5861	7.5861	166.2711	E
109	四川	冕宁县	8.0189	8.6221	6.7022	6.7022	146.8973	E
110	四川	盐源县	2.1194	2.8860	1.8440	1.8440	40.4156	E
111	西藏	日土县	28.7228	11.4060	13.0464	11.4060	249.9945	P
112	西藏	改则县	52.0947	31.9343	34.1199	31.9343	699.9299	P
113	西藏	班戈县	53.5443	49.2131	44.5301	44.5301	976.0022	E
114	西藏	尼玛县	97.1719	79.2058	75.7356	75.7356	1659.9584	E
115	西藏	噶尔县	10.4950	3.2293	3.7629	3.2293	70.7781	P
116	西藏	革吉县	31.3981	14.1106	16.2556	14.1106	309.2734	P
117	西藏	札达县	14.1657	4.2078	5.0692	4.2078	92.2255	P
118	西藏	安多县	19.2451	25.0350	18.6286	18.6286	408.2981	E
119	西藏	普兰县	5.9032	7.3758	5.5043	5.5043	120.6413	E
120	西藏	措勤县	5.3553	7.7584	5.2921	5.2921	115.9910	E
121	西藏	仲巴县	0.6642	0.5500	0.5026	0.5026	11.0168	E
122	西藏	聂荣县	28.4327	19.0068	19.8471	19.0068	416.5874	P
123	西藏	申扎县	3.5622	4.0384	3.1151	3.1151	68.2753	E
124	西藏	巴青县	6.3135	8.6031	6.1078	6.1078	133.8685	E
125	西藏	昂仁县	5.1317	5.9280	4.6497	4.6497	101.9106	E
126	西藏	比如县	19.8305	16.4115	15.6820	15.6820	343.7151	E
127	西藏	丁青县	6.3607	8.3047	5.8432	5.8432	128.0710	E
128	西藏	那曲县	1.1408	1.7721	1.1088	1.1088	24.3022	E
129	西藏	索县	9.1226	9.7071	8.1769	8.1769	179.2202	E
130	西藏	江达县	0.0009	0.0023	0.0009	0.0009	0.0188	T
131	西藏	昌都县	8.4826	8.9409	7.3874	7.3874	161.9158	E
132	西藏	类乌齐县	2.9374	3.7901	2.6624	2.6624	58.3533	E
133	西藏	萨嘎县	3.6436	4.1005	3.2402	3.2402	71.0187	E
134	西藏	谢通门县	4.7180	5.9090	4.2553	4.2553	93.2668	E
135	西藏	当雄县	9.9842	7.9178	7.7501	7.7501	169.8648	E
136	西藏	嘉黎县	5.3371	4.7273	4.3644	4.3644	95.6572	E

第五章　气候变化对草地载畜量的影响

续表

编号	省份	县/市名称	温度生产潜力 Y_t (10^9 kg/a)	降雨生产潜力 Y_p (10^9 kg/a)	蒸散发生产潜力 Y_E (10^9 kg/a)	气候生产潜力 (10^9 kg/a)	载畜量 PCC (10^4 Su)	最小限制因子
137	西藏	边坝县	2.9242	3.8193	2.6232	2.6232	57.4957	E
138	西藏	南木林县	3.5401	3.8553	3.0990	3.0990	67.9233	E
139	西藏	洛隆县	3.5061	5.0293	3.2516	3.2516	71.2668	E
140	西藏	吉隆县	4.6362	5.5755	4.0670	4.0670	89.1406	E
141	西藏	林周县	6.0593	5.2320	4.8621	4.8621	106.5668	E
142	西藏	贡觉县	4.8788	5.7481	4.3552	4.3552	95.4553	E
143	西藏	工布江达	0.1127	0.1687	0.1057	0.1057	2.3166	E
144	西藏	八宿县	5.4710	5.7886	4.7328	4.7328	103.7328	E
145	西藏	堆龙德庆县	0.1647	0.2463	0.1524	0.1524	3.3410	E
146	西藏	拉孜县	2.0934	1.3674	1.4359	1.3674	29.9700	P
147	西藏	波密县	3.1135	3.5457	2.6967	2.6967	59.1058	E
148	西藏	察雅县	2.6628	3.4113	2.3856	2.3856	52.2862	E
149	西藏	墨竹工卡	6.1263	6.0974	5.1316	5.1316	112.4728	E
150	西藏	尼木县	4.1950	3.3288	3.2121	3.2121	70.4011	E
151	西藏	日喀则市	0.2712	0.3832	0.2429	0.2429	5.3243	E
152	西藏	聂拉木县	0.1173	0.1593	0.1041	0.1041	2.2818	E
153	西藏	达孜县	5.0833	4.8665	4.2780	4.2780	93.7650	E
154	西藏	定日县	1.2827	0.7587	0.8251	0.7587	16.6287	P
155	西藏	拉萨市	9.5457	7.3801	7.2180	7.2180	158.2019	E
156	西藏	萨迦县	0.9827	0.5335	0.5971	0.5335	11.6939	P
157	西藏	林芝县	5.4857	3.8076	3.9051	3.8076	83.4534	P
158	西藏	仁布县	3.0340	3.3738	2.6219	2.6219	57.4661	E
159	西藏	曲水县	2.0992	1.1340	1.2752	1.1340	24.8539	P
160	西藏	左贡县	11.1890	12.9530	9.9645	9.9645	218.4000	E
161	西藏	白朗县	4.7931	4.8280	3.9973	3.9973	87.6118	E
162	西藏	扎囊县	5.7277	5.7754	4.7671	4.7671	104.4839	E
163	西藏	江孜县	2.0286	1.2105	1.3123	1.2105	26.5304	P
164	西藏	贡嘎县	3.4067	1.8781	2.0972	1.8781	41.1638	P
165	西藏	乃东县	0.1174	0.1806	0.1083	0.1083	2.3740	E
166	西藏	加查县	2.0615	1.3011	1.3782	1.3011	28.5181	P
167	西藏	桑日县	2.1030	1.6840	1.6029	1.6029	35.1314	E
168	西藏	浪卡子县	7.5258	10.8365	6.9915	6.9915	153.2379	E

续表

编号	省份	县/市名称	温度生产潜力 Y_t (10^9 kg/a)	降雨生产潜力 Y_p (10^9 kg/a)	蒸散发生产潜力 Y_E (10^9 kg/a)	气候生产潜力 (10^9 kg/a)	载畜量 PCC (10^4 Su)	最小限制因子
169	西藏	芒康县	5.9450	4.1385	4.2618	4.1385	90.7064	P
170	西藏	墨脱县	4.9052	5.8719	4.3439	4.3439	95.2094	E
171	西藏	定结县	7.8664	4.8940	5.1931	4.8940	107.2649	P
172	西藏	米林县	3.5688	2.5914	2.5943	2.5914	56.7969	P
173	西藏	岗巴县	3.3785	3.4014	2.8124	2.8124	61.6410	E
174	西藏	朗县	2.6340	2.2592	2.1073	2.1073	46.1878	E
175	西藏	曲松县	4.1042	2.8194	2.8436	2.8194	61.7944	P
176	西藏	琼结县	1.8291	1.3043	1.3271	1.3043	28.5876	P
177	西藏	康马县	1.1535	0.7298	0.7746	0.7298	15.9959	P
178	西藏	措美县	0.2066	0.3140	0.1890	0.1890	4.1419	E
179	西藏	察隅县	3.4875	2.8299	2.7281	2.7281	59.7933	E
180	西藏	亚东县	0.8855	1.2356	0.7962	0.7962	17.4500	E
181	西藏	隆子县	2.0215	2.1509	1.7833	1.7833	39.0849	E
182	西藏	洛扎县	3.5341	4.0857	3.1013	3.1013	67.9735	E
183	西藏	错那县	5.0293	5.9220	4.4672	4.4672	97.9115	E
184	新疆	乌恰县	3.0985	1.6965	1.8887	1.6965	37.1829	P
185	新疆	阿克陶县	7.8920	3.1370	3.6498	3.1370	68.7562	P
186	新疆	塔什库尔	7.7507	2.5682	3.0916	2.5682	56.2891	P
187	新疆	莎车县	0.1831	0.0538	0.0655	0.0538	1.1800	P
188	新疆	墨玉县	0.0340	0.0075	0.0093	0.0075	0.1636	P
189	新疆	若羌县	23.9291	6.7614	7.5910	6.7614	148.1955	P
190	新疆	且末县	10.1174	3.0980	3.4195	3.0980	67.9018	P
191	新疆	洛浦县	0.3091	0.0754	0.0929	0.0754	1.6536	P
192	新疆	策勒县	1.2692	0.4173	0.4926	0.4173	9.1464	P
193	新疆	皮山县	5.7548	1.6800	2.0314	1.6800	36.8221	P
194	新疆	叶城县	6.1766	1.9607	2.3668	1.9607	42.9736	P
195	新疆	于田县	1.3402	0.5182	0.6066	0.5182	11.3585	P
196	新疆	民丰县	6.0088	2.5229	2.8719	2.5229	55.2958	P
197	新疆	和田县	5.8126	1.7855	2.0930	1.7855	39.1332	P
198	云南	德钦县	0.6418	0.7548	0.5473	0.5473	11.9951	E
199	云南	中甸县	1.4391	1.7227	1.2453	1.2453	27.2947	E
200	云南	贡山县	2.1906	2.1706	1.7581	1.7581	38.5346	E

第五章 气候变化对草地载畜量的影响

续表

编号	省份	县/市名称	温度生产潜力 Y_t (10^9 kg/a)	降雨生产潜力 Y_p (10^9 kg/a)	蒸散发生产潜力 Y_E (10^9 kg/a)	气候生产潜力 (10^9 kg/a)	载畜量 PCC (10^4 Su)	最小限制因子
201	云南	维西县	2.8695	4.3850	2.5611	2.5611	56.1333	E
202	云南	宁蒗县	3.0697	2.3859	2.2406	2.2406	49.1099	E
203	云南	丽江市	1.5106	1.3310	1.1603	1.1603	25.4312	E
204	云南	福贡县	1.5843	1.3943	1.2156	1.2156	26.6439	E
205	云南	兰坪县	2.4846	2.5437	2.0250	2.0250	44.3833	E
206	云南	泸水县	0.8453	0.9180	0.6959	0.6959	15.2524	E
合计			1263.03	1089.51	944.12	924.78	20269.21	

注：*格尔木市已汇总了其所辖的唐古拉山镇，因此本表中只有206个县区，以下与此相同。

在2010年的草地生产潜力中，其中温度生产潜力 Y_t 为 1263.03×10^9 kg，降水生产潜力 Y_p 为 1089.51×10^9 kg，而蒸散量生产潜力 Y_E 最小，为 944.12×10^9 kg。以各个县区的最小因子计算的整个青藏高原草地气候总生产潜力为 924.78×10^9 kg，换算为羊单位为 20269.21×10^4 Su。在最小因子限制类型中，青藏高原地区以蒸散发和降水的限制较多，而以温度的限制较小（见图5-18）。从最小因子类型在各个县的分布来看，青藏高原地区的西藏、青海省多以蒸散发为最主，即年实际总蒸散量的大小决定其气候生产潜力的总量。而降水的限制集中于新疆、青海省的东北部、西藏的西部及甘肃省。这与这些地区以干旱为主，尤其是新疆在高原上的县区主要集中在塔里木盆地周围，干旱少雨有关；甘肃省河西地区的县深处内陆、以干旱、半干旱为主；而青海湖附近在近些年降水有减少的趋势，受气候变化的影响，暖干化的气候总体趋势下该地区受年总降水减少的影响较多。

与受降水和蒸散发的影响相比，受温度最小限制的县区只有甘肃的玛曲和西藏的江达两个县，而其他地区受温度的最小限制较少。这与青藏高原地区总体上以高原性高寒气候的特点似乎不相吻合。但详细的分析可知，最近50年来青藏高原地区的增温较为明

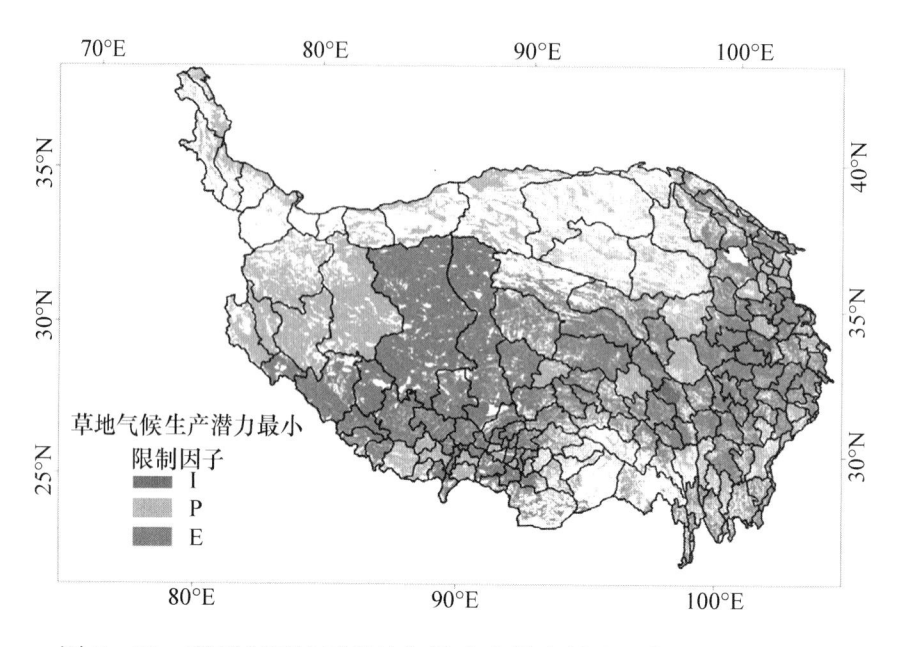

图 5-18 青藏高原地区草地气候生产潜力最小限制因子类型分布

显(Beniston et al. 1997;Chen et al. 2003),以高寒草原、高寒草甸为主的青藏高原冻土区出现活动层增厚、冻土退化的现象(Zhao et al. 2004;Ding et al. 2010;Kang et al. 2010;Yang et al. 2010),气候暖化的结果使土壤潜蒸散发增加,植被出现退化(Yang and Piao 2006;Xue et al. 2009;Harris 2010;Fang et al. 2011b)。大量的研究表明,青藏高原地区植被的退化与升温和降水的变化有关(Wang et al. 2008b;Harris 2010;Bonnaventure and Lewkowicz 2011),由于降水的变化总量从总体上来看并不显著,只是有略微的增加趋势(Li et al. 2008),而近些年来的暖温化趋势明显,温度增加较快(Liu et al. 2009b;You et al. 2010a)。急剧升温的结果则是直接导致土壤的实际蒸散发增加(Zhang et al. 2009),土壤原有的低温条件下湿环境改变,黑土滩、沙化等土壤退化现象明显,因此不利于植被的生长(Zhao et al. 2004;Zhang and OU Yang 2010;Fang et al. 2011b)。从本书计算的各种限制因子的空间分布可知,在草地气候生产潜力限制因子中,相对于温度和降水,蒸散发最具限制性。年总降水的空间分配在一定程度上制约了干旱、半干旱地区的草地生产潜力，是比较明显的限制性因素。

通过以上对各个气候因子生产潜力的分析可知，以单一的气候因子不能很好地得出在其限制下的草地生产潜力大小，多因子的综合及利用最小因子限制律能较好地得出气候生产潜力的大小。但由于青藏高原地区的草地气候生产潜力是通过地面气象台站记录的气象资料计算而来，在广大的高原中西部地区，由于气象站点分布较为稀少，且空间上分布不均匀，在海拔5000m以上几乎没有站点分布。高原中西部地区气象记录的缺少在一定程度上导致了计算的草地气候生产潜力的误差较大。另外，在几个气候因子中，温度随海拔、经度、纬度等有明显的梯度关系外，高原的降水特点不明显，空间上规律性很差，利用空间插值等办法计算的逐栅格降水量及蒸散量可能具有一定的误差性，这也加大以单一气候模型为基础计算得到的草地生产潜力的大小。为此，地面的实际草量的多少是畜牧业中草地承载力计算的关键，能在一定程度上弥补以单纯的气候模型计算的气候生产潜力。据此，本书以下部分利用地面样地采集数据，与卫星遥感影像数据相结合，进一步估算地面草地生产力的大小。

五　草地理论载畜量

（1）NDVI与产草量间的关系

一种理想的状态是将牧草的地上部分按牲畜的可采食程度全部刈割而得到其总重量，利用其与羊单位的年牧草需求量之间的比值即可得到整个青藏高原地区的草地载畜量。在实际操作中，牧草的刈割只能通过样方的方法获取，通过一定数量的样方草量生产力来建立回归模型，进而估算整个区域的草地生产力大小。本书利用地面调查样方采集到的237个样方数据，剔除异常值点后，利用公式（5-8）与2010年MODIS的NDVI灰度值之间进行了回归分析。通过线性模型、多项式模型、乘幂模型、指数模型及生长模型等对二者之间进行曲线拟合，所得到的几个拟合方程曲线如图5-19所示。

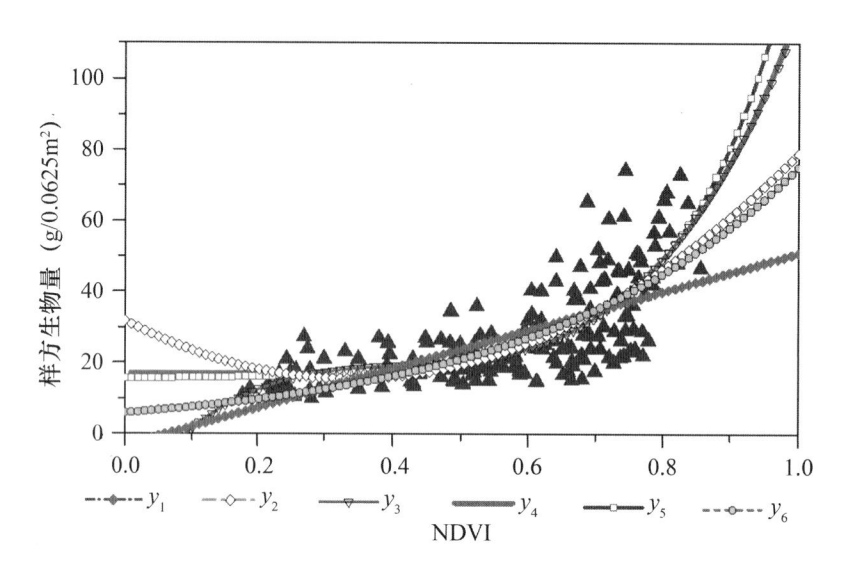

图 5-19 草地样方生物量与 NDVI 之间的回归关系

本次采样点对应的 NDVI 值集中在 0.2—0.85，由于采样是针对牲畜可采食的草地而言，对于草地盖度较低、退化严重的牧草稀疏地未进行采样，另外牲畜不可采食的灌丛、疏林地、林地等都未进行采样。由于采样时对样方的这种筛选，较低的 NDVI 值（如裸地）和较高的 NDVI 值（如林地）均未出现，从统计得到的 NDVI 分布来看，此次样本的采集分布较为合理。

从拟合的曲线与样方数据间的关系来看，NDVI 的大小基本能反映样方草量的多少。从总体趋势上看，二者之间呈现出较为一致的正向相关关系，即随着 NDVI 值的增加，所采集的样方中的草量在逐渐增加，这与现实中的情况较为吻合。从拟合的结果来看（见图 5-19，表 5-2），NDVI 值在 0.2—0.8 的区间段内，几个拟合方程效果均比较接近。其中拟合效果较差的是一次和二次函数拟合效果，从拟合方程的统计结果来看（见表 5-2），其回归方程的决定系数 R^2 分别为 0.4331 和 0.5196（$P<0.1$）。拟合度较高的是三次函数模型、乘幂模型和指数模型，其 R^2 分别为 0.5409、0.5391 和 0.5411，置信度分别为 $P<0.05$、$P<0.01$ 和 $P<0.01$，这三个拟合函数在采样点所对应的区间内其拟合值非常接近，拟合效果较为理想。仔细分析可以发现，由于各个函数的增长特点不同，NDVI

值在 0.1—0.2 和 0.8—1 这两个区间内三个拟合函数之间的差异性均很大。另外以等比级数计算的增长型拟合度也较高,其决定系数 R^2 为 0.5020,$P < 0.05$。

表 5-2 草地样方生物量与 NDVI 之间各种回归模型的回归方程及回归参数

编号	名称	回归方程	R^2	F	P
y_1	线性模型	$y_1 = 54.435x - 3.4926$	0.4331	138.5153	$P < 0.1$
y_2	二次模型	$y_2 = 31.7638 - 96.5876x + 143.771x$	0.5196	98.3437	$P < 0.1$
y_3	三次模型	$y_3 = -18.2125 + 250.4039x - 577.2287x^2 + 462.4784x^3$	0.5409	439.5434	$P < 0.05$
y_4	乘幂模型	$y_4 = 16.9794 + 102.803x^{5.1909}$	0.5391	583.1570	$P < 0.01$
y_5	指数模型	$y_5 = 15.5108 + 0.1703e^{6.6132x}$	0.5411	586.0084	$P < 0.01$
y_6	生长模型	$y_6 = e^{(1.7679 + 2.5507x)}$	0.5020	802.3918	$P < 0.05$

为了能准确估算青藏高原地区草地的实际生产能力,且兼顾到每个拟合函数分别在区间 [0.1,0.2]、[0.2,0.8] 和 [0.8,1] 中各自的特点,本书综合以上各种模型各自的特点和拟合优度,选择拟合度较高的乘幂模型(y_4)作为本次研究中草地草量计算的回归模型。利用式(5-9)计算该回归模型计算值与采样点之间的误差,其中平均绝对误差为 7.077,平均相对误差为 26.86%,NDVI 值在 0.3—0.75 的平均相对误差为 25.54%,占总样本数的 75.70%。由于草地生长季的 NDVI 值大部分集中在 0.3—0.8,因此利用该模型,其草地真实估算精度应该在 73.2%—74.5%,当 NDVI 值在 0.3—0.75 时,估算精度较高,NDVI 值较低的高原西部地区以及 NDVI 值较高的高原东南部、南部地区则计算值的误差会相对较大。应此利用该回归方程的计算中应严格剔除裸地及灌丛、疏林地、林地等的干扰。对生长季草地地上生物量的反演估计是本书计算草地牲畜承载量的关键,也是进一步分析气候变化对畜牧经济影响的关键。

(2)草地产草量及理论载畜量

草地地上生物量是衡量草地生产能力及产草量大小的重要指

标，也是决定载畜量的重要参数。通过对青藏高原逐月最大地上生物量的统计，以 2010 年为例，青藏高原地区的草地年内生长有以下规律［见图 5-20（a）］。青藏高原地区的草地从 5 月开始出现明显的生长季，地上生物量逐渐增加，在 6—8 月持续生长，并且在 8 月出现生长的旺季，地上生物量达到峰值，从 9 月开始，其值开始出现下降，随着冷季的来临，其值逐渐减少，并在 10 月生长季结束，草地停止生长，在 11—12 月恢复到生长季之前的水平。值得注意的是，NDVI 的最低值出现在次年的 3—4 月而非常规意义上的冬季（12 月至次年 2 月），这是因为在草地的生长季停止后，牲畜的啃食还在继续，而维持牲畜日常采食需求的是生长季所积累的地上生物量，因此在下一个生长季到来之前，其值在逐渐降低。

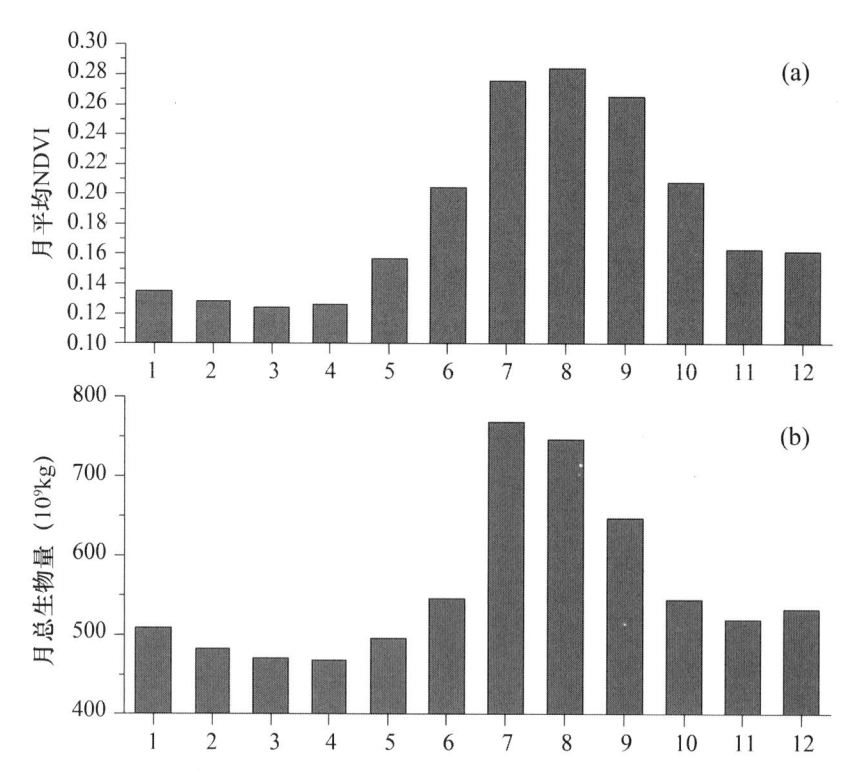

图 5-20 青藏高原地区 2010 年草地月平均 NDVI 与月生物量变化趋势

青藏高原草地生长的这种年内变化特点决定了其草地生产能力

的季节性变化规律。从月最大草地地上生物量的年内变化趋势来看，草地地上生物量的年内分布与 NDVI 的月变化有着非常一致的相似性 [见图 5-20 (b)]。与 NDVI 的年内变化所不同的是，NDVI 的峰值出现在 8 月而草地的地上生物量最大值出现在其之前的 7 月。从年内的分布规律来看，二者均为生长季的单峰型分布。利用乘幂模型计算的草地最大生物量最高值在 7 月，为 $755.91 \times 10^9 kg$，是最低值 4 月 $468.41 \times 10^9 kg$ 的 1.61 倍。青藏高原草地的这种受生长季较短、牧草生产力普遍较低、年内生产力季节分配不平衡、各个月份之间差异很大的特点决定了其畜牧业受其影响，在一年内形成明显的放牧格局。即在季节上形成冬季牧场和夏季牧场，在牲畜采食牧草时因牧草量随季节的变化而逐草放牧。另外在牧草生长季，草地地上生物量丰富，其承载力较高，因而牲畜牧草供应充分，膘情较好，然而在短暂的 4—5 个月的生长季过后，漫长的冬春季节草地地上生物量急剧减少，牲畜的牧草供应不足，膘情明显下降。有的地方因牧草储备不足、牲畜超载等而容易在冬季和春节发生牲畜饿死事件。从而形成"夏壮、秋肥、冬瘦、春亡"的恶性循环现象。青藏高原牧草年内分配不均衡的特点严重地影响其载畜量、放牧方式及其畜牧业的可持续发展。

应用草地 NDVI 回归模型计算的青藏高原 2010 年草地地上生物量的空间分布如图 5-21 所示。从草地生产力的空间分布可以看出，青藏高原地区的高产草地主要分布在高原的东北部、东部及东南部地区。青海湖附近地区、青海省的玉树、果洛、海南、黄南及甘肃省的甘南地区、四川省的西部、滇西北地区及西藏的那曲、昌都等地区都是草地生产力较高的地区。这些地区平均产草量在 $3000 kg/hm^2$ 以上，有些气候环境较好地区则达到 $12000 kg/hm^2$ 以上。相对而言，广大的高原北部及西部地区草地地上生物量普遍较低，大部分地区在 $2700 kg/hm^2$ 以下，有些地区因干旱、积雪覆盖等而形成裸地。草地的这种空间分布特点决定了青藏高原地区的畜牧业重心在高原的东中部地区。依据草地地上生物量计算的青藏高原地区草地载畜量分布如图 5-22 所示。

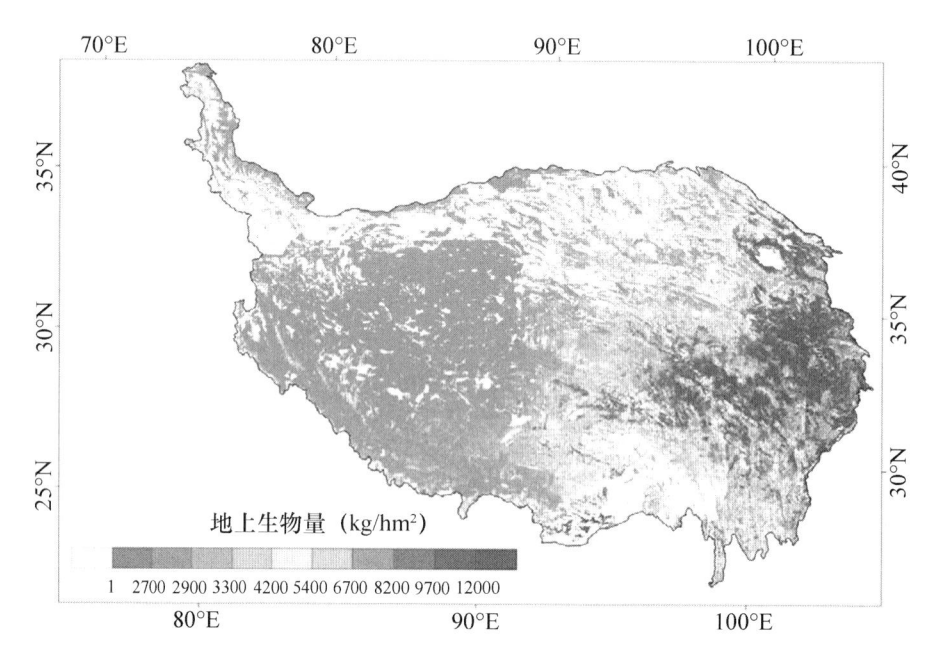

图 5-21 青藏高原地区 2010 年草地地上生物量空间分布

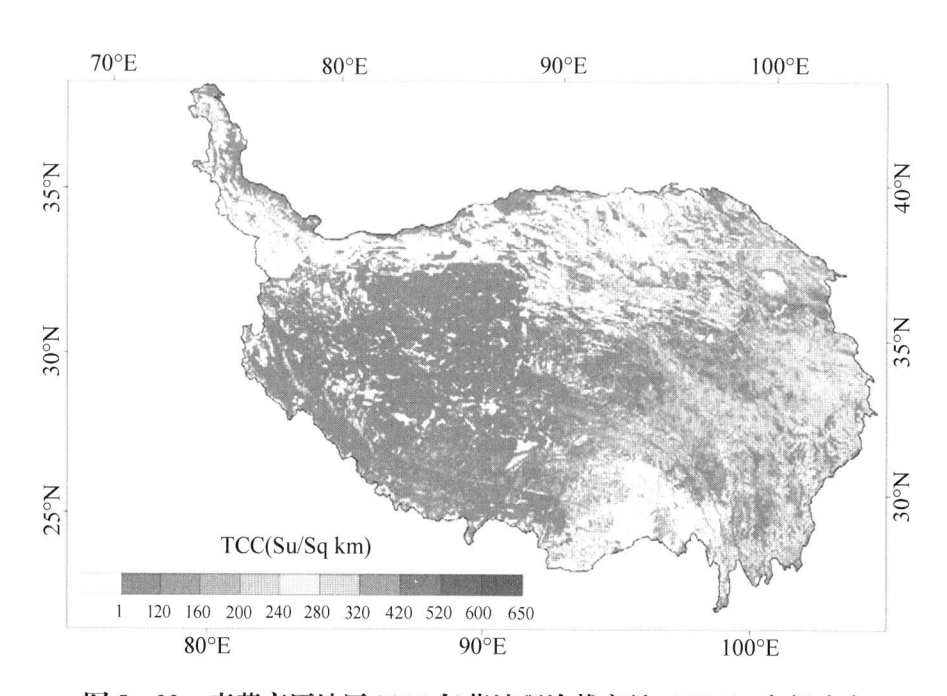

图 5-22 青藏高原地区 2010 年草地理论载畜量（TCC）空间分布

从草地理论载畜量的空间分布可以看出，高原的绝大部分地区其载畜量在120Su/km²以下，属于低承载区，这些区域主要集中在高原海拔较高的西部内陆地区及北部的干旱区，而在高原东部及东部边缘区则载畜量相对较高，载畜量普遍在200—300Su/km²，部分气候条件较好、草地覆盖度较高的地区，高寒草甸、温性草甸草原、暖性草丛、低平地草甸等较为发育，部分地区其承载力达到400Su/km²以上。

六 实际超载程度

基于以上对气候生产潜力载畜量PCC及草地理论载畜量TCC的计算，与实际的牲畜数量进行对比后便可得到各个县区对应的超载数量。气候生产潜力可以看作该地区在该气候条件下所生产的地上生物量的最大值，因而对应的是气候潜力载畜量。利用地面样方草量和卫星遥感影像数据之间的回归模型计算的结果可以看作草地目前拥有的草量，在该值下计算的牲畜承载力可以看作草地理论载畜量，即目前拥有的草量在合理的采食率下所对应的牲畜数量。本书以羊单位（Su）分县区计算了草地气候潜力载畜量PCC及草地理论载畜量TCC，并利用公式（5-12）和公式（5-13）分别计算了各自的超载规模和超载率，其综合计算的结果如表5-3所示。

表5-3　**青藏高原地区2010年各个县区草地载畜量及超载情况**

编号	省份	县/市	草地气候生产潜力（10^9kg/a）	草地草量（10^9kg/a）	气候潜力载畜量PCC（10^4Su）	草地理论载畜量TCC（10^4Su）	实际牲畜数量（10^4Su）	气候潜在超载率（%）	草地理论超载率（%）
1	甘肃	玉门市	0.1048	0.1038	2.30	2.28	0.50	(78.24)	(78.03)
2	甘肃	阿克塞县	0.0793	0.1825	1.74	4.00	4.17	139.73	4.20
3	甘肃	肃北县	2.1606	2.2222	47.36	48.71	21.45	(54.71)	(55.97)
4	甘肃	嘉峪关市	0.0174	0.0166	0.38	0.36	0.50	31.21	37.21
5	甘肃	高台县	0.0106	0.0123	0.23	0.27	0.50	114.47	84.79
6	甘肃	肃南县	2.9696	2.7402	65.09	60.06	25.11	(61.42)	(58.19)

续表

编号	省份	县/市	草地气候生产潜力 (10^9 kg/a)	草地草量 (10^9 kg/a)	气候潜力载畜量 PCC (10^4 Su)	草地理论载畜量 TCC (10^4 Su)	实际牲畜数量 (10^4 Su)	气候潜在超载率 (%)	草地理论超载率 (%)
7	甘肃	山丹县	0.2967	0.3864	6.50	8.47	8.57	31.83	1.21
8	甘肃	民乐县	0.2576	0.3609	5.65	7.91	14.05	148.90	77.67
9	甘肃	武威市	0.1340	0.1694	2.94	3.71	11.86	303.66	219.30
10	甘肃	古浪县	0.0081	0.0099	0.18	0.22	0.16	(10.13)	(26.54)
11	甘肃	天祝县	1.1087	1.5578	24.30	34.14	38.73	59.36	13.42
12	甘肃	积石山县	1.1052	1.1705	24.22	25.65	8.35	(65.53)	(67.45)
13	甘肃	临夏县	2.0158	2.7497	44.18	60.27	6.84	(84.52)	(88.65)
14	甘肃	夏河县	3.6367	5.4417	79.71	119.27	121.52	52.46	1.89
15	甘肃	和政县	5.6287	7.7713	123.37	170.33	8.47	(93.13)	(95.03)
16	甘肃	康乐县	6.7732	9.3228	148.45	204.34	7.17	(95.17)	(96.49)
17	甘肃	卓尼县	6.5535	8.3418	143.64	182.83	62.53	(56.46)	(65.80)
18	甘肃	临潭县	2.5046	3.4454	54.90	75.52	18.10	(67.04)	(76.04)
19	甘肃	碌曲县	0.6754	0.7433	14.80	16.29	83.73	465.59	413.94
20	甘肃	岷县	2.7971	3.9964	61.31	87.59	2.53	(95.88)	(97.11)
21	甘肃	玛曲县	7.5862	8.6677	166.27	189.98	165.60	(0.40)	(12.83)
22	甘肃	宕昌县	8.7941	10.9288	192.75	239.54	4.49	(97.67)	(98.13)
23	甘肃	迭部县	5.9180	8.0174	129.71	175.72	26.89	(79.27)	(84.70)
24	甘肃	舟曲县	12.3350	5.5878	270.36	122.47	11.64	(95.70)	(90.50)
25	甘肃	文县	5.5633	4.4587	121.94	97.73	2.03	(98.34)	(97.92)
26	青海	德令哈市	5.1278	6.5963	112.39	144.58	26.73	(76.21)	(81.51)
27	青海	乌兰县	7.0700	4.7042	154.96	103.11	3.54	(97.72)	(96.57)
28	青海	天峻县	6.2595	6.8361	137.19	149.83	104.17	(24.07)	(30.48)
29	青海	祁连县	4.4269	6.2509	97.03	137.01	136.10	40.27	(0.66)
30	青海	格尔木市	5.3644	5.4781	117.58	120.07	24.22	(79.40)	(79.83)
31	青海	刚察县	3.8555	5.8938	84.50	129.18	158.94	88.09	23.04
32	青海	门源县	0.4513	0.6150	9.89	13.48	95.24	862.92	606.52
33	青海	都兰县	11.2678	7.6475	246.97	167.62	65.03	(73.67)	(61.21)
34	青海	海晏县	1.8500	2.6895	40.55	58.95	65.53	61.62	11.17
35	青海	治多县	22.0332	17.7671	482.92	389.42	71.90	(85.11)	(81.54)
36	青海	大通县	1.8063	2.5921	39.59	56.81	95.48	141.19	68.07
37	青海	互助县	1.6678	2.1179	36.56	46.42	76.00	107.91	63.72
38	青海	湟中县	1.4117	2.0173	30.94	44.21	62.26	101.21	40.81
39	青海	湟源县	1.0408	1.3487	22.81	29.56	36.55	60.23	23.65
40	青海	乐都县	1.3776	1.5673	30.19	34.35	44.53	47.48	29.63
41	青海	西宁市	0.2838	0.2707	6.22	5.93	1.00	(83.92)	(83.15)

第五章 气候变化对草地载畜量的影响

续表

编号	省份	县/市	草地气候生产潜力 (10^9 kg/a)	草地草量 (10^9 kg/a)	气候潜力载畜量 PCC (10^4 Su)	草地理论载畜量 TCC (10^4 Su)	实际牲畜数量 (10^4 Su)	气候潜在超载率（%）	草地理论超载率（%）
42	青海	平安县	0.4156	0.4885	9.11	10.71	20.37	123.60	90.23
43	青海	贵德县	1.4125	1.5764	30.96	34.55	53.50	72.82	54.85
44	青海	曲麻莱县	11.9473	10.1917	261.86	223.38	30.69	(88.28)	(86.26)
45	青海	民和县	0.1556	0.2469	3.41	5.41	11.86	247.59	119.12
46	青海	兴海县	5.7082	6.9055	125.11	151.35	133.54	6.73	(11.77)
47	青海	化隆县	1.8599	1.7406	40.76	38.15	78.08	91.55	104.67
48	青海	尖扎县	15.6945	9.5438	343.99	209.18	42.03	(87.78)	(79.91)
49	青海	贵南县	0.6871	0.8723	15.06	19.12	114.64	661.21	499.66
50	青海	玛多县	3.2438	3.7079	71.10	81.27	37.50	(47.25)	(53.85)
51	青海	循化县	10.2835	9.0302	225.39	197.92	51.61	(77.10)	(73.92)
52	青海	同德县	0.1455	0.1828	3.19	4.01	137.58	4213.20	3334.14
53	青海	同仁县	2.7441	3.7839	60.14	82.94	57.74	(3.99)	(30.38)
54	青海	泽库县	0.1235	0.1825	2.71	4.00	150.15	5448.03	3654.02
55	青海	玛沁县	0.2241	0.3144	4.91	6.89	128.90	2524.71	1770.85
56	青海	称多县	0.1673	0.2306	3.67	5.05	16.48	349.36	226.04
57	青海	甘德县	0.1180	0.1894	2.59	4.15	86.11	3230.05	1974.21
58	青海	杂多县	4.5232	6.6775	99.14	146.36	14.52	(85.35)	(90.08)
59	青海	达日县	12.0002	7.1418	263.02	156.53	71.20	(72.93)	(54.52)
60	青海	玉树县	11.3699	15.7678	249.20	345.60	43.48	(82.55)	(87.42)
61	青海	久治县	2.1071	2.4455	46.18	53.60	108.92	135.84	103.21
62	青海	囊谦县	10.9238	5.5500	239.43	121.64	47.60	(80.12)	(60.87)
63	青海	班玛县	9.3512	10.0050	204.96	219.29	113.41	(44.67)	(48.28)
64	青海	共和县	0.6431	0.1351	14.09	2.96	159.63	1032.59	5291.97
65	四川	石渠县	2.8757	2.5710	63.03	56.35	10.00	(84.13)	(82.25)
66	四川	若尔盖县	0.1166	0.1323	2.56	2.90	364.65	14164.74	12478.92
67	四川	阿坝县	5.7643	4.9553	126.34	108.61	187.00	48.01	72.18
68	四川	南坪县	6.7820	8.9804	148.65	196.83	23.79	(83.99)	(87.91)
69	四川	红原县	0.1155	0.1926	2.53	4.22	249.67	9762.36	5813.42
70	四川	甘孜县	6.0392	7.8330	132.37	171.68	156.79	18.45	(8.67)
71	四川	色达县	5.9899	5.0927	131.29	111.62	188.66	43.70	69.02
72	四川	松潘县	4.5799	6.3519	100.38	139.22	113.04	12.61	(18.80)

续表

编号	省份	县/市	草地气候生产潜力 (10^9 kg/a)	草地草量 (10^9 kg/a)	气候潜力载畜量 PCC (10^4 Su)	草地理论载畜量 TCC (10^4 Su)	实际牲畜数量 (10^4 Su)	气候潜在超载率（%）	草地理论超载率（%）
73	四川	德格县	5.2239	4.6034	114.50	100.90	258.38	125.67	156.09
74	四川	平武县	6.5231	8.3705	142.97	183.46	4.49	(96.86)	(97.55)
75	四川	壤塘县	3.2846	3.2910	71.99	72.13	161.20	123.92	123.48
76	四川	青川县	4.5563	5.2732	99.86	115.58	1.00	(99.00)	(99.13)
77	四川	黑水县	8.1548	7.6980	178.73	168.72	101.19	(43.39)	(40.03)
78	四川	马尔康县	7.4002	3.0338	162.20	66.49	77.81	(52.03)	17.02
79	四川	茂县	5.7518	3.7683	126.07	82.59	20.11	(84.05)	(75.65)
80	四川	北川县	3.0348	2.3143	66.52	50.72	1.86	(97.21)	(96.34)
81	四川	金川县	0.2667	0.2706	5.84	5.93	71.92	1130.66	1112.60
82	四川	炉霍县	3.3919	3.2454	74.34	71.13	133.00	78.90	86.97
83	四川	理县	4.4455	2.2623	97.43	49.58	18.95	(80.55)	(61.78)
84	四川	白玉县	3.2992	2.2828	72.31	50.03	121.69	68.29	143.22
85	四川	新龙县	6.4539	6.5818	141.46	144.26	129.03	(8.79)	(10.56)
86	四川	小金县	5.5198	4.8181	120.98	105.60	51.85	(57.15)	(50.90)
87	四川	汶川县	2.4822	1.6045	54.40	35.17	7.58	(86.07)	(78.45)
88	四川	道孚县	2.6627	2.2174	58.36	48.60	127.84	119.05	163.04
89	四川	绵竹县	4.2706	3.5679	93.60	78.20	1.00	(98.93)	(98.72)
90	四川	什邡县	5.3664	2.9063	117.62	63.70	0.35	(99.70)	(99.45)
91	四川	丹巴县	2.8263	1.1376	61.95	24.93	49.68	(19.81)	99.23
92	四川	彭州市	1.4009	0.8549	30.70	18.74	0.53	(98.28)	(97.18)
93	四川	都江堰市	2.2674	1.0317	49.70	22.61	0.14	(99.71)	(99.36)
94	四川	宝兴县	0.7986	0.4814	17.50	10.55	5.28	(69.84)	(49.97)
95	四川	理塘县	1.7962	1.7371	39.37	38.07	1.00	(97.46)	(97.37)
96	四川	巴塘县	1.5326	0.7209	33.59	15.80	85.72	155.21	442.53
97	四川	大邑县	1.2631	0.6351	27.68	13.92	0.50	(98.19)	(96.41)
98	四川	芦山县	0.0051	0.0048	0.11	0.11	0.50	344.86	372.83
99	四川	康定县	1.1635	0.6861	25.50	15.04	146.22	473.38	872.29
100	四川	雅江县	5.4806	3.2186	120.12	70.54	91.54	(23.80)	29.76
101	四川	天全县	3.0940	1.3824	67.81	30.30	0.33	(99.51)	(98.90)
102	四川	泸定县	7.9991	3.5322	175.32	77.42	4.15	(97.63)	(94.64)
103	四川	乡城县	2.5049	1.3711	54.90	30.05	48.55	(11.56)	61.56

第五章 气候变化对草地载畜量的影响

续表

编号	省份	县/市	草地气候生产潜力 (10^9 kg/a)	草地草量 (10^9 kg/a)	气候潜力载畜量 PCC (10^4 Su)	草地理论载畜量 TCC (10^4 Su)	实际牲畜数量 (10^4 Su)	气候潜在超载率（%）	草地理论超载率（%）
104	四川	稻城县	1.6383	0.7716	35.91	16.91	61.92	72.44	266.12
105	四川	石棉县	10.0345	7.9295	219.93	173.80	4.49	(97.96)	(97.41)
106	四川	九龙县	4.6608	2.3620	102.16	51.77	39.81	(61.03)	(23.11)
107	四川	木里县	4.1237	3.1405	90.38	68.83	28.70	(68.25)	(58.31)
108	四川	得荣县	7.5861	4.8901	166.27	107.18	16.13	(90.30)	(84.95)
109	四川	冕宁县	6.7022	3.7233	146.90	81.61	33.36	(77.29)	(59.12)
110	四川	盐源县	1.8440	1.0398	40.42	22.79	42.93	6.23	88.39
111	西藏	日土县	11.4060	12.6462	249.99	277.18	47.04	(81.18)	(83.03)
112	西藏	改则县	31.9343	21.8849	699.93	479.67	109.74	(84.32)	(77.12)
113	西藏	班戈县	44.5301	25.1540	976.00	551.32	171.44	(82.43)	(68.90)
114	西藏	尼玛县	75.7356	43.2364	1659.96	947.65	153.23	(90.77)	(83.83)
115	西藏	噶尔县	3.2293	4.0511	70.78	88.79	26.78	(62.17)	(69.84)
116	西藏	革吉县	14.1106	12.0038	309.27	263.10	75.66	(75.54)	(71.24)
117	西藏	札达县	4.2078	4.4699	92.23	97.97	19.48	(78.88)	(80.12)
118	西藏	安多县	18.6286	14.5910	408.30	319.80	200.57	(50.88)	(37.28)
119	西藏	普兰县	5.5043	8.1902	120.64	179.51	18.45	(84.71)	(89.72)
120	西藏	措勤县	5.2921	7.5970	115.99	166.51	61.69	(46.82)	(62.95)
121	西藏	仲巴县	0.5026	0.5118	11.02	11.22	111.86	915.36	897.13
122	西藏	聂荣县	19.0068	9.6947	416.59	212.49	102.18	(75.47)	(51.91)
123	西藏	申扎县	3.1151	3.9314	68.28	86.17	89.16	30.58	3.47
124	西藏	巴青县	6.1078	7.9216	133.87	173.62	103.07	(23.00)	(40.63)
125	西藏	昂仁县	4.6497	6.1268	101.91	134.29	112.06	9.96	(16.55)
126	西藏	比如县	15.6820	6.6072	343.72	144.82	97.83	(71.54)	(32.44)
127	西藏	丁青县	5.8432	6.4819	128.07	142.07	71.16	(44.43)	(49.91)
128	西藏	那曲县	1.1088	1.6077	24.30	35.24	229.86	845.85	552.32
129	西藏	索县	8.1769	6.4549	179.22	141.48	63.48	(64.58)	(55.13)
130	西藏	江达县	0.0009	0.0019	0.02	0.04	139.36	741198.87	332887.39
131	西藏	昌都县	7.3874	8.4261	161.92	184.68	121.21	(25.14)	(34.37)
132	西藏	类乌齐县	2.6624	2.9277	58.35	64.17	72.29	23.89	12.66
133	西藏	萨嘎县	3.2402	3.2506	71.02	71.25	47.45	(33.18)	(33.39)
134	西藏	谢通门县	4.2553	4.4355	93.27	97.22	70.01	(24.94)	(27.99)

续表

编号	省份	县/市	草地气候生产潜力 (10^9 kg/a)	草地草量 (10^9 kg/a)	气候潜力载畜量 PCC (10^4 Su)	草地理论载畜量 TCC (10^4 Su)	实际牲畜数量 (10^4 Su)	气候潜在超载率（%）	草地理论超载率（%）
135	西藏	当雄县	7.7501	3.4058	169.86	74.65	127.49	(24.95)	70.79
136	西藏	嘉黎县	4.3644	2.8693	95.66	62.89	72.08	(24.65)	14.62
137	西藏	边坝县	2.6232	2.8214	57.50	61.84	68.05	18.35	10.04
138	西藏	南木林县	3.0990	3.6157	67.92	79.25	84.04	23.73	6.05
139	西藏	洛隆县	3.2516	3.0179	71.27	66.15	68.76	(3.51)	3.96
140	西藏	吉隆县	4.0670	3.3058	89.14	72.46	24.88	(72.09)	(65.66)
141	西藏	林周县	4.8621	1.9753	106.57	43.29	75.47	(29.18)	74.32
142	西藏	贡觉县	4.3552	3.9523	95.46	86.63	66.77	(30.05)	(22.92)
143	西藏	工布江达	0.1057	0.0707	2.32	1.55	37.71	1527.67	2333.03
144	西藏	八宿县	4.7328	3.0522	103.73	66.90	68.33	(34.13)	2.14
145	西藏	堆龙德庆	0.1524	0.0637	3.34	1.40	38.81	1061.62	2680.52
146	西藏	拉孜县	1.3674	0.7967	29.97	17.46	53.25	77.67	204.92
147	西藏	波密县	2.6967	2.4027	59.11	52.66	28.76	(51.33)	(45.38)
148	西藏	察雅县	2.3856	1.7509	52.29	38.38	89.12	70.44	132.22
149	西藏	墨竹工卡	5.1316	3.4107	112.47	74.75	59.82	(46.82)	(19.98)
150	西藏	尼木县	3.2121	2.3826	70.40	52.22	32.75	(53.48)	(37.28)
151	西藏	日喀则市	0.2429	0.0901	5.32	1.97	52.82	892.00	2575.57
152	西藏	聂拉木县	0.1041	0.0579	2.28	1.27	24.50	973.88	1831.42
153	西藏	达孜县	4.2780	1.7025	93.77	37.31	25.27	(73.05)	(32.28)
154	西藏	定日县	0.7587	0.5190	16.63	11.37	59.84	259.84	426.07
155	西藏	拉萨市	7.2180	3.0346	158.20	66.51	8.51	(94.62)	(87.21)
156	西藏	萨迦县	0.5335	0.3244	11.69	7.11	52.44	348.47	637.64
157	西藏	林芝县	3.8076	1.5424	83.45	33.81	21.43	(74.33)	(36.62)
158	西藏	仁布县	2.6219	1.6806	57.47	36.83	34.60	(39.80)	(6.08)
159	西藏	曲水县	1.1340	0.6458	24.85	14.16	25.70	3.39	81.53
160	西藏	左贡县	9.9645	8.0767	218.40	177.02	67.72	(68.99)	(61.75)
161	西藏	白朗县	3.9973	1.9181	87.61	42.04	39.54	(54.87)	(5.94)
162	西藏	扎襄县	4.7671	3.5043	104.48	76.81	32.30	(69.09)	(57.95)
163	西藏	江孜县	1.2105	0.7016	26.53	15.38	60.48	127.95	293.29
164	西藏	贡嘎县	1.8781	1.0686	41.16	23.42	37.10	(9.88)	58.38
165	西藏	乃东县	0.1083	0.0870	2.37	1.91	31.91	1244.26	1573.17

第五章 气候变化对草地载畜量的影响

续表

编号	省份	县/市	草地气候生产潜力 (10^9 kg/a)	草地草量 (10^9 kg/a)	气候潜力载畜量 PCC (10^4 Su)	草地理论载畜量 TCC (10^4 Su)	实际牲畜数量 (10^4 Su)	气候潜在超载率（%）	草地理论超载率（%）
166	西藏	加查县	1.3011	0.7126	28.52	15.62	26.50	(7.08)	69.66
167	西藏	桑日县	1.6029	1.0084	35.13	22.10	26.22	(25.37)	18.62
168	西藏	浪卡子县	6.9915	5.5756	153.24	122.20	58.00	(62.15)	(52.54)
169	西藏	芒康县	4.1385	1.9504	90.71	42.75	117.21	29.22	174.19
170	西藏	墨脱县	4.3439	3.4511	95.21	75.64	2.24	(97.64)	(97.03)
171	西藏	定结县	4.8940	2.9874	107.26	65.48	30.38	(71.68)	(53.60)
172	西藏	米林县	2.5914	1.0728	56.80	23.51	23.28	(59.01)	(0.99)
173	西藏	岗巴县	2.8124	1.7816	61.64	39.05	20.66	(66.48)	(47.08)
174	西藏	朗县	2.1073	0.8421	46.19	18.46	32.46	(29.72)	75.87
175	西藏	曲松县	2.8194	1.6172	61.79	35.44	22.31	(63.89)	(37.05)
176	西藏	琼结县	1.3043	0.6467	28.59	14.17	13.99	(51.05)	(1.27)
177	西藏	康马县	0.7298	0.3161	16.00	6.93	29.65	85.38	327.94
178	西藏	措美县	0.1890	0.1518	4.14	3.33	33.43	707.11	905.01
179	西藏	察隅县	2.7281	1.1901	59.79	26.09	25.20	(57.86)	(3.41)
180	西藏	亚东县	0.7962	0.6650	17.45	14.58	17.91	2.63	22.87
181	西藏	隆子县	1.7833	0.8938	39.08	19.59	47.71	22.07	143.55
182	西藏	洛扎县	3.1013	2.0291	67.97	44.47	19.85	(70.80)	(55.37)
183	西藏	错那县	4.4672	2.6035	97.91	57.06	19.78	(79.80)	(65.34)
184	新疆	乌恰县	1.6965	0.9807	37.18	21.49	10.63	(71.40)	(50.53)
185	新疆	阿克陶县	3.1370	2.5418	68.76	55.71	72.95	6.10	30.94
186	新疆	塔什库尔	2.5682	2.4809	56.29	54.38	31.05	(44.84)	(42.89)
187	新疆	莎车县	0.0538	0.0543	1.18	1.19	1.91	61.52	60.06
188	新疆	墨玉县	0.0075	0.0081	0.16	0.18	0.39	137.99	120.20
189	新疆	若羌县	6.7614	9.3283	148.20	204.46	6.79	(95.42)	(96.68)
190	新疆	且末县	3.0980	4.3965	67.90	96.36	16.51	(75.69)	(82.87)
191	新疆	洛浦县	0.0754	0.0796	1.65	1.74	0.50	(69.76)	(71.34)
192	新疆	策勒县	0.4173	0.4504	9.15	9.87	18.21	99.11	84.47
193	新疆	皮山县	1.6800	1.6994	36.82	37.25	20.55	(44.18)	(44.82)
194	新疆	叶城县	1.9607	2.0413	42.97	44.74	102.75	139.11	129.66
195	新疆	于田县	0.5182	0.4971	11.36	10.89	26.64	134.55	144.53
196	新疆	民丰县	2.5229	2.6610	55.30	58.32	11.17	(79.81)	(80.85)

续表

编号	省份	县/市	草地气候生产潜力 (10^9kg/a)	草地草量 (10^9kg/a)	气候潜力载畜量 PCC (10^4Su)	草地理论载畜量 TCC (10^4Su)	实际牲畜数量 (10^4Su)	气候潜在超载率（%）	草地理论超载率（%）
197	新疆	和田县	1.7855	1.9598	39.13	42.96	1.00	(97.44)	(97.67)
198	云南	德钦县	0.5473	0.4914	12.00	10.77	66.97	458.32	521.80
199	云南	中甸县	1.2453	0.5193	27.29	11.38	90.54	231.73	695.52
200	云南	贡山县	1.7581	1.1265	38.53	24.69	1.00	(97.40)	(95.95)
201	云南	维西县	2.5611	1.4313	56.13	31.37	17.60	(68.64)	(43.89)
202	云南	宁蒗县	2.2406	1.1399	49.11	24.98	34.57	(29.61)	38.36
203	云南	丽江市	1.1603	0.4453	25.43	9.76	1.00	(96.07)	(89.75)
204	云南	福贡县	1.2156	0.4578	26.64	10.03	5.29	(80.13)	(47.24)
205	云南	兰坪县	2.0250	0.7472	44.38	16.38	14.48	(67.37)	(11.56)
206	云南	泸水县	0.6959	0.2514	15.25	5.51	9.61	(37.00)	74.37
合计			924.7825	877.3067	20269.21	16567.96	11690.78		

注：括弧中数值为负数，表示未超载程度。

以2010年为例，青藏高原地区的草地气候生产潜力总量最高，为924.7825×10^9kg，而以卫星数据获得的草地草量为877.3067×10^9kg，二者对应的草地气候潜力载畜量PCC和理论载畜量TCC分别为20269.21×10^4Su和16567.96×10^4Su。由于青藏高原是一个地理边界，以其边界对跨边界的县区进行分割，利用各县区在高原上的面积比例来分割牲畜数量，得到2010年在青藏高原上的207个县区其牲畜总数量为11690.78×10^4Su。与草地PCC和TCC进行对比可以发现，以青藏高原为整体来看，目前所拥有的牲畜规模并未达到饱和，即青藏高原目前总的牲畜规模并未达到草地气候潜力载畜量和理论载畜量的最大值。但目前整个青藏高原地区的牲畜规模已十分接近草地理论载畜量，即从整体来看草地的载畜能力已十分接近其最大理论载畜量（差额为4877.18×10^4Su），但与气候潜力载畜量仍有一定的空间（差额为8578.43×10^4Su）。

进一步的分析可以发现，以县区为单位的统计中部分县的牲畜规模已超过了其草地气候潜力载畜量和理论载畜量，从而形成较为明显的超载情况（见表 5-3）。其中以理论载畜量和现有牲畜规模的对比发现，在 207 个县区中有 90 个县区出现超载情况，部分地区的超载率在 500% 以上，属于较为严重的超载区。为了从空间上判断超载区的分布，本书以超载率等级为划分标准将 207 个县区的超载情况进行统计，其结果如图 5-23 所示。从超载县区的分布来看，超载较为严重的地区主要位于青藏高原的东北部、青海省的东南部、川西北地区、西藏的日喀则—拉萨—那曲—昌都地区以及滇西北地区。而超载率较低和未超载的地区则主要分布在高原的北部及广阔的中西部地区。从超载率的空间分布来看，超载较为严重的这些县区主要集中在青藏高原畜牧业较为集中的地区。这些地区无论从人口密度还是牲畜密度以及经济密度等指标来看，均是青藏高原上畜牧业较为集中的地区。这些地区的草地生产力相对较高，逐草而牧的畜牧方式使这些地区牲畜及人口分布较为集中，是青藏高原重要的牧区和畜牧业集中区。

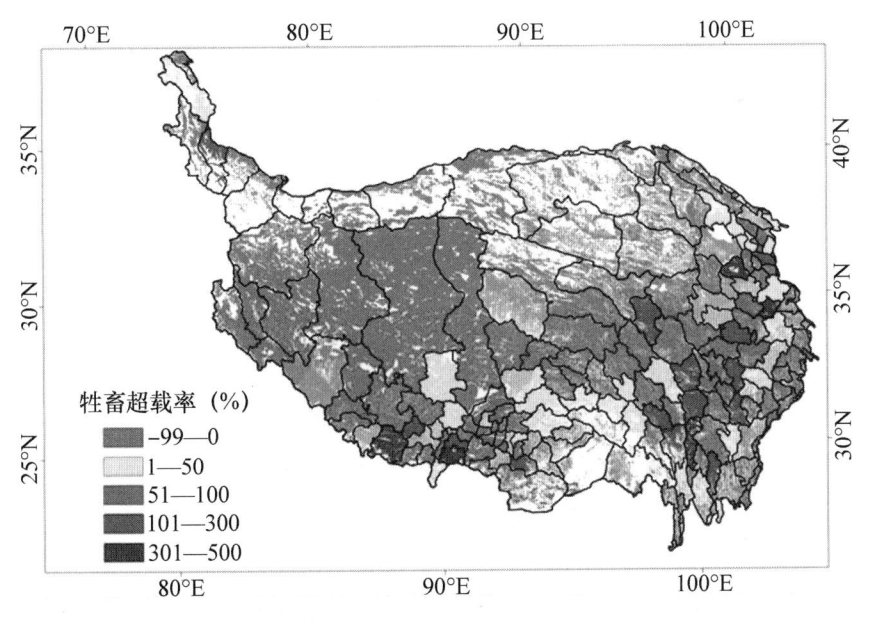

图 5-23 青藏高原地区 2010 年草地理论载畜量超载情况

相对于牲畜超载的县区而言，未超载的县区则主要集中于青藏高原北部的柴达木盆地附近地区、祁连山及昆仑山附近地区、高原的中西部地区以及高原南部的错那、墨脱、察隅等地区。结合自然地理环境背景可以发现，这些地区大部分位于高原中西部及内陆地区。高原的中西部地区海拔普遍较高、气候环境恶劣，冬季严寒而漫长，地上植物量较小，不适宜于牲畜的全年放养。由于自然环境恶劣，这些地区的牲畜及人口分布稀少，在一定程度上缓解了对草地的压力。另外从统计的角度，高原中西部的这些县区因自然环境恶劣、人口密度较小，在行政区划上各个县区所辖面积较广，从而形成了地广人稀的格局。在草地气候潜力载畜量及草地理论载畜量计算中，因面积相对较广而牧草的总量相对较高，由于牲畜规模较小，从而过牧现象不明显。特殊的例子是青藏高原南部的错那、墨脱、察隅等县区，因牲畜密度较低，人口规模较少，草地生产总量较高，因而对草地的压力较小，未出现牲畜超载的现象。

另外值得注意的是，本书的"超载"仅针对"草地"的供养能力而言，因而在计算载畜量时剔除了林地对牲畜的可能供养能力，另外对牲畜（尤其是家畜）饲养有补给作用的农产品及其副产品，如麸皮、油渣、饲料作物、青稞酒渣、秸秆、淀粉渣等饲料未作统计。但在牲畜总数中，由于该部分比例较难从总数中剔除，因而牲畜的规模是按县区统计的牲畜总规模。但分析青藏高原地区的实际情况可以发现，青藏高原地区的牧区主要以高寒草原、高寒草甸、荒漠草原、草甸草原、典型草原为主（参见图5-7），而以农作物为主的饲养牲畜比例非常有限，其在全年中的补给总量也较小，因此该部分供养的牲畜数量并未统计进草地承载力中。

第四节 气候变化对载畜量的影响

在过去的几十年中，随着全球变化趋势的加剧，青藏高原地区经历了一个较为明显的暖化过程，并且其暖化趋势在近些年有加速的趋势（Liu and Chen 2000；Chen et al. 2003；Schwalb et al. 2010；You et al. 2010b），在未来的气候情景下，基于各种模型的预测结果也显示青藏高原地区还将持续很长一段时间的暖化过程（Chen et al. 2003；Kang et al. 2010），而随着全面的暖化，其冰冻圈系统、水系统、生态系统等将进一步地受这种暖化趋势的影响而影响其他系统的各个方面，从而改变各个系统原有的模式，引发一系列的连锁反应和效应（Beniston and Rebetez 1996；Liu and Chen 2000；Cui et al. 2006；Colwell et al. 2008；Liu et al. 2009b；Ding et al. 2010）。而这些变化将进一步深远地影响青藏高原地区的畜牧业、人地关系及农牧民的生活和生计问题（Du et al. 2004b；Cui et al. 2006；Byg and Salick 2009a）。

本书在"青藏高原气候变化的时空间格局"一章中较为详细地揭示了青藏高原地区的气候变化规律和时空间特点。从本书统计结果来看，青藏高原地区1961—2010年平均增温率为0.318℃/十年，总体来看，在过去的50年，青藏高原地区增温约1.59℃。另外高原的不同海拔带上的气象站点平均年温度增长率表现出较为明显的差异。在高原底部、中部及顶部，平均年均温增长率分别0.24℃/十年，0.31和0.35℃/十年，即高原顶部升温最快，其次为其中部，而高原的底部增温最慢。但在近30年的增温率中发现，这一速度分别变为0.49℃/十年，0.5℃/十年和0.55℃/十年，而在近20年的统计中则变为0.644℃/十年，0.637℃/十年及0.557℃/十年。这也反映出青藏高原在最近50年中经历了较为明显的暖化过程，且近些年的增温率有所增加。以各个季节的统计来看，高原的冬季温度增温速度较快，其次为春季和秋季，而夏季增长最慢。从空间上来看，基于GTEM模型的分析结果显示在高原顶部及其底部的几个温度带变化较为明显，高原西部及其中部的高海拔地区，青海湖与柴达木盆地及其周边地区、高原东部边缘及雅鲁藏布江河谷等低海拔地区是暖化较为明显的地区。

结合降水的趋势分析可以发现，青藏高原北部及东北部地区以暖干化趋势为主，而高原的南部及东南部地区则以暖湿化趋势为主。这种气候变化的总体特征决定了依赖于气候环境生长的植被和草地系统的时空间变化特点,也影响青藏高原地区草地承载力的空间变化,因而进一步影响畜牧经济的变化。

一 对气候潜力载畜量的影响

气候潜力载畜量受年平均温度、年总降水及年蒸散发总量的影响,因而能较明显地反映出气候变化对其的影响。以整个青藏高原来看,气候生产潜力的大小由蒸散发生产潜力 Y_E 决定。由于青藏高原内部的差异性很大,以各个县区为单元进行统计的结果显示,青藏高原大部分地区属于蒸散发、降水决定型,其中高原的东部和中部绝大部分县区以蒸散发为气候生产潜力最小限制,高原的西部及北部地区则以降水为最小限制。受温度最小限制的县区只有甘肃的玛曲和西藏的江达两个县。本书以蒸散发限制下的草地生产潜力作为青藏高原地区气候生产潜力最小约束,进一步计算的青藏高原地区 1961—2010 年气候潜力载畜量及其对应的畜牧经济总量如图 5-24 所示。

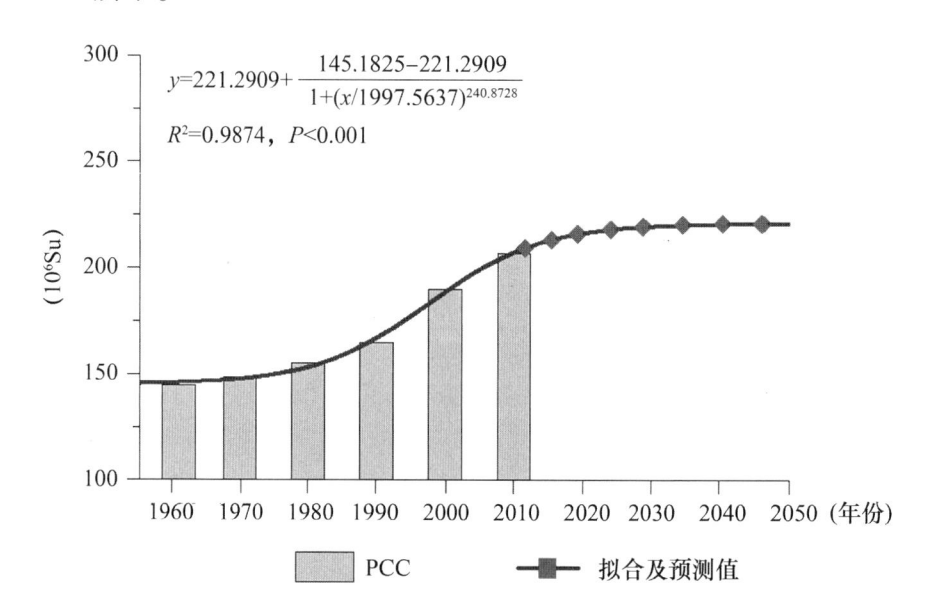

$$y = 221.2909 + \frac{145.1825 - 221.2909}{1 + (x/1997.5637)^{240.8728}}$$
$$R^2 = 0.9874, P < 0.001$$

图 5-24 青藏高原地区 1961—2010 年间草地气候潜力载畜量 (PCC) 总量典型年份变化情况及趋势预测

第五章 气候变化对草地载畜量的影响

以羊单位进行折算，青藏高原地区的气候生产潜力受气候暖化的影响，其牲畜的气候潜力承载力在逐年增加。采用 Logistic 生物增长模型，以 1961—1980 年为基准年，预计到 2030 年，整个青藏高原地区平均增温约 1.590℃，到 2050 年，整个青藏高原地区平均增温约 2.226℃。其气候潜力牲畜承载数量在 2030 年将达到 $219.7508 \times 10^6 Su$，比 2010 年 $202.69 \times 10^6 Su$ 增加 $17.06 \times 10^6 Su$（见图 5-24）。以平均一只羊单位售价 1200 元人民币计算，因气候生产潜力的增加，到 2030 年青藏高原地区畜牧业总产值将比 2010 年增加约 20.47×10^9 元人民币。

由此可见，单独考虑气候暖化效应，从气候生产潜力来看，青藏高原地区随着气候的全面暖化，其气候潜力将逐渐增加，对草地牲畜承载力能起到积极作用。

根据本书第三章中对气候变化时—空间趋势的分析结果，根据不同气候变化趋势和模式计算对应的草地气候生产潜力载畜量变化情景。青藏高原地区草地面积约 $164.76 \times 10^4 km^2$，以此草地面积进行统计，在 1961—2010 年其平均温度为 -2.0360℃，增长率为 0.0318℃/a；降水量为 396.47mm，增长率为 0.8305mm/a，以此作为情景一计算在该增长率下的气候生产潜力载畜量及其畜牧业产值变化情况（见表 5-4）。

表 5-4　不同增温情景下青藏高原地区草地载畜量及畜牧业产值的变化

	基础年份	平均年增长率	载畜量（$10^6 Su$）			畜牧业产值（10^9元）		
年份			2010	2030	2050	2010	2030	2050
基础年份温度（℃）	-2.0360*							
基础年份降水（mm）	396.47*							
降水绝对增加值（mm）		0.8305*	24.915	41.525	58.135			

续表

		基础年份	平均年增长率	载畜量（10^6Su）			畜牧业产值（10^9元）		
年份				2010	2030	2050	2010	2030	2050
情景一	温度绝对增加值（℃）		0.0318*	0.954	1.590	2.226			
	载畜量（10^6Su）			201.50	211.98	222.28	241.80	254.38	266.74
	载畜量绝对增加值（10^6Su）			16.20	26.68	36.98	19.44	32.02	44.38
	载畜量增长率（%）			8.74	14.40	19.96			
情景二	温度绝对增加值（℃）		0.0498**	1.494	2.490	3.486			
	载畜量（10^6Su）			208.47	223.08	237.27	250.16	267.70	284.72
	载畜量绝对增加值（10^6Su）			23.17	37.78	51.97	27.81	45.34	62.37
	载畜量增长率（%）			12.51	20.39	28.05			

注：*指1961—2010年的平均增长率；**指1980—2010年的平均增长率；本表中青藏高原的草地面积为164.76×10^4km²；基础年份以1961—1980年平均值为基准。

与气候不变化情形进行对比，在此气候变化情景下，以1961—1980年为基础年，青藏高原地区到2010年温度绝对增长0.954℃，降水绝对增长24.915mm，预计到2030年和2050年，气温分别增长1.590℃和2.226℃，降水分别增加41.525mm和58.135mm。在此情景下，受温度和降水同时增加的影响，青藏高原地区草地气候生产潜力载畜量表现出增长趋势，2010年比1980年增加16.20×10^6Su，预计到2030年和2050年将分别增长26.68×10^6Su和36.98×10^6Su，绝对增长率分别为8.74%、14.40%和19.96%。在此情景下，畜牧业产值以2010年不变价格计算将在2010年、

2030 年和 2050 年分别达到 241.80 亿元、254.38 亿元和 266.74 亿元，绝对增长值分别为 19.44 亿元、32.02 亿元和 44.38 亿元（见表 5-4，图 5-25）。

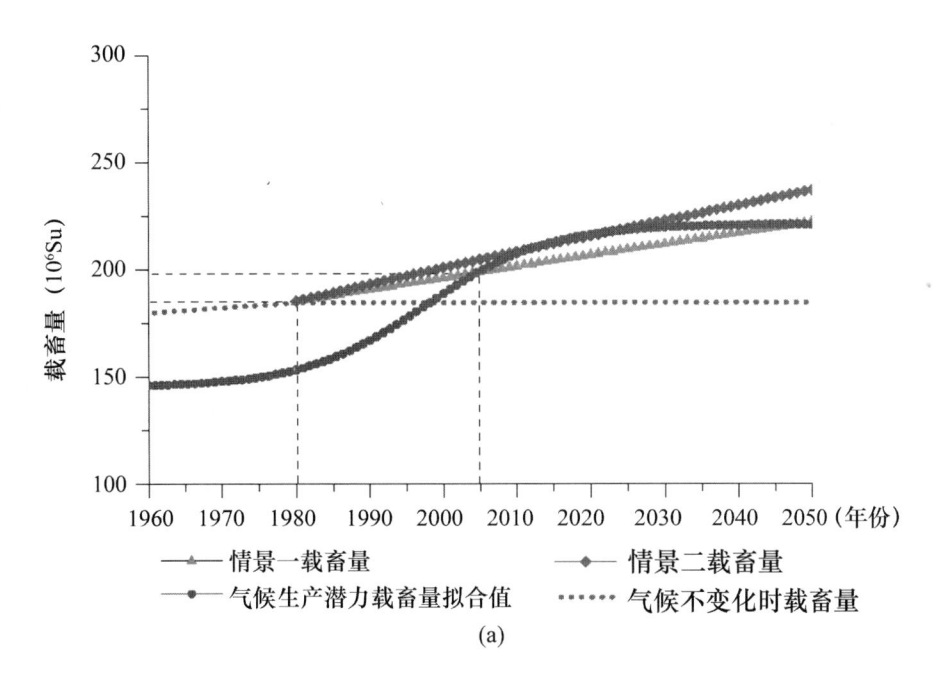

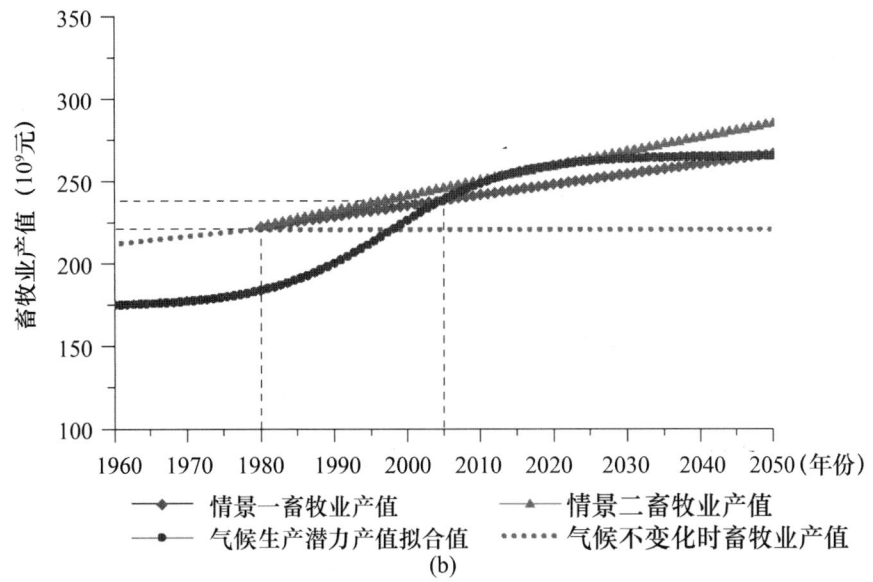

图 5-25 不同情景下青藏高原地区草地载畜量（a）及畜牧业产值（b）预测情况。其中畜牧业产值以 2010 年不变价格计算，基础年份以 1961—1980 年平均值为基准

在以上情景中，由于气温的增长率是以1961—2020年的平均值为预测的增长率，随着近些年暖温化的加剧，近些年青藏高原地区的暖化有趋于加速的趋势（Ding et al. 2010；Kang et al. 2010；You et al. 2010b；Wei and Fang 2013），且其低海拔地区的增温趋势有超过高原顶部高海拔地区的趋势（Liu and Chen 2000；Chen et al. 2003；Liu et al. 2009b；Wei and Fang 2013），因此以1961—2010年50年的平均增温率为未来气候变化的平均增长率，在气候生产潜力载畜量计算中有低估增温趋势的可能。由于近些年的暖温化趋势趋于加速，近30年（1980—2010）和近20年（1990—2010）的温度增长率分别为0.0498℃和0.0685℃。比较两个不同时间尺度的增温速度，考虑到虽然近些年青藏高原地区的增温有加速的趋势，但由于最近20年的平均增温率最高且时间较短，本书选择以1980—2010年近30年的平均增温率0.0498℃/a为未来情景二下的气候变化情景，其他气候参数保持不变，以此来计算未来气候生产潜力载畜量的变化（见表5-4）。

在此情景下，2010年相对于基础年1961—1980年的平均值，其温度增加约1.49℃，预计到2030年和2050年将分别增温2.49℃和3.49℃。在此情景下，2010年草地生产潜力载畜量比1980年增加23.17×10^{6}Su，达到208.47×10^{6}Su，预计到2030年和2050年将分别增加37.78×10^{6}Su和51.97×10^{6}Su，牲畜总规模达到223.08×10^{6}Su和237.27×10^{6}Su，绝对增长率分别为12.51%、20.39%和28.05%（见图5-24）。其畜产品的价值将分别增加27.81亿元、45.34亿元和62.37亿元，达到250.16亿元、267.70亿元和284.72亿元。

从两种气候变化情景的对比可以看出，在不同的增温趋势下，青藏高原地区的草地气候生产潜力载畜量及其畜牧业产值都处于增加的趋势，并且随着增温趋势和幅度的增加，其值增加幅度较高。总体来看，情景二比情景一的预测值较高。与历年实际气候生产潜力载畜量的拟合值进行对比可以发现，在2005年之前，以实际气候参数计算的气候潜力载畜量低于气候情景的预测值，在此之后，二者的计算和预测结果较为一致，且二者之间的相差较小（见图5-25）。由于气候情景采取的是增温率的不变参数计算所得，与实际气候生产潜力的拟合值对比发现后者在未来暖温化趋势下其气候生产潜力载畜量及其畜牧业产值的增长更趋于平缓。比较一致的结论是如果降水和温度持续增加，未来情景下青藏高原地区草地的气候生产潜力将会随之增加。这是由于暖温化在一定程度上有利于缓解高海拔地区植物生长环境的限制因子（如平均最低温），且由于降水的增加主要集中在春季和夏季，能对该生长季草地的生长起到促进作用，有利于植被地上生物量的增加。因而总体来看，暖温化，尤其是暖湿化的气候趋势和气候情景有利于青藏高原地区草地地上生物量的增加，这对提高草地气候生产潜力具有积极的作用，有利于增加草地载畜量、提高畜牧业的收入，因而对畜牧业的发展在一定程度上起到积极作用。

但由于未来情景下气候生产潜力只是依据经验公式的增温情景由模型外推得来，以此计算的草地气候生产潜力只能是在最小气候因子限制下草地生产潜力的最大理想值。由于气候情景依赖于经济发展模式和碳排放情景，且气候变化有其扰动、回旋及波动性等不可预测因素，因此单纯的以气候生产潜力来计算的草地载畜量的变化只能是对未来气候情景下对畜牧业发展的预估，可以作为一种气候变化对畜牧经济影响的幅度和范围的极值，并不能真实地反映实际情况。气候变化对草地载畜量的影响应结合地面草地对气候变化的响应趋势来预测。为了分析气候变化对草地理论载畜量的影响，本书进一步以地面草地对气候变化的响应趋势为基础、分析载畜量的变化情况。

二 对理论载畜量的影响

依据气候生产潜力计算的草地理论载畜量可以看作草地生产能力的最大值。在气候变化下随着气候的各个因子的变化，气候生产潜力在未来温度增加、降水增加的总的气候趋势下表现出其生产力增加、对牲畜的承载力增加的趋势。基于理论模型的载畜量计算应与地面实际观测的草地生产力相结合。由于地面实际的产草量受各种因素的控制,气候环境的变化和人为因素的影响均可能影响草地的实际地上生物量的大小。因此应结合地面草地实际的变化趋势进行分析。

本书利用1981—2010年近30年间青藏高原地区遥感影像中NDVI的平均变化速率作为未来草地变化的趋势,逐栅格计算了至21世纪中叶草地的产草量及牲畜承载能力,以青藏高原为整体统计了未来几个典型年份草地产草量的大小,统计结果如图5-26所示。

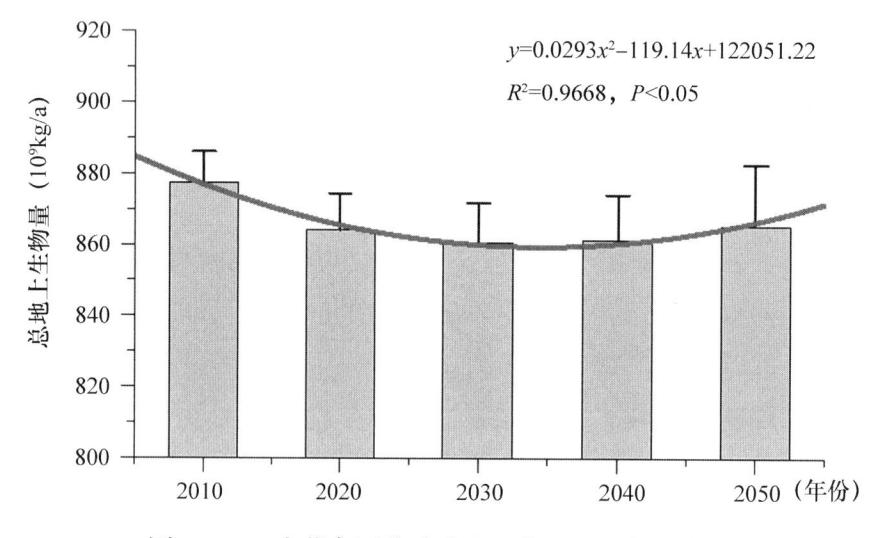

图5-26 青藏高原草地地上生物量预测情景变化

从综合计算的结果来看,在未来的气候情景下,青藏高原地区总的草地地上生物量基本保持在 $860 \times 10^9 kg/a$ 到 $880 \times 10^9 kg/a$ 的范围内,换算成理论载畜量为 $188.49 \times 10^6 Su$ 到 $192.88 \times 10^6 Su$。以目前的实际牲畜存栏规模 $116.91 \times 10^6 Su$ 来看(2010年统计值),在未来气候变化情景下,以青藏高原为整体的草地载畜量还有一定的发展空间。

但从气候变化对草地产草量影响的结果来看,未来情景下青藏高原地区总的草地生产力有先降低,而后缓慢回升并逐渐增加的趋势。由于青藏高原内部各个生态气候区之间的差异很大,一个地区

第五章　气候变化对草地载畜量的影响

受气候变化的影响,其草地草量的增长可能因另一个地区草地草量的减少(退化)而抵消,因此从总体上来看其波动性并不显著,甚至呈现出的是平稳变化态势。且在广大的高原中西部地区由于牲畜及人口的分布稀疏,理论计算的草量并不可能全部被牲畜所采食而转变为载畜量和畜牧产出,因此推测广大的高原中西部地区稀疏分布的牧草在一定程度上影响了总载畜量,夸大了青藏高原的实际牲畜可承载能力。

为了进一步分析各个地区草地载畜量受气候变化的影响,本书以 2010 年的实际草地承载力为基础,分析了 2020 年、2030 年、2040 年及 2050 年的草地牲畜承载量绝对变化情况,结果如图 5-27 所示。

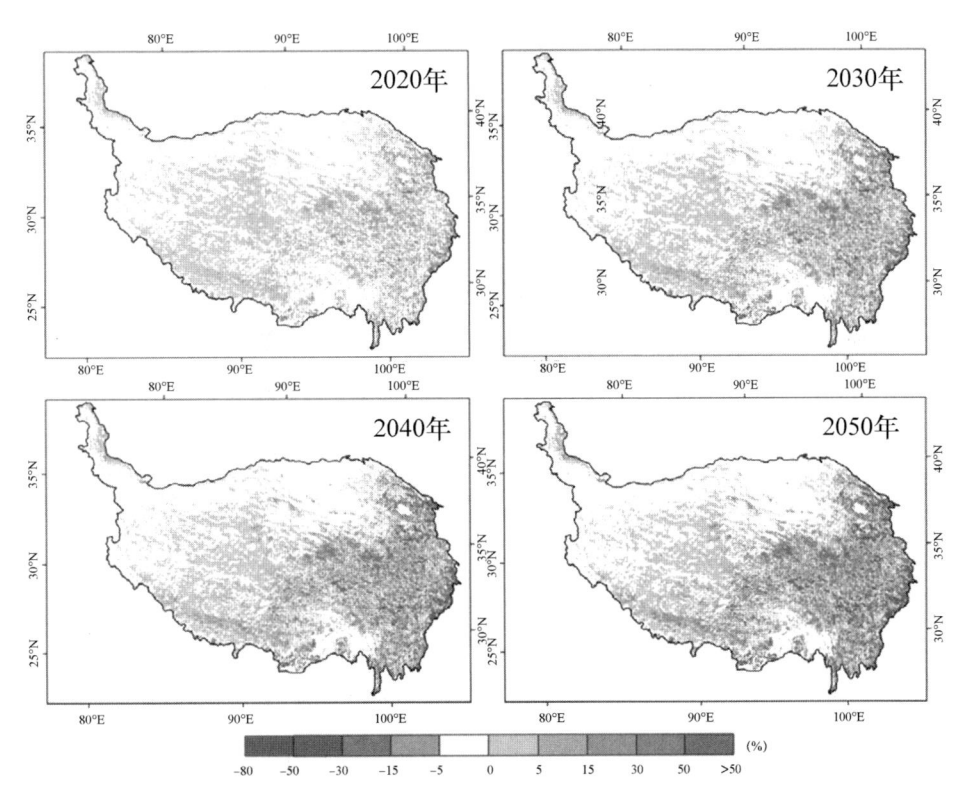

图 5-27　以 NDVI 增长率预测的 2010—2050 年典型年份草地载畜量绝对变化率(以 2010 年为基础年)

从未来草地生长变化的空间趋势来看,草地地上生物量下降的地区主要集中在高原的东北部青海湖附近地区、高原东部边缘、川西北的甘孜、阿坝等地、滇西北以及西藏自治区的山南、林芝等地区，拉萨市附近地区及那曲、索县等地区也出现了较为明显的承载力下降趋势。这些地区的草地载畜量相对于2010年减少5%—30%，随着气候变化的进一步加剧，部分地区因人口和牲畜集中、过度放牧等人为活动的影响其承载量下降达50%以上。且随着气候变化的加剧，这些地区的草地退化有持续加剧的态势。

受气候变化的影响，一些高海拔地区及人为的退牧还草、人工草地建设、草地生态恢复治理区如三江源保护区等则出现了承载量持续增加的态势，这些地区主要集中在青海省南部的果洛、玉树等江河源区，广大的高原中部及西部地区的高寒草原、高寒草甸的植被恢复也很明显，高原南部的喜马拉雅山地地区也是植被恢复较高的地区，其牲畜承载力一度出现增加趋势，相对于2010年绝对增长为5%—15%。由于这些地区的地上生物量较低，在气候回暖，尤其是青藏高原南部地区的降水增加使这些地区的草地生产力提高较明显，其牲畜的承载量绝对增长率部分地区甚至超过50%（见图5-27）。

由于青藏高原覆盖范围较广，以高原为整体的分析并不能揭示各个县区理论载畜量的空间变化差异性，而分县区的统计分析能揭示区域内部的差异性。基于以上对草地理论载畜量及其变化率的计算结果，为了进一步详细分析各个县区之间受气候变化影响的差异，本书以县为单元统计了2020—2050年各县畜牧业增加值及其绝对增长率变化情况，结果如表5-5所示。

从统计结果来看，以县为单元的统计能更好地体现出青藏高原内部各个县区之间畜牧业受气候变化影响的巨大差异，能进一步反映出气候变化对各个县区畜牧经济的不同程度的影响。从按草地变化趋势预测的结果与2010年实际值的对比可以发现，在青藏高原上的207个县区中，畜牧业产值出现增加的有81个县区，这些县区大部分处于高原的西部及中部海拔较高的地区。另外，畜牧业产值总体上处于减少的有126个县区。在畜牧业产值增加的81个县区中有45个县的畜牧业产值增长率小于5%，占趋势增加总县区的56%左右，有36个县区的畜牧业产值增长率超过5%，变化趋势较

第五章 气候变化对草地载畜量的影响

表5-5 2020—2050年基于草地载畜量的各个县区畜牧业增加值及其绝对增长率

编号	省份	县	相对于2010年畜牧业增加值（百万元）				相对于2010年增长率（%）				增长率平均（%）
			2020年	2030年	2040年	2050年	2020年	2030年	2040年	2050年	
1	甘肃	和政县	-0.74	2.64	6.24	9.96	-0.8	3.0	7.1	11.4	5.2
2	甘肃	夏河县	-26.53	-35.23	-39.89	-41.50	-1.2	-1.6	-1.9	-1.9	-1.7
3	甘肃	肃北县	-13.02	-13.38	-13.42	-13.15	-2.2	-2.3	-2.3	-2.2	-2.2
4	甘肃	草尼县	-25.11	-30.51	-34.02	-37.76	-2.5	-3.1	-3.4	-3.8	-3.2
5	甘肃	碌曲县	-17.04	-32.27	-45.81	-57.69	-1.5	-2.9	-4.1	-5.1	-3.4
6	甘肃	玛曲县	-44.66	-79.56	-106.52	-128.75	-2.0	-3.5	-4.7	-5.7	-4.0
7	甘肃	肃南县	-36.13	-41.09	-44.08	-45.04	-4.6	-5.3	-5.6	-5.8	-5.3
8	甘肃	临潭县	-15.21	-17.82	-19.95	-21.64	-7.5	-8.8	-9.9	-10.7	-9.2
9	甘肃	山丹县	-8.62	-11.12	-13.34	-15.31	-8.0	-10.4	-12.5	-14.3	-11.3
10	甘肃	阿克塞	-6.71	-6.71	-6.70	-6.67	-13.8	-13.8	-13.7	-13.7	-13.7
11	甘肃	民乐县	-6.58	-12.24	-17.20	-21.54	-6.3	-11.7	-16.5	-20.6	-13.8
12	甘肃	迭部县	-71.05	-112.55	-148.55	-179.67	-9.4	-14.9	-19.7	-23.8	-16.9
13	甘肃	玉门市	-5.96	-6.10	-6.22	-6.33	-21.4	-21.9	-22.4	-22.8	-22.1
14	甘肃	康乐县	-16.03	-16.00	-15.90	-15.73	-25.6	-25.5	-25.4	-25.2	-25.5
15	甘肃	文县	-8.61	-12.64	-16.18	-19.27	-15.7	-23.0	-29.5	-35.1	-25.8
16	甘肃	高台县	-0.75	-0.92	-1.07	-1.21	-20.7	-25.3	-29.6	-33.5	-27.3
17	甘肃	肃南裕固	-37.07	-44.50	-50.93	-56.47	-21.4	-25.7	-29.4	-32.6	-27.3
18	甘肃	舟曲县	-31.10	-42.84	-53.07	-61.96	-19.0	-26.2	-32.4	-37.9	-28.9

续表

编号	省份	县	相对于2010年畜牧业增加值（百万元）				相对于2010年增长率（%）				增长率平均（%）
			2020年	2030年	2040年	2050年	2020年	2030年	2040年	2050年	
19	甘肃	岷县	-14.04	-15.54	-16.94	-18.24	-27.1	-29.9	-32.6	-35.1	-31.2
20	甘肃	天祝县	-102.26	-132.94	-157.99	-178.27	-24.3	-31.6	-37.5	-42.3	-33.9
21	甘肃	岩昌县	-11.80	-13.87	-15.72	-17.35	-27.5	-32.3	-36.6	-40.4	-34.2
22	甘肃	武威市	-13.35	-17.19	-20.29	-22.76	-26.5	-34.1	-40.3	-45.2	-36.5
23	甘肃	积石山	-19.08	-22.02	-24.60	-26.85	-38.0	-43.9	-49.0	-53.5	-46.1
24	甘肃	临夏县	-22.24	-23.05	-23.62	-24.00	-45.7	-47.3	-48.5	-49.3	-47.7
25	甘肃	嘉峪关市	-3.49	-3.52	-3.54	-3.57	-70.5	-71.1	-71.6	-72.0	-71.3
26	青海	曲麻莱县	172.86	381.40	627.31	907.50	6.0	13.3	21.9	31.6	18.2
27	青海	治多县	259.16	567.22	924.29	1321.69	5.2	11.4	18.6	26.6	15.4
28	青海	玛多县	132.18	291.07	475.84	675.95	5.2	11.4	18.6	26.4	15.4
29	青海	天峻县	101.41	217.85	347.28	482.32	4.4	11.3	18.0	25.0	14.9
30	青海	达日县	108.44	235.81	380.58	535.80	4.4	9.6	15.5	21.9	12.9
31	青海	称多县	88.85	193.51	310.62	430.62	3.8	8.2	13.2	18.3	10.9
32	青海	玛沁县	97.73	216.47	344.93	472.15	3.7	8.2	13.1	18.0	10.8
33	青海	刚察县	60.23	128.22	195.96	258.85	3.6	7.8	11.9	15.7	9.7
34	青海	甘德县	64.09	136.31	215.57	296.64	3.4	7.3	11.6	15.9	9.6
35	青海	久治县	64.60	139.79	218.41	291.74	3.0	6.6	10.2	13.7	8.4
36	青海	乌兰县	31.57	69.35	113.47	161.72	2.5	5.4	8.9	12.7	7.4

第五章　气候变化对草地载畜量的影响

续表

编号	省份	县	相对于2010年畜牧业增加值（百万元）				相对于2010年增长率（%）				增长率平均（%）
			2020年	2030年	2040年	2050年	2020年	2030年	2040年	2050年	
37	青海	西宁市	1.75	3.79	6.21	9.05	2.4	5.2	8.6	12.5	7.2
38	青海	同德县	16.64	45.45	82.71	117.09	1.6	4.4	8.0	11.3	6.3
39	青海	化隆县	8.18	19.63	34.45	52.45	1.7	4.1	7.2	11.0	6.0
40	青海	都兰县	39.12	86.80	143.54	209.44	1.9	4.2	6.9	10.1	5.8
41	青海	杂多县	64.90	147.98	249.82	370.14	1.5	3.5	5.9	8.8	4.9
42	青海	格尔木市	20.06	44.96	74.86	109.46	1.4	3.0	5.1	7.4	4.2
43	青海	格尔木	31.75	69.79	114.91	168.29	1.2	2.6	4.4	6.4	3.7
44	青海	玉树县	30.31	71.46	121.54	176.75	1.0	2.4	4.0	5.9	3.3
45	青海	湟中县	6.01	13.21	21.39	29.98	1.1	2.3	3.8	5.3	3.1
46	青海	共和县	4.28	21.43	51.72	94.07	0.2	1.2	2.9	5.3	2.4
47	青海	德令哈市	10.22	23.70	41.20	63.70	0.6	1.3	2.3	3.6	2.0
48	青海	河南县	7.70	19.58	34.74	50.92	0.4	1.0	1.8	2.7	1.5
49	青海	班玛县	2.03	11.83	28.04	47.30	0.1	0.5	1.2	2.1	1.0
50	青海	贵德县	-8.37	-11.91	-11.21	-6.99	-2.0	-2.8	-2.6	-1.6	-2.2
51	青海	海晏县	-11.69	-19.42	-23.83	-25.89	-1.6	-2.6	-3.2	-3.5	-2.7
52	青海	互助县	-17.54	-23.80	-25.94	-24.46	-3.0	-4.0	-4.4	-4.2	-3.9
53	青海	兴海县	-42.38	-72.41	-90.89	-98.71	-2.3	-3.8	-4.8	-5.2	-4.0
54	青海	祁连县	-48.47	-84.12	-108.01	-122.27	-2.7	-4.7	-6.0	-6.8	-5.1

续表

编号	省份	县	相对于2010年畜牧业增加值（百万元）				相对于2010年增长率（%）				增长率平均（%）
			2020年	2030年	2040年	2050年	2020年	2030年	2040年	2050年	
55	青海	贵南县	-31.89	-54.19	-68.09	-75.02	-3.2	-5.4	-6.8	-7.5	-5.7
56	青海	囊谦县	-85.93	-158.36	-218.24	-266.59	-3.1	-5.7	-7.8	-9.5	-6.5
57	青海	泽库县	-57.80	-104.74	-142.02	-172.15	-3.9	-7.0	-9.5	-11.6	-8.0
58	青海	循化县	-12.71	-22.91	-31.10	-37.56	-4.0	-7.2	-9.7	-11.8	-8.2
59	青海	尖扎县	-10.00	-18.51	-25.64	-31.50	-4.1	-7.7	-10.6	-13.1	-8.9
60	青海	湟源县	-15.21	-28.98	-41.40	-52.59	-3.9	-7.5	-10.7	-13.6	-8.9
61	青海	大通县	-29.59	-54.90	-76.26	-94.12	-4.2	-7.7	-10.7	-13.2	-9.0
62	青海	同仁县	-35.06	-65.58	-91.96	-114.64	-4.7	-8.8	-12.3	-15.4	-10.3
63	青海	平安县	-8.05	-14.95	-20.76	-25.57	-6.2	-11.4	-15.9	-19.6	-13.3
64	青海	乐都县	-42.46	-60.92	-74.66	-84.15	-9.8	-14.1	-17.3	-19.5	-15.2
65	青海	门源县	-86.07	-157.96	-217.62	-267.05	-7.9	-14.6	-20.1	-24.6	-16.8
66	青海	民和县	-11.14	-13.18	-14.97	-16.53	-15.7	-18.6	-21.1	-23.3	-19.6
67	四川	石渠县	156.66	343.40	551.26	757.63	3.6	7.9	12.7	17.4	10.4
68	四川	甘孜县	50.98	106.36	160.72	210.94	2.9	6.1	9.2	12.1	7.6
69	四川	红原县	20.95	47.59	76.14	103.21	0.9	2.1	3.4	4.6	2.8
70	四川	阿坝县	20.94	48.80	82.74	120.14	0.8	1.9	3.2	4.7	2.7
71	四川	德格县	10.60	29.72	52.50	76.57	0.4	1.2	2.2	3.2	1.7
72	四川	色达县	0.72	5.81	14.88	25.78	0.0	0.3	0.8	1.4	0.6

第五章 气候变化对草地载畜量的影响

续表

编号	省份	县	相对于2010年畜牧业增加值（百万元）				相对于2010年增长率（%）				增长率平均（%）
			2020年	2030年	2040年	2050年	2020年	2030年	2040年	2050年	
73	四川	壤塘县	-26.00	-46.38	-61.87	-73.07	-1.6	-2.9	-3.8	-4.5	-3.2
74	四川	金川县	-21.43	-39.04	-53.41	-64.92	-2.0	-3.7	-5.0	-6.1	-4.2
75	四川	若尔盖县	-45.07	-83.86	-118.22	-149.69	-1.9	-3.6	-5.0	-6.4	-4.2
76	四川	炉霍县	-23.46	-43.29	-59.65	-72.68	-2.1	-3.9	-5.4	-6.6	-4.5
77	四川	巴塘县	-33.23	-61.48	-85.14	-104.68	-2.5	-4.7	-6.5	-8.0	-5.4
78	四川	道孚县	-39.74	-72.80	-99.90	-121.77	-3.1	-5.6	-7.7	-9.4	-6.5
79	四川	理塘县	-90.65	-166.52	-228.82	-279.47	-3.5	-6.4	-8.8	-10.7	-7.3
80	四川	稻城县	-38.72	-70.06	-94.77	-113.82	-3.9	-7.1	-9.6	-11.6	-8.1
81	四川	马尔康县	-53.71	-100.21	-140.33	-175.04	-3.8	-7.0	-9.8	-12.2	-8.2
82	四川	乡城县	-29.96	-56.90	-81.07	-102.68	-3.8	-7.3	-10.4	-13.2	-8.7
83	四川	丹巴县	-38.61	-72.84	-103.12	-129.92	-4.5	-8.6	-12.1	-15.3	-10.1
84	四川	雅江县	-60.74	-115.52	-164.94	-209.40	-4.5	-8.6	-12.2	-15.5	-10.2
85	四川	康定县	-88.16	-163.78	-228.06	-282.55	-4.7	-8.8	-12.2	-15.2	-10.2
86	四川	白玉县	-112.28	-212.17	-300.80	-379.42	-5.0	-9.4	-13.4	-16.9	-11.2
87	四川	松潘县	-116.44	-196.76	-260.47	-310.81	-6.0	-10.2	-13.4	-16.0	-11.4
88	四川	木里县	-123.78	-221.90	-304.55	-373.98	-6.0	-10.7	-14.7	-18.0	-12.3
89	四川	芦山县	-2.08	-3.35	-4.35	-5.14	-7.0	-11.3	-14.7	-17.3	-12.6
90	四川	新龙县	-98.54	-183.07	-255.22	-316.40	-6.0	-11.1	-15.5	-19.2	-12.9

续表

编号	省份	县	相对于2010年畜牧业增加值（百万元）				相对于2010年增长率（%）				增长率平均（%）
			2020年	2030年	2040年	2050年	2020年	2030年	2040年	2050年	
91	四川	黑水县	-59.27	-110.50	-154.64	-192.87	-6.6	-12.3	-17.2	-21.4	-14.4
92	四川	都江堰市	-2.03	-3.63	-4.86	-5.77	-7.4	-13.2	-17.7	-21.0	-14.8
93	四川	得荣县	-20.00	-37.49	-52.80	-66.17	-6.8	-12.7	-17.9	-22.4	-14.9
94	四川	小金县	-79.68	-145.36	-199.41	-243.94	-7.4	-13.5	-18.6	-22.7	-15.6
95	四川	九龙县	-83.36	-152.35	-209.49	-256.90	-7.7	-14.1	-19.4	-23.8	-16.3
96	四川	冕宁县	-49.64	-80.01	-105.13	-126.05	-10.5	-16.9	-22.2	-26.6	-19.0
97	四川	茂县	-91.79	-166.06	-229.52	-283.48	-10.2	-18.5	-25.6	-31.6	-21.5
98	四川	盐源县	-88.15	-133.43	-171.41	-203.10	-13.9	-21.0	-26.9	-31.9	-23.4
99	四川	理县	-118.55	-215.74	-295.00	-359.36	-11.9	-21.7	-29.7	-36.2	-24.9
100	四川	南坪县	-157.47	-266.98	-359.72	-437.90	-13.2	-22.4	-30.2	-36.8	-25.7
101	四川	汶川县	-117.18	-192.79	-252.21	-298.75	-15.9	-26.2	-34.3	-40.6	-29.3
102	四川	彭州市	-8.38	-13.45	-17.48	-20.66	-16.5	-26.5	-34.5	-40.7	-29.6
103	四川	绵竹县	-5.97	-9.19	-11.85	-14.04	-19.1	-29.4	-37.9	-45.0	-32.9
104	四川	天全县	-11.45	-15.00	-18.01	-20.57	-23.7	-31.0	-37.2	-42.5	-33.6
105	四川	平武县	-106.98	-155.00	-193.49	-224.22	-22.1	-32.0	-40.0	-46.4	-35.1
106	四川	石棉县	-35.24	-52.43	-65.95	-76.53	-22.4	-33.4	-42.0	-48.7	-36.6
107	四川	宝兴县	-124.98	-185.72	-234.16	-272.62	-22.5	-33.5	-42.2	-49.2	-36.9
108	四川	泸定县	-45.66	-68.91	-87.22	-101.50	-22.4	-33.7	-42.7	-49.7	-37.1

第五章 气候变化对草地载畜量的影响

续表

编号	省份	县	相对于2010年畜牧业增加值（百万元）				相对于2010年增长率（%）				增长率平均（%）
			2020年	2030年	2040年	2050年	2020年	2030年	2040年	2050年	
109	四川	什邡县	-8.58	-14.08	-18.29	-21.47	-20.9	-34.3	-44.6	-52.4	-38.1
110	四川	北川县	-26.99	-41.34	-52.35	-60.71	-25.4	-38.9	-49.3	-57.1	-42.7
111	四川	大邑县	-0.77	-0.80	-0.82	-0.85	-60.4	-62.8	-65.0	-67.0	-63.8
112	西藏	八宿县	59.48	125.03	197.82	277.69	6.5	13.6	21.6	30.3	18.0
113	西藏	白朗县	9.43	20.64	33.39	47.73	4.3	9.5	15.4	22.0	12.8
114	西藏	日喀则市	15.95	34.24	54.60	77.00	4.5	9.6	15.3	21.6	12.8
115	西藏	江孜县	13.62	30.27	49.55	70.93	4.1	9.2	15.1	21.5	12.5
116	西藏	拉孜县	15.23	33.48	55.51	81.50	4.0	8.7	14.5	21.3	12.1
117	西藏	琼结县	3.90	8.35	13.46	19.33	3.8	8.2	13.3	19.1	11.1
118	西藏	左贡县	24.62	52.17	82.96	117.11	3.7	7.8	12.5	17.6	10.4
119	西藏	隆子县	14.10	31.47	52.56	78.00	3.3	7.4	12.3	18.2	10.3
120	西藏	贡嘎县	7.51	15.94	25.66	36.49	3.3	7.0	11.3	16.0	9.4
121	西藏	措美县	9.62	21.30	35.32	52.34	2.8	6.2	10.2	15.1	8.6
122	西藏	洛隆县	25.64	52.13	80.29	109.64	3.3	6.7	10.3	14.0	8.6
123	西藏	曲水县	4.34	9.19	14.64	20.76	2.8	6.0	9.5	13.5	8.0
124	西藏	浪卡子县	15.77	34.17	55.74	80.91	2.7	5.8	9.4	13.7	7.9
125	西藏	乃东县	5.42	11.58	18.53	26.24	2.2	4.8	7.6	10.8	6.3
126	西藏	类乌齐县	19.55	43.98	69.56	94.49	2.0	4.6	7.3	9.9	5.9

续表

编号	省份	县	相对于2010年畜牧业增加值（百万元）				相对于2010年增长率（%）				增长率平均（%）
			2020年	2030年	2040年	2050年	2020年	2030年	2040年	2050年	
127	西藏	扎囊县	4.48	9.84	16.06	22.85	2.0	4.3	7.1	10.1	5.9
128	西藏	拉萨市	1.96	4.15	6.59	9.29	1.9	4.0	6.3	8.9	5.3
129	西藏	萨嘎县	12.96	30.37	52.12	79.35	1.5	3.6	6.1	9.3	5.1
130	西藏	那曲县	31.39	69.80	115.22	166.92	1.6	3.6	5.9	8.6	4.9
131	西藏	萨迦县	7.62	16.63	27.25	39.74	1.6	3.5	5.7	8.3	4.8
132	西藏	昂仁县	29.88	64.85	105.67	153.24	1.5	3.3	5.5	7.9	4.6
133	西藏	堆龙德庆	3.72	7.86	12.57	17.81	1.5	3.2	5.2	7.3	4.3
134	西藏	仁布县	3.16	6.90	11.31	16.31	1.3	2.9	4.7	6.8	3.9
135	西藏	丁青县	14.90	35.80	62.50	92.82	1.1	2.7	4.7	7.0	3.9
136	西藏	察雅县	14.57	31.98	52.51	75.59	1.3	2.8	4.6	6.6	3.8
137	西藏	边坝县	5.70	13.77	23.69	35.73	0.7	1.8	3.0	4.6	2.5
138	西藏	嘉黎县	7.14	18.96	35.35	55.74	0.6	1.6	2.9	4.6	2.4
139	西藏	康马县	1.79	6.25	11.63	18.04	0.5	1.6	3.0	4.7	2.4
140	西藏	聂荣县	7.38	19.81	37.37	59.86	0.5	1.4	2.6	4.2	2.2
141	西藏	安多县	11.92	28.61	50.50	78.14	0.6	1.4	2.5	3.9	2.1
142	西藏	仲巴县	11.44	36.95	67.49	103.56	0.4	1.3	2.5	3.8	2.0
143	西藏	达孜县	0.90	2.15	3.75	5.64	0.6	1.3	2.3	3.5	1.9
144	西藏	比如县	3.80	14.92	32.68	56.62	0.3	1.0	2.2	3.8	1.8

第五章 气候变化对草地载畜量的影响

续表

编号	省份	县	相对于2010年畜牧业增加值（百万元）			相对于2010年增长率（%）				增长率平均（%）
			2020年	2030年	2040年	2050年	2020年	2030年	2040年	2050年	
145	西藏	谢通门县	5.45	12.60	21.59	32.57	0.5	1.2	2.0	3.1	1.7
146	西藏	南木林县	3.22	7.96	14.37	22.42	0.4	1.1	2.0	3.1	1.6
147	西藏	班戈县	26.95	62.23	106.90	162.10	0.4	0.9	1.5	2.3	1.3
148	西藏	曲松县	0.06	0.95	2.63	5.17	0.0	0.5	1.3	2.6	1.1
149	西藏	尼木县	0.51	1.59	3.25	5.52	0.2	0.6	1.2	2.0	1.0
150	西藏	措勤县	4.45	9.68	15.76	22.69	0.3	0.6	1.0	1.5	0.8
151	西藏	岗巴县	-0.66	0.62	2.08	3.82	-0.3	0.3	0.9	1.6	0.6
152	西藏	尼玛县	21.12	45.42	73.67	106.42	0.2	0.4	0.6	0.9	0.5
153	西藏	聂拉木县	-4.31	-1.52	2.90	9.12	-0.9	-0.3	0.6	1.9	0.3
154	西藏	昌都县	-2.38	0.08	7.07	18.29	-0.1	0.0	0.3	0.8	0.2
155	西藏	吉隆县	-5.23	-2.70	2.15	9.61	-0.9	-0.4	0.4	1.6	0.2
156	西藏	改则县	2.32	5.59	10.01	15.76	0.0	0.1	0.2	0.3	0.1
157	西藏	申扎县	-1.94	-1.14	2.24	8.56	-0.1	-0.1	0.1	0.5	0.1
158	西藏	革吉县	-1.61	-2.80	-3.60	-4.02	0.0	-0.1	-0.1	-0.1	-0.1
159	西藏	索县	-3.34	-4.11	-2.51	1.52	-0.3	-0.4	-0.3	0.2	-0.2
160	西藏	普兰县	-8.32	-5.38	-1.55	3.20	-1.2	-0.8	-0.2	0.4	-0.4
161	西藏	桑日县	-0.84	-1.25	-1.19	-0.71	-0.4	-0.5	-0.5	-0.3	-0.4
162	西藏	噶尔县	-3.79	-4.98	-5.86	-6.44	-0.3	-0.5	-0.5	-0.6	-0.5

续表

编号	省份	县	相对于2010年畜牧业增加值（百万元）				相对于2010年增长率（%）				增长率平均（%）
			2020年	2030年	2040年	2050年	2020年	2030年	2040年	2050年	
163	西藏	日土县	-13.40	-15.58	-17.54	-19.27	-0.4	-0.5	-0.5	-0.6	-0.5
164	西藏	林周县	-3.15	-4.16	-3.03	0.02	-0.6	-0.8	-0.6	0.0	-0.5
165	西藏	江达县	-11.09	-15.02	-14.84	-13.56	-0.4	-0.6	-0.6	-0.5	-0.6
166	西藏	当雄县	-6.12	-8.65	-7.72	-3.26	-0.7	-1.0	-0.9	-0.4	-0.7
167	西藏	札达县	-8.80	-10.52	-12.06	-13.42	-0.7	-0.9	-1.0	-1.1	-0.9
168	西藏	定日县	-16.39	-19.22	-14.49	-1.53	-1.7	-2.0	-1.5	-0.2	-1.4
169	西藏	墨竹工卡	-10.62	-19.43	-26.47	-32.01	-1.5	-2.7	-3.7	-4.5	-3.1
170	西藏	定结县	-8.23	-11.88	-14.56	-16.35	-2.5	-3.5	-4.3	-4.9	-3.8
171	西藏	巴青县	-30.43	-55.69	-76.14	-92.14	-2.3	-4.2	-5.7	-6.9	-4.8
172	西藏	波密县	-17.72	-31.07	-40.74	-47.61	-3.1	-5.4	-7.1	-8.3	-6.0
173	西藏	芒康县	-36.82	-69.04	-96.93	-120.87	-3.0	-5.7	-8.0	-10.0	-6.7
174	西藏	贡觉县	-35.37	-65.72	-91.61	-113.39	-3.2	-5.9	-8.2	-10.1	-6.8
175	西藏	工布江达	-51.11	-93.36	-127.40	-154.55	-4.7	-8.6	-11.8	-14.3	-9.9
176	西藏	加查县	-17.55	-32.70	-45.76	-56.99	-4.8	-8.8	-12.4	-15.4	-10.4
177	西藏	亚东县	-29.67	-39.36	-47.50	-54.33	-8.9	-11.8	-14.2	-16.3	-12.8
178	西藏	米林县	-42.80	-79.11	-109.95	-136.32	-6.0	-11.1	-15.4	-19.1	-12.9
179	西藏	洛扎县	-27.29	-41.11	-52.21	-61.06	-8.9	-13.5	-17.1	-20.0	-14.9
180	西藏	林芝县	-46.27	-85.50	-118.69	-146.58	-7.1	-13.1	-18.2	-22.5	-15.2

第五章 气候变化对草地载畜量的影响

续表

编号	省份	县	相对于2010年畜牧业增加值（百万元）				相对于2010年增长率（%）				增长率平均（%）
			2020年	2030年	2040年	2050年	2020年	2030年	2040年	2050年	
181	西藏	察隅县	-154.24	-264.20	-351.74	-420.84	-8.6	-14.7	-19.6	-23.5	-16.6
182	西藏	朗县	-79.27	-141.56	-190.00	-227.22	-10.8	-19.2	-25.8	-30.8	-21.6
183	西藏	错那县	-431.76	-780.13	-1061.68	-1288.38	-12.2	-22.0	-29.9	-36.3	-25.1
184	西藏	墨脱县	-241.67	-421.34	-567.68	-686.07	-15.2	-26.5	-35.7	-43.1	-30.1
185	新疆	叶城县	-4.63	14.65	36.47	61.23	-0.8	2.4	6.0	10.1	4.5
186	新疆	塔什库尔	-1.77	5.90	14.91	25.20	-0.3	0.9	2.2	3.7	1.6
187	新疆	阿克陶县	-9.38	-0.09	11.16	24.69	-1.3	0.0	1.6	3.5	0.9
188	新疆	若羌县	-18.44	-3.70	14.65	35.11	-0.7	-0.1	0.6	1.4	0.3
189	新疆	皮山县	-9.35	-5.75	-1.37	3.81	-2.0	-1.2	-0.3	0.8	-0.7
190	新疆	墨玉县	-0.01	-0.01	-0.02	-0.02	-0.3	-0.6	-0.9	-1.1	-0.7
191	新疆	洛浦县	-0.08	-0.16	-0.23	-0.29	-0.4	-0.7	-1.0	-1.3	-0.9
192	新疆	民丰县	-10.02	-9.95	-9.78	-9.50	-1.4	-1.4	-1.4	-1.3	-1.4
193	新疆	且末县	-32.15	-31.21	-29.98	-28.42	-2.7	-2.7	-2.5	-2.4	-2.6
194	新疆	和田县	-18.40	-24.33	-29.03	-32.66	-3.3	-4.4	-5.2	-5.9	-4.7
195	新疆	乌恰县	-24.53	-18.85	-12.40	-4.51	-8.5	-6.6	-4.3	-1.6	-5.2
196	新疆	于田县	-7.09	-7.30	-7.48	-7.63	-5.2	-5.3	-5.5	-5.6	-5.4
197	新疆	策勒县	-14.97	-15.27	-15.23	-14.82	-11.5	-11.7	-11.7	-11.4	-11.5
198	新疆	莎车县	-8.87	-8.53	-8.14	-7.70	-49.3	-47.4	-45.2	-42.8	-46.2

续表

编号	省份	县	相对于2010年畜牧业增加值（百万元）			相对于2010年增长率（%）			增长率平均（%）
			2020年	2030年	2040年	2050年	2020年	2030年	2040年	2050年	

编号	省份	县	2020年	2030年	2040年	2050年	2020年	2030年	2040年	2050年	增长率平均（%）
199	云南	丽江县	-31.87	-40.34	-47.53	-53.46	-9.9	-12.5	-14.7	-16.6	-13.4
200	云南	德钦县	-95.78	-176.39	-246.34	-307.03	-7.7	-14.1	-19.7	-24.6	-16.5
201	云南	中甸县	-187.46	-299.08	-393.47	-473.39	-9.3	-14.9	-19.6	-23.5	-16.8
202	云南	福贡县	-46.86	-77.28	-102.99	-124.79	-9.4	-15.6	-20.8	-25.2	-17.7
203	云南	宁蒗县	-43.08	-53.91	-63.28	-71.31	-15.0	-18.8	-22.0	-24.8	-20.2
204	云南	贡山县	-88.03	-153.31	-207.42	-252.25	-12.9	-22.5	-30.4	-37.0	-25.7
205	云南	兰坪县	-23.59	-34.46	-43.60	-51.24	-15.9	-23.3	-29.5	-34.6	-25.8
206	云南	维西县	-74.45	-124.74	-166.66	-201.47	-15.3	-25.6	-34.1	-41.3	-29.1
207	云南	泸水县	-32.99	-43.04	-51.93	-59.78	-21.0	-27.3	-33.0	-38.0	-29.8
合计			-3364.38	-4284.84	-4087.50	-3014.52					

为明显。由于畜牧业产值增长较小的县区占据较大比重，因此气候变化在这些地区的影响虽然有促进作用，但由于这些地区位于海拔较高、植被生长环境恶劣的中西部海拔较高的地区，因而实际的草地地上生物量随气候暖化的增加非常有限，对畜牧业的贡献相对较小。而在畜牧业产值减少的 126 个县区中，减少率在 5% 以内的有 33 个县区，仅占 26%，减少率在 5%—30% 的有 75 个县区，占 60%。这些地区主要分布在高原东部地区的川西地区、高原南部及东南部的滇西北等地区，草地受气候变化的影响其退化较为显著。由于这些地区是青藏高原畜牧业的集中区，草地承载力的下降决定了受气候变化的影响其对畜牧业的负面影响较正面影响更为深刻。

从以上分析结果可以看出，青藏高原地区畜牧业在未来气候趋势下其受气候变化的影响，相对于高原中西部地区草地载畜量的微弱增长，其承载力的减少值更为明显，畜牧业产值的减少趋势较为明显。从这 207 个县区畜牧业发展的各自趋势统计来看，畜牧业产值受气候变化的影响，青藏高原整体的畜牧业损失规模呈现出先增加，而后减轻的趋势（见表 5-5，图 5-26）。这种趋势与高原中西部地区的草地生产能力增加及东部及东南部地区草地载畜量的退化间有着直接的联系。在未来气候变化情景下，随着广阔的西部地区植被生产力的缓慢增加，总体来看，整个高原的牲畜承载力在减少后将出现增加趋势，这与以气候生产潜力预测的畜牧业发展趋势较为一致（见图 5-26）。图 5-28 综合了以上气候变化不同情景下的草地载畜量变化趋势。

从图 5-28 中可以看出，在未来的气候情景下，青藏高原地区的草地气候生产潜力将持续增加，该趋势因增温率的不同而对畜牧业的影响有轻微的差异，但总体上显示有利于畜牧经济的发展（见图 5-25 中的情景一和情景二）。但以地面实际的草地自身变化趋势来预测，21 世纪上半叶青藏高原地区的畜牧业受气候变化的影响，其载畜量将会经历一个显著的减少阶段，即气候变化影响了以高原为整体的畜牧业发展。从植被的空间变化趋势来看，该趋势尤其对高原东北部及东南部的畜牧业发展不利，载畜量减少约 $8.05 \times$

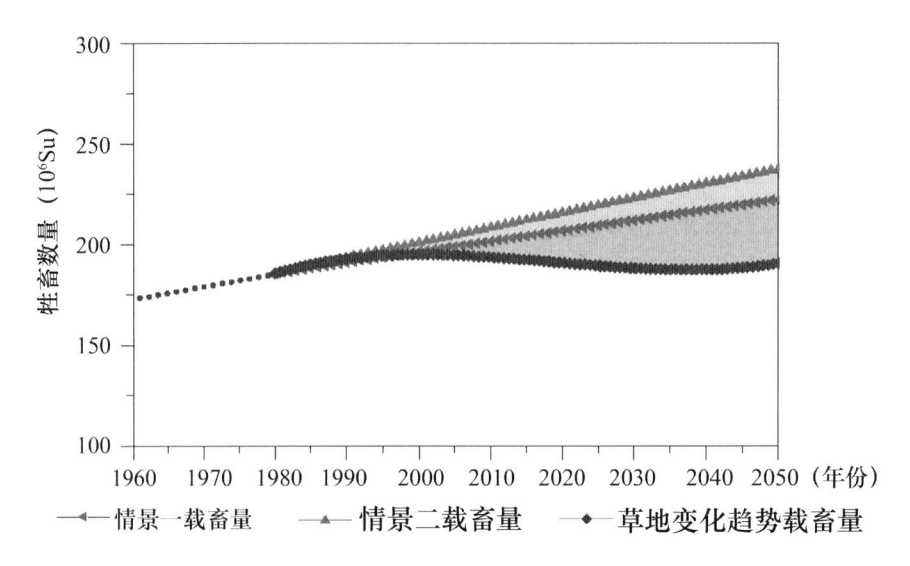

图 5-28 基于未来气候变化情景预测的青藏高原草地载畜量及基于草地变化趋势预测的载畜量变化趋势

10^6Su，其经济损失绝对值在 3.01×10^9 元到 4.28×10^9 元（以 2010 年不变价计算）。因此气候变化对畜牧业的影响较为严重。

综合气候生产潜力和草地自身变化趋势下的载畜量变化，以草地气候生产潜力作为未来气候变化的高值，以草地变化趋势预测值作为未来气候变化影响下的低值，计算得到的青藏高原载畜量变化发展趋势及波动范围如图 5-28 所示。受未来气候变化不确定性因素的影响，青藏高原地区草地的载畜量波动范围随着预测的时间尺度的增加而变得开阔，即畜牧业受气候变化影响的不确定性在逐渐增加。但从总体而言，青藏高原的畜牧业以实际草地变化趋势预测的载畜量在降低后出现回升。而以气候情景预测的载畜量在持续增加。这些变化趋势基本反映了以高原为整体的畜牧业变化情景。由于载畜量的波动上限受持续暖温化和降水增加的控制，可以肯定的是，在未来气候情景下，随着暖温化的加速及降水的缓慢增加，暖湿化气候趋势将有利于高原南部及西部地区的畜牧业的发展，而对高原东北部及东部边缘、山南、林芝等人口、牲畜密集的地区则因放牧压力增加的原因而出现草场退化。按目前的草地地上生物量变化速度预测,其在未来的40年中将基本呈现出"减少—回升"的变化趋势。究其原因,广大的高原中西部地区微弱的草量增加在一定程度上能消减东部等草地退化区域的草量减少,以目前的情景预测,这种增加趋势将最终导致整个高原的畜牧环境改善,载畜量逐渐增加。

但值得注意的是,青藏高原地区草场退化较为严重的区域集中在高原东部的青海湖附近地区、高原东部的川西北及南部的山南、林芝、滇西北地区,这些地区是青藏高原人口及牲畜较为集中的地区,是高原畜牧业的集中区,而在未来气候情景中草地仍然出现退化趋势,因此对畜牧业的影响颇为不利。在高原的中西部地区,以目前的各种模型预测结果显示其将经历一个植被活动增强和地上生物量增加的过程,并且该过程将随着暖湿化气候趋势的变化而持续下去,从而有利于青藏高原整体的畜牧经济的发展。但从其对青藏高原地区畜牧业的贡献来讲,由于这些地区海拔较高、全年平均温度较低、植物生长季节较短,在草地类型上以高寒草甸、高寒草原为主,植物的地上生物量普遍较小,因而在畜牧业中对牲畜不能形成持续的放养供应和规模生产,加上恶劣的气候环境的限制,因而该地区植被的微弱恢复对整个青藏高原地区的畜牧业贡献作用极其有限。统计结果中在畜牧业产值增加的81个县区中有45个县区的畜牧业产值增长率小于5%,占趋势增加中总县区的56%左右即是对这一情况的反映。因此从畜牧业实际发展趋势而言,青藏高原地区在未来气候情景中草地载畜量将受气候变化的影响而出现衰减趋势(见图5-28中的趋势下限),不利于东部尤其是高原东北部及南部滇西北等地区畜牧业的发展。但由于高原的中西部海拔较高的地区植被出现恢复态势,因此从整体上有助于缓解这种趋势。

总体而言,青藏高原地区的畜牧业在未来气候情景下将出现先衰退,后回升的发展态势,并且依据目前的气候变化模式预测,未来趋势下青藏高原畜牧业整体上将出现好转,有利于畜牧经济的增加。

第五节　本章小结

本章以草地气候生产潜力和草地理论生产潜力二者受气候变化影响的分析为主，分别对气候生产潜力下的温度生产潜力、降水生产潜力、蒸散发生产潜力及在最小因子限制下的气候生产潜力进行了计算，并就未来气候趋势下的变化趋势进行了分析；根据地面样方数据与遥感数据进行回归分析，建立基于草地地上生物量的草地理论载畜量计算模型，并就其受气候变化的影响的趋势进行了预测。结果显示：

（1）随着青藏高原地区气候暖化和降水的增多，在单因子计算的气候生产潜力下温度生产潜力、降水生产潜力、蒸散发生产潜力等均有增加的趋势，增加的幅度受气候因子中温度、降水增加的影响，与其空间趋势较为一致。基于最小限制因子的计算中，青藏高原地区北部地区主要以降水为其气候限制因子，而高原南部及中部地区以蒸散发为其气候生产潜力的限制因子。

（2）基于草地理论载畜量的计算结果显示，未来气候情景下草地的理论载畜量将出现先下降，后增加的趋势。从空间变化上来看，草地地上生物量下降的地区主要集中在高原的东北部青海湖附近地区、高原东部边缘、川西北的甘孜、阿坝等地、滇西北以及西藏自治区的山南、林芝等地区，拉萨市附近地区及那曲、索县等地区也出现了较为明显的承载力下降趋势。而一些高海拔地区及人为的退牧还草、人工草地建设、草地生态恢复治理区等则出现了承载量持续增加的态势，这些地区主要集中在青海省南部的果洛、玉树等江河源区，广大的高原中部及西部地区的高寒草原、高寒草甸的植被恢复也很明显，高原南部的喜马拉雅山地地区也是植被恢复较高的地区，其牲畜承载力一度出现增加趋势。

（3）以县区为单位的统计中部分县的牲畜规模已超过了其草地气候潜力载畜量和理论载畜量，从而形成较为明显的超载情况。从超载县区的分布来看，超载较为严重的地区主要位于青藏高原的东北部、青海省的东南部、川西北地区、西藏的日喀则—拉萨—那曲—昌都地区以及滇西北地区。而超载率较低和未超载的地区则主要分布在高原的北部及广阔的中西部地区。这种趋势与本书第四章中的分析结果基本一致。

（4）在未来的气候情景下，青藏高原地区的草地气候生产潜力将持续增加，该趋势因增温率的不同而对畜牧业的影响有轻微的差异，但总体上显示有利于畜牧经济的发展。但以地面实际的草地变化趋势来预测，21世纪上半叶青藏高原地区的畜牧业受气候变化的影响，其载畜量将会经历一个显著的减少阶段，即气候变化影响了以高原为整体的畜牧业发展，从植被的空间变化趋势来看，该趋势尤其对高原东北部及东南部的畜牧业发展不利。

第六章　气候变化对畜牧业的综合影响

本书以上几个章节内容以气候变化对畜牧经济中的核心要素"草"的影响分析展开，在气候变化的时空间差异分析基础上探讨了气候变化在空间上对植被的影响、对草地载畜量的影响，并以此为基础分析了气候变化对畜牧经济的影响，以不同的气候情景和草地变化趋势预测了未来气候变化对青藏高原畜牧业产值的影响和波动范围。以上分析是"气候变化—草量—载畜量—畜牧产值"这一思路的核心内容，是气候变化对畜牧经济影响分析中的重要基础。由于畜牧经济涵盖了"草（牧草量）"—"畜（牲畜规模）"—"业（畜产品及其产值）"三个重要内容，且气候变化的最直接影响是通过影响畜牧业赖以发展的基础——"草"，进而影响畜牧规模及畜牧产业，因此本书以上章节以这一思路为分析的重点，分别就气候对植被分布、草地地上生物量、载畜量以及畜牧业产值进行了详细的分析。

由于畜牧业是一个宏观的产业概念，其中涵盖了草原管理、牲畜规模及结构、畜产品的规模及质量、畜产品供养能力及食品安全、畜牧产业规模及分布、畜牧业在国民经济中尤其是在第一产业中的比重、发展阶段、畜牧技术等各个方面的内容，因而是一个复杂的产业系统。受气候变化的影响，畜牧业的各个方面均可能受到影响和挑战，而对畜牧经济总体的综合影响评价则是判断畜牧业在未来气候模式下其发展前景的关键所在。因此，分析气候变化对畜牧经济的综合影响显得颇为重要。通过该方面的分析，能对在未来气候情景下发展畜牧业提供发展战略和建议，并对制定应对气候变化策略提供指导。本书以下部分基于青藏高原畜牧业的发展现状分析，以气候变化对青藏高原畜牧经济的综合影响分析为主，判断气候变化给畜牧业生产带来的影响及贡献；并通过与气候不变化情景下的畜牧业发展状态进行对比，以此来分析畜牧业受气候变化影响的经济损失情况；并通过对畜产品的影响，如对肉产品、奶产品产量等的影响来分析对畜牧业中各个行业的影响；以就业结构的变化来分析其对畜牧业结构的影响；从而为制定畜牧业应对气候变化策略提供科学依据。

第一节 青藏高原地区畜牧业发展现状

青藏高原地区是我国重要的四大牧区之一[①]，与其他几个主要牧区相比，青藏高原地区因海拔较高、年平均温度较低、植被覆盖度低、地上生物量相对较小等，草地的产草量较小、草地承载力普遍较低，因而人口和牲畜的分布相对较为稀疏，是我国人口和牲畜密度最低的地区之一。从地理环境来讲，青藏高原地区位于我国的西部地区，总面积约 $2.57 \times 10^6 km^2$，占我国国土面积的1/4左右。因其海拔普遍较高，素有"地球的第三极"和"世界屋脊"之称，其平均海拔在4500m左右。由于其海拔较高，年平均温度只有2.5℃—5℃（1961—2010年的年平均温度范围）。气温的分布与海拔和经度、纬度之间有着明显的关系，即随着海拔和纬度的升高，温度呈梯度性递减。青藏高原地区的年降水总量平均为470mm左右（1961—2010年年降水总量的平均值）。由于受东亚季风的控制，降水主要集中在春、夏、秋三季，而冬季的降水则较少。近些年来，青藏高原地区的温度和降水均有上升趋势，其中温度上升较为明显，而降水增加幅度较小。

受高海拔、低温等恶劣环境的影响，青藏高原地区的植被生长

[①] 我国四大牧区依据天然牧草的分布划定，指内蒙古牧区、新疆牧区、西藏牧区以及青海牧区。参见任继周《草原调查与规划》，中国农业出版社1985年版。

季节较短（5—9月），只有短暂的4个月左右的时间，植被以高寒草甸、高寒草原、荒漠草原等为主，地上生物量普遍较小，草地的生产能力较低。牧草主要以莎草科嵩草属植物为主，主要有高山嵩草（kobresia pygmaea）、矮嵩草（K. humilis）、线叶嵩草（K. capillifolia）为主，牧草普遍矮小（赵新全 2009）。在牲畜畜种方面，青藏高原地区分布着世界上稀有的藏牦牛（Bos grunniens, Chinese yak）、藏绵羊和藏黄羊、山羊、藏羚羊、马、藏毛驴等，是青藏高原地区的主要特色畜种。

由于受气候和自然环境的限制，青藏高原地区的农业发展相对滞后，主要以畜牧业的发展为主，是我国少数几个牧业集中的地区之一。以目前在青藏高原上的207个县区来统计，2010年青藏高原地区总人口约为1554万人，牲畜总数为1.344亿个羊单位（见图6-1），而牲畜中主要以藏牦牛和藏绵羊、山羊为主。

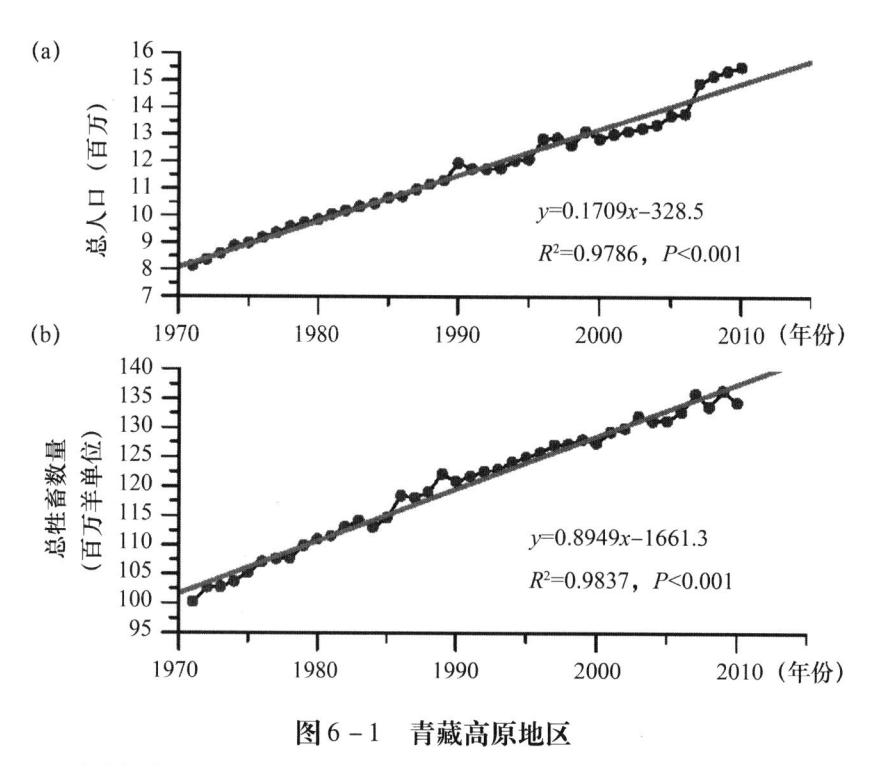

图6-1 青藏高原地区

（a）近些年来人口规模增长趋势，（b）以羊单位换算的牲畜规模增长情况

第六章 气候变化对畜牧业的综合影响

以占高原主体部分的青海、西藏两省区经济统计数据来看（见图6-2），2010年青藏高原畜牧业从业人员为210万人，畜牧业总产值为173.45亿元，畜牧业人均收入8260元。虽然近些年来青藏高原地区的经济发展较快，但从人均收入水平来看，青藏高原地区的人均收入水平普遍较低，低于全国同期的平均值，处于相对落后的水平。

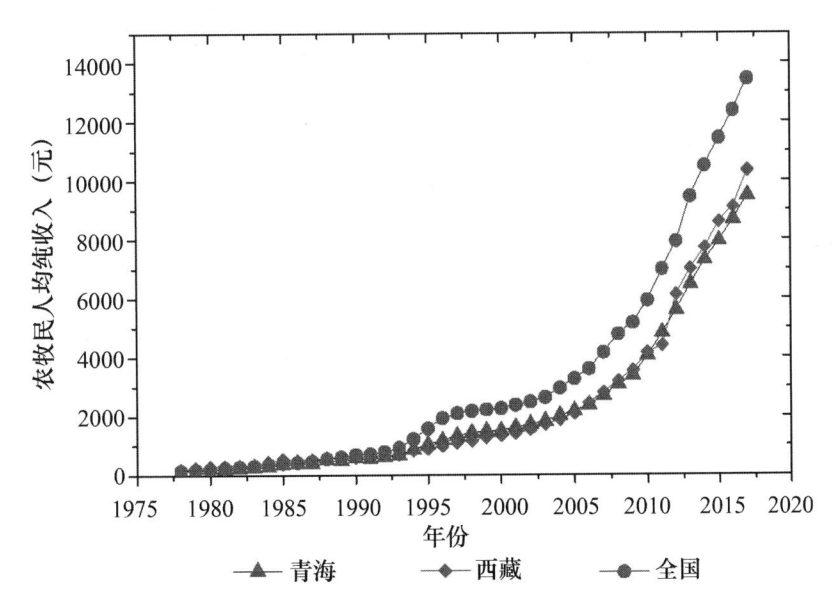

图6-2 青藏高原地区西藏、青海两区及全国人均收入对比

从历年三次产业的比重来看，青藏高原地区第一产业所占比重在27%左右，但近些年该值有一定的下降，第一产业总值占GDP总值的10%左右（见图6-3）。从第一产业所占比重来看，青藏高原地区对第一产业的依赖较为严重，但随着近些年第二、第三产业的发展，这一趋势基本得到了扭转。

但从历年畜牧业占第一产业的比重来看（见图6-4），在第一产业中，青藏高原地区的畜牧业所占比重历来较高，曾一度达到60%。在近些年仍有增加的趋势，基本维持在50%左右。证明青藏高原地区的畜牧业在该区仍占有相当重要的地位。由于广大的牧民主要依赖于畜牧业作为其生计的主要来源，该比重较高反映了青

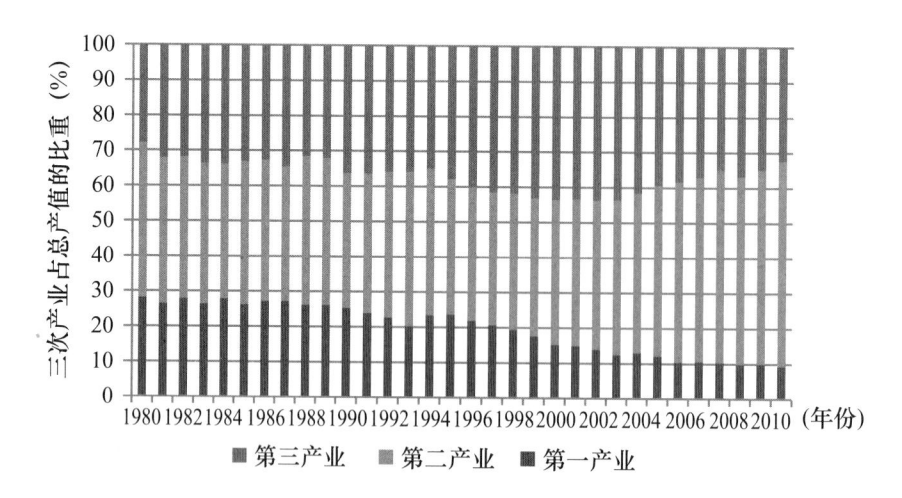

图 6-3 青藏高原地区历年三次产业比值构成（1980—2010）

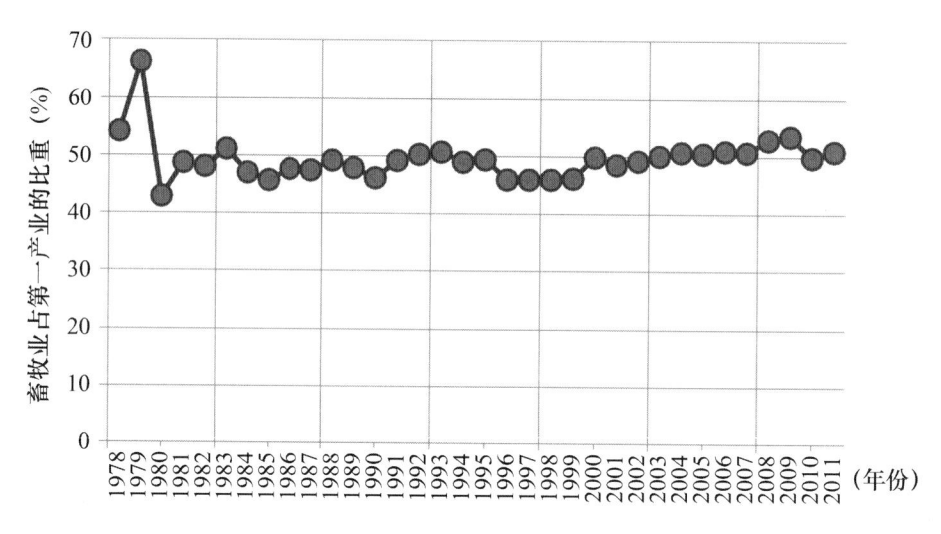

图 6-4 青藏高原地区畜牧业产值占第一产业产值的比例（1978—2011）

藏高原地区尤其是广大牧区对畜牧业的依赖度较高。由于青藏高原地区的城市和城镇的数量和规模均比较小（见图 6-5），城镇化率较低，对畜牧业中的剩余劳动人口吸纳有限，因而其发展总体上处于经济起飞前的农业社会阶段。

从联合国粮农组织及世界银行的统计数据综合分析，以牧业人口、牧业产值、机械化利用率等指标对青藏高原的畜牧业总体水平进行评价，总体而言，青藏高原地区的畜牧业水平仍处于传统的以

第六章　气候变化对畜牧业的综合影响

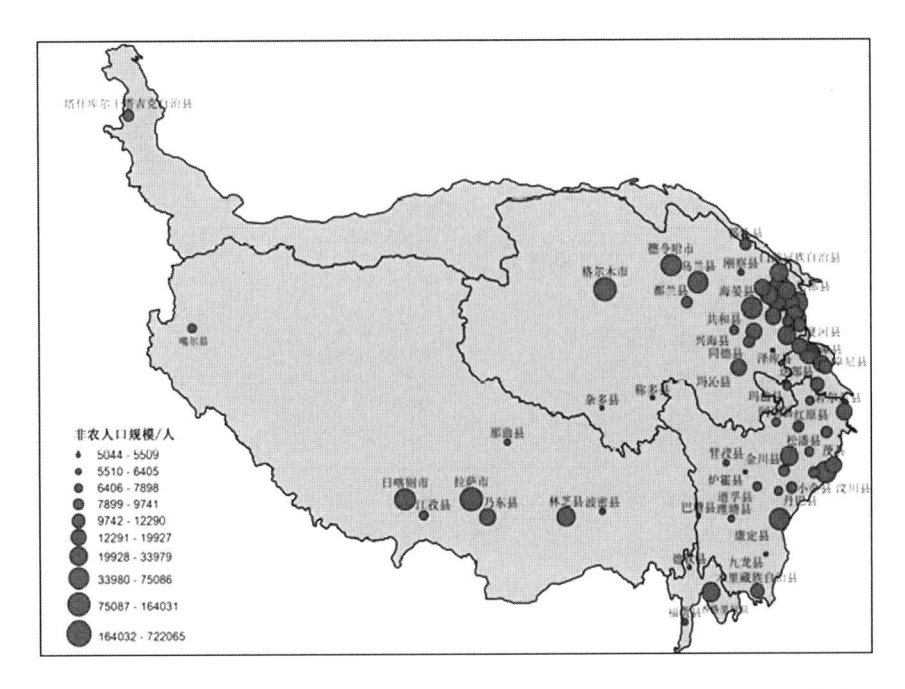

图 6-5　青藏高原地区非农人口规模在 5000 人以上的城市、城镇分布（2010）

自然放牧、游牧和天然牧场的管理阶段，因而畜牧业现代化管理水平差，目前仍处于畜牧业发展的初级阶段（图 6-6）。

从以上统计的资料可以看出，与世界上畜牧业较为发达的新西兰、挪威、加拿大、以色列等国相比，青藏高原地区的畜牧业发展水平总体上较为落后，其畜牧基础设施和现代化管理水平较低。由于自然环境限制和受传统的放牧习惯等的影响，青藏高原地区的畜牧业现代化水平还较为落后，与世界先进水平差距较大。畜牧业发展的这种现状和趋势意味着在气候变化、人类活动影响加剧等背景下，其所面临的抵御气候变化风险的能力较差，因而在气候变化中面临着更多风险性。

以上对青藏高原畜牧业发展现状的分析是本书进一步分析的基础，本书以下部分从经济学的角度来分析气候变化对畜牧业的综合影响。

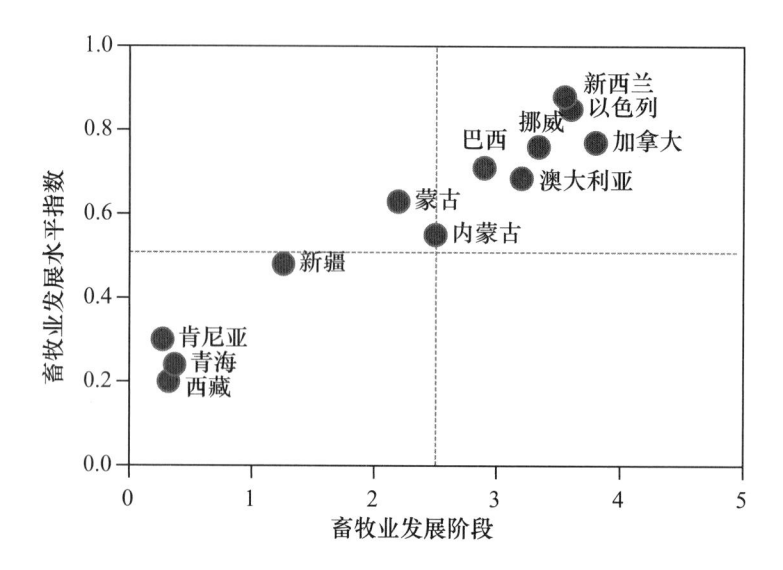

图 6-6 以畜牧业发展水平指数统计的青藏高原畜牧业现代化管理水平与世界的对比

资料来源：依据世界粮农组织（FAO，http://www.fao.org/corp/statistics/zh/）及世界银行（The World Bank，http://data.worldbank.org.cn/）统计数据汇总。

第二节 气候变化对畜牧业影响的静态评估

挪威经济学家费瑞希最早于 1933 年在其发表的《动态经济学中的扩散问题和冲击问题》一文中从计量经济学的角度将经济学的基本研究方法划分为静态分析（Static Analysis）和动态分析（Dynamic Analysis）①。随着计量经济学的发展以及假定其他变量不变的条件下，突出重点考察变量对因变量的影响的研究越来越受到广泛应用。因为静态分析是假定其他条件为常数或静变量（constant）的前提下，以某些重点变量为自变量，研究对因变量的另一些经济变量随其取值变化而变化的规律。该方法可以视作一种组合选择分析，其中自变量与因变量的不同取值之间是一种并列关系，不存在时间顺序和前后演替关系，因此被称为机械论思维法（Mecha-

---

① 参见张建华《经济学——入门与创新》，中国农业出版社 2005 年版。

nism)。虽然静态分析法有其机械的一面,但由于其常常抓住了分析对象的核心要素,其研究结论往往能够在现实经济生活中得到印证。例如经济学在基础理论研究领域普遍采用静态分析法,如边际效用递减规律、边际收益递减规律、边际消费倾向递减规律、有效需求决定国民收入等经典理论都是静态分析的范例[1]。

由于静态分析研究的视角在于紧紧抓住核心考察要素,而将一些次要因素和关系较弱的要素"隔离"和"固定"处理(即视为不变量或常量),因此在应用静态分析前必须对要研究的核心对象进行抽象化简化,即通过设定一些假设条件,假设哪些条件为不变因子,从而单纯分析要关注的核心对象间的关系。本书在分析气候变化对畜牧经济的影响时,由于畜牧经济的影响因素较为复杂,为了突出本书所关心的重点,本书将表征气候变化的要素,如温度、降水等视为自变量,而将表征畜牧经济要素,如牲畜存栏数量、畜牧业产值、肉产量等视为因变量,而把其他因素如政策效应、技术进步等视为不变量,最后得出一个气候变化对畜牧经济的影响关系,显然,该方法分析结果是运用孤立变量法得出的静态分析结果。

在静态分析方面,协整理论和生产函数法等被广泛地应用到对因变量的考察中(Fleischer and Sternberg, 2006; Stern N., 2006; Dietz et al., 2007; Aaheim et al., 2012)。Stern(2006)在《气候变化经济学》一书中较为综合地阐述了气候变化影响下各个行业和系统的经济损失及前景,运用的分析方法就是协整理论和生产函数法(Dietz et al. 2007)。由于各个行业受气候影响的程度和方面各有差异,通过静态分析的方法能将气候对各个行业和系统的主要影响由模糊的描述性刻画变为量化的经济损失/收益的度量,因而数量经济的方法无疑是较为理想的横向比较办法[2]。Aaheim 等(Aaheim et al. 2012)通过文献梳理的办法,将各个行业受气候变化影

---

[1] [美] 保罗·萨缪尔森:《经济学》,——译,人民邮电出版社2008年版。
[2] Stern N., *The Economics of Climate Change—the Stern Review*, Cambridge: Cambridge University Press, 2006.

响的损失情况进行逐一归纳，利用协整理论的静态分析法对欧洲地区农业、林业、电力及旅游等行业进行逐一分析，按分区的办法得到欧洲85个次级区域的影响程度，发现地中海附近地区影响最为直接和严重，而随着纬度的增加其对各个行业的影响则逐渐减轻。另外Fleischer等（2006）利用协整理论法对地中海附近区域畜牧业受气候影响的研究也具有代表性。由于该方法能把自变量和因变量很好地联系起来建立相互影响关系或生产函数关系，因而静态分析法在该方面的研究中是应用较为广泛的方法之一。

第三节 研究方法的选择

一 协整理论方法

协整理论主要考察变量之间的长期稳定均衡关系，虽然一些变量本身是非平稳序列，但其线性组合可能是平稳序列，这种考虑长期稳定均衡关系的平稳现象组合被称为协整方程。协整方程的建立一般分为以下几个步骤。

（1）序列平稳性检验

如果一个时间序列具有稳定的均值和方差，则这个序列是平稳的，否则就是非平稳的。但如果一个序列是非平稳的，而其一阶差分方程序列是平稳的，则称此序列为一阶单整序列，记为 $I(1)$；类似的，如果其必须经过d次差分后才能平稳，则此序列为d阶单整序列，记为 $I(d)$。对于两个序列而言，具有相同的单整阶数是序列之间具有协整性的必要条件。一般采用ADF检验法对序列平稳性进行检验，即首先对时间序列 x_t 建立最小二乘（OLS）回归方程：

$$\Delta x_t = (\rho - 1)x_{t-1} + \sum_{j=1}^{p} \lambda_j \Delta x_{t-j} + \varepsilon_t \qquad (6-1)$$

式（6-1）中 ε 为误差项。对方程中的系数 $\rho = 1$ 进行检验，检验的原假设是 $\rho = 1$，即序列是不平稳的；与之对应的假设是 $\rho < 1$，则序列是平稳的。

(2) 序列间协整性检验

变量之间的协整性衡量了两个变量变化趋势之间的长期稳定关系。如果已经判断两个序列 x_t 和 y_t 是非平稳的，但其都是 d 阶单整序列。则检验方法分为两步：

第一步，建立协整回归方程：

$$x_t = \alpha + \beta \times y_t + \varepsilon_t \qquad (6-2)$$

并通过 OLS 回归得到

$$\hat{x}_t = \alpha + \beta \times \hat{y}_t + \hat{\varepsilon}_t \qquad (6-3)$$

第二步，通过对残差 $\hat{\varepsilon}_t$ 是否平稳的 ADF 检验来判断 x_t 和 y_t 的协整性。

如果 x_t 和 y_t 不是协整的，则它们的任意一个现象组合都是非平稳的，则残差 $\hat{\varepsilon}_t$ 也必然是非平稳的。因此如果检验结果中 $\hat{\varepsilon}_t$ 是平稳的，则可以认为 x_t 和 y_t 之间存在协整关系。

(3) 误差修正模型 (ECM)

根据 Granger 定理，如果时间序列 x_t 和 y_t 之间存在协整关系，还可以有另一种等阶形式，即误差修正模型 (Error Corrected Model, ECM)，其建立方法是：

a. 求模型 $y_t = k_1 x_1 + \varepsilon_t$ 的 OLS 估计值，得到 $\hat{k}_1$ 及残差序列：

$$\hat{\varepsilon}_t = y_t - \hat{k}_1 x_1 \qquad (6-4)$$

b. 用 $\hat{\varepsilon}_{t-1}$ 替换 $y_t - \hat{k}_1 x_1$，即对

$$\Delta y_t = \beta_0 + (\beta_1 - 1)\varepsilon_{t-1} + \hat{\beta}_2 \Delta x_t + \varepsilon_t \qquad (6-5)$$

c. 再用 OLS 方法估计其参数。

(4) 序列间格兰杰因果检验

变量之间因果关系衡量的是一个变量的变化对另一个变量的影响程度。目前对二者关系的检验应用较广的是 Granger 因果关系检验法。其基本思路是，如果变量 X 的历史信息有助于变量 Y 预测精度的改善，则认为 X 对 Y 存在 Granger 因果关系。具体检验方法是先建立两变量自回归模型：

$$y_t = \alpha_0 + \sum_{i=1}^{m} \alpha_i y_{t-i} + \sum_{i=1}^{m} \beta_i x_{t-1} + \varepsilon_{1t} \qquad (6-6)$$

$$x_t = \alpha_0 + \sum_{j=1}^{m} \alpha_j x_{t-j} + \sum_{j=1}^{m} \beta_j y_{t-j} + \varepsilon_{2t} \qquad (6-7)$$

对模型中的参数进行估计,并对 β_i ($i=1$, 2, …, m) $=0$ 进行检验,该假设的含义是"X 不是引起 Y 变化的原因"。如果拒绝了 β_i ($i=1$, 2, …, m) $=0$ 的原假设,则拒绝了"X 不是引起 Y 变化的原因"的假设,从而得出结论:X 对 Y 存在 Granger 因果关系。同样可以对 β_j ($j=1$, 2, …, m) $=0$ 进行检验,从而判断 Y 对 X 是否存在 Granger 因果关系。

二 生产函数法

生产函数是描述生产过程中投入生产要素及其组合后得到的最大产出量之间的关系的数学表达式,其一般形式为:$Y = f(X_1, X_2, …, X_n)$,其中 Y 为产出量,X_i ($i=1$, 2, …, n) 代表 n 种投入要素。生产函数是经济学中重要的经济增长分析工具,可以判断各个投入要素对产值的贡献率大小。正因如此,生产函数被广泛地应用到投入要素对产值的贡献率分析中。但在实际的经济生产领域由于生产过程的多样性、复杂性,不同的生产条件、生产形式及生产技术都对应着不同的生产函数。目前较为流行的生产函数从形式上可分为四种:Cobb 和 Douglas (1928) 提出的 Cobb-Douglas 生产函数模型、Solow (1960) 和 Arrow (1961) 提出的不变替代弹性 CES 生产函数模型、Sato (1967) 提出的可变替代弹性 VES 生产函数模型及 Christensan 和 Jorgenson (1973) 提出的超越对数 Translog 生产函数模型。

Cobb-Douglas 生产函数模型的一般形式如式 (6-8) 所示,在众多的经济生产投入要素中,其中主要引入了资本和劳动这两个基本的生产因素,而技术等外生性变量用综合技术水平来代替:

$$Y = AK^{\alpha}L^{\beta} \qquad (6-8)$$

在式 (6-8) 的 C—D 生产函数中,

Y——产值;

A——生产转换因子或技术水平；

K——资本的投入量；

L——劳动力投入量；

α——资金 K 的弹性系数；

β——劳动力 L 的产出弹性。

20 世纪 40 年代，美国经济学家丁伯根引入时间变量 t，将 A 转变为一个随 t 而变化的量，从而搞清楚了 A 的真正含义，并将函数修正为：

$$Y = A_0 e^{\delta t} K^\alpha L^\beta \qquad (6-9)$$

式中 δ 为科技进步率。

在 C—D 函数中，弹性系数的取值有 3 种情况：即 $\alpha + \beta = 1$；$\alpha + \beta < 1$ 和 $\alpha + \beta > 1$。在理论上，$0 < \alpha < 1$，$0 < \beta < 1$。若 $\alpha + \beta = 1$，则说明生产函数具有固定的报酬率，扩大生产规模不会带来经济效益的扩大；若 $\alpha + \beta < 1$，则说明生产函数具有报酬递减率，在现有的技术水平下通过扩大生产规模来增加经济收益是得不偿失的；若 $\alpha + \beta > 1$，则说明生产函数具有递增的报酬率，技术水平的提升使增加生产规模即可获得增加的效益。

很明显，对上式做取对数处理，生产函数方程将变为线性方程，用 OLS 估计的参数就是各个变量的产出弹性，即

$$\ln Y = \ln A + \alpha \ln K + \beta \ln L \qquad (6-10)$$

在具体的计算中，式（6-10）的形式应用较广。因为上式能直观地反映各个生产投入要素在经济产出中各自的贡献率，即单位投入要素的增加值所引起的总生产收益的额度，即生产函数收入弹性的大小。而各个因子贡献率的大小——弹性往往才是人们关心的问题核心。

生产函数可以应用到经济生产领域的各个行业中，并根据实际应用中考察对象侧重点的不同而有变形。例如索洛（R. M. Solow）在 1956 年应用其研究美国 1909—1949 年的经济增长时发现，除了传统的资本和劳动因素外，技术创新和企业管理也是同等重要因素，其改进的生产函数涵盖了技术进步、劳动和资本三要素，其形

式类似于式（6-8）。随着信息时代的到来，信息作为一个重要资源而在社会生产力发展中起到了重要的作用，周洛华等据此提出的信息时代的C—D函数如下：

$$Y = K_0^a L_0^b K_1^c L_1^d \qquad (6-11)$$

式中，Y 表示经济产出，K_0 表示非信息技术设备的资本投入，L_0 表示非信息技术的劳动投入，K_1 表示信息技术设备的资本投入，L_1 表示信息技术的劳动力投入，a、b、c、d 分别表示每个要素各自的产出弹性。

另外，在其他产业和行业中类似的应用也较为普遍，例如林燕燕（2005）依据该函数的变形，引入农业生产中的机械化程度对新疆农业生产中的农机化贡献进行了分析。董彦龙（2011）对河南省农业生产中的劳动力投入贡献进行了探讨，发现劳动力对种植业产出的贡献率超过90%。李建琴等（2011）探讨了蚕桑生产中土地、劳动力、资本、发种量等因素的作用，并对比分析技术进步对浙江省和广西壮族自治区蚕桑生产的影响力。结果表明，劳动力和土地投入对我国蚕桑生产的影响已经逐渐减弱，而资本投入与技术进步才是促进蚕桑生产发展的主要因素的结论。罗国亮（2006）分析了我国东部、中部、西部各地区食品加工业增长的影响因素，探索了专业化、区位商、效益与各地区食品加工业增长的关系等。可以说，应用变形的C—D生产函数对各个产业和行业的生产—产出贡献分析已经较为成熟。

同样的思想可以延伸应用到农牧业生产领域。在农牧业生产中，生产的投入要素变成了气候资源投入（如温度、水、能耗等）、物质资源投入（如土地、化肥、暖棚建设、动力机械等）、劳动力资源投入（如从事农牧业的人数、医务人员等）、技术投入（如种子培育、灌溉技术改进、农药研发、基因库建设等），因为农牧业生产离不开土地和气候资源，因此与其他经济生产函数所不同的是该领域的生产函数模型中掺杂了气候及土地资源等生产要素的贡献。但在具体的模型设计时还要根据所关注的核心对象及问题而有所取舍。丑洁明和叶笃正（2006）构建了一个引入气候因子的粮食生产函数模型（C—D—C），以其来探讨全球气候变化对粮食产量的影响。其形式如下：

$$Y = \beta_1 X_1^{\beta_1} X_2^{\beta_2} \left(\frac{X_3}{X_2}\right)^{\beta_3} C^{\gamma} \qquad (6-12)$$

其中 Y 表示粮食产量，X_1、X_2、X_3 分别表示劳动力、播种面积、肥料投入要素；β_1、β_2、β_3 为各要素的产出弹性；C 表示气候变化影响的参数，γ 为选取的气候变化因素 C 的产出弹性。

基于此的气候生产函数变形较多，但均依据 C—D 函数、在所研究的核心问题中考虑进气候条件投入以及农牧业生产中其他要素投入，因此形式上与式（6-12）基本一致。

基于以上分析可以看出，改进的 C—D 生产函数能较为灵活地体现出经济生产中投入要素对产出的贡献，因而给分析带来方便，其函数的改进具有因研究对象而变化的灵活性。本书在畜牧业受气候变化影响的静态分析中应用该思考问题的方法，参考式（6-12）对模型进行改进，以此来判断气候变化对青藏高原地区畜牧经济的影响。改进后的 C—D—C 生产模型考虑进了气候变化因素，因而可以对气候变化引起的畜牧经济收益进行贡献率分析，具有其合理性。

第四节　数据及处理方法

一　变量选择

（1）畜牧业产值

度量畜牧业的产出中其指标较多，畜牧经济总产出可以取畜牧业总产值、羊单位换算后的牲畜存栏数、牲畜出栏数、肉产品产量、奶产品产量等，可以根据气候变化对各个要素的影响进行分别计算。

（2）气候变化参数

由于畜牧业生产过程的特殊性，在青藏高原地区，以游牧和自然放养的传统放牧方式占据主体地位，因此其畜牧业对气候环境的依赖较为明显,气候变化因影响草地资源而使草地的承载力发生变化,进而影响畜牧经济的收益变化。本书选取近地面年平均气温 T 作为牧业生产中的热条件要素、选取年总降水量 P 作为气候变化中的水要素。该数据集与本书前几个章节所讨论的数据一致。

(3) 畜牧业资本投入

畜牧业生产中的资本投入较多,如土地、化肥、机械总动力、牧业固定资产投资、农机化固定资产投资、灭鼠设备投资、暖棚建设投资等。由于青藏高原地区的草场为天然草场,人工草场占据比重甚小,因此土地的投入可以看作固定值,另外天然草场中的化肥和农机使用率很低,可以在以高原为整体的计算中忽略,因此本书中畜牧业的物质投入主要是牧业固定资产投资和机械燃料投资、灭鼠和暖棚建设费用可以归并到畜牧业固定资产投资中。

(4) 畜牧业人力投入

本书中畜牧业的劳动力是指从事牲畜放牧、养殖的劳动力人口,而这个数据无法直接得到,需要根据乡村从业人员数中的农林牧副渔从业人员或牧民的数量进行推算。本书以统计年鉴中的农林牧渔从业人员按青藏高原地区畜牧业的比重进行推算而来。

(5) 科技进步变量

在大多数关于技术进步变量的研究中,技术进步一般用时间趋势来代替,即随着时间的推移,技术处于稳定的上升。由于青藏高原地区的畜牧业发展对天然草场的依赖较为严重,人均畜牧业产出能对技术进步有所体现,因此本书以畜牧业的人均产出作为其技术提升的指标。利用历年的畜牧产值增加值与畜牧业从业人员数的比,得到畜牧业技术进步指数。

(6) 政策制度变量

畜牧业扶持计划及政策能影响牧民对畜牧业的信心和投入,因此在畜牧经济中政策具有很强的贡献率。由于青藏高原地区的畜牧业以游牧和传统自然放养为主,因此牧民定居和轮牧制度对其具有很大影响,西部大开发、退牧还草和青藏铁路的开通等对畜牧业也有一定的影响，本书以各个政策出台的时间为节点，在时间出台之前政策制度变量取0，之后取1，并累加，以反映政策的后续效应。

(7) 区域哑变量

区域哑变量反映区域之间生产条件的差异性。本书选取的研究区主要为青海、西藏两个省区，二者在自然环境和人文环境（如饮食习俗）方面有很大的相似性，因此，环境哑变量在区域内均取为1。

二　数据来源

本章涉及畜牧经济指标多，其中人口、牲畜数量、畜牧产值等经济统计数据均来自各个省市的《统计年鉴》以及《中国农村统计年鉴》《中国区域经济统计年鉴》《中国人口和就业统计年鉴》《中国人口统计年鉴》《中国县（市）社会经济统计年鉴》等。另外，技术、政策等变量数据部分来自国务院、各个省区的公报、公告、地方政府颁布的相关文件等。气象数据来自中国气象局国家气候中心。

三　数据处理方法

由于青藏高原地区覆盖207个县区，长时间序列的畜牧经济要素统计资料较难完整地获取，本书以青藏高原地区占据主体地位的两个省区西藏自治区和青海省的畜牧经济统计资料为主，由于记录的完整性要求，时间上选取了1978年改革开放后各个指标有完整记录的指标，数据的描述如表6-1所示。为了避免各个要素的共线性问题，本书在生产要素选取上尽量选择在该方面具有代表性的因子。在经济产出中以各个要素的单个分析为主。数据在处理时均对记录的异常值进行了OLS回归平滑，对涉及经济总量的统计数据均按1978年的不变价格进行了价格指数修正以避免物价变化对经济统计结果的影响。本书的相关检验采用的是常用的t检验。

表6-1 青藏高原地区畜牧业气候生产模型中主要指标的描述性统计

			平均	标准误差	中位数	标准差	峰度	偏度	最小值	最大值
要素投入	气候（C）	降水/mm	480.52	5.04	477.71	28.98	-0.53	-0.05	421.35	545.63
		年平均气温/℃	3.75	0.10	3.62	0.58	-0.71	0.26	2.69	4.86
	资本（K）	全社会固定资产投资/亿元	307.76	80.97	79.45	472.13	4.76	2.19	8.07	1983.60
	劳动力（L）	乡村从业人员/万人	248.64	7.53	245.87	43.91	-1.13	0.13	178.01	329.09
		牧业从业人员/万人	208.15	2.76	210.20	16.08	-0.68	-0.29	175.32	235.78
	技术变量（S）	技术进步（万元/人）	424.66	26.06	377.33	151.95	-0.66	0.64	166.11	751.25
经济产出	牧业产值（Y1）	农牧产值/万元	967240.23	150800.83	813457.50	879312.36	0.94	1.21	40785	3401863
		农业产值/万元	436140.88	64962.74	396411.50	378794.64	1.36	1.22	13340	1525252
		牧业产值/万元	483031.06	77695.49	393714.00	453038.66	0.96	1.26	27026	1734511
	存栏数（Y2）	年末存栏/万羊单位	8929.22	47.89	9005.55	279.23	-0.32	-0.39	8363.23	9529.99
		牛（大牲畜）/万头	1127.20	9.77	1137.91	56.94	-0.63	-0.63	1010.37	1220.58
		羊/万只	3293.25	28.61	3307.99	166.84	-0.55	-0.27	2955.18	3579.74

第六章 气候变化对畜牧业的综合影响

续表

			平均	标准误差	中位数	标准差	峰度	偏度	最小值	最大值
经济产出	出栏数（Y3）	出栏数/万羊单位	1466.68	87.66	1397.53	511.16	-1.27	0.20	678.61	2371.14
		大牲畜/万头	138.36	10.18	134.47	59.35	-1.25	0.25	55.99	246.92
		羊/万只	774.88	37.14	739.35	216.54	-1.25	0.14	398.66	1136.54
	肉类产量（Y4）	肉类总产量/万吨	30.88	2.30	28.91	13.43	-1.07	0.32	10.70	56.51
		猪肉/万吨	6.01	0.49	5.91	2.86	-1.27	-0.02	1.26	10.442
		牛肉/万吨	12.95	1.14	11.92	6.64	-0.82	0.49	3.78	26.59
		羊肉/万吨	11.50	0.66	10.74	3.83	-1.28	0.39	6.40	18.55
	奶类产量（Y5）	奶类总量/万吨	39.55	1.94	38.26	11.30	-0.90	0.13	21.32	59.88
		牛奶/万吨	34.53	1.67	33.99	9.76	-0.73	-0.01	17.58	52.30

数据来源：历年西藏、青海两省的《统计年鉴》，以及《中国农村统计年鉴》《中国区域经济统计年鉴》《中国人口和就业统计年鉴》《中国人口统计年鉴》《中国县（市）社会经济统计年鉴》等。

第五节　模型构建及计算结果

一　气候生产函数模型构建

依据经济增长理论中的投入与产出之间的关系，本书在C—D函数的基础上参考式（6-12），即在常规生产要素投入的基础上引入气候生产要素C，这在农业、牧业等生产中较为合理，因为农牧业的生产受气候因子的约束性很高，且气候的变化将直接决定着农牧业的经济产出，在我国，气候类型是决定农牧业生产类型的重要依据。基于以上考虑，本书构建了青藏高原地区畜牧经济气候生产函数模型（C—D—C），其对数形式如下：

$$\ln Y_i = \alpha \ln K + \beta \ln L_i + \gamma \ln C_i + \lambda \ln S + \varepsilon_i \quad (6-13)$$

其中，下标 i 表示各要素中第 i 个子变量，K 表示资本，L 表示劳动力，C 表示气候，S 表示技术变量，其中已涵盖了政策制度变量和区域哑变量，ε_i 表示对应的残差项。

二　模型求解

（一）气温与经济产出

以农牧业总产值 Y_1 为被解释变量，以全社会固定资产投资 K、乡村从业人员 L_1、年平均气温 T 及技术变量 S 为解释变量，建立C—D—C模型如式（6-14）所示：

$$\ln Y_1 = 0.370\ln K + 4.104\ln L_1 - 0.031\ln C_T + 0.714\ln S + \varepsilon_i$$
$$(6-14)$$

$t-Test=$　（4.748）　　（5.995）　　（-0.076）　　（2.674）

$R^2 = 0.969$，$F = 229.328$，$P = 0.001$，$DW = 2.012$①

从以上模型检验值看拟合度较好，其中 $R^2 = 0.969$，$P =$

---

① Durbin-Watson 统计量（DW）是描述变量间有无明显相关性的指标，该统计量的取值在0—4。$DW=0$ 时残差序列存在完全正自相关；$DW\in$（0，2）时，残差序列存在正自相关；如果残差间相互独立，则取值在2附近；$DW\in$（2，4）时，残差序列存在负相关；$DW=4$ 时，残差序列存在完全负自相关。

0.001，另外 DW 值为 2.012，非常接近于 2，说明模型残差序列间没有明显的自相关性，模型估计结果较为可信。

上式中各解释变量的系数可以看作产出的弹性，如以全社会固定资产投资作为投资，其对农牧业总产出的弹性为 0.370，意味着人均纯收入投入每增加 1%，对青藏高原农牧业总产值的贡献为 0.37%，同样劳动力对产出的弹性为 4.104，技术进步因素的贡献为 0.714。而气候要素中温度的贡献率为 -0.031，即说明随着全球暖化、温度逐渐增加，其对青藏高原地区畜牧业总产值的贡献率为负值，不利于青藏高原地区的畜牧经济发展。

利用类似的方法，以牧业总产值 Y_2 为被解释变量，以全社会固定资产投资 K、牧业从业人员 L_2、技术变量 S 及年平均气温 T 为解释变量，建立的 C—D—C 函数模型如式（6-15）所示：

$$\ln Y_2 = 0.444\ln K + 3.342\ln L_2 - 0.124\ln C_T + 0.513\ln S + \varepsilon_i$$

（6-15）

$t - Test = (6.484)\quad(5.552)\quad(-0.345)\quad(2.183)$

$R^2 = 0.976, F = 296.118, P = 0.001, DW = 1.721$

从以上各个统计量的检验参数看模型的拟合度较好，其中 $R^2 = 0.976$，$P = 0.001$，反映残差序列自相关性的 DW 值为 1.721，非常接近于 2，因此各个生产要素间没有明显的共线性问题。

由式（6-15）可以看出，在以全社会固定资产投资和牧业从业人口为生产要素时，全社会固定资产投资每增加 1%，其对畜牧业总产值的贡献值是 0.444%，意味着全社会固定资产投资的增加能带动畜牧经济的发展，劳动力对畜牧业总产值的弹性是 3.342，技术变量 S 的弹性是 0.513，说明这两项对畜牧业总产值的增加也起着重要的作用。从 OLS 回归的气候要素中温度对畜牧业总产值的弹性来看，其贡献值为负值，即温度的增加将引起青藏高原畜牧业总产值的下降，对比本书上一个章节中对畜牧业受气候影响的分析可知，该结论与前文的叙述较为一致，即气候暖化不利于青藏高原畜牧经济的发展，气候变暖中温度对畜牧经济的弹性为 -0.124，即温度每增加 1%，其对经济的损失率为 0.124%。另外，技术进步因素对畜牧业总产值的贡献为正值，表明青藏高原地区畜牧业的发展中技术进步的贡献也很重要。

利用以上分析的方法，本书对畜产品产量逐项进行了C—D—C建模和统计性检验，结果如表6-2所示。

表6-2　气温C_t与畜牧业产出间的C—D—C模型及其系数显著性检验

	Y_i	系数及其显著性				方程显著性		
		K	L	C_t	S	R^2	F	SD
Y_1	农牧总产值	0.370*** (4.748)	4.104*** (5.995)	-0.031 (-0.076)	0.714** (2.674)	0.969	229.328***	0.2076
	农业产值	0.314*** (3.203)	5.079*** (5.906)	-0.198 (-0.385)	0.786** (2.343)	0.950	138.161***	0.2607
	牧业产值	0.444*** (6.484)	3.342*** (5.552)	-0.124 (-0.345)	0.513** (2.183)	0.976	296.118***	0.1825
Y_2	年末存栏数	-0.008 (-0.693)	-0.065 (-0.624)	-0.012 (-0.201)	0.061 (1.506)	0.119	0.983	0.0315
	牛存栏数	-0.008 (-0.471)	-0.260* (-1.695)	-0.042 (-0.459)	0.118* (1.977)	0.278	2.792**	0.0466
	羊存栏数	-0.009 (-0.453)	0.278* (1.672)	0.035 (0.355)	-0.036 (-0.563)	0.147	1.251	0.050
Y_3	牲畜出栏数	0.185*** (9.766)	0.836*** (5.012)	-0.149* (-1.492)	0.067 (1.030)	0.983	425.068***	0.050
	牛出栏数	0.236*** (9.853)	1.215*** (5.783)	-0.178* (-1.416)	0.042 (0.515)	0.983	427.187***	0.0637
	羊出栏数	0.138*** (6.320)	0.609*** (3.165)	-0.124 (-1.075)	0.101 (1.350)	0.964	196.969***	0.0583
Y_4	肉类总产量	0.189*** (7.07)	1.284*** (5.459)	0.052 (0.371)	0.200** (2.181)	0.980	350.184***	0.071
	牛肉产量	0.242*** (7.585)	1.447*** (5.172)	-0.051 (-0.307)	0.213** (1.953)	0.980	350.389***	0.0848
	羊肉产量	0.164*** (7.917)	0.338* (1.855)	0.025 (0.226)	0.101 (1.417)	0.976	296.657***	0.0553

续表

	Y_i	系数及其显著性				方程显著性		
		K	L	C_t	S	R^2	F	SD
Y_5	奶类总产量	0.061** (1.830)	0.728** (2.502)	0.123 (0.706)	0.388*** (3.417)	0.924	88.411***	0.08828
	牛奶产量	0.052* (1.468)	0.988*** (3.186)	0.080 (0.432)	0.413*** (3.411)	0.917	79.764***	0.0940

注：* 代表在90%的置信水平下通过显著性检验，** 代表在95%的置信水平下通过显著性检验，*** 代表在99%的置信水平下通过显著性检验；括弧中为 t 检验值。

从统计的结果可以看出，在畜牧经济的几个指标中，其中牲畜的年末存栏数与投入要素之间的回归模型显著性较差，置信度普遍较低，而与其他的畜牧业产值之间有着较高的显著性。从各个生产函数模型中温度 C_t 对畜牧业产值的弹性来看，在以上14个指标中温度弹性为负的有9个，虽然其置信度均较低，但基本上说明了气候暖化不利于畜牧业发展。因此可以认为，温度对畜牧业产出的贡献率为负值，即青藏高原地区温度的增加不会带来畜牧业产值的增加，而是相反。

另外，从其他的投入要素对畜牧经济的弹性来看，全社会固定资产投资对畜牧经济的弹性基本为正值（只有对羊存栏数的弹性为负，且置信度较低），置信度也普遍较高，因此可以认为在畜牧业中，全社会固定资产投资的增加对畜牧经济起着至关重要的作用。与之相对应的反映畜牧业技术提升因素的技术变量 S 对畜牧经济的弹性也基本表现为正值，表明技术因素的提高对畜牧经济有较大的促进作用。由于青藏高原地区的畜牧业发展还处在传统的以季节性游牧为主的发展阶段，现代化的畜牧业发展较为滞后，因此现代畜牧技术的推广将是促进畜牧业发展的重要途径。从 C—D—C 函数中可以看出，劳动力的投入中其对畜牧业的弹性也基本为正值，因此认为畜牧业中劳动力的投入对畜牧业是有促进作用的，但随着城镇化的发展，畜牧业中的剩余劳动力将转移到其他第二、第三产业中，因此对畜牧业发展不利。

(二) 降水与经济产出

在气候变化因素中降水量变化的影响对畜牧业至为关键，本书以牧业总产值 Y_1 为被解释变量，以全社会固定资产投资 K、乡村从业人员 L_2、技术变量 S 及年总降水量 P 为解释变量，建立 C—D—C 模型如式 (6 - 16) 所示：

$$\ln Y_2 = 0.432\ln K + 3.379\ln L_2 - 0.123\ln C_P + 0.525\ln S + \varepsilon_i$$
(6 - 16)

$t - Test = $ (7.476) (5.702) (-0.226) (2.249)

$R^2 = 0.976$, $F = 295.411$, $P = 0.001$, $DW = 1.679$

从模型检验值看拟合度较好，其中 $R^2 = 0.976$，$P = 0.001$，另外 DW 值为 1.679，基本接近于 2，说明该模型残差序列间没有较为明显的自相关性，模型估计结果较为可信。

上式中各个投入变量对畜牧业总产值的弹性分别为 0.432、3.379、-0.123 和 0.525，从中可以看出全社会固定资产投资、牧业从业人员及技术变量 S 对畜牧经济总量具有正的贡献率，而降水 P 在 C—D—C 降水模型中对畜牧业总产值的贡献率为负数，意味着随着气候变化的加剧，降水对畜牧业的贡献率较小。从气候变化的总体趋势来看，青藏高原的南部地区以降水的增加为主，而高原的东北部及北部则主要以降水的减少为主，在这种空间格局差异较大的情形下，以高原为整体的分析显示降水对畜牧业产值的贡献率较小，降水量的增加在某种程度上引起了畜牧业总产值的下降。

用以上方法对畜牧经济中的畜产品逐项进行了降水 C_P 的 C—D—C 建模和统计性检验。由于反映畜牧业产出的指标较多，本书除了利用降水 C_P 对牧业总产值 Y_1 进行 C—D—C 分析外，对其他反映畜牧业生产水平的指标牲畜年末存栏数 Y_2、牲畜出栏数 Y_3、肉类总产量 Y_4，以及奶类总产量 Y_5 均进行了 C—D—C 模型回归分析，结果如表 6 - 3 所示。从中可以看出，除了对农牧总产值和羊存栏数的贡献率为正值外（其置信度也较低），降水 C_P 对畜牧业产出的弹性基本为负值。这意味着随着气候的变化,以高原为整体的分析中降水的增加对青藏高原畜牧经济的产出起着抑制作用,即降水的增加不利于畜牧经济的发展。

表6-3　降水 C_P 与畜牧业产出间的 C—D—C 模型及其系数显著性检验

	Y_i	系数及其显著性				方程显著性		
		K	L	C_P	S	R^2	F	SD
Y_1	农牧总产值	0.367*** (5.582)	4.114*** (6.113)	0.068 (0.110)	0.716*** (2.699)	0.969	229.379***	0.2076
	农业产值	0.294*** (3.552)	5.139*** (6.064)	-0.083 (-0.106)	0.804** (2.408)	0.95	137.478***	0.2613
	牧业产值	0.432*** (7.476)	3.379*** (5.702)	-0.123 (-0.226)	0.525** (2.249)	0.976	295.411***	0.1827
Y_2	年末存栏数	-0.009 (-0.916)	-0.062 (-0.637)	-0.151* (-1.678)	0.065* (1.684)	0.196	1.770	0.0301
	牛存栏数	-0.011 (-0.814)	-0.250* (-1.748)	-0.288** (-2.231)	0.127** (2.303)	0.379	4.431**	0.0432
	羊存栏数	-0.005 (-0.335)	0.267* (1.642)	0.075 (0.498)	-0.041 (0.634)	0.151	1.287	0.0502
Y_3	牲畜出栏数	0.171*** (10.711)	0.880*** (5.367)	-0.227 (-1.505)	0.083 (1.290)	0.983	425.606***	0.0505
	牛出栏数	0.218*** (10.545)	1.268*** (5.984)	-0.132 (-0.678)	0.059 (0.709)	0.982	405.518***	0.0653
	羊出栏数	0.127*** (7.076)	0.644*** (3.500)	-0.284* (-1.679)	0.117* (1.606)	0.966	208.23***	0.0568
Y_4	肉类总产量	0.195*** (8.644)	1.267*** (5.479)	-0.077 (-0.360)	0.197** (2.164)	0.980	350.086***	0.0713
	牛肉产量	0.237*** (8.850)	1.461*** (5.327)	-0.123 (-0.488)	0.220** (2.032)	0.980	352.155***	0.0846
	羊肉产量	0.167*** (9.655)	0.330** (1.855)	-0.120 (-0.735)	0.101* (1.440)	0.977	301.767***	0.0548

续表

	Y_i	系数及其显著性				方程显著性		
		K	L	C_P	S	R^2	F	SD
Y_5	奶类总产量	0.074** (2.630)	0.690** (2.397)	−0.111 (−0.421)	0.380*** (3.351)	0.923	87.367***	0.0887
	牛奶产量	0.061** (2.037)	0.963** (3.156)	−0.110 (−0.392)	0.408*** (3.395)	0.917	79.667***	0.0941

注：* 代表在90%的置信水平下通过显著性检验，** 代表在95%的置信水平下通过显著性检验，*** 代表在99%的置信水平下通过显著性检验；括弧中为 t 检验值。

以上对降水变化的分析结果与气温增加对畜牧经济的贡献率为负数的趋势基本一致。在降水的 C—D—C 模型中，资本、劳动力及技术因子的贡献率基本为正值，即随着这些要素投入的增加，对畜牧经济起到了促进作用。基于以上两个气候变量温度 C_t 和降水 C_P 对畜牧业产出弹性的分析，其对畜牧业产出中各个因子的弹性综合如表6-4所示。

表6-4　温度 C_t 与降水 C_P 对畜牧业产出中各个指标的弹性汇总

	Y_i	C_t	t	Sig.	C_P	t	Sig.
Y_1	农牧总产值	−0.031	−0.076	0.94	0.068	0.110	0.913
	农业产值	−0.198	−0.385	0.703	−0.083	−0.106	0.916
	牧业产值	−0.124	−0.345	0.733	−0.123	−0.226	0.823
Y_3	牲畜出栏数	−0.149	−1.492	0.146	−0.227	−1.505	0.143
	牛出栏数	−0.178	−1.416	0.167	−0.132	−0.678	0.503
	羊出栏数	−0.124	−1.075	0.291	−0.284	−1.679	0.104
Y_4	肉类总产量	0.052	0.371	0.713	−0.077	−0.360	0.721
	牛肉产量	−0.051	−0.307	0.761	−0.123	−0.488	0.629
	羊肉产量	0.025	0.226	0.823	−0.120	−0.735	0.468
Y_5	奶类总产量	0.123	0.706	0.486	−0.111	−0.421	0.677
	牛奶产量	0.080	0.432	0.669	−0.110	−0.392	0.698

注：Y_2 因其回归方程拟合度较差，在进一步的弹性系数分析中暂未考虑。

第六章 气候变化对畜牧业的综合影响

在以上 C—D—C 模型汇总的结果中，气候因子中温度和降水对畜牧业产值的弹性可以理解为其对畜牧业产出的贡献率，即温度或降水增加1%，其对畜牧业产出的贡献率。气候变化的这种影响可以看作在研究的时间段内对畜牧业产出的平均影响。假定气候变化以目前的趋势和模式对未来进行影响，则可以根据未来气候情景下的温度和降水的变化量计算出其对畜牧业产出的影响大小。根据本书上一节中对未来气候情景的估算，预计到21世纪中叶（2050年前后），气候变化的各个主要参量预测值如表6-5所示。

表6-5 青藏高原地区基于基础年份的温度和降水变化情景

	基础年份平均	平均年增长率	2010	2020	2030	2040	2050
温度（℃）	-2.0360*	0.0318*	-1.082 (0)	-0.764 (29.39%)	-0.446 (58.78%)	-0.128 (88.17%)	0.19 (117.56%)
降水（mm）	396.47*	0.8305*	421.385 (0)	429.69 (1.97%)	437.995 (3.94%)	446.3 (5.91%)	454.605 (7.88%)

注：* 指1961—2010年的平均值及平均增长率；括弧中的数值为相对于2010年的绝对增长百分比。

以1961—2010年青藏高原地区多年平均气温作为基础温度，以多年年总降水平均值作为基础降水量。统计结果显示，在过去的40年间，青藏高原地区草地的平均温度为-2.0360℃，多年年平均总降水为396.47mm，以此作为计算未来情景下气候变化的基础值。在1961—2010年，青藏高原地区的年平均气温增长率为0.0318℃/a，以线性增长率计算，则至2020年、2030年、2040年的年平均温度分别为-0.764℃、-0.446℃、-0.128℃，至2050年达到0.19℃。1961—2010年降水的年增加率为0.8305mm/a，以此来预估，至2020年、2030年、2040年的年平均总降水量分别为429.69mm、437.995mm、446.3mm，至2050年增加到454.605mm。由此分别计算的温度和降水相对于2010年的绝对增加值如表6-5

所示。

从计算的结果来看，青藏高原地区温度的变化相较降水而言更为剧烈，且以暖温化的趋势为主。从二者相对于2010年的绝对增长量来看，气候变化中增温对畜牧业的敏感性更高。本章以下部分结合 C—D—C 模型中气候变化的弹性，以气温和降水对畜牧业产值的综合影响来分析气候变化对畜牧经济的影响程度。

第六节 气候变化对畜牧经济的综合影响分析

畜牧业在青藏高原地区的国民经济中占据着重要的地位，而气候变化对畜牧业的影响渗透在畜牧经济的各个环节和部门中，如何准确把握气候变化对畜牧业影响的方面及程度是气候变化对畜牧业研究中的难点和重点。

在畜牧业产出指标中，畜牧业总产值的大小能从整体上度量畜牧经济的规模，其受气候影响下产值的变化能综合反映气候带来的综合影响。在畜牧业产出指标中，牲畜的存栏数、出栏数、肉类产量及奶类的产量变化也是重要的畜牧经济指标。虽然有些指标可能不通过商品交换方式产生价值，如部分肉类和奶类直接被牧民作为食物食用而没有通过市场体现出其价值，在该部分的数据统计中，本书以牧民实际拥有的和参与市场交换获取畜牧业产值的统计量作为畜牧业产出的指标，但其中由于统计口径和商品价格因素的变动，其统计结果可能并不能完全代表青藏高原地区的畜牧业产值的规模。另外，由于整个青藏高原地区的畜牧经济统计数据较难获取，而完整的207个县区的近50年的连续资料较为缺乏，本书以占青藏高原主体部分的青海省和西藏自治区的统计资料为主，以此作为以下分析的数据基础。

本书利用上节中气候要素中温度和降水二者对畜牧业产出的贡献率，利用本书上一章中的气候增长情景（见表6-5），分别就其对未来40年（至2050年）青藏高原地区畜牧业各个产出指标的影响作了分析，统计结果如表6-6所示：

表 6-6 　　　　至 2050 年温度 C_t 与降水 C_P 对畜牧业产出中各个指标的影响[①]

Y_i		C_t	C_P	2010（现状）	2020	2030	2040	2050
Y_1	牧业总产值（亿元）	-0.124	-0.123	105.70	147.21	168.52	173.75	170.96
Y_3	牲畜出栏数（万羊单位）	-0.149	-0.227	2266.76	2593.73	2695.68	2666.96	2569.03
	牛出栏数（万头）	-0.178	-0.132	235.38	272.05	284.03	279.92	267.46
	羊出栏数（万只）	-0.124	-0.284	1089.86	1241.34	1291.25	1288.16	1254.24
Y_4	肉类总产量（万吨）	0.052	-0.077	53.84	55.88	59.14	60.84	61.96
	牛肉产量（万吨）	-0.051	-0.123	25.37	26.08	27.58	27.89	27.69
	羊肉产量（万吨）	0.025	-0.120	17.18	19.20	19.71	19.90	20.02
Y_5	奶类总产量（万吨）	0.123	-0.111	47.55	52.33	56.40	59.82	62.79
	牛奶产量（万吨）	0.080	-0.110	50.37	54.26	60.91	66.92	72.38

一　对畜牧业总产值的影响

畜牧业总产值的大小能在一定程度上代表畜牧经济的规模，其值在国民经济中的比重将表明畜牧业在该地区的地位。因此气候变化对畜牧业总产值的影响将是综合反映气候影响的中重要参数。基于 C—D—C 模型的计算结果显示，温度和降水对畜牧业总产值的弹性均为负值，分别为 -0.124 和 -0.123。以上结果表明在统计的时间段内，温度对畜牧业总产值的贡献率为 -0.124%，即温度每增加 1%，其将引起 0.124% 的畜牧业总产值的减少。证明温度

[①] 牲畜存栏数指标 Y_2 因数据变化波动性较大，无任何统计意义上的规律性，因此只是简单的趋势拟合值。由于温度和降水对该指标的弹性系数置信度较低，进一步的分析意义甚微，因此本书未进一步计算其对该指标的影响值。

增加不利于青藏高原地区畜牧业总产值的增加。另外，降水的弹性为 -0.123，即降水每增加 1%，其将引起畜牧业总产值减少 0.123%。在未来的气候情景下，随着青藏高原地区温度和降水的持续增加，受此二者共同的影响，青藏高原地区畜牧业总产值将经历一个逐渐减少的过程。

未来气候情景下青藏高原地区畜牧业总产值的变化趋势可以利用其历年的值进行曲线拟合预测。按照本书前几章的分析结果，青藏高原地区的畜牧业超载情况较为普遍，不受草地承载力限制的畜牧业发展将带来诸如草场退化等巨大生态灾难，考虑到青藏高原地区目前的牲畜超载情况，以增长较快的数值模型并不能很好地体现出青藏高原未来发展的实际情况，因此本书在未来情景下发展趋势拟合中选择了增长受环境（草地承载力）限制下的 Logistic 增长模型。在前景分析中考虑到了气候变化中温度和降水的贡献率，基于此，本书计算的在未来气候情景下畜牧业总产值的变化趋势如图 6-7 所示。

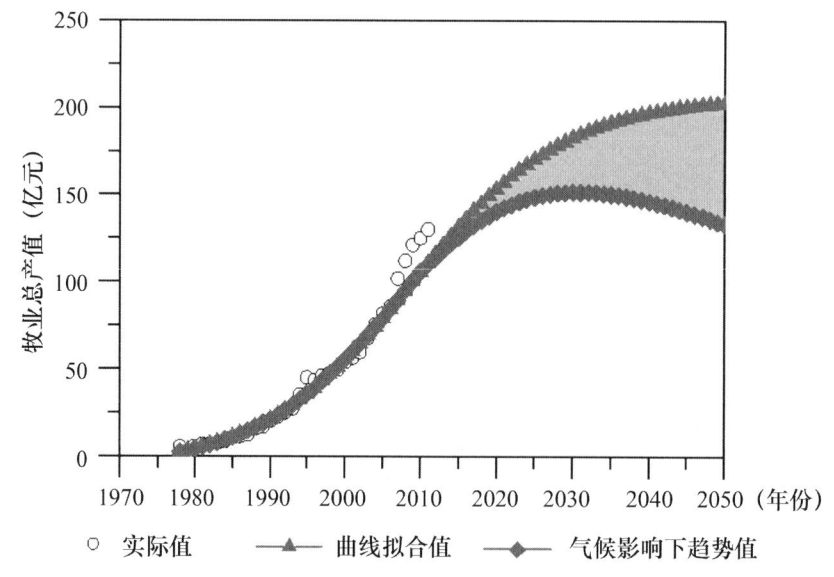

图 6-7 未来气候情景下温度和降水变化对青藏高原牲畜业总产值的影响（预测至 2050 年）

从发展趋势来看，青藏高原地区畜牧业总产值在未来的 40 年间仍将会有较快的增长，但由于受增长的极限的限制作用，其值在逐渐增加的同时增长加速度在一度减缓。考虑到气候情景中温度和降水增加带来的负增长效应，在气候变化的情景下青藏高原地区的畜牧业总产值将在增长后开始出现逐渐下滑，从2010年的105.7亿元增加到2040年左右的峰值173.75亿元，从而出现下滑，至2050年左右减少到170.96亿元（见图6-7）。以受气候变化影响下的畜牧业总产值作为低值，以历年畜牧业产值的趋势值为增长的高值，从而得到未来40年间青藏高原畜牧业增长的变化区间（图中的黄色区域）。从中可以看出，气候变化对青藏高原地区畜牧业产值的增加制约作用较为突出，随着未来气候变化模式的不确定性，畜牧业在气候变化中的风险性也在逐渐加大。

二　对牲畜出栏规模的影响

牲畜的出栏数量能在一定程度上反映畜牧业中活畜的年产出情况，相对于易受价格因素波动及各个地区物价的影响统计的畜牧业总产值，牲畜出栏数量更能真实地反映牧户的实际产出情况，且在假定各个牲畜间其膘情无差别的前提下，以牲畜数量来表示产出，数据间更加具有可比性。本书以牲畜总出栏数、牛的出栏数和羊的出栏数三者各自的发展趋势和受气候影响下的变化趋势分析为主，牲畜总出栏数是以羊单位换算的总数。考虑到气候变化中温度和降水对三个指标各自的贡献率，其统计结果如图6-8所示。

以目前的气候变化趋势预测，在未来的气候情景下，青藏高原地区的牲畜总出栏数和牛出栏数、羊出栏数均在缓慢的增长后出现不同程度的下降。其中牲畜总出栏数中，温度的贡献率为-0.149%，降水为-0.227%，二者的增加都将导致未来气候情景下牲畜总出栏数的下降。总出栏数在2035年附近达到最大值，其后出现下降，至2050年降至2569.03万羊单位。

以牛的出栏数来看，温度和降水对牛出栏数的弹性分别为-0.178和-0.132。即表明随着温度和降水的增加，牛的出栏数将出现减少，贡献率分别达到-0.178%和-0.132%。在未来气候情景下，牛的出栏数量将在2030年附近接近最大值，由2010年的

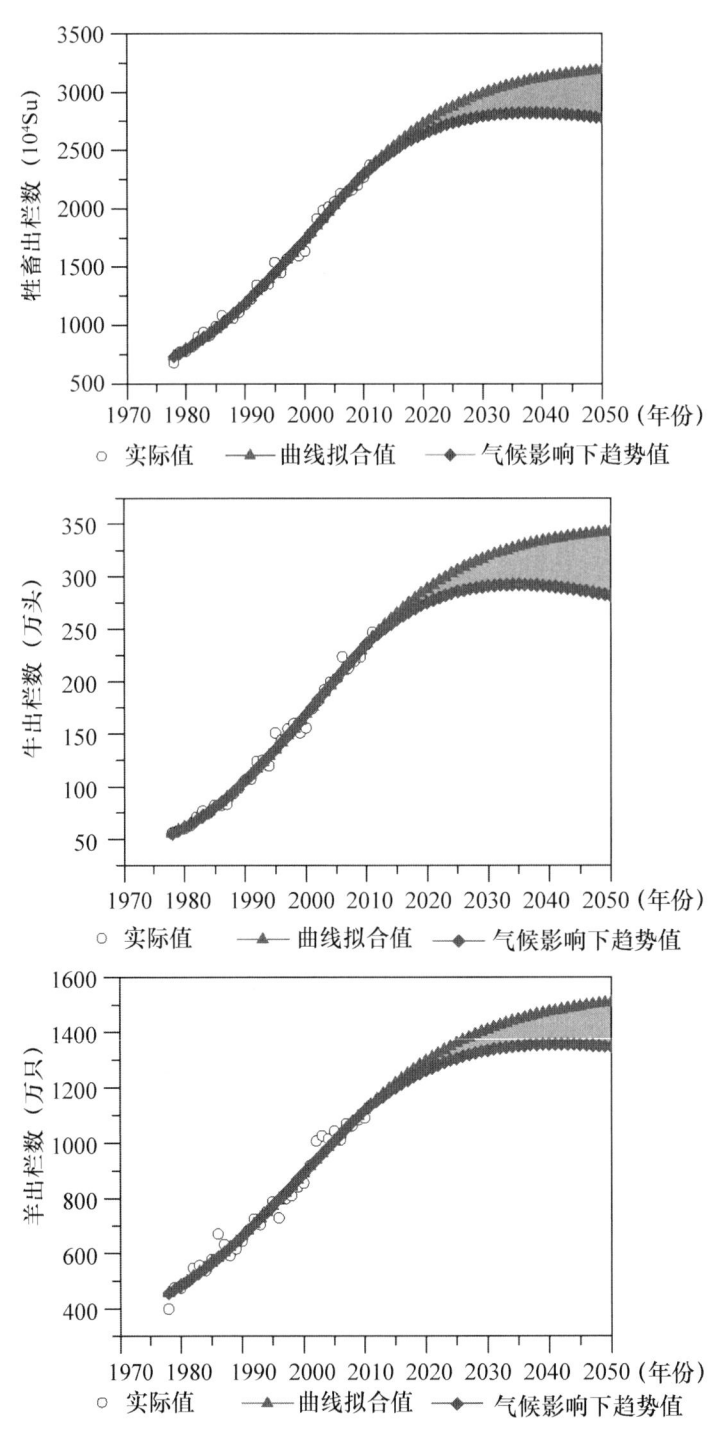

图 6-8 未来气候情景下温度和降水变化对青藏高原牲畜出栏数量的影响（预测至 2050 年）

235.38万头增加到2030年的284.03万头,而后受气候变化的影响,其值将出现下降,至2050年减少为267.46万头。

羊出栏数受气候变化的影响也较为明显,在C—D—C模型中,温度对羊出栏数的贡献率为-0.124,即温度每增加1%,其引起了0.124%的羊的出栏数的减少,证明温度的增加对羊的出栏数有负向效应。另外,降水对羊的出栏数的弹性为-0.284,表明降水和温度一样,对羊的出栏数均是负向效应。受二者的共同作用,在未来增温和降水增加的气候情景下,青藏高原地区羊的出栏数将由2010年的1089.86万只增加到2030年附近的1291.25万只,随后其值出现递减,至2050年减少到1254.24万只。

从以上对牲畜出栏数的情景分析可知,未来气候情景下,受气候变化的影响,青藏高原地区的牲畜出栏总数及牛、羊各自的出栏数将整体出现增长后的下降趋势。且随着预测时间的增长,其波动性也在增加,表明畜牧业在未来气候变化情景下其不可预测性及风险性在逐渐增加。但由于温度的增加和降水的增加在空间上变化趋势并不一致,以高原为整体的分析只能获取截面总体情况,各个区域间的差异还有待更深入的研究。

三 对肉类产量的影响

肉类作为青藏高原地区牧民的主要食物来源,以及由此获取的收入及生计来源,是畜牧业产出中主要的指标。联合国粮农组织(FAO)曾一度以人们对肉的摄取量作为评价其生活水平的重要参数。由于青藏高原地区的主要畜种为牛(牦牛)和羊(山羊、绵羊),本书选取肉类总产量、牛肉产量和羊肉产量作为该方面的指标因子。

在C—D—C函数中,温度对肉类总产量的弹性为0.052,而降水对其的弹性为-0.077,以此判断,温度的增加对肉类总产量有增加作用而降水则反之。二者综合的结果如图6-9所示。总体来看,气候变暖及降水的增多有利于肉类总产量的增加,但由于曲线拟合采用的是受承载力限制的Logistic增长模型,在此气候变化情景下,气候的变化对肉类总产量增加的影响较为微弱。从2010年到2050年只增加了8.12万吨,呈轻微的上升趋势。

图 6-9 未来气候情景下温度和降水变化对青藏高原牲畜肉类产量的影响（预测至 2050 年）

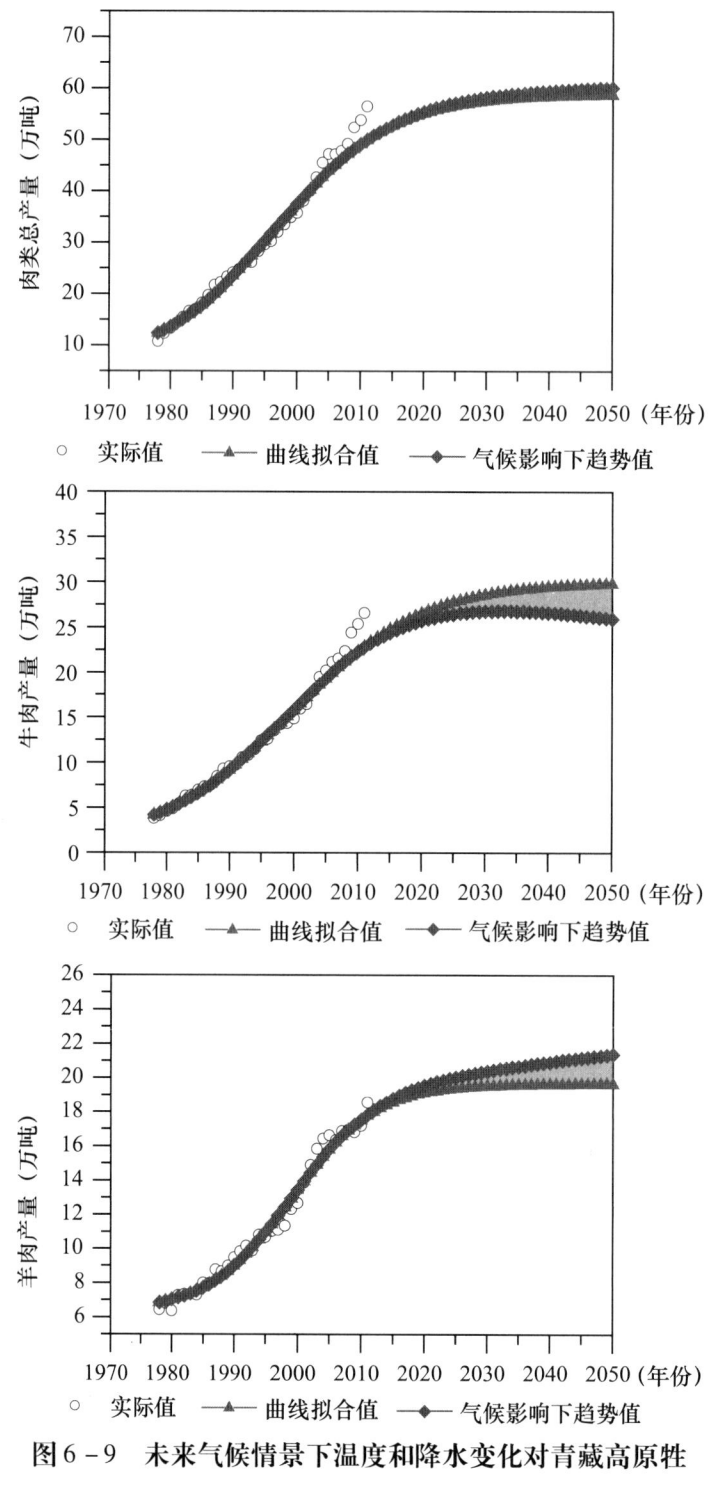

与气候对肉类总产量增加的贡献相反，气候变化中温度和降水对牛肉产量的贡献率均为负值，分别为-0.051和-0.123。以此预测的牛肉产量受此趋势的影响，在未来的40年中将经历一个缓慢增加—回落的过程，在2040年附近达到最大值27.89万吨，随着温度和降水的增加，其值将出现减少，至2050年减少至27.69万吨，基本维持在目前的水平上。

与牛肉产量变化趋势相反的是，羊肉产量的变化和肉类产量的增加趋势基本一致，呈现出增加趋势。温度和降水对羊肉产量的贡献率分别为0.025%和-0.120%，综合结果为有利于羊肉产量的增加。在未来气候情景下，羊肉的产量将出现逐年增加的发展趋势，至2050年增加到20.02万吨，比现在增加约2.84万吨。由于羊肉产量增加的贡献较大，而牛肉的产量在未来气候情景下又出现下滑，因此推测肉类总产量的增加应该是羊肉产量增加的结果。

四 对奶类产量的影响

奶产品是畜牧业产出中一类十分重要的产品。在青藏高原地区，受文化习惯的影响，奶产品在日常生活中更是有着不可替代的突出地位。因此对奶产品产量受气候变化的分析是气候对畜牧业影响中的另一重要方面。

在C—D—C模型中，温度和降水对奶类总产量的贡献率为0.123和-0.111，置信度均较高，表明暖温化有利于奶产品总量的增加。在二者的综合作用下，未来的40年中奶产品总量将持续地增加，由2010年的47.55万吨将增加到2050年的62.79万吨，增加约15.24万吨。另外温度和降水对牛奶产量的贡献率分别为0.080和-0.110，总体上，温度和降水因素的增加将带来牛奶产量的增加。因而总体来看，青藏高原地区的奶产量趋于逐渐增加的态势（见图6-10）。

由于气候的暖化将影响在高寒地区生长的牦牛的生活习惯，其活动范围将受到影响。相比于牦牛，在气候暖化过程中绵羊和山羊的适应性相对较强，对牧草的采食没有牦牛更挑剔，因此其数量可

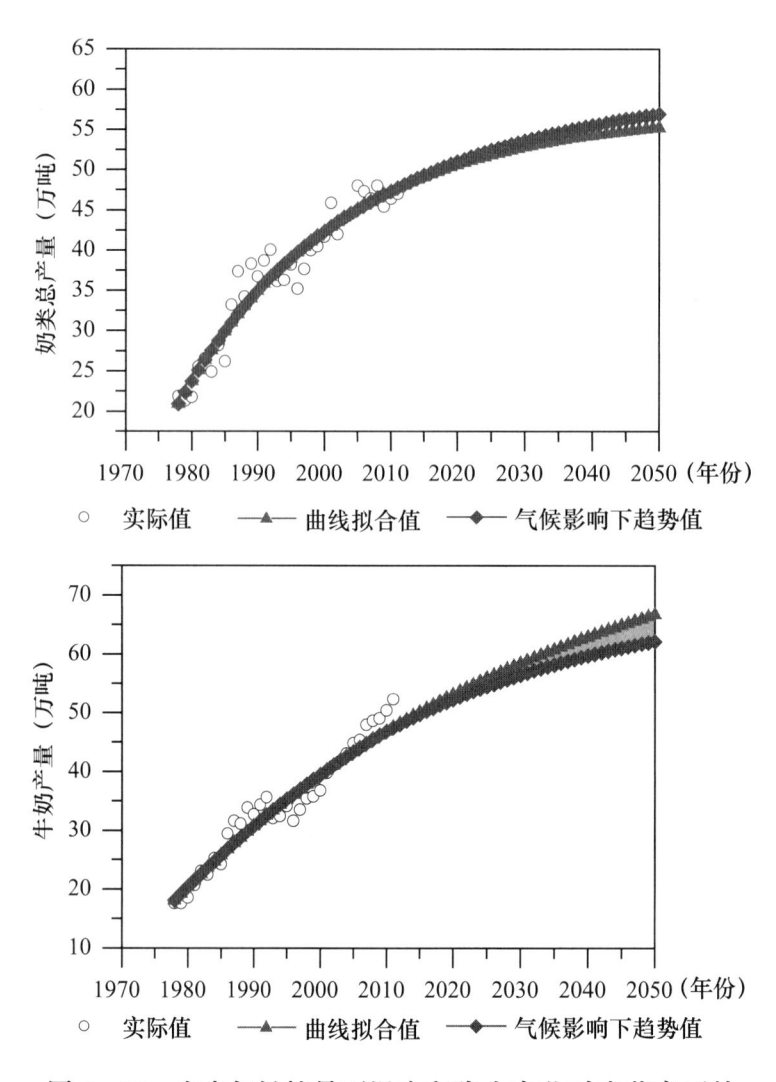

图 6-10　未来气候情景下温度和降水变化对青藏高原牲畜肉类产量的影响（预测至 2050 年）

能处于上升趋势，从而代替牦牛在暖环境中的不适应性。本书在 C—D—C 模型中分析显示，温度和降水的增加引起了牛肉产量的减少而对羊肉产量的增加有着较大的贡献，奶产品中因奶产品总量中已包含了羊的奶产量，而同样的气候情景不利于牛奶产量的增加，意味着奶产品增加的差额来自羊的奶产量。以上两个结果似乎说明青藏高原地区未来发展中羊的数量将缓慢增加，从而代替牛的数量的减少趋势，即羊对暖化的环境更具适应性。同样的研究结论在澳大利亚著名的畜牧学家 Seo 的研究中也有类似的报道。Seo 等通过对南美地区的研究发现,在气候暖化过程中,人们更喜欢以羊和家禽数量的增加来代替大牲畜的养殖,从而来弥补肉产量的减少(Seo et al. 2010)。虽然在 C—D—C 模型的分析中也有类似的结果,但具体的原因还有待更细致和科学的对比分析。

第七节 本章小结

本章中以气候变化情景下温度和降水变化对畜牧业产值的影响分析为主,通过对未来 40 年(至 2050 年)气候对畜牧业产出中各个指标的影响分析来揭示气候变化对畜牧经济的综合性影响。从计算的结果来看,青藏高原地区受温度增加和降水缓慢增加趋势的影响,气候变化在未来情景下对畜牧经济发展总体上处于抑制状态,即不利于畜牧经济的发展,其中:

(1)在 1961—2010 年,青藏高原地区的年平均气温增长率为 0.0318℃/a,以线性增长率计算,则至 2020 年、2030 年、2040 年的年平均温度分别为 -0.764℃、-0.446℃、-0.128℃,至 2050 年达到 0.19℃。1961—2010 年降水的年增加率为 0.8305mm/a,以此来预估,至 2020 年、2030 年、2040 年的年平均总降水量分别为 429.69mm、437.995mm、446.3mm,至 2050 年增加到 454.605mm。

(2)温度和降水对畜牧业总产值的弹性均为负值,分别为 -0.124 和 -0.123。在气候变化的情景下青藏高原地区的畜牧业总产值将在增长后开始出现逐渐下滑,从 2010 年的 105.7 亿元增加到 2040 年前后的峰值 173.75 亿元,此后出现下滑趋势,至 2050 年前后减少到 170.96 亿元。

(3)牲畜总出栏数中,温度的贡献率为 -0.149%,降水为 -0.227%,二者的增加都将导致未来气候情景下牲畜总出栏数的下降。总出栏数在 2035 年附近达到最大值,其后出现下降,至 2050 年降至 2569.03 万羊单位。

(4)温度对肉类总产量的弹性为 0.052,而降水对其的弹性

为 -0.077。气候的变化对肉类总产量增加的影响较为微弱,其值从 2010 年到 2050 年只增加了 8.12 万吨,呈轻微的上升趋势。

(5) 温度和降水对奶类总产量的弹性为 0.123 和 -0.111。在二者的综合作用下,未来的 40 年中奶产品总量将持续地增加,由 2010 年的 47.55 万吨将增加到 2050 年的 62.79 万吨,增加约 15.24 万吨。总体来看,青藏高原地区的奶产量趋于逐渐增加的态势。

以上结果还似乎说明,在未来气候情景下,青藏高原地区的畜群结构将会发生变化。羊的畜产品产量在增多,而牛的畜产品产量在减少,意味着羊的数量在增加而牛的数量有一定的减少,但其具体的科学性还有待进一步地研究。

第七章 雪灾与畜牧业脆弱性

第一节 积雪与青藏高原畜牧业

雪是地球表面最为活跃的自然要素之一,其特征(如积雪面积、积雪分布、雪深、雪水当量等)是全球能量平衡、气候、水文以及生态模型中的重要输入参数。就全球和大陆尺度范畴而言,大范围积雪影响气候的变化、地表辐射平衡与能量交换、河流补给、水资源的利用等;就局部和流域范畴而言,积雪影响天气、工农业和生活用水资源、环境、寒区工程等一系列与人类活动有关的要素,积雪作为重要的环境参数受到了普遍的重视。

一般情况下,积雪并不一定成灾。牧区草场积雪对普遍遭受荒漠化影响的高寒草地植被的恢复及土壤水分的保持等均具有积极的意义。冬春季降雪是影响我国青藏高原牧区畜牧业发展的重要因子。由于我国青藏高原地区的畜牧业仍然以传统的游牧方式为主,以草料储备、圈棚圈养越冬的比例较小,过量而长期的降雪会掩埋牧草,造成牲畜无法啃食,使牲畜面临冻死、饿死的威胁,便形成雪灾。

决定一次积雪危害程度大小的因素很多,主要包括由气象因子(积雪深度、积雪范围、积雪持续日数、积雪密度、风速、降雪量和气温)、地形条件(阴坡、阳坡、凹地、高地等)和草场状况(牧草长势、草群高度、草群密度和盖度)组成的自然因素系统与畜群结构(大小牲畜的数量、比例等)、冬储草料、棚圈化率、冬春季草场配置状况和交通、通信状况等社会经济因素系统两大类因素。我国的四大牧区中，分布于青藏高原上的就有青海、西藏两大重要牧区。这两个地区普遍高海拔、高寒、降雪量多、降雪频繁、越冬时间长等，几乎每年均有大的雪灾发生。其雪灾的特点是：（1）冬春牧场面积小、宜牧时间短，牲畜普遍处于饥饿状态；（2）降雪持续时间长，从冬季的10月一直可延续到次年春季的4月，低温与饥饿同步，牲畜掉膘和死亡率高、形成雪灾的频率高；（3）雪灾危害严重，家畜死亡率远高于正常的出栏率。雪灾已成为青藏高原牧区畜牧业发展的"瓶颈"，但受灾地区普遍缺乏抗御雪灾的基础设施；（4）雪灾多发区信息、交通闭塞，缺乏及时、准确的监测预警信息。

因此，准确并及时地估算牧区的雪灾参数，如积雪面积、积雪持续日数、初雪日和终雪日、风速、降雪量和气温，以此来对雪灾的风险及畜牧业的脆弱性进行综合评价，对雪灾的预警、监测、防范及应对等具有重要意义。传统上，积雪的监测是通过遍布各地的气象台站和水文观测站实现的，相对于冬季大范围的积雪分布而言，这些气象台站不仅数目稀少、在空间上的分布不均匀，而且在一些条件恶劣的地区，如高原中西部高海拔地区等，很少有气象台站的分布，使雪灾的监测、预警及综合评估受到了很大的限制。近些年来，遥感技术的发展和新型传感器的出现，弥补了传统积雪观测的不足，为大面积雪灾监测及反演提供了有效手段。由于雪具有较高反射率，这与除云以外的多数其他自然地物的光谱特征有明显的不同，因此可以利用遥感数据进行积雪监测和反演。而雪灾的遥感监测具有很强的便捷性和时效性等优势，尤其是在气象情报不足、气候条件恶劣的山区和牧区，卫星遥感数据是唯一能提供雪情的手段。

从1966年由NOAA卫星数据生成每周北半球积雪图到现在美国地球观测信息系统（EOS/MODIS）生产每日积雪图和8天合成图，以及国产的FY-2C积雪产品等，人们对积雪的研究越来越深刻，同时也为反演积雪分布、雪深、降雪量、降雪持续时间、低温灾害等，对雪灾风险评估、畜牧业脆弱性评价及全球变化研究等提供了丰富的数据资料。此外，与可见光相比，微波遥感不受云覆盖影响，对地表下垫面有一定的穿透深度，因此在积雪范围、雪深和雪水当量等的监测方面有较好的应用。其中被动微波 SMMR、SSM/I 和 AMSR-E 亮温数据的应用也较为成熟，与可见光 MODIS 的雪灾观测的结合，可以同时保证较高的空间分辨率，且完全去除云覆盖的影响，是目前雪灾遥感反演的研究热点。如果能利用多时相、多传感器遥感数据进行雪灾监测和反演，就可以对大范围缺乏地面监测地区进行雪灾分布、雪深、降雪量及损失程度的监测和评估，掌握雪灾成灾机理、对畜牧业在雪灾中的风险及脆弱性进行综合评价，为综合风险防范及适应策略制定提供科学依据等具有较强的理论和实践意义。

青藏高原地区分布着我国四大牧区中重要的两个牧区[①]，畜牧业在该区经济结构中的比重较高，且对当地牧民的生计具有举足轻重的作用。该区域由于平均海拔在 4000m 以上，大部分地区年平均温度在 0℃ 以下，属高原亚寒带、高原寒带气候类型，低温及雪灾频繁。在冬春季节，青藏高原牧区经常出现频繁的降雪天气过程，加之降雪后的强降温，很容易形成大面积的雪灾，是严重危害畜牧业稳定发展的自然灾害之一，也是各类灾害之首，且是我国低温冰雪灾害较为集中的地区（中国气象局，2007；郭晓宁等，2010；高懋芳和邱建军，2011）。由于青藏高原地区植被覆盖以高原苔原、高寒草甸及高寒草原为主，草场牧草以莎草科嵩草属植物为主，主要有高山嵩草（*kobresia pygmaea*）、矮嵩草（*K. humilis*）、线叶嵩草（*K. capillifolia*）等，牧草普遍矮小（赵新全，2009）。当出现降雪过程，积雪超过 3cm，积雪维持 4—6 天以上时，牲畜采食困难，家畜无法出牧，膘情会急剧下降，导致牲畜开始死亡，引发雪灾。特大雪灾对区域畜牧业的影响几乎是毁灭性的，例如，在 1985 年 10 月下旬，玉树、果洛、海西等州约 25 万 km^2 的区域突降暴雪，

---

① 我国四大牧区依据天然牧草的分布划定，指内蒙古牧区、新疆牧区、西藏牧区以及青海牧区。参见任继周《草原调查与规划》，中国农业出版社 1985 年版。

积雪达 40cm 至 1m，气温急剧下降到 -42℃——-24℃，道路封锁，通信中断。受灾地区有 16 个县市的 47 个乡，共 2 亿亩草地，12 万人口，500 多万头只牲畜，这次雪灾中被大雪围困的牧民 6359 户，34533 人，冻伤群众 7000 多人，残伤 3 人，死亡 2 人。灾情持续时间长，牲畜无草可食，发生相互啃食被毛、活畜啃食死畜等现象。共损失家畜 193 万只，减损 43.7%，直接经济损失 1.2 亿元，有 3000 多户成了无畜户（温克刚，2005）。另外如在 1995 年 10 月至 1996 年 4 月底，玉树境内连续 5 次出现大的降雪天气，降大、中雪 48 场，降水量累计 139.9mm，降雪区累计积雪厚度达 60cm，大部分地区平均气温在 -15.8℃—26.5℃。致使大面积草场被积雪覆盖，交通受阻，通信中断，群众被困，造成了 "40 年罕见的特大雪灾"，共计全州 34 个乡 119321 人、270.7 万头只牲畜遭受雪灾，因灾死亡牲畜 63 万头只，死亡率为 23.19%，直接经济损失达 2.87 亿元（青海省农牧厅，2012）。此外在低温和雪灾来临时，由于大雪封路、封山，给救援物资运输、邮电通信、防灾抗灾等造成严重影响，对应急救援和救助添加了困难，使灾害损失加重，成灾风险加大。

随着气候变化的加剧，青藏高原地区的低温冰冻灾害体现出新的趋势和特点。根据高懋芳等（2011）的研究，雪灾是青藏高原地区发生频率最高、损失最大的自然灾害，且有两个高发中心，一个是西藏山南地区，另一个是位于青海南部和四川西北交界地区，平均每年都会有 1—2 次雪灾。何永清等（2010）根据青海省 1949—2002 年的气象资料和各地雪灾发生资料研究认为青海省雪灾风险高的地区主要集中在青南地区，其中以甘德、久治、称多、达日以及玉树、泽库的部分区域为最高，而雪灾风险低的地区主要在柴达木盆地和东部农业区。在趋势方面，郭晓宁等（2010）利用青海省 45 个气象站 1961—2008 年冬季（10 月至翌年 2 月）和春季（3—5 月）的积雪深度资料研究了青海省雪灾时空尺度、强度及发生频次等的变化。李红梅等（2013）利用青海省 50 个气象台站逐日积雪深度资料的分析认为，青海三江源地区和祁连山区的部分地区雪灾致灾因子危险性最高，柴达木盆地的西部和东部农业区以及环湖的部分地区致灾因子危险性较低。王世金等（2014）采用 Logistic 回归方法对青海三江源地区的雪灾风险进行了评价，结果显示 1960—1980 年三江源地区冬春季雪灾发生频次处于一较长时期的低值期，而 1980 年以后雪灾频率呈增加态势，在空间分布上雪灾主要集中在三江源地区东南部一带，这与在川西北的研究结果基本一致（付秀琴，2014）。综合文献报道表明，近 50 年来青海高原除了特大雪灾发生频次变化趋势不明显外，其他等级的雪灾发生频次年际变化均呈现上升趋势，这与利用地面气象观测资料的研究结论基本一致（时兴合等，2006；时兴合等，2012；张涛涛，2013；张涛涛等，2014），而风险性较高的地区则集中在青海省的东南部、西藏的那曲及高原的东南部地区（郭晓宁等，2010；何永清等，2010；李金亚等，2011；李红梅等，2013；王世金等，2014；张涛涛等，2014）。但目前对雪灾利用多时相、多源数据融合的反演，以及以青藏高原为整体、以雪灾为视角结合风险应对能力分析的畜牧业脆弱性综合评价研究还相对较少，尤其是在气候变化下冰雪灾害对整个高原的畜牧业的影响方面的研究还相对较为薄弱。而利用高精度、高时效性的可见光遥感与近红外、微波遥感相结合的监测目前还是积雪遥感的一大瓶颈，因此开展利用可见光遥感与近红外、微波遥感相结合，通过地面监测资料对牧区雪灾进行反演，以及基于此对畜牧业的脆弱性进行评价的研究具有很强的方法探索性和应用价值。

第二节 雪灾的遥感监测和反演

一 雪灾的遥感监测和反演

传统上，积雪的监测是通过遍布各地的气象台站和水文观测站实现的。在我国，胡汝骥（1982）、李培基和米德生等（1983）在 20 世纪 80 年代初通过对全国气象站积雪观测资料的统计和描绘，揭示了我国积雪分布的基本规律，并完成了我国多年平均的积雪日数及积雪类型制图，为雪灾的监测和分布奠定了坚实的基础。之后，胡汝骥（1987）、李培基（1988）等利用气象站的降雪量和积雪深度等观测资料，初步评价了我国季节性积雪的分布特征，并完成了中国的雪灾区划制图工作。时兴合等（2012）根据青海省气象台站的历史积雪等资料对雪灾的气候成因进行了分析及预测，郭晓宁等（2012）通过实际统计的灾情数据对青海高原雪灾等级进行了评价，等等。这些研究可以看作该方面研究的代表。但是，这种传统的由气象台站观测的雪灾分析，相对于冬季大范围的积雪分布而言，由于气象台站不仅数目稀少、在空间上的分布也不均匀，而且在一些条件恶劣的地区，如青藏高原中西部高海拔山区等，没有气象台站的分布，因而给雪灾的反演及灾害预警预防造成了很大的误差和困难。随着遥感技术的发展，以 RS、GIS 和地面站点监测相结合的雪灾参数反演和风险评估逐渐发展起来（包慧漪等，2013；梁凤娟等，2014）。

（1）NOAA 雪灾反演

近些年来遥感技术的发展和新型传感器的出现，弥补了传统积雪观测的不足，为大面积积雪监测提供了有效手段。积雪在可见光和红外波段特有的光谱特征，是区分积雪与其他地物、确定积雪范围的基础。国内外利用陆地卫星 Landsat 和 SPOT 资料，特别是利用极轨气象卫星 NOAA/AVHRR 资料，在牧区雪灾动态变化监测等领域进行了大量的科研工作，取得了一系列研究成果。其中以 NOAA/AVHRR 光学雪灾遥感为早期的代表。在 NOAA/AVHRR 的 1、2 通道，积雪反射率明显高于裸地，而在 3、4 通道，积雪的热辐射值却低于裸地。其中 1、4 通道对积雪与云的特征反应最为敏感，只选择其中一个通道的单阈值判断法，和同时选择两个通道的双阈值判断法是较为有效地区别积雪区和裸地的常用方法（史培军、陈晋 1996）。云体（尤其是低云）与积雪具有相似的光谱特征，但据研究表明，云在可见光和近红外通道的反射率比积雪高，而在热红外通道亮温要低 3℃ 左右；同时云是运动的，观测量随时间变动较大，而积雪则相对稳定。根据这些特征，利用 NOAA 卫星高时间分辨率的特点，采用多时相的最小亮度合成法，可以消除云对积雪区域判定的影响。基于以上分析方法，NOAA 卫星数据在雪灾分析中得到了较多的应用（Hüsler et al.，2012；Zhou et al.，2013）。史培军和陈晋（1996）利用 NOAA 卫星数据对内蒙古中部的锡林郭勒盟草原的雪灾进行了监测，并结合 DEM 数据及反演地形因子的 R 和 F 来反映风对雪的重分布。鲁安新（1994）、冯学智等（1996）利用该数据，根据数理统计原理建立雪灾判别模型，对牧区雪灾进行判别，并对雪灾危险程度分类分析，从而为抗灾救灾提供指导。相似的研究方法在其他地区雪灾监测及风险性评价中也得到了总结和应用（鲁安新等，1995a；鲁安新等，1995b；王江山和周咏梅，1995；李震等，1996；鲁安新等，1996；任继周等，1996a；冯学智等，1997；冯学智和陈贤章，1998）。并且随着雪灾遥感的兴起，基于 NOAA 的雪灾遥感及参数反演也向着业务推广化及畜牧业动态监测的其他方面如草量监控、干旱、火灾等方面发展（任继周等，1996a；王丽红等，1998；王长耀等，1998；郭铌和倾继祖，2000；梁天刚等，2004a；梁天刚等，2004b；Zhou et al.，2013）。

在雪灾监测中，积雪深度是另一个重要参数，但受 NOAA 探测器穿雪能力的限制（仅能穿透 1cm 积雪），估算起来比较困难。一些建立在积雪深度与 NOAA 波段组合参数关系基础上的统计模型也具有相当的不稳定性和饱和性，并且 NOAA 卫星的分辨率相对较低，给雪灾中积雪深度的反演带来很大的困难。刘兴元（2003）、梁天刚等（2004a）对新疆北部的阿勒泰地区的雪灾进行了分析，利用 NOAA 卫星可见光波段 ch1、近红外波段 ch2 的灰度值及波段组合指数 ch1-ch2 和 ch1ch2 之间具有明显的正相关关系，与中红外波段 ch3、热红外波段 ch4、远红外波段 ch5 的亮温值之间具有显著的负相关性，从而利用 NOAA 卫星资料反演雪深，建立了雪深模型，以此对该地区的雪灾风险进行了等级评价（梁天刚等，2004b）。类似的工作在延昊（2004）对中国北方地区积雪的参数识别中得到了应用，并对 AVHRR 数据进行主成分分析，对多光谱混合像元分解提取积雪盖度参数，取得了较好的结果（延昊和张国平，

2004）。但总体来说，受到当时卫星数据精度及质量的限制，雪深的遥感反演问题一直没有很好地解决，但在雪灾参数的反演及应用方面，利用遥感数据进行雪灾的业务化流程监测、快速的判别技术，以及雪灾风险评价及防御等都是该方面研究的热点和趋势（黄晓东和梁天刚，2005；李才兴等，2005；聂娟，2005；徐羹慧，2005；梁天刚等，2006）。

（2）MODIS雪灾反演

NOAA卫星覆盖范围大，时间分辨率高，在植被和积雪监测中发挥了重要的作用，但存在如下问题：（1）光谱分辨率低，目前常见的是8km×8km的空间分辨率，对精细化的雪灾反演有很大的困难；（2）当地表积雪厚度超过20cm以上时，雪深指数（chl×ch2/ch3）发生饱和现象，难以对雪灾评价具有重要意义的雪深这一指标的空间变化进行准确监测。而上述问题已在1999年12月18日美国发射成功的地球观测系统（EOS）的极地轨道环境遥感卫星TERRA（EOS-AM1）和2000年5月4日发射升空的卫星AQUA（EOS-PM1）所携带的中分辨率成像光谱仪MODIS（Moderate Resolution Imaging Spectroradiometer）中得到了极大的改进（Rittger et al.，2013）。TERRA和AQUA卫星所携带的中分辨率成像光谱仪MODIS是该系列卫星的主要探测仪器，具有36个光谱通道，分布在0.4-14μm的电磁波谱范围内，地面分辨率分别为250m、500m和1000m，扫描宽度为2330km。在对地观测过程中每日可获取2次白天和2次黑夜来自大气、海洋和陆地表面的全球观测数据。MODIS也是地球观测系统一系列卫星上唯一在全球范围内可免费接收数据的对地观测仪器，可以同时提供反映陆地、云层和大气特征等地球综合信息，对开展自然灾害与生态环境监测及全球变化的综合性研究具有非常重要的意义。MODIS保留了AVHRR功能的同时，在数据波段数目和数据应用范围、数据分辨率、数据接收和数据格式等方面都做了相当大的改进，这些改进构成了MODIS成为AVHRR的换代产品（严建武等，2008；Rittger et al.，2013；Tang et al.，2013）。

在雪灾的遥感反演中，积雪具有2个重要特性：1）在可见光波段有较高的反射率（MODIS 4 波段）；2）在短波红外波段有较低的反射率（MODIS 6 波段）。MODIS 积雪检测算法就是充分利用了这种唯一的光谱组合特点计算归一化差值积雪指数 NDSI（Normalized Difference Snow Index），再采用一套分组决策支持方法来检测积雪。NDSI 是较高可见光反射率和较低短波红外反射率波段的一种组合指标，其表达式为 NDSI =（MODIS4 - MODIS6）/（MODIS4 + MODIS6）。一般而言，同地表其他地物类型相比，积雪具有较高的 NDSI，当像素 NDSI 值大于或等于 0.40 时，即可判识为积雪（Hall et al. 1995）。结合植被指数 NDVI 即可以区分有积雪和无积雪覆盖的草地。此外，还有其他分类标准也可用于积雪的分组决策测试。第 1 个标准是利用 MODIS 4 波段反射率高于 10% 可防止将具有较高 NDSI 值的黑色物体划分为积雪；第 2 个标准是利用 MODIS 2 波段绝对反射率高于 11%，可区分积雪和也可能有较高 NDSI 值的水体。有些类型的云还是难以同雪区分开，可以利用 MODIS 云掩膜产品中第 19 比特的信息作为云掩膜予以纠正。此外，热掩膜和云掩膜算法也引入 MODIS 积雪资料的处理，可消除图像上由于云层气溶胶和海岸地带沙地的影响所形成的类似雪盖的地物，极大地改进温暖地区的积雪分类精度，检测并标记出受云层影响的区域。在利用该方法的研究中，代表性的如杨秀春等（2008）对 2007/2008 年冬季中国北方 9 省草原雪灾发生的时空特征等的研究；裴欢等（2008）对我国北疆地区积雪分布及雪深的分析，并通过分析和研究 MODIS 窗区通道的光谱特点探讨了适合于积雪雪深监测最佳的 MODIS 通道，初步建立起应用 MODIS 监测北疆地区积雪深度的反演模型；张学通等（2008）结合气象台站记录的雪情数据对新疆北部牧区 2001—2005 年的 MODIS 每日积雪产品 MOD10A1 进行了检验，认为晴天时 MOD10A1 产品的总精度可达到 98.5%，积雪分类精度为 98.2%，从而为 MODIS 积雪产品在该地区的应用奠定基础；另外 Liang（2008c）、黄晓东（2009）、魏玥（2010）、侯慧姝（2010）等分别在我国北疆、内蒙古等地区进行了雪灾的反演和监测分析。而 MODIS 与新兴发展的气象卫星数据的结合也是雪灾反演的另一新趋势（Rittger et al.，2013；Yang et al.，2014）。

（3）MODIS与被动微波遥感融合的雪灾反演

积雪遥感中最为常用的NOAA/AVHRR及MODIS波段是可见光、近红外和微波，其中，可见光和近红外主要用于提取积雪覆盖范围，它们最大的弱点是不能用于反演雪灾中的雪深和降雪量。微波在积雪遥感中处于不可缺少的位置，它不仅能够全天候地观测积雪，也能够穿透大部分积雪层从而探测到雪深和雪水当量的信息。其优势有以下3个方面：1）微波可以穿透积雪层，同时获取雪层和地表信息；2）被动微波可以全天候的不受云层影响地接收积雪信息，这恰恰是可见光、近红外遥感所不能做到的；3）被动微波遥感数据的时间分辨率高，周期一般在3—5天，具体周期根据研究区的纬度而定。由于被动微波遥感具有很高的时间分辨率，能够迅速覆盖全球，因此，它在监测全球和大陆尺度的积雪时空变化中，作用尤为突出（李新、车涛，2007；Gao et al.，2010b；Dai et al.，2012；Mhawej et al.，2014）。

在应用方面，早期的研究（1978—1987）主要使用Nimbus-7卫星携带的扫描式多通道微波辐射计（SMMR）提供的微波亮度温度（Tb）数据，1987年以后开始使用美国国防气象卫星计划（DMSP）的SSM/I传感器的微波亮度温度数据，自2002年以来，AQUA卫星数据产品AMSR-E（Advanced Microwave Scanning Radiometer-Earth Observing System）雪水当量产品和每日亮度温度（Tb，brightness temperature）产品的应用研究便成为新的趋势（Langlois et al.，2008；Liang et al.，2008b；Gao et al.，2010b）。高峰等（2003）利用SSM/I数据对青藏高原2001/2002年冬季积雪范围及雪深进行了实时监测，并与MODIS的结果进行了对比，结果表明SSM/I反演的积雪范围变化趋势与MODIS结果总体上较为一致，SSM/I的雪深监测结果为当地遥感部门对大于10cm的雪深做出正确判断提供了重要信息。Chang等在辐射传输理论和米氏散射理论的基础上，在假设雪密度为$0.3g/cm^3$，且雪粒径为0.35mm的前提下，结合地面观测雪深资料，通过回归方法，得出雪深反演公式 $SD = 1.59 \times$

第七章 雪灾与畜牧业脆弱性

(T18H-T37H),式中 SD 为雪深(cm),T18H 和 T37H 分别为 18GHz 和 37GHz 水平极化条件下的亮度温度。由于用这些通道的被动微波亮温数据只能探测到大于 2.5cm 的雪深,因此当 SD < 2.5 时做无雪处理(Chang et al.,1976;Chang et al.,1987)。利用被动微波遥感数据反演积雪深度的结果逐渐被推广,而 Chang 的"亮温梯度"算法最有代表性,被用作全球雪深度估算算式(李新和车涛 2007;Gao et al.,2010b)。我国学者车涛(2004)在研究青藏高原雪深时利用 SSM/I 数据,根据 Chang 的算法对反演算法进行了改进,并对雪水当量进行了反演。为了获得全国范围内的积雪储量信息,车涛等(2004b)用其修正算式计算了我国西部地区的积雪深度,而在东经 105°以东的我国东部地区则沿用 Chang 的全球积雪雪深度算式估算积雪储量,并利用 MODIS 积雪产品对结果进行了验证,总体精度平均达到 86.4%,最高精度达到 95.5%,Kappa 系数均值为 65.5%,最大值达到 86.2%(车涛和李新,2004a,b)。在此基础上从而得到我国第一套全国雪深数据反演产品(Che et al.,2008)。并利用该产品对我国积雪水资源的时空变化和被动微波遥感方法的应用进行了评述(车涛和李新 2005;高峰等 2005;车涛等 2006;李新和车涛 2007)。在数据利用方面,Liang 等(2008b)利用 MODIS 和 AMSR-E 数据的每天合成产品对我国新疆北部地区的雪灾进行了监测,毛克彪等(2009)利用 AMSR-E 数据对我国 2008 年的南方大范围罕见雪灾进行了监测,取得了较为理想的效果。于惠等(2009)利用北疆地区 2002 年、2003 年和 2004 年积雪季 AMSR-E 445 个时相的亮温数字图像和 20 个气象台站实测雪深数据,通过亮温差和实测雪深值回归分析比较,建立了北疆地区基于 AMSR-E 亮温数据的雪深反演模型,并对模型的精度进行了评价,认为该模型在北疆地区优于 Chang 的算法,基本能反映北疆地区雪深变化趋势;李金亚等(2011)基于 MODIS 与 AMSR-E 数据对我国几大牧区草原雪灾进行了遥感监测,等等。

由于 AMSR-E 等亮温数据的分辨率较低(25km × 25km),而 MODIS 在数据精度方面却有着很大的优势,但 MODIS 积雪产品受云覆盖影响十分严重,特别是它的每日产品直接应用于区域积雪的观测和制图时会带来较大的误差。为此,学者们提出了多种降低积雪产品中云覆盖的方法,其中最便捷且应用效果好的是多传感器及多时相数据融合的方法。Xie 等(Xie et al. 2009)在 MODIS 双星每日积雪产品融合的基础上,通过设定一定的云覆盖阈值(10%)进行灵活多日的 MODIS 数据融合,结果表明这一方法可将融合产品绝大部分的云覆盖降至10%以下。而将可见光 MODIS 积雪观测与微波遥感融合,可以同时保持较高的空间分辨率,且完全去除云覆盖影响是目前雪灾遥感监测的研究热点之一。在数据融合方面,Gao 等对二者的融合及融合后的精度作了一定的探讨(Gao et al. 2010b),王增艳和车涛(2012b)等在我国干旱区积雪遥感反演中做了一定的尝试,并将分析结果应用于积雪的时空分布特征分析中(王增艳、车涛 2012a)。Dai 等(2012)利用 AMSR-E 数据对我国新疆的雪深和雪水当量进行了基于雪的粒径、雪龄、密度及雪层温度的回归验证,取得了较为理想的效果,对提高被动微波遥感的监测精度有很大的改进。包慧漪等(2013)也利用融合算法对新疆的雪情参数进行了反演,取得了较好的效果。但从整体上来说,目前基于可见光 MODIS 积雪观测与微波遥感融合来反演雪灾参数的研究还仍处于探索阶段,特别地,针对牧区雪灾的参数反演,如雪分布、雪深、降雪量、降雪持续时间、雪灾起至日、风速、地表温度等的研究还相对较少,而针对畜牧业的雪灾参数反演是雪灾监测中的重要保证,加强该方面的研究,是对雪灾风险及畜牧业脆弱性评价的基础,是预防和抵御雪灾的重要途径。

二 雪灾风险及畜牧业脆弱性

灾害是致灾因子、受灾对象的物理暴露、脆弱性以及减轻风险潜在不良影响能力共同作用的结果(Botzen and Van Den Bergh 2009)。灾害风险下的脆弱性(vulnerability)评估是指通过对可能造成威胁或伤害的致灾因子(hazard)、处在灾害物理暴露下的潜在受灾对象(生命、财产、生计等)及灾害带来的风险性,判断风险的性质、范围与程度，分析辨识受灾主体的自身弱点，从而对躲避风险及积极应对做出指导（史培军 2005；Tachiiri et al. 2008；葛全胜等 2008；颜亮东等 2013）。

对脆弱性的理解和刻画是自然灾害风险下脆弱性和损失评估的核心，在给定的致灾强度下，灾害损失风险决定于脆弱性的大小。因此，对脆弱性的理解不同，是导致脆弱性评价方法不同的关键因素。基于不同层次的理解，国内外在相关方面的研究中对脆弱性的理解也存在分歧。概括地讲，脆弱性具有两种基本内涵：（Ⅰ）强调灾害对系统产生伤害的程度，因此其核心是关心人类系统对灾害的暴露（exposure）程度（如人口密集程度、与灾害发生地的距离等）以及系统对不同灾害频率与强度冲击的敏感性（sensitivity）与弹性（resilience），而对系统有无对灾害的处理能力（应对能力）并不重视（Vogel et al. 2007；Susanne C 2010；Williamson et al. 2010）；（Ⅱ）强调脆弱性是灾害来临之前就已存在的状态，并认为是人类社会系统内部固有特质中衍生出的，因此其核心是探讨人类社会或地区受灾害影响的结构性因素（Gilberto C 2006；Smit and Wandel 2006；W. Neil 2006；Williamson et al. 2010；Hallegatte et al. 2011a；Jochen 2011；Barrett 2013）。在脆弱性的研究中，敏感性和弹性被受到越来越多的重视，并且逐渐成为脆弱性研究中的热点问题（IPCC，2001；Adger and Vincent 2005；Brooks et al. 2005；Gilberto C 2006；Hans-Martin 2010；Akter and Mallick 2013）。虽然敏感性的概念在不同研究领域和研究视角下而各有侧重和不同，但敏感性"是系统对外界干扰的应变程度，包括这种对外界压力的抵制力和恢复到这种影响消除后其之前状态的能力"的观点被普遍接受（IPCC，2001；Adger and Vincent 2005）。作为主体自身的一种固有属性，敏感性通常和弹性及应对能力（response 或 adaptive capacity）相关联。一般的，弹性有两个基本的含义，即（Ⅰ）系统从受干扰的状态恢复到以前原始状态的时间，和（Ⅱ）系统在转移到下一个状态前所能吸收的外界干扰的量的大小（Holling 1973，1985）。Rose（2004）从经济学的视角认为，弹性是指在一次灾害事件后以最少的成本恢复到初始状态所花的时间，并认为弹性是一种灾后系统所固有的属性，即系统为了避免损失（损伤）对灾害的天然防御和适应能力。这一观点重在强调系统恢复和抵制灾害的能力的内生性及固有性（inherent characteristics），其恢复的经济成本和所花时间大小是度量弹性大小的关键（Gilberto C 2006；Botzen and Van Den Bergh 2009）。当这种恢复的成本较高、所花时间较多时，即其脆弱性也越高。从灾后恢复的观点来看，社会在灾害中或灾后限制或防止损失的能力是弹性的重要内容和属性，因而强调社会在灾害恢复中的群体智慧和能利用的各种资源的丰富度（IPCC，2001；Rose 2004）。因此弹性和恢复能力/适应能力有关，被认为是系统吸收外界影响和从灾害事件中恢复过来的能力的大小。因而社会系统通过创造有利的条件，强化应对能力和适应能力则被认为是增强弹性的必由途径（Brooks et al. 2005；Botzen and Van Den Bergh 2009；Hans-Martin 2010）。脆弱性概念的内涵也因研究领域的不同和社会关注视角的扩大而在不断扩展演化（Brooks et al. 2005；Gilberto C 2006；W. Neil 2006；Jochen 2011；Skjeflo 2013）。

在脆弱性的度量方面，Arnell 等（2004）的研究认为，虽然脆弱性的概念较难准确界定和定义，但在一定程度上可以通过各种方法来度量和刻画其大小程度，即可以"度量脆弱性"。目前的基本认识是，脆弱性与社会群体的敏感性、灾害暴露程度以及社会经济文化背景相关，并与应对灾害事件的各种能力相关（Arnell et al. 2004；Adger and Vincent 2005；Brooks et al. 2005；W. Neil 2006；Williamson et al. 2010；Nathan L 2011；Ahsan and Warner 2014）。随着对风险识别和评价需求的增加，近些年来，国内在脆弱性及风险评价方面的研究逐渐增多，且研究的视角和领域在逐渐扩大，由单一的脆弱性概念的界定（李鹤等 2008；徐广才等 2009），到在生态、环境、气候、人地关系等各个领域中应用和评价都得到了广泛的研究（于翠松，2007；方一平等，2009；刘小茜等，2009；周永娟等，2009），逐渐成为判断系统面临风险的主要参照因子和研究的热点问题（李双成等，2005；潘护林，2008）。

在全球变化研究中，气候变化下自然灾害所引起的系统的脆弱性是指由于气候因子的改变所造成的灾害事件及其可能发生的概率、可能产生的后果及其严重程度，以及由此带来的系统的不适应程度（W. Neil 2006）。如果单独地考虑灾害风险，这在灾害学中是一个老话题，且研究较为成熟（史培军，2005；葛全胜等，2008；郭晓宁等，2010；高懋芳和邱建军，2011）。气候变化下基于灾害的畜牧业脆弱性评价旨在通过气候变化趋势和变率来预估和评价灾害对一个地区畜牧业经济影响的风险性大小和该影响所波及的范围，分析畜牧业系统自身的不适应程度和所面临的风险等级。由于畜牧业是依赖于自然植被或人工草场、以牲畜放牧、动物养殖及其他方式获得经济收益的产业部门，其所依赖的区域环境的改变将直接影响草场和植被地上生物量的变化，从而直接影响草地的承载力和放养规模、饲料供给能力及畜牧业放养结构，因而给依赖于畜牧业的地区带来深远的影响（Bernués et al. 2005；Thornton et al. 2009；Bernués et al. 2011）。另外，随着气候变化的加剧，大量研究表明，自然灾害发生的频率和极端气候事件的严重程度及规模都将增加，这将大大提高各个系统面临灾害的风险性和损失程度（UNDP 2004；Botzen and Van Den Bergh 2009；Neumayer and Barthel 2011；Hans Visser et al. 2012）。从气候变化在空间的分布格局上来看，灾害风险较高的地区，往往是自然灾害发生频率较高、气候自身的扰动性较大、变率较快、人口及牲畜的暴露度较高且较为脆弱、对突发的气候事件应对能力较差的地区，因而也是气候灾难频发的地区（Botzen and Van Den Bergh 2009；Collier et al. 2009；Thornton et al. 2009；Neumayer and Barthel 2011；Hans Visser et al. 2012；Ahsan and Warner 2014）。因此，分析气候变化下灾害风险在空间上的分布规律，对分析和评价气候变化下畜牧业的脆弱性及其应对气候变化、制定相应的适应措施等具有重要意义。

第三节 青藏高原雪灾野外调查情况

项目组于 2015 年 7 月、2016 年 12 月和 2017 年 11 月多次赴青藏高原的拉萨、那曲、索县、比如、果洛、班戈、日喀则、阿里、格尔木、西宁等地进行雪灾及社会经济统计数据、积雪地面观测的调研（图 7-1、图 7-2）。在上述地区就积雪的地面自动观测、雪灾的损失情况、雪灾预防措施等进行了调查，在地区行署的积极支持下，走访了以上地区的民政厅（局）、统计局、畜牧厅（局）、气象局、气象预报与气候中心、西藏高原大气环境科学研究所、中科院西北高原生物所、青海师范大学等机构和研究单位，详细了解和搜集了积雪常规监测、雪灾历史统计和政府、牧民雪灾适应措施等，为项目的遥感反演模型标定、基础数据库建立和评价收集了第一手的资料，奠定了后续研究的基础。

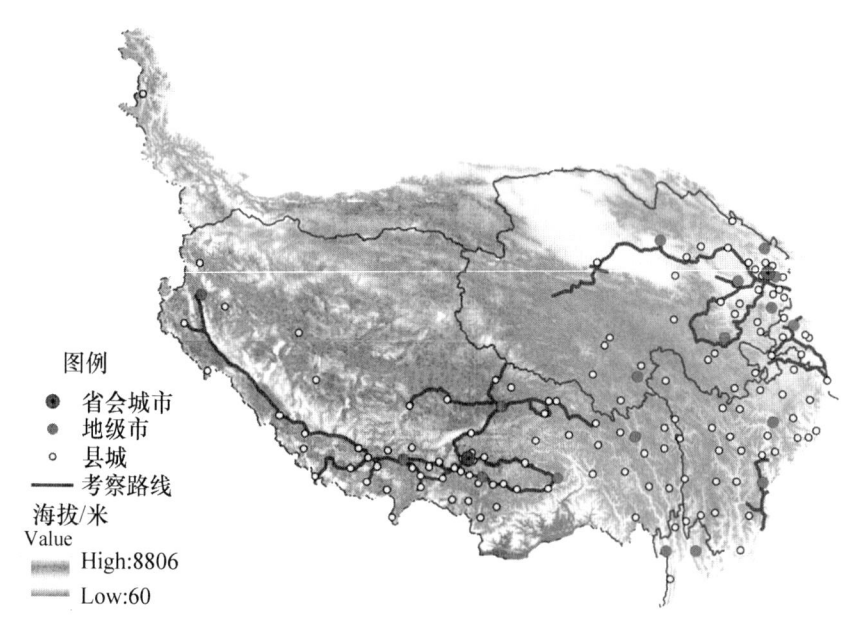

图 7-1 2014 年 7 月—2017 年 11 月野外调查路线

（1）青藏高原气候变化总体趋势

本研究从气候变化分析着手，先分析了青藏高原气候变化尤其

第七章 雪灾与畜牧业脆弱性

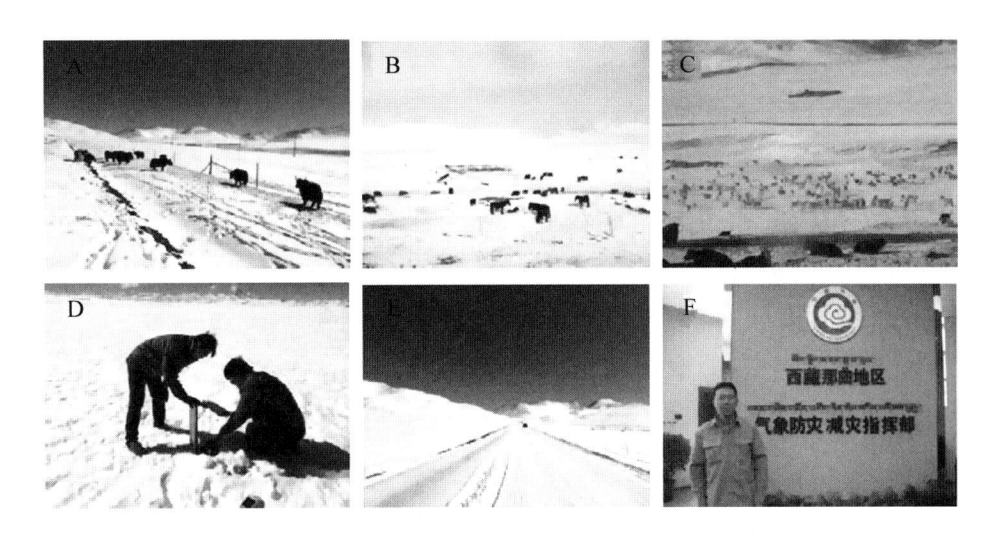

图7-2 野外考察及调研情况：（A）强降雪使得牦牛只能在海拔较低的沼泽化草甸上食草（2015.12.6，那曲），（B）2015.12.2 安多雪灾，（C）2015.12.13 比如雪灾，（D）那曲野外积雪标定，（E）2014 年 11 月 17 日日喀则至阿里的公路积雪，（F）2015 年 7 月在那曲气象减灾中心调研

是全球暖化的总体趋势和主要特征。从 1961—2015 年青藏高原年平均温度及年总降水量变化趋势来看（见图 7-3），青藏高原地区多年年平均温度在 2.5℃—5℃。近些年来，青藏高原地区的年平均温度呈现逐渐增加的趋势，年平均增温率为 0.0498℃/年（R^2 = 0.5347），比 1961—2015 年的平均温度 0.0318℃/年偏高。青藏高原地区增温率在近些年有加速增长的趋势，并且随着海拔的升高，增温率也随着升高，这种趋势主要表现为冬季和夏季，而春季的增温不太明显。这种气候变化总体趋势给青藏高原雪灾的变化趋势和空间格局也带来了一定程度的影响。

（2）青藏高原畜牧业发展概况

由于受气候和自然环境的限制，青藏高原地区的农业发展相对滞后，主要以畜牧业的发展为主，是我国少数几个牧业集中的地区之一。以目前在青藏高原上的 207 个县区来统计，2010 年青藏高原地区总人口约为 1554 万人，牲畜总数为 1.344 亿个羊单位

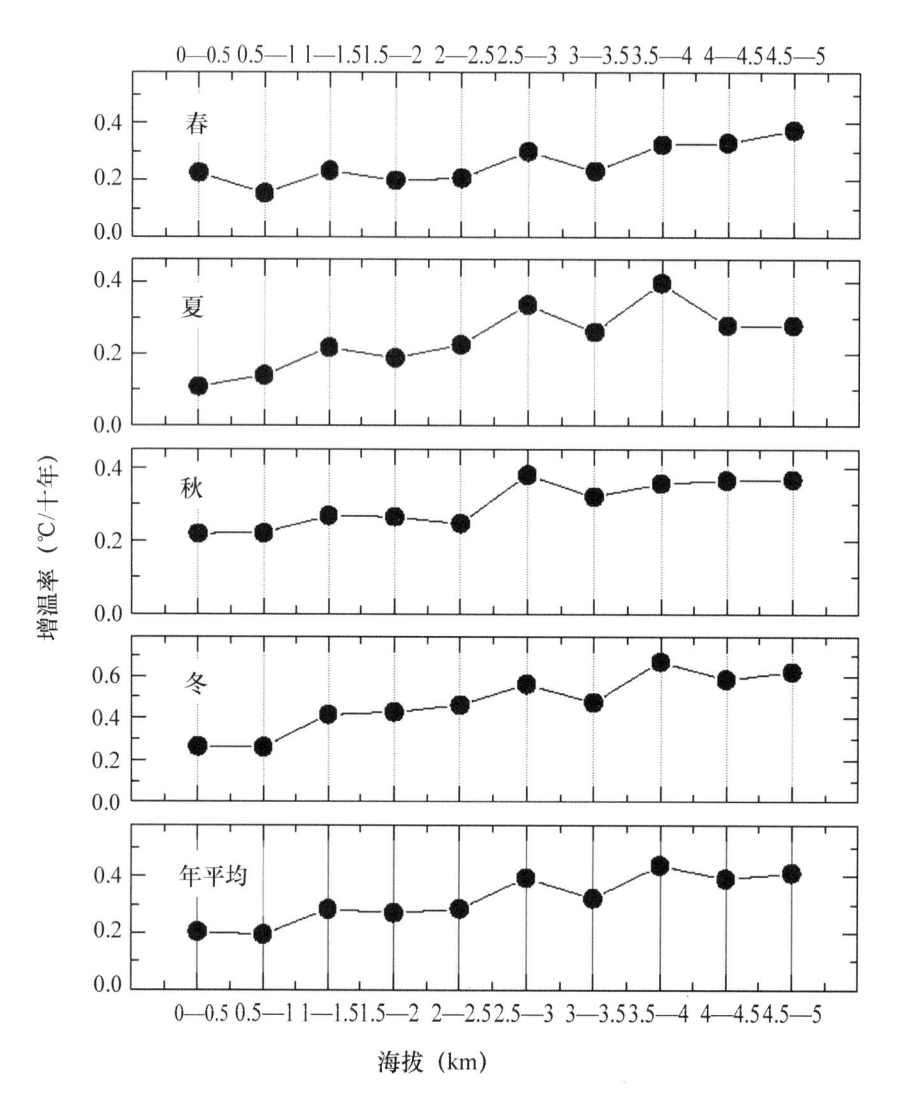

图 7-3　青藏高原及其周围地区 144 个站点 1961—2015 年不同季节温度变化速度

（见图 7-4），而牲畜中主要以藏牦牛和藏绵羊、山羊为主。

以占高原主体部分的青海、西藏两省区经济统计数据来看（见图 7-5），2010 年青藏高原畜牧业从业人员为 210 万人，畜牧业总产值为 173.45 亿元，畜牧业人均收入 8260 元。虽然近些年来青藏高原地区的经济发展较快，但从人均收入水平来看，青藏高原地区的人均收入水平普遍较低，低于全国同期的平均值，处于相对落后的水平。

第七章　雪灾与畜牧业脆弱性

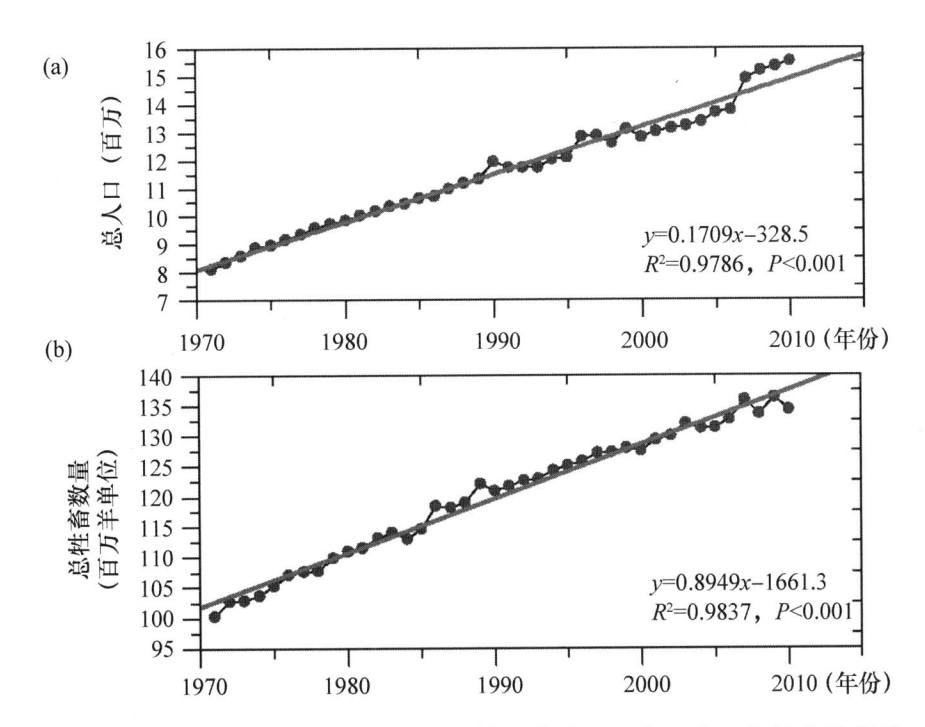

图7-4 青藏高原地区（在高原上的县区共计207个，人口和牲畜总规模按所占面积比例分割）近些年来人口规模增长趋势（a）及以羊单位换算的牲畜规模增长情况（b）。其中羊单位的换算标准为：1匹马＝6个羊单位，1头牛＝5个羊单位，1头驴/骡/大牲口＝4个羊单位，1只山羊/绵羊＝1个羊单位。

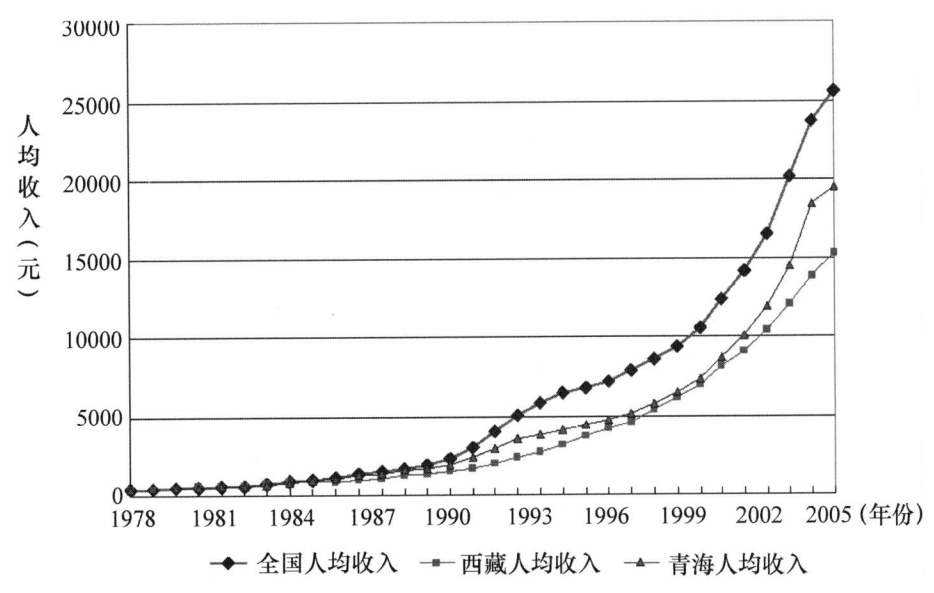

图7-5 青藏高原地区西藏、青海两区及全国人均收入对比

从历年三次产业的比重来看，青藏高原地区第一产业所占比重在27%左右，但近些年该值有一定的下降，第一产业总值占GDP总值的10%左右（见图7-6）。从第一产业所占比重来看，青藏高原地区对第一产业的依赖较为严重，但随着近些年第二、第三产业的发展，这一趋势基本得到了扭转。

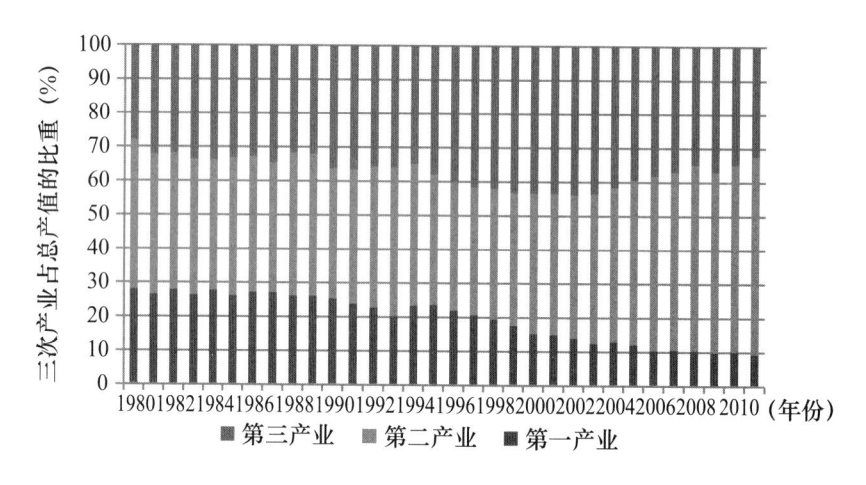

图7-6 青藏高原地区历年三次产业比值构成（1978—2010）

但从历年畜牧业占第一产业的比重来看（见图7-7），在第一产业中，青藏高原地区的畜牧业所占比重历来较高，曾一度达到60%。在近些年仍有增加的趋势，基本维持在50%左右。证明青藏高原地区的畜牧业在该区仍占有相当重要的地位。由于广大的牧民主要依赖于畜牧业作为其生计的主要来源，该比重较高反映了青藏高原地区尤其是广大牧区对畜牧业的依赖度较高。由于青藏高原地区的城市和城镇的数量和规模均比较小（见图7-8），城镇化率较低，对畜牧业中的剩余劳动人口吸纳有限，因而其发展总体上处于经济起飞前的农业社会阶段。

从联合国粮农组织及世界银行的统计数据综合分析，以牧业人口、牧业产值、机械化利用率等指标对青藏高原的畜牧业总体水平进行评价，总体而言，青藏高原地区的畜牧业水平仍处于传统的以自然放牧、游牧和天然牧场的管理阶段，因而畜牧业现代化管理水平差，目前仍处于畜牧业发展的初级阶段（见图7-9）。

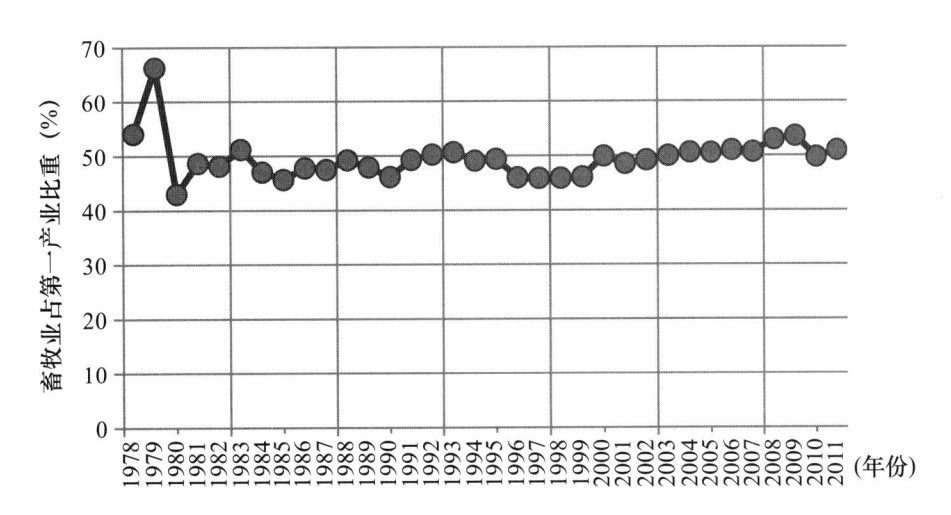

图 7-7 青藏高原地区畜牧业产值占第一产业产值的比例（1978—2011）

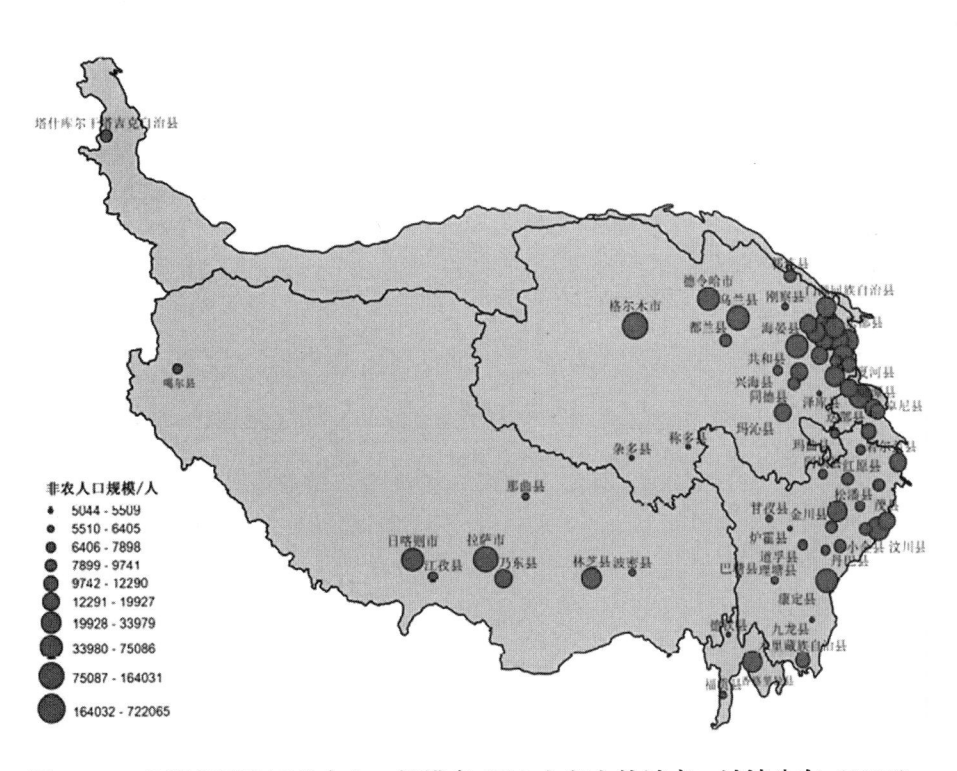

图 7-8 青藏高原地区非农人口规模在 5000 人以上的城市、城镇分布（2015）

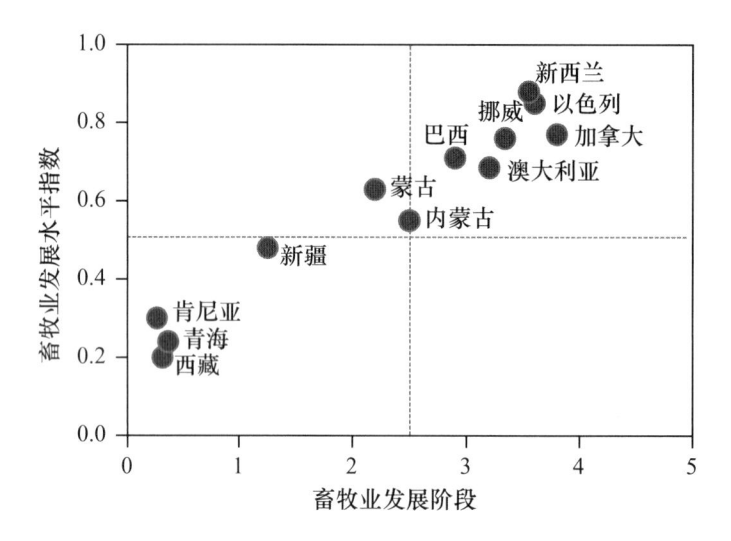

图 7-9 以畜牧业发展水平指数统计的青藏高原畜牧业现代化管理水平与世界对比

数据来源：依据世界粮农组织（FAO，http://www.fao.org/corp/statistics/zh/）及世界银行（The World Bank，http://data.worldbank.org.cn/）统计数据汇总。

从以上统计的资料可以看出，与世界上畜牧业较为发达的新西兰、挪威、加拿大、以色列等国相比，青藏高原地区的畜牧业发展水平总体上较为落后，其畜牧基础设施和现代化管理水平较低。由于自然环境限制和受传统的放牧习惯等的影响，青藏高原地区的畜牧业现代化水平还较为落后，与世界先进水平差距较大。畜牧业发展的这种现状和趋势意味着在气候变化、人类活动影响加剧等背景下，其所面临的抵御气候变化风险的能力较差，因而在气候变化中面临着更多风险性。

以上对青藏高原畜牧业发展现状的分析是本研究进一步分析的基础。

从统计的结果来看，近些年来，青藏高原地区无论是人口规模还是牲畜规模都得到了较快的增长［见图7-10（A）］。人口数量从1971年的813万人很快增长为2010年的1553.5万人，平均年增长率达到18.51万人/年，总人口增长了近两倍。而以羊单位换算的整个青藏高原牲畜的数量则由1971年的100.28百万羊单位增

第七章 雪灾与畜牧业脆弱性

长到 2010 年的 134.36 百万羊单位，平均增长速度为 85.2 万羊单位/年，总规模增长了 1.34 倍。由于青藏高原地区以畜牧业为主的第一产业占有较大的比重，从第一产业的发展及整个经济的增长规模来看，青藏高原地区近些年的经济增长较为明显，经济增长速度一度处于加速阶段［见图 7-10（B）］。近些年来，以矿产开采及

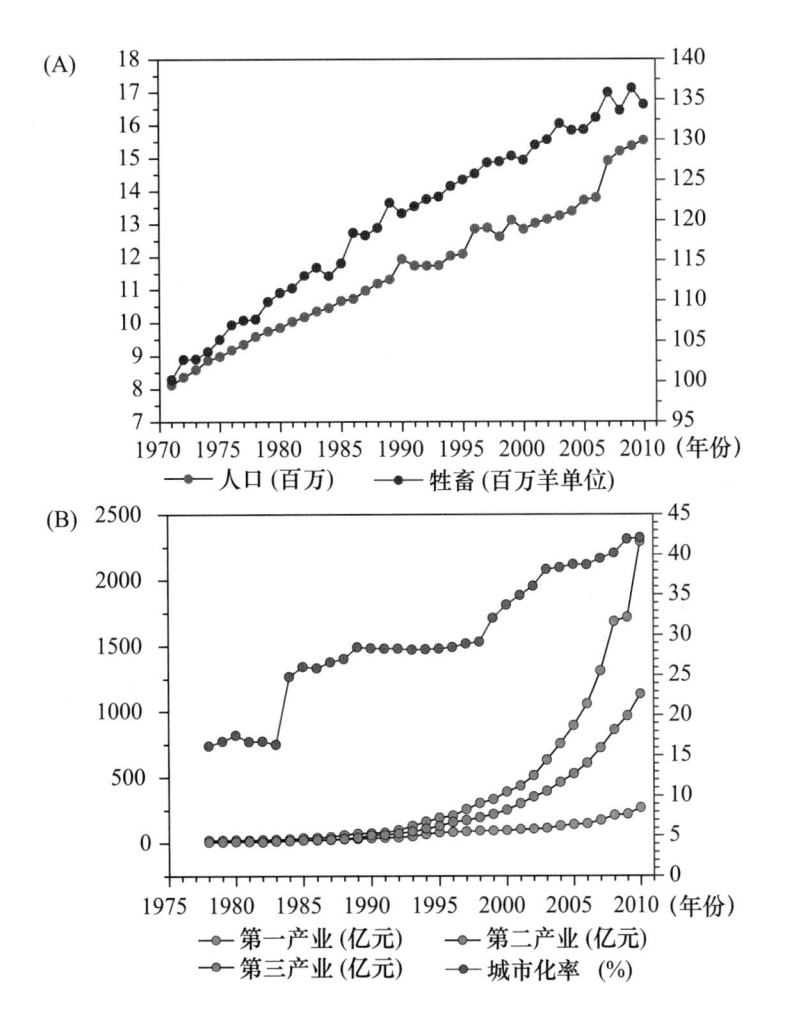

图 7-10 （A）青藏高原地区 1971—2010 年人口规模及以羊单位换算的牲畜数量的增长情况，只有部分地区在高原上的县按其所在高原上的面积比例来分割。（B）1978—2010 年青藏高原上主要的两个省区青海、西藏两个地区三次产业的规模（以当年价格计算）及两地区的城镇化率。数据均来自各个地区逐年的统计年鉴和地方志，农牧业年度报表等。

能源开发为主的第二产业以及以旅游和服务业为主的第三产业发展势头较快,其比重越来越高,并逐渐占据了经济发展的主体地位。另外,人口的快速发展也进一步地推动了青藏高原城镇数量和规模的发展,近些年城镇化发展速度较快。

本研究以青藏高原为整体计算了近些年的平均牲畜密度(见图7-11)。青藏高原总面积约257.71万 km^2,在密度计算中除去难利用地面积118.28万 km^2(其中水域、戈壁及雪山等面积约76.37万 km^2,海拔在5000m以上的面积约41.91万 km^2),其中可用地139.43万 km^2,以此计算的青藏高原牧区平均牲畜密度结果如图7-11所示。从整个高原牧区平均牲畜密度来看,随着牲畜规模的逐渐增加,牧区的牲畜密度也呈现出逐渐增加的趋势。平均牧区牲畜密度从1971年的71.9个羊单位/km^2增长到2010年的96.4个羊单位/km^2,40年增长了34%。

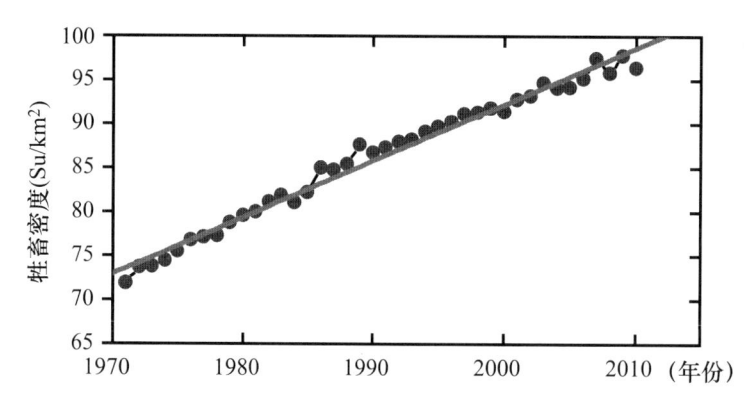

图7-11 青藏高原平均牲畜密度历年变化情况

随着牲畜数量和密度的逐年增加,在未来气候风险增加的情形下,意味着同样规模的灾害,其发生后对畜牧业的单位面积损失也将增加。因此从发展趋势来讲,随着未来气候变化的扰动性加大,青藏高原地区的畜牧业损失风险有增加的趋势。从畜牧业的发展规模来看,随着牲畜数量和密度的稳定增加,畜牧业总产值呈现出较快的增长趋势[见图7-10(B)]。

为了从空间上探讨雪灾对畜牧业的影响,本研究分析了典型年份青藏高原人口的分布（见图 7-12a）及近 40 年的人口增长速度（见图 7-12b），以及以羊单位换算的整个青藏高原的牲畜分布及增长速度（见图 7-13）。可以看出，受高海拔及高寒缺氧等恶劣

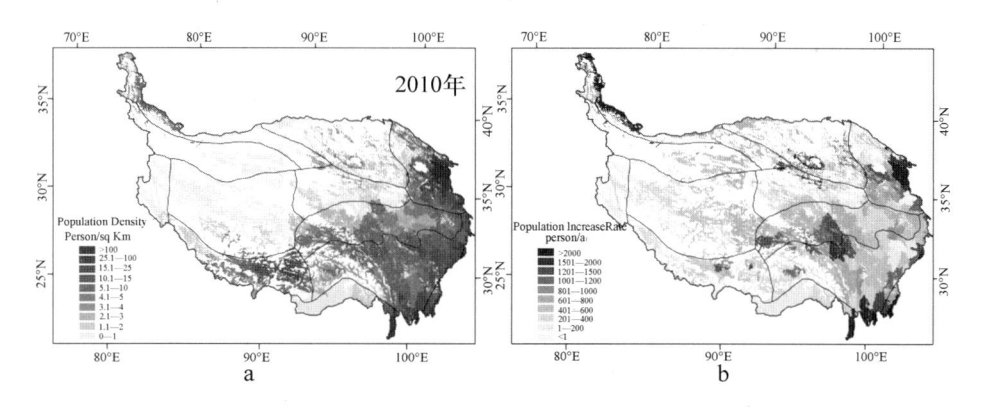

图 7-12　青藏高原地区 2010 年的人口密度分布及近 40 年的人口线性增长率

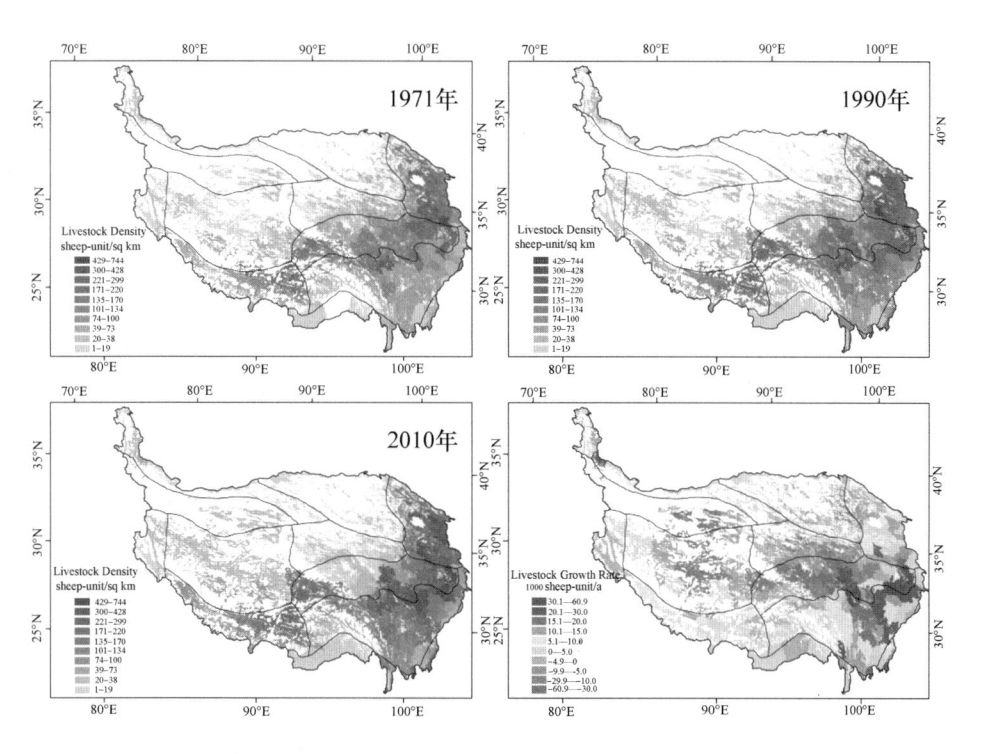

图 7-13　青藏高原地区 1971 年，1990 年，2010 年以羊单位换算的牲畜密度分布及近 40 年的牲畜线性增长率

的自然条件的限制，人口基本上分布于海拔高度相对较低、植被状况较好的低山河谷地区，并在高原边缘接近低海拔的地区有相对较为集中的分布。从人口的年平均增长率也可以看出，高原边缘地区及藏南及中部地区的人口增长较快。牲畜的空间分布与人口的分布相似，主要分布于海拔高度相对较低气候环境相对较好的低海拔河谷谷地地区。与人口分布不同的是，牲畜的增长速度近些年在川西北及高原的西部高海拔地区增长较快，而在高原中部有减少的态势。

青藏高原人口及牲畜的空间分布及增长变化，是分析雪灾的影响及暴露性、敏感性的基础，青藏高原近些年来牲畜数量和密度的增加，无疑加大了雪灾风险及雪灾的损失程度。暴露度的增加，是同等规模的雪灾中死亡率上升的主要因素。

第四节 青藏高原雪灾基本情况

本研究利用 87 个地面站点积雪常规监测数据（见图 7 - 14）计算了青藏高原逐年低温冰冻风险度指数中各要素的变化情况（见图 7 - 15）。从降雪天数（Days of snow，见图 7 - 15a）、降雪量（Snowfall，见图 7 - 15b）以及降雪占总降水的比例（Rate of snowfall，见图 7 - 15c）的变化情况可以看出，青藏高原在最近 50 年中的低温冰冻风险指数中单要素出现两个趋势。总体上来看，1997 年似乎是一个风险度转折点，在此之前，其致灾因子中的降雪天数、降雪量和全年中降雪的比例均呈现出明显的增长态势，即灾害的风险性在逐年增高。而在 1997 年之后，这一趋势又逐渐减缓，低温冰冻灾害的风险性趋于平稳发展。从分段线性拟合的结果来看，三个指标在 1997 年之前均表现出上升趋势，其后出现逆转，但总体上仍维持在近 50 年的平均水平上。

在上述的三个致灾因子中，降雪频率和降雪量是致灾因子风险性的重要指标，从近 50 年的总体趋势来看，各指数也均呈现出增长态势，尤其是在 1997 年之前的近 40 年中，这一趋势则非常明

第七章 雪灾与畜牧业脆弱性

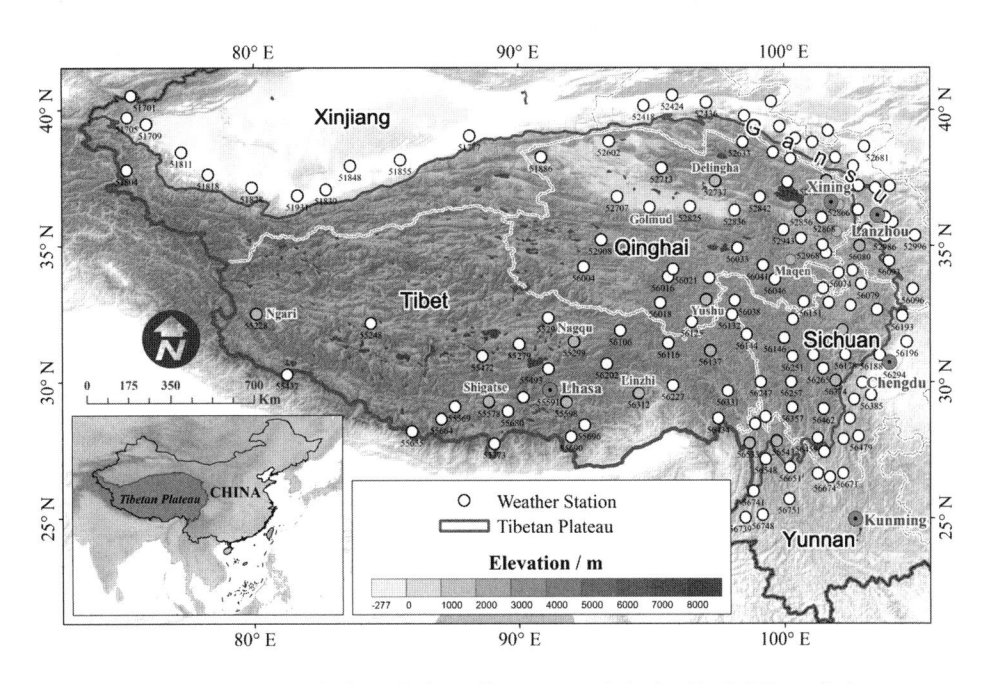

图 7-14　本研究中青藏高原范围及 87 个气象观测站位置分布

显。虽然其后灾害因子风险性趋于平缓，但从总体上来看青藏高原的低温冰冻灾害在趋于平稳中仍保持较高的风险水平。

与上述三个致灾因子相比较，反映低温灾害发生频率的低温天数（Days bellow 1℃）则呈现出逐步的下降趋势（图 7-16a），这说明低温灾害在近些年有下降趋势，且这种趋势较为明显，尤其是在最近的十几年中表现得更为剧烈。低温天数的减少应当是气候全面暖化导致日平均温度增高的结果。为了说明这一情况，本研究同时统计了青藏高原各个气象站点记录的年平均气温，结果如图 16b 所示。从图中可以看出，与各站点的低温日数相对应，各站点的年平均气温呈现出明显的上升趋势，且这一趋势较为显著，增温速度为 0.034℃/a（$R^2 = 0.715$，$P < 0.001$）。即最近 50 年来青藏高原经历了较快的暖化过程，这一过程在一定程度上减少了低温灾害风险，表现为反映低温灾害发生频率的低温日数随着气候的暖化在逐渐减少，大雪过后的冷冻天气逐渐在减少。

从以上分析可以看出，在致灾因子风险性指标中，降雪天数

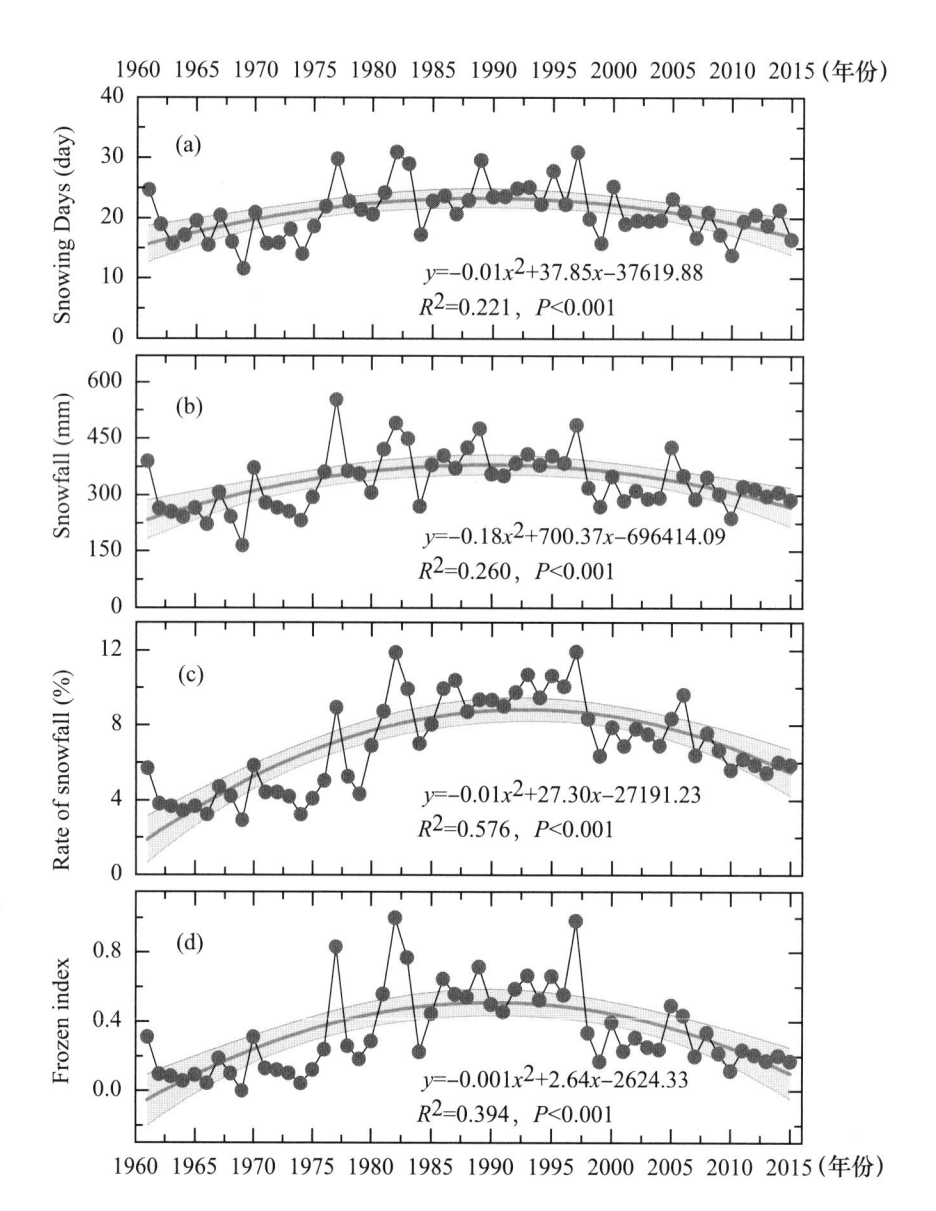

图 7-15 **青藏高原低温冰冻灾害风险度指数中降雪天数（a）、降雪量（b）以及降雪占总降水的比例（c）及冰冻指数（d）的逐年变化情况。**

（见图 7-15a）、降雪量（见图 7-15b）以及降雪占总降水的比例（见图 7-15c）表现出较为明显的增长趋势，且近些年有下降并趋于稳定的态势；而随着气候的暖化，反映低温灾害发生频率的指标

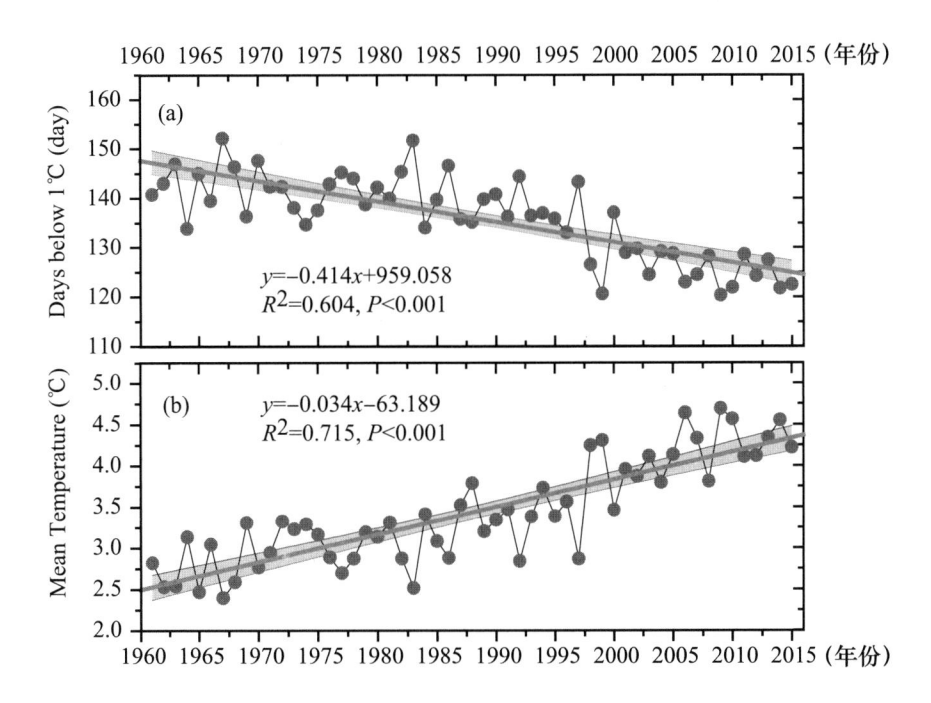

图 7-16　冰冻灾害风险度指数中低于 1℃ 的天数（a）及年平均气温（b）变化趋势。

低温天数在逐渐减少，这与青藏高原经历的全面暖化过程密切相关，而低温日数的减少也在一定程度上缓解了其带来的低温灾害风险。

从 1961—2015 年雪灾发生时间的统计来看（图 7-17a），青藏高原绝大部分雪灾（65% 以上）集中在 1—4 月，且 3 月是雪灾发生的高峰时段，10 月和 11 月的初雪是雪灾较为容易发生的季节，从而在统计上出现了以 11 月为主的初雪小高峰和 3 月的春季雪灾高峰。10 月和 11 月的冬季初雪雪灾与暴风雪突袭而牧民转移延缓有关，很多冬季初雪雪灾发生时往往是夏季牧场迁移到冬季牧场过程中，且没有相应的应急措施有关；而春节雪灾的高峰与牲畜越冬后掉膘且草场草量越冬后锐减、牧草还未返青有关，雪后牲畜的饥饿是导致灾损高峰的重要原因。而从雪灾发生时间的月内统计来看（图 7-17b），基本集中在 5—15 日附近的上半月，下半月趋势并不明显。

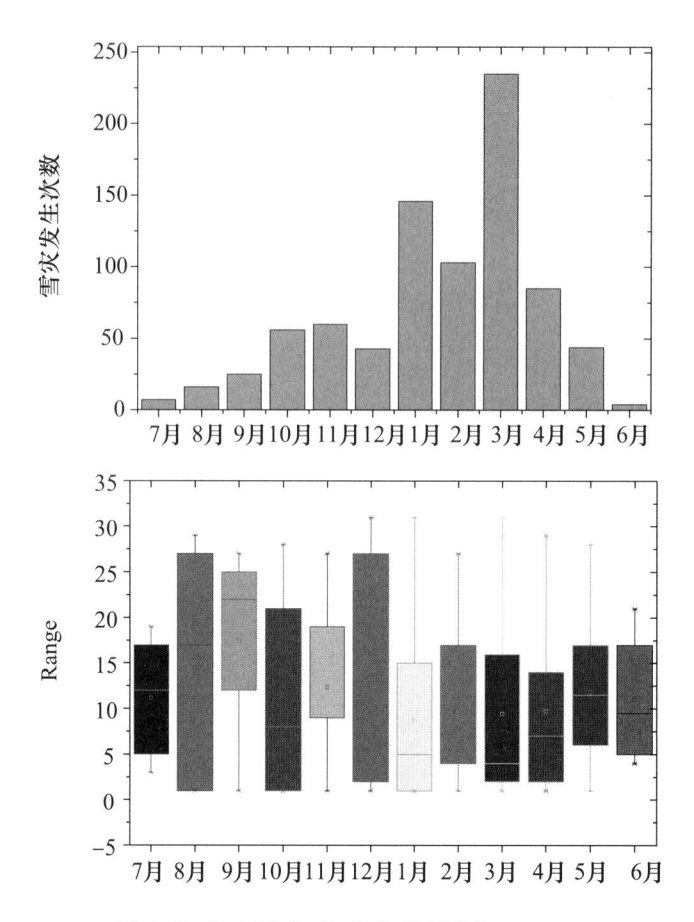

图 7-17 （a）雪灾发生次数年内分布统计图（1961—2015）及（b）雪灾逐月发生日期统计图（1961—2015）

从青藏高原地区的灾害发生历史来看，在 1961—2015 年，规模以上的冰雪灾害（有人员或牲畜的死亡记录）统计结果如图 7-18 所示。

以整个青藏高原牲畜死亡 60 万作为大规模损失（Large-scale Losses），以 60 万以下作为小规模损失（Small-scale Losses）的标准，从统计结果来看，在过去的 50 多年中，规模以上记录的事件 436 起，其中大规模的冰雪灾害年份为 6 年，分别为 1974 年、1975 年、1979 年、1982 年、1989 年、1995 年，这些雪灾给青海、西藏等地的畜牧业造成了严重的破坏性影响（见图 7-18a）。而以牲畜死亡 60 万以下的小规模灾害来看，近些年来小灾害出现的频率越

第七章 雪灾与畜牧业脆弱性

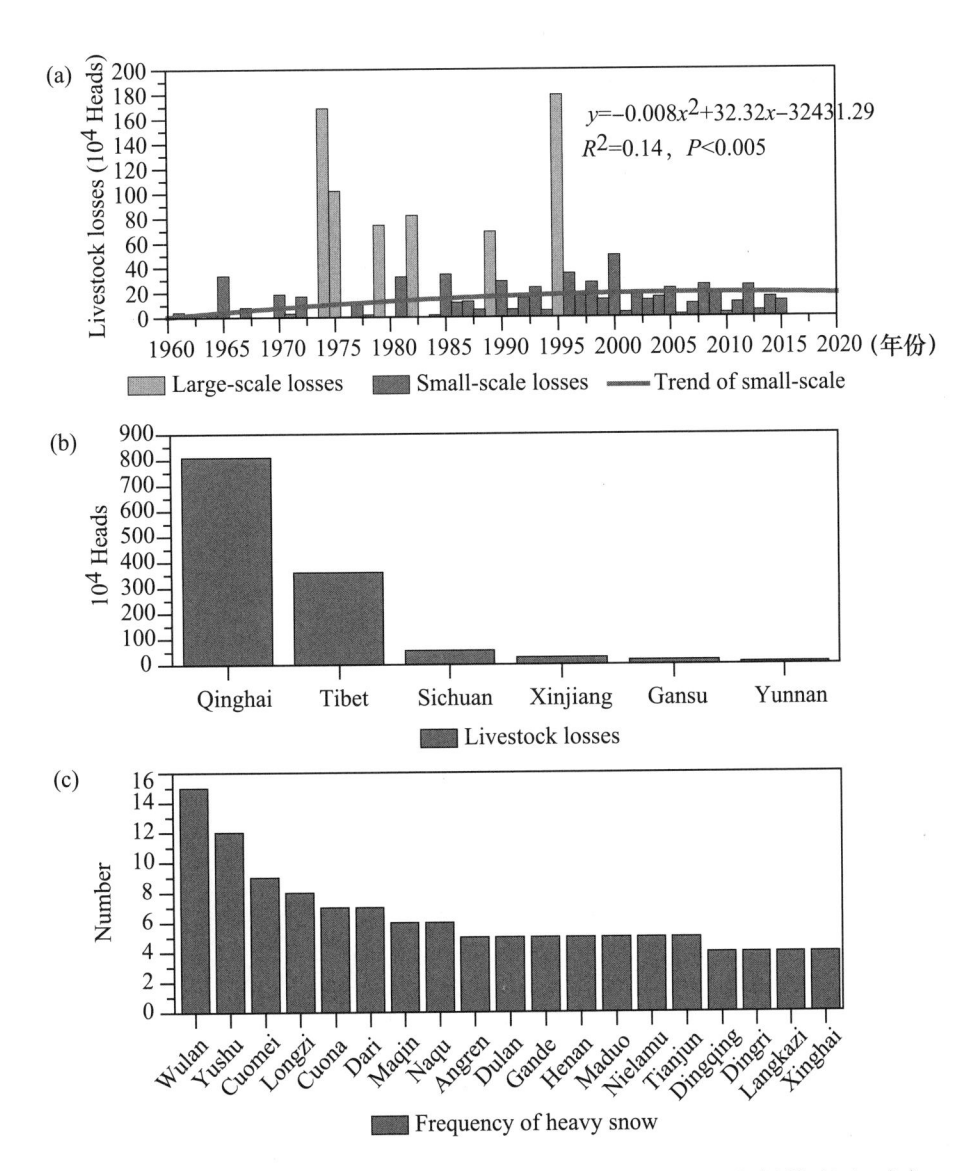

图 7-18 青藏高原地区 1961—2015 年历史资料记录的规模以上雪灾（有牲畜死亡记录）损失情况：（a）历年牲畜死亡总数（红色为牲畜死亡 60 万头以上年份，蓝色为损失小于 60 万头年份），（b）历年各省累计牲畜死亡总数，（c）以重大雪灾（死亡 1 万头牲畜及以上）次数统计的前 19 个灾害高发县。

来越高，并且其破坏性和造成的人员、牲畜损失有逐渐增加的趋势。

由于灾情的统计数据来源于灾害年鉴的统计,并且随着时间的久远,其记录可能愈加不准确和不完整,近些年的灾害事件的增加可能是灾害统计,上报制度完备的结果,但不可否认的是,近些年来青藏高原地区的冰雪灾害在逐渐增加。从发生的频次上来看,有牲畜死亡及人员伤亡的灾害次数由20世纪60年代平均的2—3年一次,逐渐增加到几乎每年都有发生。从牲畜的死亡规模上来看,虽然近些年的灾害中以小规模灾害频发为主,但总的死亡数量在逐年增加。这也显示出冰雪灾害在青藏高原地区的高风险性和破坏性。

从各个省累计的牲畜总死亡数量来看(图7-18b),青海省历年牲畜死亡规模最大,占青藏高原牲畜死亡总数的67.8%,西藏自治区次之,占总数的25.3%。也就是说,青藏高原的冰雪灾害主要发生在青海省,而四川、甘肃、新疆和云南的灾害损失较小。从灾害发生频率的统计结果来看(图7-18c),在规模以上灾害记载中(死亡1万头牲畜及以上),青海省海西地区的乌兰县发生次数最高,规模以上灾害有15次之多,青海省的玉树、达日、玛沁、那曲、西藏自治区的措美、隆子、错那等县都是雪灾的高发区,给当地的畜牧业造成了很大的威胁。

从雪灾频率及规模的空间分布来看,青藏高原地区的雪灾主要发生在青海湖附近及青海省南部的玉树、果洛两州;在西藏自治区则主要分布在邻近喜马拉雅山的日喀则和山南地区,那曲及昌都地区的灾害也比较高,其他地区的规模以上的灾害则相对较少(图7-19)。结合牧草地的分布及人口及牲畜分布可以看出,这些地区是青藏高原地区主要的牧区所在,其牲畜密度和人口密度相对较高,在灾害来临时同等规模的灾害在牲畜及人口密集的地区造成的死亡损失也最重。从青藏高原地区冰雪灾害的发生时间来看,冰冻灾害主要发生在10月至次年的3—4月,由于青藏高原地区的畜牧业以游牧为主,对于冬季牲畜越冬的准备不充分,冬季草料储备、圈棚建设等相对较差,露天放养使得在冬天低温的情况下牲畜膘情下降,抵御低温及寒冷的能力减弱,由于青藏高原地区的牧草普遍较短,在积雪深度达到3—4cm时牲畜的采食发生困难,因此一旦雪灾来临,当持续 5—6 日及以上时，极易发生死亡性灾害损失，造成严重的灾难性后果，这也是青藏高原地区的低温冰冻灾害较我国其他地区严重的主要原因。

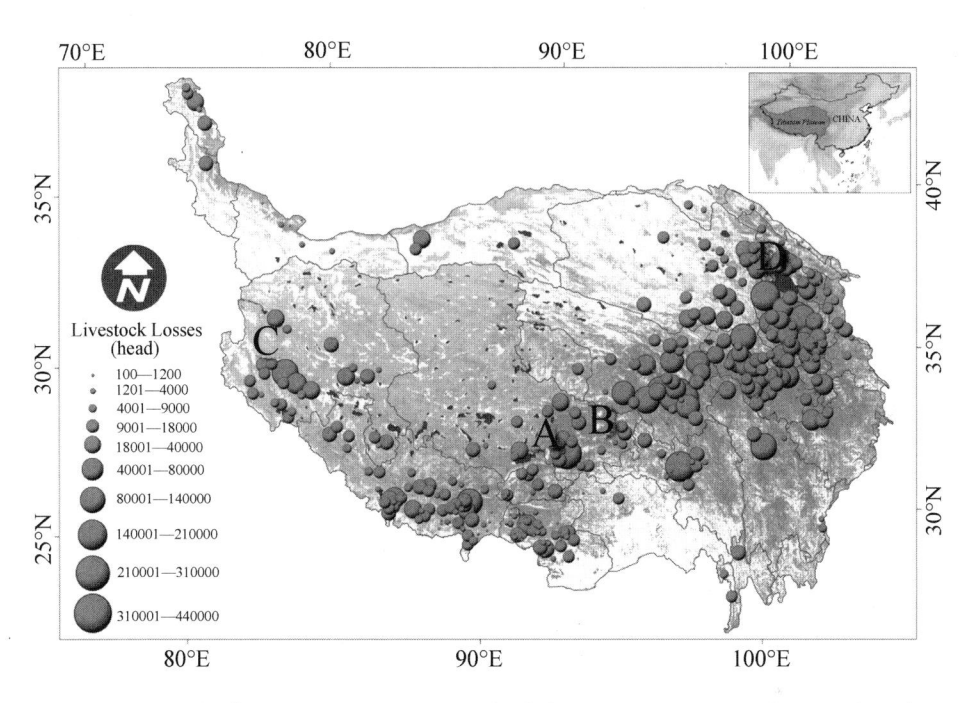

图 7-19 青藏高原 1961—2015 年间有牲畜死亡记录的雪灾发生地中心位置及牲畜死亡数量（绿色为草地分布及地上生物量大小）

第五节 基于多传感器多时相数据融合反演的无云积雪产品

一 基于 MODIS 数据的积雪范围反演

由于积雪在可见光波段具有强反射和在短波红外波段具有强吸收的光谱特征，Hall 等建立的归一化差分积雪指数 NDSI（Normalized Difference Snow Index）可以用来识别积雪。对于 MODIS 的数据，其表达式为：

$$\text{NDSI} = \frac{b_4 - b_6}{b_4 + b_6} \qquad (7-1)$$

上式中，b_4，b_6 分别为 MODIS 的第 4 波段（0.55μm）和第 6 波段（1.64μm）的反射率。

本书拟采用 NDSI 指数法判断积雪覆盖，利用这一指数可以有效识别积雪，并能区分雪与水体、大部分积云以及石灰岩等白色地物，同时考虑森林覆盖对积雪识别的影响，由于高原东南部地区有大片森林覆盖，森林冠层会屏蔽部分积雪信息，使林区积雪的 NDSI 值普遍偏小。

（1）利用归一化植被指数 NDVI 划分森林覆盖区与非森林覆盖区，积雪期植被较少，只有常绿乔木存在，当 NDVI>0.1 时认为有森林存在；

（2）在无森林区，同时满足 $NDSI \geq 0.4$，$b_2 > 0.11$ 且 $b_4 > 0.1$ 条件的像元定义为冰雪；

（3）在森林覆盖区，降低了 NDSI 的阈值，当 $NDSI \geq 0.1$，$b_2 > 0.11$ 且 $b_4 > 0.1$ 的像元才被识别为积雪；

（4）将（Ⅱ）和（Ⅲ）步识别的积雪区域合并。

采用以上方法，分别处理单日的 Terra/Aqua 的地表反射率数据，以获取单日上午与下午的积雪覆盖范围图，分别记作 MOD 雪盖图与 MYD 雪盖图。

二 多时相、多传感器数据融合云去除

云覆盖去除采用多时相—多传感器数据融合方法，一是多时相数据融合，包括 MODIS 的 Terra/Aqua 每日数据融合（Terra 上午 10：30 过境，Aqua 下午 1：30 过境）以及灵活多日阈值法数据融合（最长 4 天和最长 8 天）两种算法；二是多传感器数据融合，即可见光和近红外 MODIS 产品与被动微波遥感产品 AMSR-E 的数据融合。

（1）Terra/Aqua 每日数据融合

MODIS 的每日产品融合是把同一日的 MOD10A1/Terra 和 MYD10A1/Aqua 通过优先级原则合成 MODIS 每日融合产品，将同一像元处 MOD10A1 和 MYD10A1 产品中优先级低的类别替换为优

先级高的类别，产品中各类别的优先级为：积雪 > 水体 > 陆地 > 云 > 不确定，云的优先级较低。当某一日的 MOD10A1 和 MYD10A1 存在缺失时不进行融合，直接将当日的 MOD10A1 或 MYD10A1 作为融合结果参与下一步运算处理。

（2）灵活多日阈值法数据融合

将连续多日的 MODIS 每日融合结果作为输入数据，融合算法规则与每日数据相同，不过该算法的时间窗口由两个阈值来控制，即最大云覆盖比例 Pc_{max} 和最长融合日数 N。图 7–20 是以最长 4 天阈值法数据融合为例说明该算法的流程，依据文献中同类算法的比较，算法中的 $Pc_{max} = 10\%$，$N = 4$。

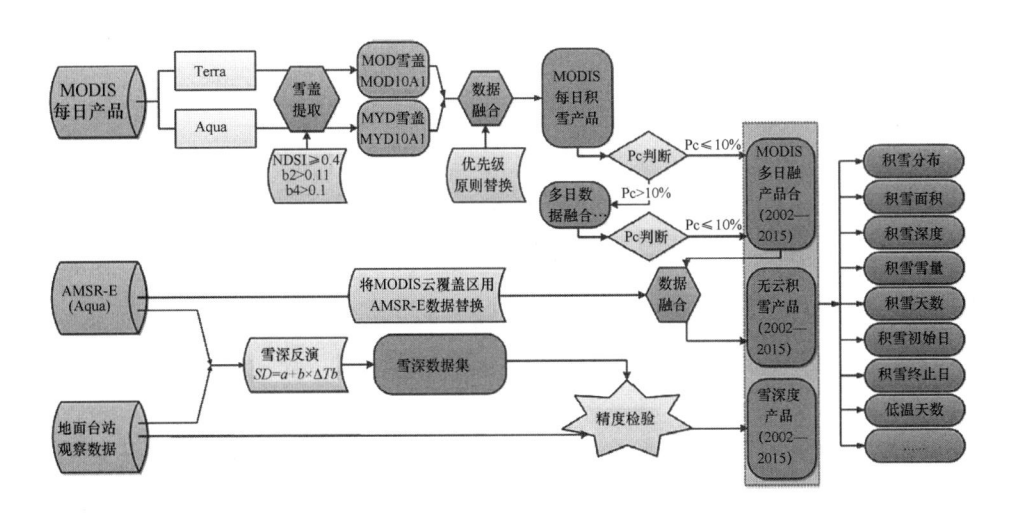

图 7–20 雪灾参数遥感反演技术路线

（3）多传感器数据融合

利用被动微波遥感 AMSR-E 无云积雪产品将 MODIS 积雪产品中被云覆盖的地区用低空间分辨率的 AMSR-E 数据替换。它结合了 MODIS 高空间分辨率和 AMSR-E 不受云覆盖影响的优势，获得无云积雪产品。

三 基于 AMSR-E 数据的积雪深度反演

雪粒作为微波辐射的散射体，其散射受到雪层深度的影响，雪层越深，其散射强度越强而到达传感器的辐射强度越弱。频率越高，散射作用越强，同一极化方式下亮温随频率增加而降低，而降低幅度与雪层厚度有关。已有大量研究发展了基于不同频率亮温差的半理论半经验的雪深反演算法，其形式一般如下：

$$SD = a + b \times \Delta Tb \qquad (7-2)$$

式中：SD 为雪深，ΔTb 是不同频率的亮温差，通常为 18GHz 和 36GHz 的水平或垂直极化亮温差；a 和 b 为经验参数。

为了拟合出适合于青藏高原地区的雪深反演模型，在样本建立之前有必要对样区内的样本进行分析，筛选出满足建立模型的样本。本研究拟利用 AMSR-E 降归 18GHz 和 36GHz 波段的水平或垂直极化亮温数据，结合研究区内的 87 个台站实测的雪深资料，参考积雪深度反演模型的各种影响因子，首先建立青藏高原地区样本筛选方法，然后利用差值与实测雪深的回归分析，建立青藏高原地区雪深反演模型，以此来反演整个高原的雪深。

在反演精度检验方面，结合 87 个地面台站的观测数据和相应的积雪覆盖图像对比分析，采用总体识别精度（Po）来衡量反演结果与实际观测值的总体一致性，并采用积雪识别精度（Ps）来判断融合反演方法的积雪识别精度，其公式分别表示为：

$$Po = \frac{S + L}{S + L + S_L + L_S} \times 100\% \qquad (7-3)$$

$$Ps = \frac{S}{S + S_L} \times 100\% \qquad (7-4)$$

式中：S、L 分别为反演结果中积雪或陆地类别与台站观测类别一致的像元数；S_L 为漏判积雪的像元数，即实际观测有雪，反演结果无雪；L_S 为多判积雪的像元数，即实际观测无雪，反演结果误判为有雪。

另外，利用气象台站观测的每日雪深数据，计算雪深反演模型反演的雪深与实测值在不同的积雪水平下的平均误差（Pa）、负向平均误差（Pb）、正向平均误差（Pc）、绝对平均误差（Pd）、均方根误差（Pe），用以分析反演模型的雪深反演精度，其计算公式如下：

$$Pa = \frac{1}{n}\sum_{i=1}^{n}(y_i - \hat{y}_i) \quad (7-5)$$

$$Pb = \frac{1}{m}\sum_{j=1}^{m}(y_j - \hat{y}_j), (y_j < \hat{y}_j) \quad (7-6)$$

$$Pc = \frac{1}{r}\sum_{k=1}^{r}(y_k - \hat{y}_k), (y_k > \hat{y}_k) \quad (7-7)$$

$$Pd = \frac{1}{n}\sum_{i=1}^{n}(|y_i - \hat{y}_i|) \quad (7-8)$$

$$Pe = \sqrt{\frac{1}{n}\sum_{i=1}^{n}(Z_{ai} - Z_{ei})^2} \quad (7-9)$$

以上各式中，y_i、y_j、y_k 和 y_i'、y_j'、y_k' 分别表示站台或野外实测雪深及其对应的反演值，n、m、r 分别为总样本数、实测值小于估测值的样本数和实测值大于估测值的样本数。式（7-9）中 Z_{ai} 为第 i 个样点的实际观测值，Z_{ei} 为估计值，n 为用于检测的样本数目。

根据以上步骤，本研究中得到的青藏高原区积雪深度反演模型如下：

$$SD = 0.756 \times \frac{T_{b,18} - T_{b,36}}{1-f}, f 为森林覆盖率$$

利用全国地面观测站点数据对反演结果进行验证，结果如图 7-21 所示，结果显示，逐栅格对比中 R^2 为 0.914，P 值为 0.05，模型有较大的改进，基本符合青藏高原地区雪深的观测值，本研究中利用此模型反演了青藏高原地区的雪深参量，部分结果如图 7-22 所示。

利用反演的结果，分析可知，青藏高原区和全国的积雪时间分布较为一致（图 7-23），从 11 月到次年 3 月为降雪的高峰期，这与基于雪灾记录的统计数据完全吻合，验证了降雪量和雪灾之间的因果关系。

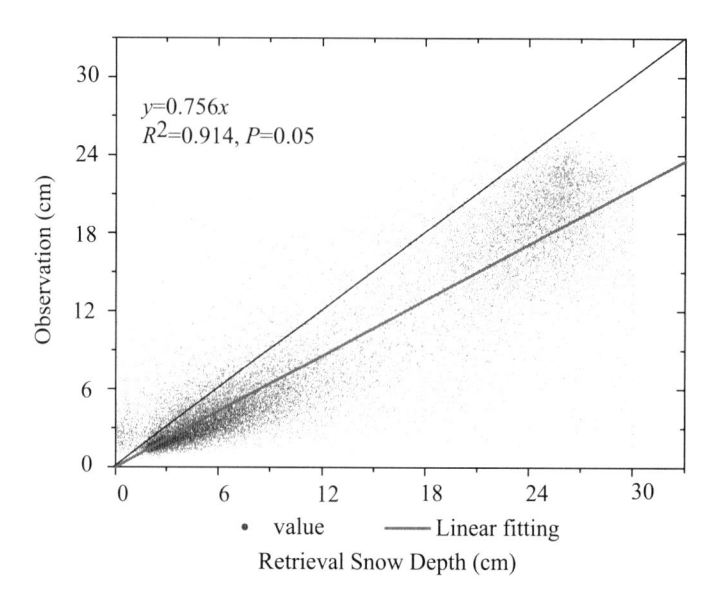

图 7-21 积雪深度反演模型验证

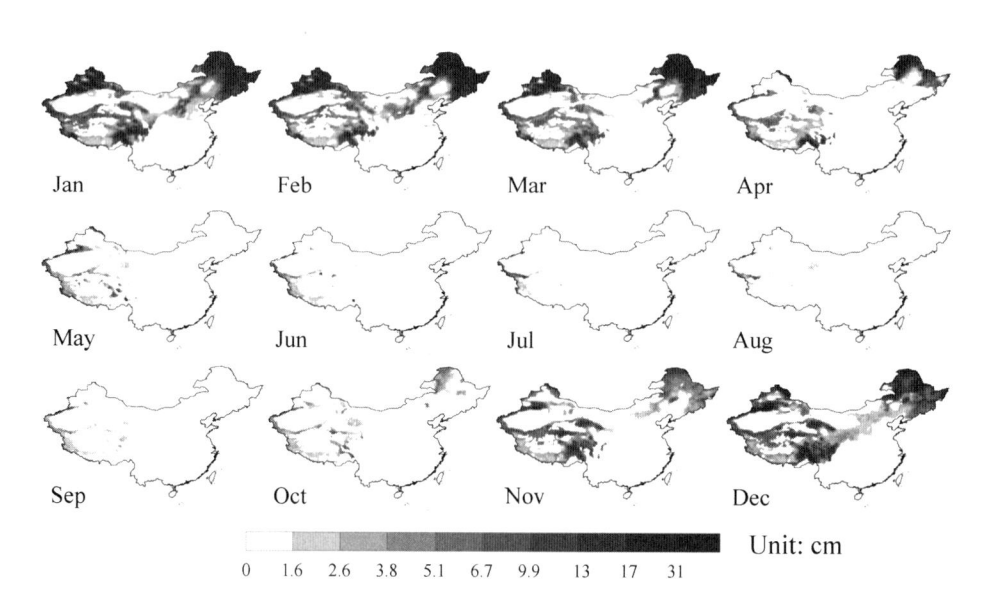

图 7-22 逐月雪深反演结果（2015）

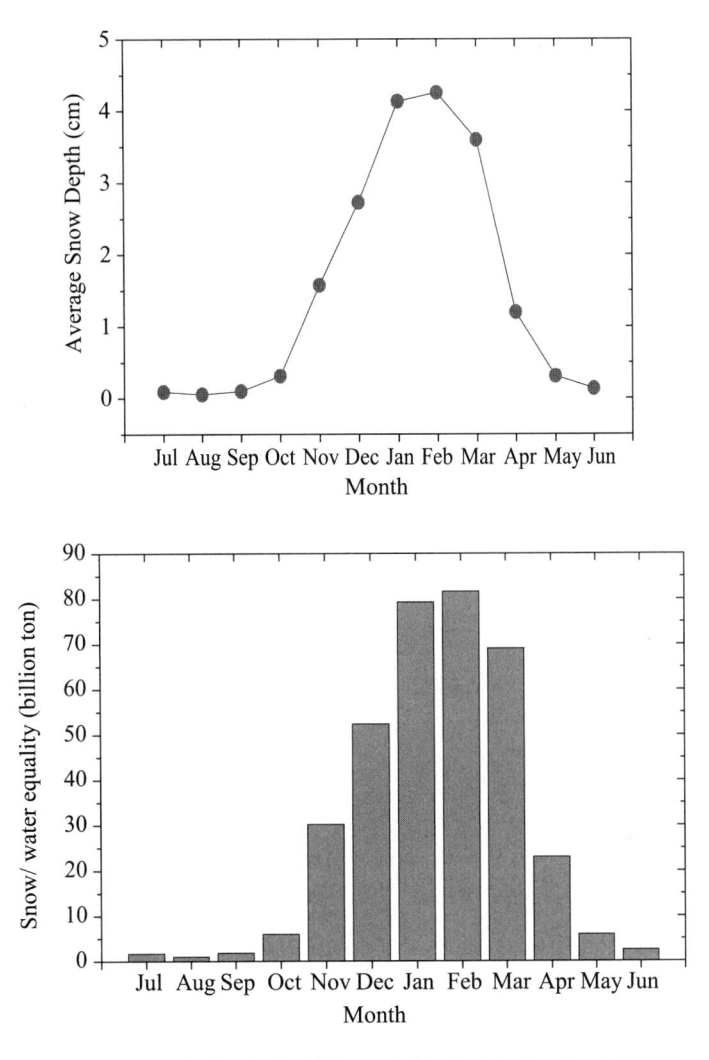

图 7-23 本研究中反演的积雪深度及雪水当量（2015）

第六节 雪灾影响下的畜牧业脆弱性综合评价

一 国内外主要评价方法与模型

目前对脆弱性的评价因评价尺度和应用领域的不同，其评价方法和所选指标体系以及关注的核心问题也截然不同。在脆弱性评价的研究中，基本的思路是把脆弱性由定性到定量的办法（Arnell et al. 2004；Rose 2004；Tachiiri et al. 2008；John 2009；Hans-Martin

2010；Hallegatte et al. 2011a；Jochen 2011；Nathan L 2011）。即通过指标体系的构建来识别关键因子，基于指标体系，一方面可以从时间序列的角度对研究区域开展气候变化下脆弱性指数的综合评价，动态跟踪区域气候变化以及"社会—经济—自然"复合系统在气候变化背景下的敏感因素及其风险程度的变化态势，评估各个系统对气候变化的适应性能力水平，识别影响气候变化下灾害风险的关键问题；另一方面从空间分异的角度，关注评价指标在区域内部的空间分布差异，进行区域尺度的脆弱性空间评价，根据不同的脆弱性级别开展风险性区划，识别气候变化下灾害的关键区域。通过对脆弱性的时空尺度综合评价，为制定应对气候变化的政策条例、战略规划、产业结构调整等宏观管理和决策提供科学支持（Susanne C 2010；Jochen 2011；Nathan L 2011）。相关的研究按空间尺度来分，可以大致分为全球尺度、大洲尺度、国家尺度、地区尺度、地方及社区尺度的评价。常见的评价是计算综合脆弱性指数的办法进行时空间分析，主要的评价方法有：

（1）"压力—状态—响应"模型

目前应用较多的有经济合作发展组织（OECD）1994年提出的"压力—状态—响应"模型（Pressure-State-Response，PSR）和"驱动力—状态—响应"模型（Driving force-State-Response，DSR），Corvalan和Kjellstrom（1995）提出的"驱动力—压力—状态—暴露—影响—响应"模型（Driving force-Pressure-State-Exposure-Effect-Action，DPSEEA）以及欧洲环境署提出的"Driving force-Pressure-State-Impact-Response，DPSIR"等（Hammond et al. 1995；Hanne et al. 2008）。这些模型均不同程度的考虑了人类活动对环境的压力，自然环境的质和量的变化，以及对这些变化下系统自身的脆弱性和其对风险的响应，即采取的减少、预防和缓解自然环境灾害的措施。目前这一方法在全球脆弱性评价及灾害风险评价中得到了广泛的应用，且应用已经很成熟。但由于该模型包括的方面较多，指标间难以避免重复利用，一些指标较难统一获取，其各个层的权重确定往往影响其评价的侧重性和客观性。

(2) 灾害风险指数系统

灾害风险指数系统（disaster risk index，DRI）是全球尺度灾害风险管理的代表，由 UNDP 在 2004 年提出，DRI 是世界上第一个全球尺度的、空间分辨率到国家的人类脆弱性评价指标体系，它侧重于研究国家发展和灾害风险之间的关系。DRI 是一个以死亡率校准的指数（a mortality-calibrated index），换句话说，DRI 是就是度量灾害造成的死亡风险。虽然死亡只是灾害造成的损失之一，但在全球尺度上相对于其他损失来说，死亡率是最准确的也是最易获得的，这是 DRI 以死亡数据为灾害基础数据的原因。DRI 由致灾因子、物理暴露和脆弱性共同决定，其用公式表示如下：

$$Risk = Hazard \times Population \times Vulnerability$$

上式中，$Risk$ 为风险指数（死亡人数）；$Hazard$ 为致灾因子，依赖于给定灾害的频率和强度；$Population$ 为暴露区的人口数量；$Vulnerability$ 为脆弱性，依赖于社会、政治及经济状况。DRI 所计算的灾害风险代表的只是因灾致灾风险，没有灾害风险管理和减灾方面的指标，因而具有局限性。

(3) Hotspots 评价指标

由世界银行和哥伦比亚大学联合发起的灾害风险热点地区研究计划（The Hotspots Projects）是一个分析全球自然灾害风险的研究项目，旨在国家和地方尺度上识别多种灾害的高风险区，为降低灾害风险的政策和措施提供决策依据。其评估主要从死亡风险（mortality-related risks）、经济损失风险（economic risks）两个角度刻画自然灾害风险，采用历史时期的统计数据描述脆弱性，将灾害暴露程度与历史脆弱性（historical vulnerability）结合起来，根据不同的灾害类型（洪水、台风、干旱、冻灾等）绘制了亚国家尺度的全球灾害风险等级地图。Hotspots 评价指标包括风险、灾害暴露和脆弱性三类指标。其基于格点的各指数计算为：

$$M_{hij}' = r_{hj} \times W_{hi} \times P_i$$

加权的多种灾害死亡风险指数计算为：

$$Y_i^* = \sum_{h=1}^{6} M_{hij}^*。$$

Hotspots 的研究涉及比较小的尺度（亚国家尺度），使其研究的分辨率提高，但正因如此，也使其在数据获得上具有困难和局限性。同时未能鉴定特定的脆弱性因子，由于是基于每种灾害的指数计算和排序，因此在不同的灾害风险可比性方面存在着不足。

（4）灾害风险管理指数

灾害风险管理指标系统（System of Indicators for Disaster Risk Management，SIDRM）是由哥伦比亚大学和美洲间发展银行共同研究的反映一个国家当前的脆弱性和风险管理状态的指标系统（Cardona 2005）。其由四个综合指标灾害赤字指数（disaster deficit index，DDI）、地方灾害指数（Local Disaster Index，LDI）、通用脆弱性指数（Prevalent Vulnerability Index，PVI）及风险管理指数（Risk Management Index，RMI）共同组成，分别代表了脆弱性的主要因素及每个国家在管理风险方面的进展。其中，DDI 是度量灾害发生后的损失和可用于应对灾害的资源的比例的指标：

$$DDI = \frac{MCE\ loss}{economic\ resilience}$$

上式中分子是最大可能灾害事件（MCE）的潜在损失，分母是经济恢复能力（弹性），DDI 大于 1 意味着该地区负债很多，没有处理灾害事件的能力。

LDI 是用来描述一个地区遭受小尺度灾害事件的倾向性和对当地发展造成的累积影响。LDI 是下面公式中三个方面之和：

$$LDI = LDI_{Deaths} + LDI_{Affected} + LDI_{Losses}$$

PVI 是一个合成指标，可以评价一个地区的脆弱状态，确定该地区主要脆弱性因素，它提供了度量一个灾害事件的直接、间接及潜在影响的方法。PVI 是三个指数的合成：

$$PVI = (PVI_{exposure} + PVI_{vulnerability} + PVI_{resilience\ deficit})/3$$

RMI 度量一个国家风险管理方面表现的综合指数，由风险识别（RI）、降低风险（RR）、灾害管理（DM）及管治和财产保护（FM）四个指数构成的平均值：

$$RMI = (RMI_{RI} + RMI_{RR} + RMI_{DM} + RMI_{FM})/4$$

该指数是一个较为全面而系统的灾害风险综合评价指数，其涉及的方面除了灾害本身外，其损失情况、恢复能力、管理水平和应急措施都得到了充分重视，指标间的详细划分使其计算复杂，统计分析较为困难。

二 评价方法选择

综合以上几种方法可以看出，灾害视角下的脆弱性评估体系和评估模型应考虑以下几个方面：（Ⅰ）评估模型和体系的选择应从评价目的和实际需求出发。脆弱性评估的一些关键要素，如指标的选取、时间分辨率和空间分辨率的确定，是否有预报能力等都是和评价的目的及实际应用需求相关联的，必须有针对性和可行性；（Ⅱ）必须考虑数据的可获得性和可操作性。上述列举的几个评估模型和指数计算都是建立在丰富翔实的数据库的基础上的，且综合指数的计算必须应具有可操作性，使评估具有可行性。

在气候变化脆弱性评估方面，致灾因子的风险性、孕灾环境的稳定性及承灾体的脆弱性三者构成了脆弱性评估的基本框架（UNDP 2004；Cardona 2005；史培军 2005）。由于气候变化过程中气候的突变和渐变对畜牧业影响强度的差异很大，且不同情景下给畜牧业的缓冲时间和适应能力的要求不同，因此，气候变化趋势和气候模式的改变是主要的变化因素。在青藏高原地区，低温和雪灾是造成畜牧业损失的主要方面，因此对这两种灾害做综合性灾害风险评估，能从灾害的空间分布和演变趋势上对致灾因子的风险性做出评价。另外，如果气候灾害发生在无人区，则这种灾害的影响将大大降低，即承灾体的暴露和自身脆弱性是决定受灾大小的关键；此外对于任何一种外来的影响，如果系统对其影响没有损失，即对这种变化的敏感性很小，则这种影响对系统而言其损失较小；且在一定的损失情形下，基础设备完善、救灾和应急能力强的地区其对灾害的损失减小也较强，因此适应能力的大小是决定其对灾害抵御能力的关键。基于以上考虑，参考灾害风险热点地区研究计划的分类办法，本文通过计算综合脆弱性指数的办法对脆弱性进行等级划分（区划），将脆弱性的四个方面具体分解为四个可量化的指标，即反映致灾因子的风险性的风险度指数（Hazard Index，HI）、反映孕灾环境的敏感性的敏感度指数（Sensitivity Index，SI）、反映承灾体的暴露和自身的易损性的暴露度指数（Exposure Index，EI），以及反映应对灾害能力的适应度指数（Adaptation Index，AI）。另外，历史上灾害发生的频率及规模也是重要的参考因素，灾害发生频率 η 是反映未来灾害发生事件的重要控制因素。因此，综合脆弱性指数（Vulnerability Index，VI）是以上四个指数的合成：

$$VI = \eta^* (HI + SI + EI - AI)/4 \qquad (7-10)$$

三 指标体系构建

（1）风险度指数（HI）

畜牧业的冰雪灾害风险主要由低温天气和降雪天气形成，即气候因子危险性是灾害风险的关键。与周边地区相比，青藏高原因其平均海拔较高、全年平均气温较低而使冰冻灾害极易发生，这一特点意味着风险度的评价中，气候因子中的低温、霜冻、降雪等天气是主要的风险因素。本书根据国家《牧区雪灾等级》（GB/T 20482—2006）及青海省《气象灾害标准》（DB63/T 372—2001），以青藏高原地区 87 个气象站点 1961—2015 年的气象记录为主，选取当年 10 月—次年 5 月平均日气温小于 1℃ 的低温日数、降雪日数、降雪量、降雪量占全年总降水的比重等能反映低温冰冻灾害频率及规模的几个重要指标，统计出 1961—2015 年 87 个站点逐年低温日数、降雪日数、降雪量、降雪量占全年总降水的比例等，利用下式计算冰冻综合指数：

$$FI = \eta^* Snowfall^* (T_{frozen} + T_{snow}) \qquad (7-11)$$

上式中，FI（Frozen index）是计算的第 i 年综合冰冻指数，其中 η 指降雪量占全年总降水的比例（%），$Snowfall$ 指第 i 年的降雪总量（mm），T_{frozen} 指第 i 年平均日气温小于 1℃ 的低温日数（天），T_{snow} 指第 i 年总降雪日数（天）。

综合冰冻指数能反映一年中雪灾的发生频率、规模及其严重程度，是雪灾风险因子的综合反映。另外，历史上容易发雪灾的地区，其气候条件对未来发生雪灾具有很大的可能性，因而也是容易发生雪灾的地区。因此历史上雪灾发生的概率能反映出该地区雪灾的易发性。本书将历史上雪灾发生的概率作为计算风险度指数的评价指标之一。

（2）敏感度指数（SI）

敏感度是指暴露于灾害中的主体其对灾害的灵敏度和损失的剧烈程度。敏感度越高，即表明该种灾害对承灾体的损失或影响越明显，对其造成的影响越显著。对于不同的分析主体（承灾体）而言，对同一灾害的损失或反映越灵敏，则其越容易受到损伤、因而脆弱性越高，而反映较为平缓或无反映的承灾体，其敏感性较低，则不易受到损伤。敏感性可以理解为对同一种影响下承灾体的不同灵敏度和反应率。

在畜牧经济中，"草—畜—业"这一关键链条中的每一个环节都可能受到气候变化的影响，而对气候变化的灵敏度（变率）即是敏感度。本书选取 NDVI 的变化率作为反映草地响应气候变化的敏感度，选取牲畜的增长率来反映畜牧业中牲畜对气候变化的敏感度，选择畜牧业增加值的增长率来反映畜牧经济对气候变化的敏感度。通过这三个代表性的指标来综合反映畜牧业系统对气候变化响应的灵敏度。

（3）暴露度指数（EI）

如果没有牲畜或人口暴露在低温冰冻灾害事件中，就谈不上灾害对人和牲畜的生命危险，因此灾害风险不是单纯地由致灾因子引起的，主体的物理暴露和易受损性是其脆弱性的关键因素。在物理暴露方面，一般而言，同样强度的低温、降雪、冰冻灾害，人口及牲畜密度大、财产密集的地区，易损性也越高，灾损重，而人口稀少的地区，易损性较低，灾损轻。基于以上考虑，本书选取牲畜存栏密度、畜产品（肉）产量密度、畜牧业产值密度来反映其暴露程度；而易损性选取牲畜死亡率来反映其脆弱程度。物理暴露和易损性共同构成了暴露度评价指标子系统。

另外，脆弱性是人们缺乏灾害响应和灾害恢复能力的那些因素，涉及经济水平、环境质量、健康状况、预警能力、教育和发展。脆弱性与承灾体的应对能力有关，是一个反映忍耐力的概念。本书选取单位牲畜所拥有的草地地上生物量（NPP）大小来反映其自身抵御灾害的易损性大小。

（4）适应性指数（AI）

适应性与脆弱性是对应的，且有许多相似和重叠的部分，即均反映受灾后抵御和恢复能力。适应性强调对灾害的准备（备灾）及灾后的应付能力，与反映承灾体本身的忍耐力相比，适应性可能是区域内共同的管理水平（如政府救灾措施及能力）及外部援助的反映。可支配收入越高，则说明抗灾能力越强，则适应性越高，本书选取能反映政府抗灾能力大小的人均财政收入作为适应性大小的评价指标。

在灾害的准备和应对方面，准备越充分，灾害的预警系统越完善，则在灾害来临时的损失越少，即对灾害的抵御能力越高。人工草地、暖棚等人工设施的建设等对防御雪灾具有重要作用。本书选取人均固定资产投资、牲畜暖棚建设面积、人工草地建设面积作为雪灾防御的主要指标。

考虑到青藏高原地区海拔较高、地形复杂多样，尤其是高原西部地区和南部的高山区地理环境特殊，畜牧环境较为恶劣，冰冻灾害发生后积雪覆盖道路导致道路中断、易受山体阻隔使外部救援倍加困难。而在灾害发生前得到预警撤离危险区，或灾后牧民和牲畜及时地逃离和得到救援至关重要，因此道路的畅通性和外部救援的可进入性是关键。

基于以上考虑，本书选取能反映救援可达性及可能性的机场密度、铁路、公路道路网络密度来反映应急救援能力大小，选取海拔作为阻隔救灾能力的重要障碍性因素。

指标体系的建立最终要落实到指标层中各项指标的确定。采用频度统计法、理论分析法和专家咨询法进行基础指标的筛选。

第七章 雪灾与畜牧业脆弱性

通过国内外相关指标研究文献调研，并结合青藏高原现状分析构建备选指标库，共计 44 个指标。在此基础上进行筛选得到 32 个指标供专家咨询会讨论。通过进一步的筛选并结合指标数据的可获得性，在指标体系构建原则的基础上构建综合评价指标体系，共含 4 个二级领域、4 类三级主题、16 项四级指标和具体指标 19 项。以上各个指标可归纳为以下灾害风险评价指标体系（表 7-1、图 7-24）。

表 7-1 青藏高原畜牧业低温冰冻灾害风险评价指标体系[①]

目标层	主题层	领域层	要素层	单位	在脆弱性评价中的矢量方向
综合脆弱性指数（VI）	致灾因子的风险性	风险度指数（HI）	冰冻指数（X1）	低温日数（天）	正向
				降雪日数（天）	正向
				降雪量（mm）	正向
				降雪量占总降水的比重（%）	正向
			降雪概率（X2）	%	正向
	孕灾环境的敏感性	敏感度指数（SI）	草地 NDVI 变化率（X3）	1/年	负向
			牲畜增长率（X4）	万羊单位/年	正向
			畜牧业增加值增长率（X5）	万元/年	正向
综合脆弱性指数（VI）	承灾体的暴露和易损性	暴露度指数（EI）	牲畜存栏密度（X6）	万羊单位/km²	正向
			畜产品产量密度（X7）	kg/km²	正向
			畜牧业产值密度（X8）	万元/km²	正向
			牲畜死亡率（X9）	%	正向
			单位牲畜牧草 NPP 拥有量（X10）	kg/羊单位	负向

① 正向向量表示数值越大，脆弱性越大；负向向量表示数值越大，脆弱性越小。

续表

目标层	主题层	领域层	要素层	单位	在脆弱性评价中的矢量方向
综合脆弱性指数（VI）	应对灾害的能力	适应度指数（AI）	人均收入（X11）	元/人	负向
			人均固定资产投资（X12）	元/人	负向
			牲畜暖棚建设面积（X13）	m²	负向
			人工草地建设面积比例（X14）	%	负向
			交通通达指数（X15）	—	负向
			海拔高程（X16）	m	正向

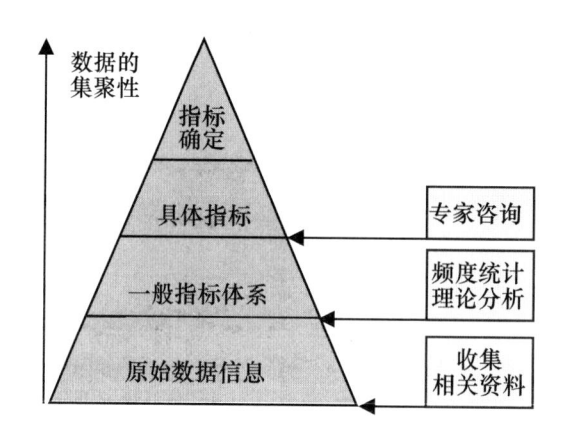

图 7-24 指标筛选流程

四 数据来源

（1）气象数据

本书中的气象数据来自中国气象局国家气候中心，其中位于高原上的站点 91 个，因站点变动、记录中断及缺失等原因，其中有完整气象记录的站点 87 个（图 7-14），数据为 1961 年 1 月至 2015 年 5 月的逐日气象数据，其中包括平均气温、最高气温、最低气温、日降水量、降雪量等站点记录资料。数据经过了异常极值及一致性检验，对中途更换的站点进行了剔除。

第七章 雪灾与畜牧业脆弱性

（2）社会经济统计数据

畜牧业及社会经济统计数据来自青藏高原所涉及的6个省逐年的统计年鉴和人口、经济统计数据。其中畜牧业的统计来自《中国县（市）社会经济统计年鉴》，灾害发生地及损失情况来自《中国气象灾害大典》（温克刚，2005）、《中国西部农业气象灾害》（王建林和林日暖，2003）及《中国灾害性天气气候图集》（中国气象局，2007）等。机场、铁路、公路及行政边界等均来自国家基础数据库地理基础底图。

（3）植被及其他数据

本书植被类型及草地分布的数据为基于GLC2000的中国科学院1∶100万土地利用数据集。为了计算草地地上生物量NPP大小，本书选择EOS/MODIS的 $NDVI$ 数据集，其空间分辨率为1km×1km，属半月合成数据，时间跨度为2004年1月—2015年12月，共计288幅NDVI半月合成图像。该数据集的NDVI已经过几何精纠正、辐射校正、大气校正等预处理，且已采用最大值合成法（MVC）以减少云、大气、太阳高度角的影响。DEM数据来自NASA-WIST数据平台系统，其分辨率为30m×30m。

五　数据处理

针对气候变化对畜牧业的灾害风险四个方面，即致灾因子风险性、孕灾环境的暴露和敏感性、承灾体的脆弱性及应对灾害的能力分别分析。将各个刚量通过

$$D_i = (X_i - X_{min}) / (X_{max} - X_{min}) \qquad (7-12)$$

归一化，对于逆向指标（表7-1），即在一定范围内数值越小越好，因而采用付负值归一法：

$$D_i = (X_{max} - X_i) / (X_{max} - X_{min}) \qquad (7-13)$$

低温、冰冻灾害的发生概率可以通过历史灾损数据计算每个地区每种灾害的死亡率和经济损失风险，这一概率就是在区域 j 中灾害 h 发生的强度（以频次表示），概率 P_i 的计算公式为：

$$Pi = n^* \times \sum M_{hj} / \sum M_{hij}^* \qquad (7-14)$$

n 为区域 j 中灾害 h 发生的次数，M_{hj} 为区域 j 中灾害 h 影响的牲畜/人口数，$\sum M_{hij}^{*}$ 为青藏高原地区累计影响的总牲畜/人口数。

以上数据在数据归一化以后，利用公式：

$$Z_i = \frac{dx_i}{dx_0} + \frac{dy_i}{dy_0} + \frac{dz_i}{dz_0} + \frac{dk_i}{dk_0} \qquad (7-15)$$

分别计算每个站点冰冻雨雪的风险系数，其中 dx_i，dy_i，dz_i，dk_i 分别为数据归一化以后的年低温日数、降雪日数、降雪量、降雪量占全年总降水的比例，dx_0，dy_0，dz_0，dk_0 分别为各自的平均值；$i=1，2，\cdots，n$ 为年份。通过式（7-11）的计算可得到 1961—2015 年逐年的青藏高原 87 个站点的低温冰冻指数。在冰冻灾害风险等级评价中，灾害 i 的空间分布要考虑到其发生的概率大小，因此在空间差异性等级评价中综合风险指数应由下式计算：

$$ZI = P_i \times Z_i \qquad (7-16)$$

依照以上方法分别计算致灾因子的风险性、孕灾环境的敏感性、承灾体的暴露度及易损性，以及应对灾害的能力四项指标对应的指数后，综合风险指数由式（7-16）计算得到。将各个领域层中单因子指数及综合风险指数在 GIS 空间分析模块中对其空间化和重分类，得到青藏高原畜牧业低温冰冻灾害风险空间分布。以上分析均在 ArcGIS 10.2 及 SPSS 18.0 中完成。

第七节 评价结果和讨论

（1）风险度指数（HI）评价

为了在空间上清楚地反映以上四个指标的空间分布，本研究基于各项因子在 1961—2015 年的多年平均值。利用 ArcGIS 的空间分析计算模块分别计算了各个指标的空间分布情况，并将所得结果归一化到 0—1。为了对各个指标间进行相互的比较，本研究将风险性高的数值显示为红色，而风险度低的显示为绿色。另外，由于青藏高原地区覆盖面积较大，在兰伯特投影（Lambert Conformal Conic）

下该区域的总面积约为 $2.57 \times 10^6 km^2$，较高的数据精度将会使计算过程冗余较大，本研究在站点数据的空间插值及计算时统一采用 $4km \times 4km$ 的精度。

在四个反映青藏高原地区致灾因子风险性的指标中，低温天数和日均温直接相关，而日均温与其经纬度、海拔有着密切的关系，海拔越高，平均温度越低。从计算所得的低温天数的空间分布来看，其分布与海拔有较为密切的关系，基本上反映出了随着海拔的增加，其低温天数明显增加的趋势。由于低温灾害主要是承灾体在低温状态下所受的损失，低温天气的频率便能很好地反映其易受低温灾害的概率和风险。由于青藏高原地区海拔较高，高原的冬季基本从10月开始到次年的4月底结束，全年的低温天气持续时间较长，植被的生长季节主要集中于6—9月，生长季普遍较短，这给畜牧业的发展带来了很大的风险。从青藏高原气象站点的记录情况来看，3000m以下的站点21个，平均低温天数为93天，占总站点数的24.1%；3000—4000m的站点41个，平均年低温天数132天，占总站点数的47.1%；4000—5000m的站点27，平均年低温天数182天，占总站点数的31%。

从低温天数的空间分布来看，青藏高原的南部、东南部及一些河谷地区低温天数较少，低温冰冻灾害风险性较弱。而在藏北高原及高原西北部地区低温天数普遍较广，有些地区的低温天数在200天以上，几乎占全年的2/3。这些地区海拔普遍较高，环境恶劣，加上低温冰冻灾害发生频率较高，是低温冰冻灾害的高危险区。从1961—2015年的平均降雪情况来看，年平均降雪的天数与降雪的总量在空间分布上表现出较为明显的一致性。高危险区集中分布在甘肃省甘南地区、青海省南部、西藏自治区的那曲及山南等地区。从畜牧业的重心分布可知，这些地区恰好是青藏高原畜牧业较为集中的几个地区，大量的牲畜在此分布，降雪的次数较多和规模较大是形成这些地区畜牧业雪灾的重要原因。另外，从降雪占全年降水的比例的分布也可以看出，在全年的总降水中，降雪比例较高的地区也几乎集中在这些地区。对应青藏高原地区生态气候带的划分可以看出，甘肃省合作—青海省玛沁、玉树—西藏自治区那曲一线是400—450mm 的降水等值线区，是山地高寒灌丛草甸区向高寒草甸草原区的过渡带，也是青藏高原东南部的高原温带向其西北部的高原亚寒带的过渡带。由于降水较为丰沛，由东南向西北逐渐增加的海拔使气候变冷，极易形成低温冰冻和降雪天气，在此线的东南部因气温相对较高而不易形成降雪，而此线的西北部因降水的减少，虽然低温灾害较多，但降雪量和降雪的频率均出现下降趋势。以上分析可知，这一地带是青藏高原低温冰冻灾害的高发区。

基于以上四个指标，本研究计算了综合冰冻指数（Frozen Index，FI）来反映雪灾的危险性，HI 的空间分布与上述几个指标的分布基本上保持一致。通过与历史上降雪频率的综合，得到的综合雪灾风险度指数（Hazard Index，HI）的空间分布如图 7 - 25（a）所示。

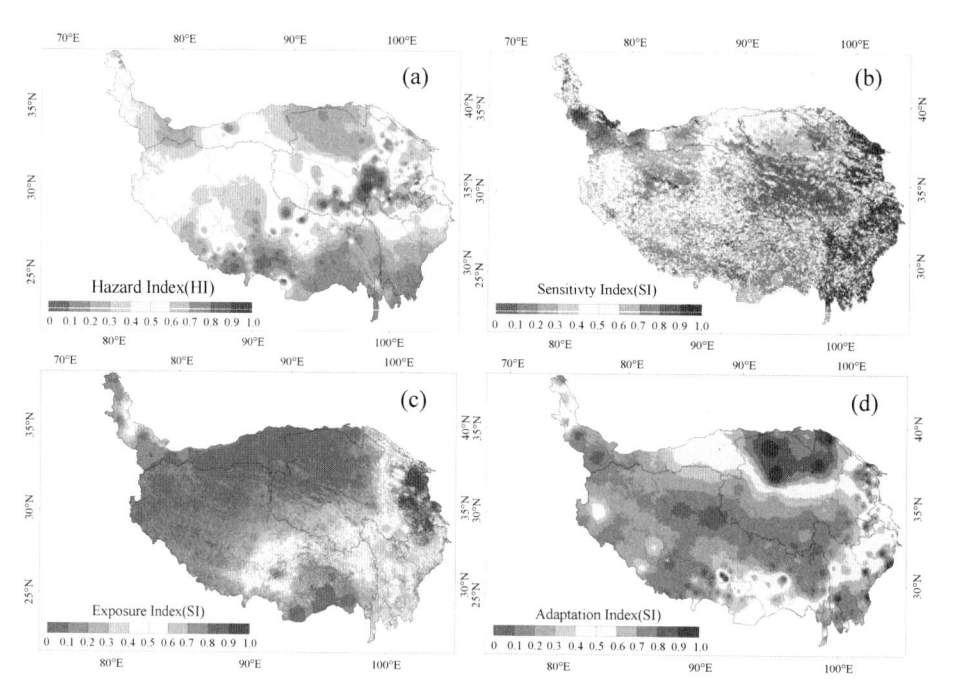

图 7 - 25 脆弱性评价中雪灾风险度指数 HI（a）、敏感度指数 SI（b）、暴露度指数 EI（c）和适应性指数 AI（d）的空间分布

第七章 雪灾与畜牧业脆弱性

总体来看，低温冰冻灾害的高风险区位于青海省南部及其周边地区、青藏高原的西北部、东北部的祁连山以及高原南部的山南地区。虽然西藏自治区的阿里、日喀则地区风险度较小，但这一地区属于冈底斯山—喜马拉雅山系，海拔普遍较高，冰雪灾害较容易发生。由于本文以上的四个指标来自气象台站的记录，而在这一地区气象站点较少（只有狮泉河：ID：55228；普兰，ID：55437；聂拉尔，ID：55655 三个站点），因此该地区冰冻灾害的低风险性应该是站点稀少，统计资料不足所引起的。

（2）敏感度指数（SI）评价

在气候变化背景下，敏感度是用来反映和度量评价主体对外界变化的灵敏程度，即随气候变化其"变率"的大小。在敏感度的计算中，本研究综合考虑评价主体对气候因素和灾害的变化剧烈程度，选取了能代表"草—畜—业"这个畜牧业链条中的几个重要指标，即能反映畜牧业系统所依赖的基础——"牧草"受气候的影响的 NDVI 变化率（NDVI Trend）、能反映畜牧系统的主体——"牲畜"的规模变化情况的牲畜规模增长率（Livestock Growth Rate），以及能综合反映出畜牧系统规模——"畜牧业"的规模的畜牧业总产值增长率（Gross Output Increase Rate）来综合计算畜牧业系统对气候变化的敏感性。

从计算结果（图 7-25b）可以看出，高敏感的地区位于高原的东北部及东部的川西高原地区，这两个地区牲畜密度较高且牲畜规模增加速度较快，受此影响，其草地退化也较严重，是较高敏感度地区。另外，高原西北部地区的畜牧业产值增加较快、牲畜的规模增加也较快，是敏感度相对高的地区。相对于高敏感度地区而言，高原中部的青海省南部、高原西南部地区的风险度相对较低，这些地区尤其是青海省南部的三江源地区，近些年来牲畜数量下降较快、植被恢复相对比较明显，因而其敏感度相对较低。通过综合敏感度指数的计算，能在空间上较为清楚地了解畜牧业各个关键方面的变化情况和变化趋势，为综合脆弱性指数的计算提供分析基础。

(3) 暴露度指数（EI）评价

本研究暴露度的指标中，选取畜牧业中有代表性的牲畜存栏密度、畜产品产量密度、畜牧业产值密度三个指标来反映畜牧业在雪灾中的暴露程度。即同等规模的灾害，在牲畜和畜牧产业密度高的地区所引起的灾害损失概率和规模均较大。而易损性选取牲畜死亡率、单位牲畜牧草 NPP 拥有量两个指标来反映其自身的脆弱程度。物理暴露和易损性共同构成了暴露度评价指标系统。

从反映孕灾环境暴露度和易损性的雪灾综合暴露度指数（Exposure Index，EI），结果（图 7-25c）来看，青藏高原地区的畜牧业高暴露区位于青海省的东北部及南部、四川省的西北部以及西藏的昌都、那曲、拉萨一线。这些地区集中了较高的人口、牲畜以及畜牧业产值总量，是灾害发生的高风险地区。相对而言，藏西北、藏北高原、柴达木盆地及高原南部的林芝地区等则因人口和牲畜、畜牧业经济密度较低，其在灾害中的暴露度也相对较低。人口、牲畜及经济的这种空间格局反映出承灾体的物理暴露整体分布情况，对下一步的灾害风险综合评价起着至关重要的决定作用。

(4) 适应性指数（AI）评价

适应能力反映人类社会为保障承灾体免受及少受某种灾害的威胁而采取的基础的及专项的防备措施的力度大小，以及在灾害发生后能迅速从灾害中恢复过来的能力和水平。它与敏感性及易损性的最大不同在于：敏感性及脆弱性只是承灾体本身被动地遭受自然灾害打击时所反映出的自身缺点，而与承灾体配套的人类应灾能力则反映了作为承灾体的一部分及其他承灾体财产的拥有者的人类应对灾害的主观能动性，强调主动恢复的能力强弱。若适应性能力强，则面对灾害的后续连锁灾害其处理能力也较强，因而灾害的损失较低，若配套能力低，则情况反之，若没有此项能力，则通常被看成是承灾体高脆弱和高风险性的重要特征。

另外，个体自身处理和应对灾害的能力、收入的多样性、经济水平等同样为考察脆弱性的重要指标。在同等规模的灾害损失面前，收入单一及低收入者更容易受到摧毁性破坏而威胁到生计，但

第七章 雪灾与畜牧业脆弱性

经济来源较为多样、收入较高者则脆弱性较小。因此个体的经济实力和收入的多样性被普遍认为是脆弱性的重要组成部分。

由于承灾体的适应能力反映在各个方面，本研究仅选择基础应灾能力作为主要分析因子。在防灾、抗灾、救灾以及重建等方面，最能体现出适应能力大小的主要体现在人力、财力及物力三个方面。本研究在畜牧业雪灾的脆弱性分析中选取了能代表承灾体经济水平的人均财政收入及人均固定资产投资额，因为人均财政收入及固定资产投资大小能较客观地反映该区域的整体经济脆弱度，这两个指标在灾害风险管理指标系统（SIDRM）和灾害风险指数系统（DRI）中也被作为重点予以强调。对以畜牧业为主要生计途径的牧民来说，雪灾后对牲畜的保护措施是决定受损大小的关键救灾办法。社区（社会）灾害意识（备灾）方面的成熟程度是决定对灾害处理能力的关键。本研究选取暖棚建设面积、人工草地建设面积来反映对雪灾的预备（预防）能力。从基础设施配套建设的角度，当灾害发生后，最能体现出应灾水平的是高效的管理、及时的救援和人力、物力的救助，而外部救援的可达性将是重要的前提因素。

本研究中，选择人均收入（X11）、人均固定资产投资（X12）、牲畜暖棚建设面积（X13）、人工草地建设面积比例（X14）、交通通达指数（X15）、海拔高程（X16）等指标来综合反映适应性大小。从适应性指数大小的分布来看（图7-25d），高原北部的格尔木市及柴达木盆地附近的县区、西宁市及其附近地区等因其经济总量较高而适应能力较强，适应度相对较高，适应度较高的区域分布于邻近四川及云南省的青藏高原东南部边缘区，拉萨—昌都一线也是适应度较高的地区。以上这些地区均因海拔相对较低、自然环境相对较好且人均经济水平较高，从而是适应性相对较高的地区。从总体上来看，广大的高原中部及其西部地区则因海拔普遍高、自然条件恶劣、道路通达性较低。空间适应能力与畜牧业分布的不匹配使畜牧业在冰雪灾害发生时及时补救和应对能力较差，而经济总量及财政收入较小也使得灾害恢复和重建困难。加上这些地区深处高原内部腹地、路网密度较小，且远离机场，救援物资不能及时进入，使得这些地区较为偏远，对灾害的应对能力较差。从脆弱性的角度，这些地区的畜牧业脆弱性较高，面临着相对较高的灾害风险性。

(5) 综合评价

低温冰冻灾害综合风险指数由致灾因子风险度指数 HI、孕灾环境敏感度指数 SI、承灾体的暴露度指数 EI 及反映应对灾害能力的适应度指数 AI 综合构成，这几个方面的全面考虑和综合评价才能得到总的畜牧业脆弱性指数 VI。

由于灾害的发生是与历史事件发生的概率紧密联系在一起的，即历史上容易发生低温冰冻灾害的地方，其在可预见的一段时间内，意味着发生这种灾害的可能性将大于其他地区。随着气候变化的加剧，对历史气候灾害的分析将是决定新情景下灾害发生规模和概率的重要参考指标，因此也是脆弱性评价中的重要内容。

从综合指数反映的畜牧业脆弱性大小来看（图 7-26），青藏高原的东中部地区的脆弱性最高，并且在空间上形成了一个自东向西逐渐减缓的脆弱带。这一区域主要集中在青海省东北部及南部的海南、黄南及果洛、玉树等地区。甘肃省的甘南地区、四川省西北部的甘孜、阿坝等地区也是紧邻青海省高脆弱区的地区。这一高风险区一直延伸到西藏自治区的索县、那曲、日喀则等地区，从高原整体来讲，高风险区在地理空间上形成一个自高原东北部至西南部延伸的风险带。相对而言，高原北部的海西州及其邻近地区、高原南部的林芝地区、四川省的西南部、滇西北地区等则畜牧业脆弱性较小。另外，广阔的高原西部地区因人畜分布较少而脆弱性较低。从高风险区的分布来看，这些地区基本集中在畜牧业较为集中、牲畜和人口较为稠密的牧区，而这些地区由于游牧等牧养方式的限制，其对灾害的抵御能力较弱，加上总体上经济实力较小，在与外界的连通性上受复杂地理环境的影响而连通性较差，灾后疏散、救援等受到很大的限制。加上灾害频发，历史上这些地区的冰雪灾害曾造成过频繁而严重的牲畜死亡及人员伤亡事件，对畜牧业发展造成了破坏性的影响。这些地区畜牧业保障措施中越冬暖棚、冬季草料储备、供暖设施、交通设施等基础设施建设和对各种自然灾害适应能力的建设将是在未来气候变化背景下降低灾害风险、积极适应新的气候模式的主要途径。另外，在经济总体状况较好的地区，如格尔木、滇西北等地区，由于海拔相对较低，自然环境相较高原中西部高海拔地区相对较好，冰雪等灾害性天气较少，因此总体上低温冰冻灾害的风险性较小，畜牧业在这些地区的脆弱性较低。

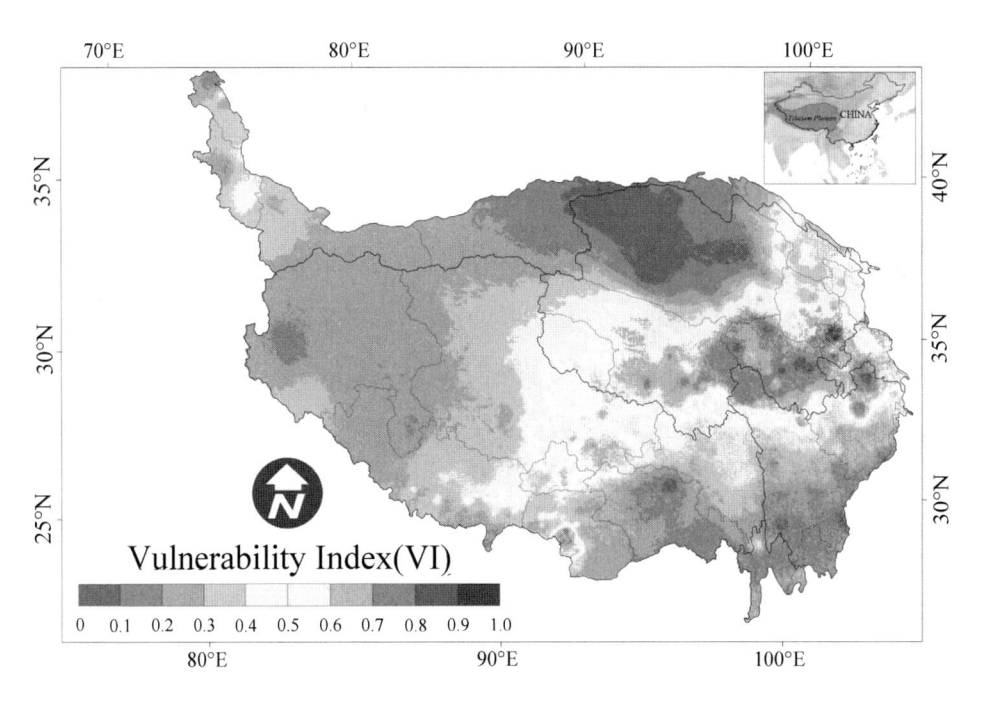

图 7-26 青藏高原地区畜牧业脆弱性综合指数 VI 等级及空间分布

第八节 本章小结

畜牧业是青藏高原地区传统产业和牧民的主要生计来源。青藏高原地区是全球第三个积雪分布的集中区，也是雪灾较为集中的地区之一。尤其是在冬春季节，雪灾在很大程度上制约着畜牧业的发展。目前以青藏高原为整体、以雪灾为视角结合风险应对能力分析的畜牧业脆弱性综合评价研究还相对较少，尤其是在气候变化下冰雪灾害对整个高原的畜牧业的影响方面的研究还相对较为薄弱。目前利用遥感对积雪的监测已成为雪灾监测的新途径，而利用高精度、高时效性的可见光遥感与近红外、微波遥感相结合的雪灾监测目前还是积雪遥感的一大瓶颈。本文利用可见光遥感与近红外、微波遥感相结合,结合地面监测资料对牧区雪灾进行反演,对大范围缺乏地面监测地区进行雪灾分布、雪深、降雪量等参数进行遥感反演,对畜牧业的损失程度等进行监测和评估,从而掌握雪灾的时空分布和成灾机理,并基于此对畜牧业的脆弱性进行评价,为气候变化下青藏高原畜牧业综合风险防范及适应策略制定提供科学依据。

基于雪灾对畜牧业的影响分析显示,青藏高原地区畜牧业脆弱性较高的地区主要集中在青海省东部的青海湖附近地区及南部的玉树、果洛地区;甘肃省的甘南地区、四川省西北部的甘孜、阿坝等地区也是紧邻青海省高脆弱区的地区。这一高风险区一直延伸到西藏自治区的索县、那曲、日喀则等地区,从高原整体来讲,高风险区在地理空间上形成一个自高原东北部至西南部延伸的风险带;广阔的高原西部地区因人畜分布较少而脆弱性较低。

第八章 青藏高原畜牧业的适应对策

本书选择气候变化对经济系统影响较为密切的行业——畜牧业作为切入点,以气候变化对青藏高原地区畜牧业"草—畜—业"三个方面的影响为主要研究内容,就青藏高原地区气候变化的时空间格局和特点、气候变化下青藏高原植被变化总体特征、气候变化对草地生态系统载畜量的影响,以及基于此分析的气候变化对畜牧业的影响、气候变化对畜牧经济的综合影响、突发性气候灾害——雪灾对青藏高原畜牧经济的影响及畜牧业脆弱性评价等——展开讨论。基于本书以上的研究结论,就青藏高原地区畜牧业对气候变化的适应提出以下对策和建议。

第一节 根据气候变化差异制定适应策略

由于青藏高原地区覆盖范围较广,所包含的生态气候区较多,区域内部因地貌、海拔、纬度等因素影响,各个区域之间差异很大,从而引起了温度、降水、蒸散发、植被覆盖类型及载畜量的巨大差异。在全球气候暖化的总体趋势下,青藏高原地区的暖温化速度比周边同纬度的低海拔地区较高,对气候变化较为敏感。因此应根据气候变化的不同趋势制定切合当地实际的畜牧业适应策略。

从本书基于 GTEM 模型的分析可以看出,青藏高原地区的气候变化在近些年有逐渐加速的特点,其平均增温率为 $0.0318/a$,且增温与海拔高度有关，即增温的海拔依赖性，在高海拔地区增温较快；季节上冬季和春季增温最快、秋季次之、夏季最低；从空间上来看高原北部的青海湖地区、南部的林芝地区、雅鲁藏布江河谷以及高原西部的高海拔地区暖化速度较快。从降水的总体趋势来看，青藏高原地区的降水增加较为明显的位于高原的南部地区，而北部及东北部地区则以降水的减少为主。因此，总体来看，青藏高原南部地区以暖湿化趋势为主，而北部、东北部地区以暖干化趋势为主。气候变化的这种特点意味着其对畜牧业的影响也不同。由于青藏高原地区的畜牧业在高原东北部的青海湖附近地区占有很高的比重，暖干化不利于牲畜数量的继续增加，应调整牲畜对草地的压力，调整畜群结构，使该地区的畜牧业走向生态化、可持续发展的道路。而在广阔的高原中部及西部地区，因暖温化和暖湿化有利于植被的生长，生长季的增长及牧草的轻微恢复对畜牧环境改善有着很大的作用，因此畜牧业可以以增加当地畜种、适当增加牲畜数量来进行草原管理。

第二节　根据草地压力状态适时调整牲畜数量

本书基于 NDVI 的数据分析显示，青藏高原的东北部、东部及中部地区的草地退化较为显著，而西部、西南部等高海拔地区植被有微弱的恢复；与气候因子中降水、温度的相关性分析显示，高原南部的暖湿化的气候特点有利于植被的生长，而东北部地区的暖干化对植被退化有反馈作用。另外，川西北及那曲—拉萨一线地区的植被退化与人为活动增强有关。进一步以草地实测样方草量计算的载畜量的分析显示，高原东部地区，尤其是川西地区、玉树—索县—那曲—拉萨一线的牲畜超载情况较为严重，随着气候变化的影响，草地质量将进一步退化，因而草地的压力将会进一步增加。按目前这些地区牲畜增长的速度来看，未来气候情景下这些地区的草地生态系统受人为影响的压力将会继续增加，从而对草地的可持续利用不利。该方面应重视以下两点：

(1) 重视牲畜规模和畜群结构的调整

青藏高原地区东北部、东部低海拔地区草地的退化与人口密度和牲畜密度较高有关，而草地的过度放牧是人为干扰草地退化的主要原因。因此应该根据草地承载力的大小安排合理的放牧规模和放牧频率。一旦超载、出现草地的退化现象，应通过人工干预的手段使过度放牧终止，牲畜数量调整至为重要。因根据发展的需要发展特色畜产品，适时调整畜群结构，以特色畜牧产业来安排牲畜的规模和结构，从而形成草地保护和特色产业发展的双赢。

(2) 畜种引进和改良

青藏高原地区分布着在该地区特有的藏牦牛等畜种，由于长期的自然演化过程，当地的畜种对当地严寒的气候环境适应能力较强。但随着气候的暖化和增温趋势的发展，青藏高原地区的畜牧环境将得到一定程度的改善，因此可以考虑引进新的畜种，利用改良的优势畜种发展当地的特色畜产业是另一条适应气候变化的重要举措。

另外，由于草地生态系统除了其经济价值外，青藏高原地区的草地系统还有在我国涵养水源、防止土地沙化、提供生态屏障等多重草地生态、社会价值，因此不能以短视的眼光一味强调畜牧经济的发展。应以生态补偿、退牧还草等策略推动该地区草地生态价值的发挥，使草地退化得到遏制，走向可持续发展之路。

第三节 按气候变化的综合影响调整畜牧业

基于 C—D—C 模型按静态经济分析方法预测未来气候情景下气候变化对畜牧业的影响，可以发现温度和降水对畜牧业总产值的弹性均为负值，分别为 -0.293 和 -0.098，以此对未来情景下气候对畜牧业的影响分析显示，气候变化对青藏高原地区畜牧业产值的增加制约作用较为突出，随着未来气候变化模式的不确定性，畜牧业在气候变化中的风险性也在逐渐加大。从中可以看出，气候变化对青藏高原畜牧业总体来讲较为不利，主要是气候影响下青藏高原地区的草地质量在主要的牧区有退化现象，虽然在高原中部、西部的高海拔区植被有恢复趋势，但由于增长量较为微弱，对畜牧业的实际贡献率不大。因此，减缓草地的退化水平是青藏高原地区畜牧业适应未来气候变化的关键。因此应重视以下几点：

（1）以科技成果为先导

青藏高原地区是全球气候变化的热点地区之一，其对气候变化的敏感性引起了全球的关注，对该地区气候变化的研究成果也较多。在气候变化适应对策中应注重该方面的研究成果，将气候变化、草业、畜牧业等方面的成果应用到草地的保护中来，从而形成以科技为先导的气候变化适应策略。

（2）重视草地退化的人工干预

青藏高原地区草地的退化很重要的原因是脆弱的高寒草地、草甸系统受人为因素的影响，如过度放牧、工程设施建设对草地的破坏等的结果。因此草原管理中应重视牲畜的超载情况，保持草地的自我更新和生产能力，适度减少载畜量，从而使草地走向可持续利用之路。

（3）人工种草和围栏建设

青藏高原地区由于冬季漫长而严寒，牲畜在冬季越冬时掉膘较为严重，加上草量储备不足，冬季牧场范围较小，从而给牲畜越冬带来很大的困难。在气候变化的适应策略中，人工草地的建设和围栏建设至为重要，在一定程度上能保证牲畜越冬的草料储备，扩大冬季牧场的范围和饲料供给能力，因而对提高适应性起很大的作用。

（4）增加冬季的草量储备和暖棚建设

能否安全越冬是青藏高原地区畜牧业发展中的重要影响因素，随着未来气候变化不确定性的增加，极端气候灾害如雪灾的发生将极大地影响着该地区畜牧业的发展。增加冬季的草量储备，以暖棚建设、人工定居点建设、越冬牲畜供暖设施的建设为重点，对牲畜越冬做好准备，提高对雪灾等冻灾的抵抗能力是青藏高原地区畜牧业面临的重要问题。

因此，从总体来判断，以发挥草地的生态价值为发展理念，青藏高原地区的畜牧业应走上发展特色畜产品（如特有的藏牦牛、奶类食品等）、提高畜牧业质量、发展生态畜牧业之路。由于目前青藏高原地区的畜牧业还处在传统放牧的畜牧业阶段，且青藏高原总体上城市化发展缓慢，城市建设动力不足，因此发展现代畜牧业，将剩余的牧区劳动力转移到城镇进行定居生活、发展城市化是带动该地区发展的根本之策。没有现代化的畜牧业及畜牧业的转型，则青藏高原地区的发展会一直徘徊在较低的发展水平，因此畜牧业的发展是动力，而气候变化的外界因素是契机，只有畜牧业走上特色化、现代化、精品化，才能将剩余的劳动力解放出来走向城市，推动城镇发展，形成城市经济主导的现代文明。

第四节 规避灾害风险 加强适应能力

随着气候变化的加剧，其极端气候事件如干旱、热浪、雪灾等发生的频率及规模会逐渐增加，气候变化的不确定性增加了气候灾害的风险性。本书基于雪灾对畜牧业的影响分析显示，青藏高原地区畜牧业脆弱性较高的地区主要集中在青海省东部的青海湖附近地区及南部的玉树、果洛地区；甘肃省的甘南地区、四川省西北部的甘孜、阿坝等地区也是紧邻青海省高脆弱区的地区。这一高风险区一直延伸到西藏自治区的索县、那曲、日喀则等地区，从高原整体来讲，高风险区在地理空间上形成一个自高原东北部至西南部延伸的风险带；广阔的高原西部地区因人畜分布较少而脆弱性较低。由于气候灾害从发生的概率来讲在空间上有其规律性，因此以规避灾害的方法对气候变化进行适应，是应对气候变化的重要途径之一。从三江源区近些年的生态移民效果来看，三江源区因国家级生态保护区的建立、生态移民等政策实施，使该地区的人口和牲畜数量均出现下降，近些年的草地恢复较为明显，充分发挥了其生态价值的一面。由于人口和牲畜密度的下降，在同样的灾害面前其损失规模在逐渐减少，从而成功实现了生态保护与适应极端气候的双赢效果。因此，对于在灾害风险性较高、畜牧业脆弱性较高的区域，应以"惹不起，躲得起"的思路，在气候变化极端灾害面前应以合理规避灾害，比如建立冬季牧场、在冬季雪灾易发时间尽量减少进入高风险区等办法，从而实现对气候变化的适应。

另外，从青藏高原地区畜牧业的发展现状来看，高原整体的畜牧业发展还较为落后，基本处于传统的放牧（游牧）阶段。由于畜牧业基础设施较差，草料储备、人工暖棚建设、冬季入棚定居、供暖等设施配套较差。在气候变化的不确定因素下，对气候灾害的抵御能力较弱，基本处于自由放养的传统畜牧管理状态，"夏壮、秋肥、冬瘦、春死"的发展规律仍然较为普遍。由于青藏高原地区的海拔较高，高山阻隔，道路不畅，在雪灾等灾害面前紧急疏散困难、外部救援的可进入性差，给灾后的紧急救援、恢复重建带来了不便。因此从气候变化脆弱性的角度，应以提高牧民对气候灾害的规避意识，加强应对能力建设为主，积极应对气候变化。从草原管理的角度、鼠虫害的防治、草地过度放牧的遏制、人工草地建设、越冬草量储备、冬季草场维护等至为重要。从畜牧业基础设施建设的角度，越冬暖棚建设、燃料储备、草（饲）料储备、道路网络建设等是较为重要的因素。另外，随着气候变化对畜牧业影响的加剧，牧民对气候变化信息的掌握程度至为关键，因此灾害预警系统的建设也至为重要。在灾害来临前如能接到预警和应对措施提示，其对灾害的警觉和防备、紧急疏散等都能起到关键的作用。

第五节　以清洁能源利用减少畜牧业温室气体排放

畜牧业的温室气体排放规模已引起了全球气候变化领域的普遍关注，在人们的饮食结构不变或改善的情况下，畜产品的需求量正在逐渐增加，而生产同样热量的肉和禽蛋类食品，其碳足迹及消耗的能量较其他谷物及素食为多，而产生的温室气体总量也是后者的数十倍。从青藏高原的实际情况来看，青藏高原地区因煤炭资源缺乏，燃料主要以牛粪等代替。但青藏高原地区的太阳辐射较高、太阳能资源丰富，其利用前景较为广阔，且是我国少数几个能对太阳能资源集中利用的地区之一。在全球以碳减排、碳捕捉、碳交易以及 GHG 消减为主的气候变化消减适应策略中，太阳能资源、风能、地热等的综合利用，尤其是对冬季暖棚供暖、炊饮及家庭供暖（能）等方面，清洁能源有着独有的优势和 GHG 消减贡献，因而是畜牧业中以农户为单元应对气候变化的重要途径（Fang and Wei 2013）。随着全球碳交易、碳捕捉、GHG 消减计划的逐步实施，该方面的作用将逐渐受到重视，并在应对全球气候变化的过程中发挥重要作用。

第六节　提高气候变化意识加强牧民生计建设

气候变化的脆弱性研究中，对气候变化较为敏感的行业、地区，其受气候变化的影响较大。从适应性的角度，脆弱性较高的易损人群其所受到的影响更为突出。一般来讲，老人、小孩、低收入者、收入结构单一者、社会关系网络简单且受环境变化影响较为直接和剧烈的人群，其在气候变化中的脆弱性就较高。基于本书的分析结果显示，青藏高原地区的牧民收入普遍较低，且高度依赖于牲畜的养殖，收入结构单一，加上受气候变化的影响，农牧民的生计问题是气候变化中的关键和核心。气候变化已经深远地影响了包括畜牧业在内的各个行业和系统，因此提高对气候变化的意识，适时改变畜牧业发展和适应策略至关重要。通过开拓其他就业渠道将畜牧业剩余劳动力转移到其他行业就业，在增加多元化就业和收入渠道的同时推动了第二、第三产业和城镇化的发展，因此该措施具有很强的内生力，是从根本上增加牧民收入、提高对气候变化的适应力的有效途径。因此提高气候变化的意识和增加生计渠道是青藏高原地区牧民适应气候变化的重要策略。

参考文献

包慧漪、张显峰、廖春华等：《基于 MODIS 与 AMSR-E 数据的新疆雪情参数协同反演研究》，《自然灾害学报》2013 年第 4 期。

蔡国田、张雷：《西藏能源利用现状及发展探讨》，《中国能源》2006 年第 28 期。

车涛、晋锐、李新：《被动微波遥感在我国冰冻圈研究中的应用进展》，第二届微波遥感技术研讨会，中国广东深圳，2006 年。

车涛、李新：《1993—2002 年中国积雪水资源时空分布与变化特征》，《冰川冻土》2005 年第 1 期。

车涛、李新：《被动微波遥感估算雪水当量研究进展与展望》，《地球科学进展》2004 年第 2 期。

车涛、李新：《利用被动微波遥感数据反演我国积雪深度及其精度评价》，《遥感技术与应用》2004 年第 5 期。

车涛、李新、高峰：《青藏高原积雪深度和雪水当量的被动微波遥感反演》，《冰川冻土》2004 年第 3 期。

陈全功：《西藏那曲地区草地生产力初探》，《草业科学》1992 年第 6 期。

陈全功、卫亚星、梁天刚：《使用 NOAA/AVHRR 资料进行牧草产量及载畜量监测的方法研究》，《草业学报》1994 年第 4 期。

董世魁：《什么是草原载畜量》，《国外畜牧学—草原与牧草》1998 年第 1 期。

董世魁、江源、黄晓霞：《草地放牧适宜度理论及牧场管理策略》，《资源科学》2002 年第 24 期。

参考文献

董彦龙:《柯布—道格拉斯生产函数于河南省粮食种植产业的实证研究》,《中国农学通报》2011 年第 27 期。

方精云、朴世龙、贺金生等:《近 20 年来中国植被活动在增强》,《中国科学(C 辑)》2003 年第 33 期。

方一平、秦大河、丁永建:《气候变化脆弱性及其国际研究进展》,《冰川冻土》2009 年第 31 期。

冯学智、陈贤章:《雪冰遥感 20 年的进展与成果》,《冰川冻土》1998 年第 3 期。

冯学智、鲁安新、曾群柱:《中国主要牧区雪灾遥感监测评估模型研究》,《遥感学报》1997 年第 2 期。

冯学智、曾群柱、鲁安新等:《我国主要牧区雪灾遥感监测与评估研究》,《青海气象》1996 年第 4 期。

付秀琴:《川西高原牧区雪灾成灾特点与防灾救灾对策》,《草业与畜牧》2014 年第 1 期。

高峰、车涛、王介民等:《被动微波遥感指数及其应用》,《遥感技术与应用》2005 年第 6 期。

高峰、李新、Armstrong R. L. 等:《被动微波遥感在青藏高原积雪业务监测中的初步应用》,《遥感技术与应用》2003 年第 6 期。

高懋芳、邱建军:《青藏高原主要自然灾害特点及分布规律研究》,《干旱区资源与环境》2011 年第 25 期。

葛全胜、邹铭、郑景云:《中国自然灾害风险综合评估初步研究》,科学出版社 2008 年版。

郭铌、倾继祖:《气象卫星资料对积雪的遥感监测与分析》,《遥感技术与应用》2000 年第 4 期。

郭晓宁、李林、刘彩红等:《青海高原 1961—2008 年雪灾时空分布特征》,《气候变化研究进展》2010 年第 6 期。

郭晓宁、李林、王军等:《基于实际灾情的青海高原雪灾等级(评估)指标研究》,《气象科技》2012 年第 4 期。

何永清、周秉荣、张海静等:《青海高原雪灾风险度评价模型与风险区划探讨》,《草业科学》2010 年第 11 期。

侯慧姝、杨宏业、王秀梅：《基于 MODIS 影像的内蒙古草原积雪监测》，《测绘科学》2010 年第 4 期。

胡汝骥：《试论中国积雪的分布规律》，《中国地理学会冰川冻土学术会议论文选集：冰川学》，科学出版社 1982 年版。

胡汝骥、魏文寿：《试论中国的雪害区划》，《冰川冻土》1987 年第 9 期。

胡自治：《草原分类学概论》，中国农业出版社 1997 年版。

黄晓东：《基于遥感与 GIS 技术的北疆牧区积雪监测研究》，博士学位论文，兰州大学，2009 年。

黄晓东、梁天刚：《牧区雪灾遥感监测方法的研究》，《草业科学》2005 年第 12 期。

李鹤、张平宇、程叶青：《脆弱性的概念及其评价方法》，《地理科学进展》2008 年第 27 期。

李红梅、李林、高歌等：《青海高原雪灾风险区划及对策建议》，《冰川冻土》2013 年第 3 期。

李建琴、张琦、顾国达：《我国蚕桑生产函数的构建与计量分析》，《蚕业科学》2011 年第 37 期。

李金亚、杨秀春、徐斌等：《基于 MODIS 与 AMSR-E 数据的中国 6 大牧区草原积雪遥感监测研究》，《地理科学》2011 年第 9 期。

李培基：《中国季节积雪资源的初步评价》，《地理学报》1988 年第 43 期。

李培基、米德生：《中国积雪的分布》，《冰川冻土》1983 年第 5 期。

李双成、吴绍洪、戴尔阜：《生态系统响应气候变化脆弱性的人工神经网络模型评价》，《生态学报》2005 年第 25 期。

李新、车涛：《积雪被动微波遥感研究进展》，《冰川冻土》2007 年第 3 期。

李英年：《高寒草甸牧草产量和草场载畜量模拟研究及对气候变暖的响应》，《草业学报》2000 年第 9 期。

李震、曾群柱、孙文新：《DEM 在西藏那曲雪灾遥感信息提取中的应用》,《自然灾害学报》1996 年第 1 期。

梁凤娟、孟雪峰、王永清等:《基于 GIS 的雪灾风险区划》,《气象科技》2014 年第 2 期。

梁天刚、陈全功、卫亚星:《新疆阜康县草地资源产量动态监测模型的研究》,《遥感技术与应用》1996 年第 1 期。

梁天刚、崔霞、冯琦胜等:《2001—2008 年甘南牧区草地地上生物量与载畜量遥感动态监测》,《草业学报》2009 年第 18 期。

梁天刚、高新华、刘兴元:《阿勒泰地区雪灾遥感监测模型与评价方法》,《应用生态学报》2004 年第 12 期。

梁天刚、刘兴元、郭正刚:《基于 3S 技术的牧区雪灾评价方法》,《草业学报》2006 年第 4 期。

梁天刚、吴彩霞、陈全功等:《北疆牧区积雪图像分类与雪深反演模型的研究》,《冰川冻土》2004 年第 2 期。

林燕燕、王维新:《C—D 生产函数在农业机械对农业生产贡献率测算中的应用》,《农机化研究》2005 年第 4 期。

刘小茜、王仰麟、彭建:《人地耦合系统脆弱性研究进展》,《地球科学进展》2009 年第 24 期。

刘兴元、梁天刚、郭正刚等:《阿勒泰地区草地畜牧业雪灾的遥感监测与评价》,《草业学报》2003 年第 6 期。

鲁安新、冯学智、曾群柱:《我国牧区雪灾判别因子体系及分级初探》,《灾害学》1995 年第 3 期。

鲁安新、冯学智、曾群柱:《我国牧区雪灾遥感判别初步研究——以西藏那曲地区为试验区》,《自然灾害学报》1994 年第 4 期。

鲁安新、曾群柱、冯学智:《遥感和地理信息系统在牧区雪灾研究中的应用》,《中国减灾》1996 年第 2 期。

罗国亮:《我国食品加工业的地区增长分析》,《中国农村经济》2006 年第 5 期。

聂娟:《业务化的雪灾遥感监测及预测》,《中国减灾》2005 年第 5 期。

潘护林:《系统响应气候变化脆弱性定量评价国内研究综述》,《环境科学与管理》2008年第33期。

裴欢、房世峰、覃志豪等：《基于遥感的新疆北疆积雪盖度及雪深监测》，《自然灾害学报》2008年第5期。

青海省草原总站：《青海省草地资源统计册》，青海人民出版社1988年版。

青海省农牧厅：《青海省畜牧志》，青海统计出版社2012年版。

任继周：《草原调查与规划》，中国农业出版社1985年版。

任继周：《英汉农业词典（草原学分册）》，中国农业出版社1985年版。

任继周、胡自治、陈全功：《草地遥感应用动态与研究进展》，《草业科学》1996年第1期。

时兴合、李凤霞、扎西才让等：《1961—2004年青海积雪及雪灾变化》，《应用气象学报》2006年第3期。

时兴合、王振宇、戴升等：《青海南部冬春季雪灾的气候诊断与预测》，《冰川冻土》2012年第6期。

史培军：《四论灾害系统研究的理论与实践》，《自然灾害学报》2005年第14期。

史培军、陈晋：《RS与GIS支持下的草地雪灾监测试验研究》，《地理学报》1996年第4期。

王长耀、布和敖斯尔、狄小春：《遥感技术在全球环境变化研究中的作用》，《地球科学进展》1998年第3期。

王根绪、李元首：《青藏高原冻土区冻土与植被的关系及其对高寒生态系统的影响》，《中国科学D辑》2006年第38期。

王建林、林日暖：《中国西部农业气象灾害》，气象出版社2003年版。

王江山、周咏梅：《NOAA-AVHRR在青海省牧草和积雪业务性监测中的应用》，《国土资源遥感》1995年第3期。

王丽红、付培建、鲁安新：《遥感技术在牧区雪灾监测研究中的应用》，《遥感技术与应用》1998年第2期。

王世金、魏彦强、方苗：《青海省三江源牧区雪灾综合风险评估》，

《草业学报》2014年第2期。

王增艳、车涛：《2002—2009年中国干旱区积雪时空分布特征》，《干旱区研究》2012年第3期。

王增艳、车涛：《中国干旱区积雪面积产品去云处理方法验证与评估》，《干旱区研究》2012年第2期。

卫亚星、陈全功、王一谋等：《利用TM资料调查土地利用状况动态变化—以玛曲县为例》，《草业科学》2002年第3期。

魏玥：《北疆区域积雪深度变化的遥感监测研究》，硕士学位论文，新疆师范大学，2010年。

温克刚：《中国气象灾害大典》，气象出版社2005年版。

徐羹慧：《牧区雪灾防御研究的新进展及其展望》，《新疆气象》2005年第3期。

徐广才、康慕谊、贺丽娜等：《生态脆弱性及其研究进展》，《生态学报》2009年第29期。

延昊：《NOAA16卫星积雪识别和参数提取》，《冰川冻土》2004年第3期。

延昊、张国平：《混合像元分解法提取积雪盖度》，《应用气象学报》2004年第6期。

严建武、李春娥、袁雷等：《EOS-MODIS数据在草地资源监测中的应用进展综述》，《草业科学》2008年第4期。

颜亮东、李林、刘义花：《青海牧区干旱、雪灾灾害损失综合评估技术研究》，《冰川冻土》2013年第3期。

杨秀春、曹云刚、徐斌等：《中国北方草原区积雪遥感监测——2007.10—2008.3期间》，《地理研究》2008年第5期。

于翠松：《环境脆弱性研究进展综述》，《水电能源科学》2007年第25期。

于惠、冯琦胜、张学通等：《基于AMSR-E信息的北疆牧区雪深遥感监测模型方法初探》，《草业学报》2009年第4期。

张琴琴、摆万奇、张镱锂等：《黄河源地区牧民对草地退化的感知》，《资源科学》2011年第33期。

张涛涛：《气候变化下青藏高原雪灾趋势判断及相关机理分析》，硕士学位论文，陕西师范大学，2013年。

张涛涛、延军平、廖光明等：《近51a青藏高原雪灾时空分布特征》，《水土保持通报》2014年第1期。

张学通、黄晓东、梁天刚等：《新疆北部地区MODIS积雪遥感数据MOD10A1的精度分析》，《草业学报》2008年第2期。

赵新全：《高寒草甸生态系统与全球变化》，科学出版社2009年版。

中国气象局：《中国灾害性天气气候图集》，气象出版社2007年版。

周立、王启基、赵京：《高寒草甸牧场最优放牧强度的研究——高寒草甸生态系统（4）》，科学出版社1995年版。

周永娟、王效科、欧阳志云：《生态系统脆弱性研究》，《生态经济》2009年第11期。

Aaheim A., Amundsen H., Dokken T. et al., "Impacts and adaptation to climate change in European economies", *Global Environmental Change*, 2012, 22（4）.

Adger W. N., Vincent K., "Uncertainty in adaptive capacity", *Comptes Rendus Geoscience*, 2005, 337（4）.

Adger W. N., "Vulnerability", *Global Environmental Change*, 2006, 16.

Alcamo J., Dronin N., Endejan M. et al., "A new assessment of climate change impacts on food production shortfalls and water availability in Russia", *Global Environmental Change*, 2007, 17（3-4）.

Antonio R. M., "Climate change and world food security", *Global Environmental Change*, 1997, 7（1）.

Armah F., Odoi J., Yengoh G. et al., "Food security and climate change in drought-sensitive savanna zones of Ghana", *Mitigation and Adaptation Strategies for Global Change*, 2011, 16（3）.

Arnell N. W., Livermore M. J. L., Kovats S. et al., "Climate and socio-economic scenarios for global-scale climate change impacts assessments: characterising the SRES storylines", *Global Environmental*

参考文献

Change, 2004, 14 (1).

Arnell N. W., "Climate change and global water resources: SRES emissions and socio-economic scenarios", *Global Environmental Change*, 2004, 14 (1).

Baker B., Moseley R., "Advancing Treeline and Retreating Glaciers: Implications forConservation in Yunnan, P. R. China", *Arctic, Antarctic, and Alpine Research*, 2007, 39 (2).

Barrett S., "Local level climate justice? Adaptation finance and vulnerability reduction", *Global Environmental Change*, 2013, 23 (6).

Batzias F. A., Sidiras D. K., Spyrou E. K., "Evaluating livestock manures for biogas production: a GIS based method", *Renewable Energy*, 2005, 30 (8).

Baumann M., Ozdogan M., Kuemmerle T. et al., "Using the Landsat record to detect forest-cover changes during and after the collapse of the Soviet Union in the temperate zone of European Russia", *Remote Sensing of Environment*, 2012, 124 (0).

Bell M. J., Eckard R. J., Cullen B. R., "The effect of future climate scenarios on the balance between productivity and greenhouse gas emissions from sheep grazing systems", *Livestock Science*, 2012, 147 (1-3).

Botzen W. J. W., Van Den Bergh J. C. J. M., "Managing natural disaster risks in a changing climate", *Environmental Hazards*, 2009, 8 (3).

Bouwer L. M., Bubeck P., Aerts J. C. J. H., "Changes in future flood risk due to climate and development in a Dutch polder area", *Global Environmental Change*, 2010, 20 (3).

Boyazoglu J., "Livestock farming as a factor of environmental, social and economic stability withspecial reference to research", *Livestock Production Science*, 1998, 57 (1).

Brando P. M., Goetz S. J., Baccini A. et al., "Seasonal and interannual variability of climate and vegetation indices across the Amazon", *Proceedings of the National Academy of Sciences*, 2010, 107 (33).

Brooks N., Neil Adger W., Mick Kelly P., "The determinants of vulnerability and adaptive capacity at the national level and the implications for adaptation", *Global Environmental Change*, 2005, 15 (2).

Burke A., "Range management systems in arid Namibia—what can livestock numbers tell us?", *Journal of Arid Environments*, 2004, 59 (2).

Burke M., Lobell D., *Food Security and Adaptation to Climate Change: What Do We Know?*

Byg A., Salick J., "Local perspectives on a global phenomenon—Climate change in Eastern Tibetan villages", *Global Environmental Change*, 2009a, 19 (2).

Byg A., Salick J., "Local perspectives on a global phenomenon—Climate change in Eastern Tibetan villages", *Global Environmental Change*, 2009b, 19 (2).

Campbell B. D., Stafford Smith D. M., "A synthesis of recent global change research on pasture and rangeland production: reduced uncertainties and their management implications", *Agriculture, Ecosystems & Environment*, 2000, 82 (1-3).

Cao L., Zhang Y., Shi Y., "Climate change effect on hydrological processes over the Yangtze River basin", *Quaternary International*, 2011, 244 (2).

Collier W. M., Jacobs K. R., Saxena A. et al., "Strengthening socio-ecological resilience through disaster risk reduction and climate change adaptation: Identifying gaps in an uncertain world", *Environmental Hazards*, 2009, 8 (3).

Colwell R. K., Brehm G., Cardelús C. L. et al., "Global Warming, Elevational Range Shifts, and Lowland Biotic Attrition in the Wet Tropics", *Science*, 2008, 322 (5899).

Conway D., Schipper E. L. F., "Adaptation to climate change in Africa: Challenges and opportunities identified from Ethiopia", *Global Environmental Change*, 2011, 21 (1).

Cordell D., Drangert J.-O., White S., "The story of phosphorus: Global food security and food for thought", *Global Environmental Change*, 2009, 19 (2).

Cui X. F., Graf H. F., Langmann B. et al., "Climate impacts of anthropogenic land use changes on the Tibetan Plateau", *Global and Planetary Change*, 2006, 54 (1-2).

Dasmann W., "A method for estimating carrying capacity of rangelands", *Journal of Forestry*, 1945, 43.

de Jong R., de Bruin S., de Wit A. et al., "Analysis of monotonic greening and browning trends from global NDVI time-series", *Remote Sensing of Environment*, 2011, 115 (2).

Dietz S., Hope C., Patmore N., "Some economics of 'dangerous' climate change: Reflections on the Stern Review", *Global Environmental Change*, 2007, 17 (3-4).

Ding M. J., ZHang Y. L., Liu L. S. et al., "Temporal and Spatial Distribution of Grassland Coverage Change in Tibetan Plateau since 1982", *Journal of Natural Resources*, 2010, 25 (12).

Ding X. Z., Guo X., Yan P. et al., "Seasonal and nutrients intake regulation of lipoprotein lipase (LPL) activity in grazing yak (Bos grunniens) in the Alpine Regions around Qinghai Lake", *Livestock Science*, 2012, 143 (2012).

Ding Y. J., Liu S. Y., Li J. et al., "The retreat of glaciers in response to recent climate warming in western China", *Annals of Glaciology*, 2006, 43 (1).

Du M. Y., Kawashima S., Yonemura S. et al., "Mutual influence between human activities and climate change in the Tibetan Plateau during recent years", *Global and Planetary Change*, 2004b, 41 (3-4).

Du M., Kawashima S., Yonemura S. et al., "Mutual influence between human activities and climate change in the Tibetan Plateau during recent years", *Global and Planetary Change*, 2004a, 41 (3-4).

Duan A., Wu G., "Role of the Tibetan Plateau thermal forcing in the summer climate patterns over subtropical Asia", *Climate Dynamics*, 2005, 24 (7).

Dueri S., Calanca P. L., Fuhrer J., "Climate change affects farm nitrogen loss-A Swiss case study with a dynamic farm model", *Agricultural Systems*, 2007, 93 (1-3).

Díaz-Varela R. A., Colombo R., Meroni M. et al., "Spatio-temporal analysis of alpine ecotones: A spatial explicit model targeting altitudinal vegetation shifts", *Ecological Modelling*, 2010, 221 (4).

Ebrahimi A., Milotic̀ T., Hoffmann M., "A herbivore specific grazing capacity model accounting for spatio-temporal environmental variation: A tool for a more sustainable nature conservation and rangeland management", *Ecological Modelling*, 2010, 221 (6).

Eckert J. B., Baker B. B., Hanson J. D., "The impact of global warming on local incomes from range livestock systems", *Agricultural Systems*, 1995, 48 (1).

Ericksen P. J., Ingram J. S. I., Liverman D. M., "Food security and global environmental change: emerging challenges", *Environmental Science & Policy*, 2009, 12 (4).

Evan D. G F., "Food system vulnerability: Using past famines to help understand how food systems may adapt to climate change", *Ecological Complexity*, 2006, 3 (4).

Evenson R. E., "Global and local implications of biotechnology and climate change for future food supplies", *Proceedings of the National Academy of Sciences*, 1999, 96 (11).

Fan J., Wang H., CHen D., "Discussion on Sustainable Urbanization in Tibet", *Chin Geogra Sci*, 2010b, 20 (3).

Fan J.-W., Shao Q.-Q., Liu J.-Y. et al., "Assessment of effects of climate change and grazing activity on grassland yield in the Three Rivers Headwaters Region of Qinghai-Tibet Plateau, China", *Environmental*

Monitoring and Assessment, 2010a, 170 (1).

Fang J., Piao S., He J. et al., "Increasing terrestrial vegetation activity in China, 1982 – 1999", *Sci China C Life Sci*, 2004, 47 (3).

Fang Y., Wei Y., "Climate change adaptation on the Qinghai-Tibetan Plateau: The importance of solar energy utilization for rural household", *Renewable and Sustainable Energy Reviews*, 2013, 18 (0).

Fang Y. P., Qin D. H., Ding Y. J. et al., "The impacts of permafrost change on NPP and implications: A case of the source regions of Yangtze and Yellow Rivers", *Journal of Mountain Science*, 2011b, 8 (3).

Fang Y., Qin D., Ding Y., "Frozen soil change and adaptation of animal husbandry: a case of the source regions of Yangtze and Yellow Rivers", *Environmental Science & Policy*, 2011a, 14 (5).

Finco M. V. A., Doppler W., "Bioenergy and sustainable development: The dilemma of food security and climate change in the Brazilian savannah", *Energy for Sustainable Development*, 2010, 14 (3).

Fleischer A., Sternberg M., "The economic impact of global climate change on Mediterranean rangeland ecosystems: A Space-for-Time approach", *Ecological Economics*, 2006, 59 (3).

Foggin P. M., Torrance M. E., Dorje D. et al., "Assessment of the health status and risk factors of Kham Tibetan pastoralists in the alpine grasslands of the Tibetan plateau", *Social Science & Medicine*, 2006, 63 (9).

Frank J., "Is there an 'animal welfare Kuznets curve'?", *Ecological Economics*, 2008, 66 (2 – 3).

Gao Q. -z., Wan Y. -f., Xu H. -m. et al., "Alpine grassland degradation index and its response to recent climate variability in Northern Tibet, China", *Quaternary International*, 2010a, 226 (1 – 2).

Gao Y., Xie H., Lu N. et al., "Toward advanced daily cloud-free snow cover and snow water equivalent products from Terra-Aqua MODIS and Aqua AMSR-E measurements", *Journal of Hydrology*, 2010b, 385 (1 – 4).

Gardner A. S., Moholdt G., Wouters B. et al., "Sharply increased mass loss from glaciers and ice caps in the Canadian Arctic Archipelago", *Nature*, 2011, 473 (7347).

Garnett T., "Livestock-related greenhouse gas emissions: impacts and options for policy makers", *Environmental Science & Policy*, 2009, 12 (4).

Gbetibouo G. A., Hassan R. M., "Measuring the economic impact of climate change on major South African field crops: a Ricardian approach", *Global and Planetary Change*, 2005, 47 (2-4).

Gian-Reto W., "Plants in a warmer world", *Perspectives in Plant Ecology, Evolution and Systematics*, 2003, 6 (3).

Gilberto C G., "Linkages between vulnerability, resilience, and adaptive capacity", *Global Environmental Change*, 2006, 16 (3).

Goetz S. J., Bunn A. G., Fiske G. J. et al., "Satellite-observed photosynthetic trends across boreal North America associated with climate and fire disturbance", *Proceedings of the National Academy of Sciences of the United States of America*, 2005, 102 (38).

Golub A. A., Henderson B. B., Hertel T. W. et al., "Global climate policy impacts on livestock, land use, livelihoods, and food security", *Proceedings of the National Academy of Sciences*, 2012.

Gosling S. N., "The likelihood and potential impact of future change in the large-scale climate-earth system on ecosystem services", *Environmental Science & Policy*, 2013, 27, Supplement 1 (0).

Grothmann T., Patt A., "Adaptive capacity and human cognition: The process of individual adaptation to climate change", *Global Environmental Change*, 2005, 15 (3).

Hackmann T. J., Spain J. N., "Invited review: Ruminant ecology and evolution: Perspectives useful to ruminant livestock research and production", *Journal of Dairy Science*, 2010, 93 (4).

Hadwen S., Palmer L. J., *Reindeer in Alaska: USDA Bulletin*.

No. 1089. Washington D. C.: US Department of Agriculture, 1922.

Hahn G. L., "Dynamic responses of cattle to thermal heat loads", *Journal of Animal Science*, 1999, 77.

Hall D. K., Riggs G. A., Salomonson V. V., "Development of methods for mapping global snow cover using moderate resolution imaging spectroradiometer data", *Remote sensing of environment*, 1995, 54 (2).

Harle K. J., Howden S. M., Hunt L. P. et al., "The potential impact of climate change on the Australian wool industry by 2030", *Agricultural Systems*, 2007, 93 (1-3).

Harris R. B., "Rangeland degradation on the Qinghai-Tibetan plateau: A review of the evidence of its magnitude and causes", *Journal of Arid Environments*, 2010, 74 (1).

He Y., Dong W., Guo X. et al., "Terrestrial growth in China and its relationship with climate based on the MODIS data", *Acta Ecologica Sinica*, 2007, 27 (12).

Holling C. S., "Resilience and stability of ecological systems", *Annual Review of Ecology and Systematics*, 1973, 4.

Holling C. S., *The resilience of terrestrial ecosystems: local surprise and global change. Sustainable Development of the Biosphere*, Cambridge, UK: Cambridge University Press, 1985.

Howden S. M., Soussana J.-F., Tubiello F. N. et al., "Adapting agriculture to climate change", *Proceedings of the National Academy of Sciences*, 2007, 104 (50).

Hu M. Q., Mao F., Sun H. et al., "Study of normalized difference vegetation index variation and its correlation with climate factors in the three-river-source region", *International Journal of Applied Earth Observation and Geoinformation*, 2011, 13 (1).

Hughes L., "Climate change and Australia: key vulnerable regions", *Reg Environ Change*, 2010, 11.

Ilan N., "The macroeconomic consequences of disasters", *Journal of*

Development Economics, 2009, 88 (2).

Immerzeel W., Stoorvogel J., Antle J., "Can payments for ecosystem services secure the water tower of Tibet?", *Agricultural Systems*, 2008, 96 (1-3).

IPCC, *Summary for Policymakers. Climate Change 2007: The Physical Science Basis. Contribution of Working Group I to the Fourth Assessment Report of the Intergovernmental Panel on Climate Change*, Vol. 18, Cambridge, UK: Cambridge University Press, 2007a.

IPCC, *Summary for Policymakers. Climate Change 2007: The Physical Science Basis. Contribution of Working Group I to the Fourth Assessment Report of the Intergovernmental Panel on Climate Change*, Vol. 18, Cambridge, UK: Cambridge University Press, 2007b.

IPCC, *Technical summary: climate change 2001: impacts, adaptation, and vulnerability. A Report of Working Group II of the Intergovernmental Panel on Climate Change.* Cambridge, UK: Cambridge University Press, 2001.

Jackson L., *Food Chain Defense in the United States: Food Chain Security. In: Alpas H., Çırakoğlu B. (eds), Vol. 00, NATO Science for Peace and Security Series C: Environmental Security.* Springer Netherlands, 2010.

Jackson S. T., Betancourt J. L., Booth R. K. et al., "Ecology and the ratchet of events: Climate variability, niche dimensions, and species distributions", *Proceedings of the National Academy of Sciences*, 2009, 106 (Supplement 2).

Jochen H., "Indicators of vulnerability and adaptive capacity: Towards a clarification of the science-policy interface", *Global Environmental Change*, 2011, 21 (1).

Johansen B., Karlsen S. R., "Monitoring vegetation changes on Finnmarksvidda, Northern Norway, using Landsat MSS and Landsat TM/ETM+ satellite images", *Phytocoenologia*, 2005, 35.

John P. , "The determinants of vulnerability and adaptive capacity at the municipal level: Evidence from floodplain management programs in the United States", *Global Environmental Change*, 2009, 19 (4).

Jump A. S. , Mátyás C. , Peñuelas J. , "The altitude-for-latitude disparity in the range retractions of woody species", *Trends in Ecology & Evolution*, 2009b, 24 (12).

Jump A. S. , Mátyás C. , Peñuelas J. , "The altitude-for-latitude disparity in the range retractions of woody species", *Trends in Ecology and Evolution*, 2009a, 24 (12).

Justice C. O. , Hirenaux P. H. , "Monitoring the grasslands of the Sahel using NOAA AVHRR data: Niger 1983", *International Journal of Remote Sensing*, 1986, 7 (11).

Kabubo-Mariara J. , Karanja F. K. , "The economic impact of climate change on Kenyan crop agriculture: A Ricardian approach", *Global and Planetary Change*, 2007, 57 (3-4).

Kabubo-Mariara J. , "Global warming and livestock husbandry in Kenya: Impacts and adaptations", *Ecological Economics*, 2009, 68 (7).

Kalpana Sastry R. , Rashmi H. B. , Rao N. H. , "Nanotechnology for enhancing food security in India", *Food Policy*, 2011, 36 (3).

Kang S. C. , Xu Y. W. , You Q. L. , "Review of climate and cryospheric change in the Tibetan Plateau", *Environmental Research Letters*, 2010, (015101).

Kerr R. A. , "Global Warming Is Changing the World", *Science*, 2007, 316 (5822).

Khan S. , Hanjra M. A. , "Footprints of water and energy inputs in food production-Global perspectives", *Food Policy*, 2009, 34 (2).

Kintisch E. , Kerr R. A. , "Global Warming, Hotter Than Ever", *Science*, 2007, 318 (5858).

Kutuzov S. , Shahgedanova M. , "Glacier retreat and climatic variability in the eastern Terskey-Alatoo, inner Tien Shan between the middle of the 19th century and beginning of the 21st century", *Global and Planetary Change*, 2009, 69 (1-2).

Körner C., "Mountain Ecosystems: Studies in Treeline Ecology", *Eos Trans AGU*, 2005, 86 (42).

Labrecque S., Fournier R. A., Luther J. E. et al., "A comparison of four methods to map biomass from Landsat-TM and inventory data in western Newfoundland", *Forest Ecology and Management*, 2006, 226.

Langlois A., Scharien R., Geldsetzer T. et al., "Estimation of snow water equivalent over first-year sea ice using AMSR-E and surface observations", *Remote Sensing of Environment*, 2008, 112 (9).

Lee T. D., Barrett J. P., Hartman B., "Elevation, substrate, and the potential for climate-induced tree migration in the White Mountains, New Hampshire, USA", *Forest Ecology and Management*, 2005, 212 (1-3).

Leemans R., Eickhout B., "Another reason for concern: regional and global impacts on ecosystems for different levels of climate change", *Global Environmental Change Part A*, 2004, 14 (3).

Li X., Cheng G., Jin H. et al., "Cryospheric change in China", *Global and Planetary Change*, 2008, 62 (3-4).

Li Z. X., He Y. Q., Yang X. M. et al., "Changes of the Hailuogou glacier, Mt. Gongga, China, against the background of climate change during the Holocene", *Quaternary International*, 2010, 218 (1-2).

Liang E., Shao X., Qin N., "Tree-ring based summer temperature reconstruction for the source region of the Yangtze River on the Tibetan Plateau", *Global and Planetary Change*, 2008a, 61 (3-4).

Liang T. G., Huang X. D., Wu C. X. et al., "An application of MODIS data to snow covermonitoring in a pastoral area: A case study in Northern Xinjiang, China", *Remote Sensing of Environment*, 2008c, 112 (4).

Liang T., Zhang X., Xie H. et al., "Toward improved daily snow cover mapping with advanced combination of MODIS and AMSR-E measurements", *Remote Sensing of Environment*, 2008b, 112 (10).

Lin X. W., Zhang Z. H., Wang S. P. et al., "Response of ecosystem respiration to warming and grazing during the growing seasons in the alpine meadow on the Tibetan plateau", *Agric Forest Meteorol*, 2011b, 151 (7).

Lin X. W., Zhang Z. H., Wang S. P. et al., "Response of ecosystem respiration to warming and grazing during the growing seasons in the alpine meadow on the Tibetan plateau", *Agricultural and Forest Meteorology*, 2011a, 151 (7).

Marchenko S. S., Gorbunov A. P., Romanovsky V. E., "Permafrost warming in the Tien Shan Mountains, Central Asia", *Global and Planetary Change*, 2007, 56 (3-4).

McDowell R. E., *Improvement of Livestock Production in Warm Climates*. San Francisco, California, 1972.

Meehl G. A., Washington W. M., Collins W. D. et al., "How Much More Global Warming and Sea Level Rise?", *Science*, 2005, 307 (5716).

Mideksa T. K., "Economic and distributional impacts of climate change: The case of Ethiopia", *Global Environmental Change*, 2010, 20 (2).

Miraglia M., Marvin H. J. P., Kleter G. A. et al., "Climate change and food safety: An emerging issue with special focus on Europe", *Food and Chemical Toxicology*, 2009, 47 (5).

Monteny G.-J., Bannink A., Chadwick D., "Greenhouse gas abatement strategies for animal husbandry", *Agriculture, Ecosystems & Environment*, 2006, 112 (2-3).

Munich Re, "Topics Geo Natural Catastrophes 2008: Analyses, Assessments, Positions", *Munich Re Group*, 2009: Munich.

Muukkonen P., Heiskanen J., "Biomass estimation over a large area based on stand wise forest inventory data and ASTER and MODIS satellite data: a possibility to verify carbon inventories", *Remote Sensing of Environment*, 2007, 107.

Müller C., Cramer W., Hare W. L. et al., "Climate change risks for African agriculture", *Proceedings of the National Academy of Sciences*, 2011, 108 (11).

Nardone A., Ronchi B., Lacetera N. et al., "Effects of climate changes on animal production and sustainability of livestock systems", *Livestock Science*, 2010, 130 (1-3).

Nathan L E., "Adaptive capacity and its assessment", *Global Environmental Change*, 2011, 21 (2).

Neumayer E., Barthel F., "Normalizing economic loss from natural disasters: A global analysis", *Global Environmental Change*, 2011, 21 (1).

Ni J., "A Simulation of Biomes on the Tibetan Plateau and Their Responses to Global Climate Change", *Mountain Research and Development*, 2000, 20 (1).

Noy I., Vu T. B., "The economics of natural disasters in a developing country: The case of Vietnam", *Journal of Asian Economics*, 2010, 21 (4).

Næss M. W., Bårdsen B. -J., Tveraa T., "Wealth-dependent and interdependent strategies in the Saami reindeer husbandry, Norway", *Evolution and Human Behavior*, 2012, 33 (6).

Odum E. P., *Fundamentals of Ecology*, Philadelphia, W. B.: Sauders, 1953.

Oerlemans J., "Freezes, floes and the future", *Nature*, 2009, 462 (7273).

Oerlemans J., "Quantifying Global Warming from the Retreat of Glaciers", *Science*, 1994, 264 (5156).

Olthof I., Pouliot D., "Treeline vegetation composition and change in

Canada's western Subarctic from AVHRR and canopy reflectance modeling", *Remote Sensing of Environment*, 2010, 114 (4).

Piao S., Mohammat A., Fang J. et al., "NDVI-based increase in growth of temperate grasslands and its responses to climate changes in China", *Global Environmental Change*, 2006, 16 (4).

Popp A., Domptail S., Blaum N. et al., "Landuse experience does qualify for adaptation to climate change", *Ecological Modelling*, 2009, 220 (5).

Qiang W., "Prevention of Tibetan eco-environmental degradation caused by traditional use of biomass", *Renewable and Sustainable Energy Reviews*, 2009, 13 (9).

Radic V., Hock R., "Regionally differentiated contribution of mountain glaciers and ice caps to future sea-level rise", *Nature Geosci*, 2011, 4 (2).

Roudier P., Sultan B., Quirion P. et al., "The impact of future climate change on West African crop yields: What does the recent literature say?", *Global Environmental Change*, 2011, 21 (3).

R. B. H., "Rangeland degradation on the Qinghai-Tibetan plateau: A review of the evidence of its magnitude and causes", *Journal of Arid Environments*, 2010, 74 (1).

Sampson A. W., *Range and Pasture Management*. New York: John Wiley & Sons, 1923.

Schaller G. B., Wulin L., "Distribution, status, and conservation of wild yak Bos grunniens", *Biological Conservation*, 1996, 76 (1996).

Smit B., Wandel J., "Adaptation, adaptive capacity and vulnerability", *Global Environmental Change*, 2006, 16 (3).

Soini E., "Land use change patterns and livelihood dynamics on the slopes of Mt. Kilimanjaro, Tanzania", *Agricultural Systems*, 2005, 85 (3).

Stern N., *The Economics of Climate Change—the Stern Review*, Cambridge: Cambridge University Press, 2006.

Stow D. A., Hope A., McGuire D. et al., "Remote sensing of vegetation and land-cover change in Arctic Tundra Ecosystems", *Remote Sensing of Environment*, 2004, 89 (3).

Sundal A. V., Shepherd A., Nienow P. et al., "Melt-induced speed-up of Greenland ice sheet offset by efficient subglacial drainage", *Nature*, 2011, 469 (7331).

Susanne C M., "Now more than ever: The need for more societally relevant research on vulnerability and adaptation to climate change", *Applied Geography*, 2010, 30 (4).

Tachiiri K., Shinoda M., Klinkenberg B. et al., "Assessing Mongolian snow disaster risk using livestock and satellite data", *Journal of Arid Environments*, 2008, 72 (12).

Tirado M. C., Clarke R., Jaykus L. A. et al., "Climate change and food safety: A review", *Food Research International*, 2010, 43 (7).

Tobias B., "Climate change and glacier retreat in northern Tien Shan (Kazakhstan/Kyrgyzstan) using remote sensing data", *Global and Planetary Change*, 2007, 56 (1-2).

Tømmervik H., Johansen B., Riseth J. Å. et al., "Above ground biomass changes in the mountain birch forests and mountain heaths of Finnmarksvidda, northern Norway, in the period 1957–2006", *Forest Ecology and Management*, 2009, 257 (1).

Tømmervik H., Johansen B., Tombre I. et al., "Vegetation changes in the Nordic mountain birch forest: the influence of grazing and climate change", *Arctic Antarctic Alpine Research*, 2004, 36.

UNDP, *Reducing disaster risk: a challenge for development*. Swift Co. USA, 2004.

United Nations, "World Urbanization Prospects", *Economic and Social Affairs Working Paper*, 2002, United Nations: Population Division, New York.

Verhulst P. R., "Notice sur la loi que la population suit dans son accroissement", *Correspondence Mathematique et physique*, 1838, 10.

Vincent C., Ribstein P., Favier V. et al., "Glacier fluctuations in the Alps and in the tropical Andes", *Comptes Rendus Geosciences*, 2004, 337 (1-2).

Vogel C., Moser S. C., Kasperson R. E. et al., "Linking vulnerability, adaptation, and resilience science to practice: Pathways, players, and partnerships", *Global Environmental Change*, 2007, 17 (3-4).

Vuille M., Bradley R. S., Werner M. et al., "20th Century Climate Change in the Tropical Andes: Observations and Model Results", *Climatic Change*, 2003, 59 (1).

Walther G.-R., "Plants in a warmer world", *Perspectives in Plant Ecology, Evolution and Systematics*, 2003, 6 (3).

Wang B., Bao Q., Hoskins B. et al., "Tibetan Plateau warming and precipitation changes inEast Asia", *Geophys Res Lett*, 2008a, 35 (14).

Wang G., Wang Y., Li Y. et al., "Influences of alpine ecosystem responses to climatic change on soil properties on the Qinghai-Tibet Plateau, China", *CATENA*, 2007b, 70 (3).

Wang G., Wang Y., Li Y. et al., "Influences of alpine ecosystem responses to climatic change on soil properties on the Qinghai-Tibet Plateau, China", *CATENA*, 2007a, 70 (3).

Wang W., Wang W.-j., Li J.-s. et al., "The Impact of Sustained Drought on Vegetation Ecosystem in Southwest China Based on Remote Sensing", *Procedia Environmental Sciences*, 2010, 2 (0).

Wilmking M., Juday G. P., "Longitudinal variation of radial growth at Alaska's northern treeline—recent changes and possible scenarios for the 21st century", *Global and Planetary Change*, 2005, 47 (2-4).

Wu S. H., Zheng D., Yin Y. H. et al., "Northward-shift of temperature zones in China's eco-geographical study under future climate scenario",

Journal of Geographical Sciences, 2010, 20 (5).

W. Neil A., "Vulnerability", *Global Environmental Change*, 2006, 16 (3).

Xie H., Liang T., Wang X., "Development and assessment of combined Terra and Aqua snow cover products in Colorado Plateau, USA and northern Xinjiang, China", *APPRES*, 2009, 3 (1).

Xu X., Chen H., Levy J., "Spatiotemporal vegetation cover variations in the Qinghai-Tibet Plateau under global climate change", *Chinese Science Bulletin*, 2008, 53 (6).

Xue X., Guo J., Han B. S. et al., "The effect of climate warming and permafrost thaw on desertification in the Qinghai-Tibetan Plateau", *Geomorphology*, 2009, 108 (3-4).

Yang J., Jiang L., Shi J. et al., "Monitoring snow cover using Chinese meteorological satellite data over China", *Remote Sensing of Environment*, 2014, 143 (0).

Yang M. X., Nelson F. E., Shiklomanov N. I. et al., "Permafrost degradation and its environmental effects on the Tibetan Plateau: A review of recent research", *Earth-Science Reviews*, 2010, 103 (1-2).

Yang M., Wang S., Yao T. et al., "Desertification and its relationship with permafrost degradation in Qinghai-Xizang (Tibet) plateau", *Cold Regions Science and Technology*, 2004, 39 (1).

Yang Y. H., Piao S. L., "Varitions in grassland vegetation cover in relation to climatic factors on the Tibetan Plateau", *Chinese Journal of Plant Ecology*, 2006, 30 (1).

You Q., Kang S., Pepin N. et al., "Relationship between temperature trend magnitude, elevation and mean temperature in the Tibetan Plateau from homogenized surface stations and reanalysis data", *Global and Planetary Change*, 2010a, 71 (1-2).

Yue T. X., Fan Z. M., Liu J. Y., "Changes of major terrestrial ecosystems in China since 1960", *Global and Planetary Change*, 2005, 48

(4).

Zhang G. L., OU Yang H., "Vegetation change and its responses to climatic variation based on eco-geographical regions of Tibetan Plateau", *Geographical Research*, 2010, 29 (11).

Zhao L., Ping C. L., Yang D. Q. et al., "Changes of climate and seasonally frozen ground over the past 30 years in Qinghai-Xizang (Tibetan) Plateau, China", *Global and Planetary Change*, 2004, 43 (1-2).

Zheng D., "The systematic study on the natural regions of the Qinghai-Tibet Plateau", *Sci China Ser D*, 1996, 26.

Zhou J. B., Jiang M. M., Chen G. Q., "Estimation of methane and nitrous oxide emission from livestock and poultry in China during 1949-2003", *Energy Policy*, 2007, 35 (7).

Zhou L. M., Kaufmann R. K., Tian Y., "Relation between interannual variations in satellite measures of vegetation greenness and climate between 1982 and 1999", *J Geophys Res*, 2003, 108 (D1).

Zimov S. A., Schuur E. A. G., Chapin F. S., "Permafrost and the Global Carbon Budget", *Science*, 2006, 312 (5780).